Gustav W. Heinemann

Reden und Schriften
Band II

Gustav W. Heinemann
Glaubensfreiheit - Bürgerfreiheit
Reden und Aufsätze zu Kirche - Staat - Gesellschaft 1945-1975

herausgegeben von
Diether Koch

Suhrkamp Verlag

Erste Auflage 1976

Satz und Druck: E. C. Baumann KG, Kulmbach
Printed in Germany

Einführung

Während die Reden des Bundespräsidenten Heinemann von vielen Bürgern gehört wurden, kennen nur wenige die Reden und Aufsätze, die Heinemann in den vergangenen dreißig Jahren zum Thema Kirche – Staat – Gesellschaft veröffentlicht hat. Dabei sind diese in mehr als einer Hinsicht bemerkenswert. Denn hier spricht ein Mann, der längst Demokrat war, ehe er, als Dreißigjähriger, Christ wurde; ein Mann, der wiederum längst in der Kirche verschiedene Ämter versah, ehe er 1945 in die Politik ging und am Aufbau der Demokratie mitarbeitete; ein Mann, der seitdem gleichzeitig auf kirchlicher und politischer Ebene hohe und höchste Ämter innehatte und sich doch einer Vermischung dieser Ebenen stets widersetzte, ja mit steigendem Nachdruck für die weltanschauliche Neutralität des Staates und der Parteien eintrat; ein Mann, der unablässig seine Mitbürger und Mitchristen zum Mitdenken und Mithandeln auf kirchlichem wie auf politischem Gebiet aufforderte und sich doch der Relativität alles menschlichen Handelns stets bewußt blieb.

Wenn sich sonst Christen in Deutschland politisch betätigten, geschah das in der Regel aus einer konservativen Grundhaltung heraus, die sie meist schon aus ihrer christlichen Erziehung mitbrachten und durch die sie auf die Seite derer geführt wurden, die in Staat und Kirche überlieferte Ordnungen aufrechterhalten wollten. Heinemann hingegen strebte ein Staatswesen an, das auf der Verantwortung aller Bürger ruht, eine Gesellschaftsordnung, in der die demokratischen Grundrechte aller Bürger sich entfalten; und in der Kirche förderte er gegen alle traditionelle Neigung zur Hierarchie einen Aufbau von der Gemeinde her, eine presbyteriale Gemeindeverfassung, die der gemeinsamen Verantwortung aller Gemeindeglieder, der Laien ebenso wie der Theologen, Raum gibt. Gegenüber der Tendenz, die eigene christliche Konfession und die eigene Staats- und Gesellschafts-

ordnung gegenüber anderen abzusichern und absolutzusetzen, bemühte sich Heinemann stets um den Brückenschlag zu anderen Gruppen und um Verständnis für deren Ordnungen.
Mit solcher Haltung geriet Heinemann immer wieder in Widerspruch zu Mehrheiten in Kirche und Politik. In der frühen Nachkriegszeit, als er die rheinische CDU mitgründete, zum Oberbürgermeister seiner Heimatstadt Essen gewählt und in den Rat der Evangelischen Kirche in Deutschland berufen wurde, stand er gegen die vielen Protestanten, die Politik überhaupt oder ein politisches Zusammengehen mit Katholiken, ja schon einen kirchlichen Zusammenschluß aller Evangelischen ablehnten. 1950, als er gleichzeitig Präses der Synode der Evangelischen Kirche ganz Deutschlands und erster Innenminister der Bundesrepublik Deutschland war, kam es zum Zusammenstoß mit der Politik des Kanzlers Adenauer wegen dessen Aufrüstungsplänen; als die CDU dann ihre Westpolitik mit der Verteidigung des Christentums gleichsetzte, trennte er sich 1952 von ihr. Heinemanns Versuch, in einer neuen Partei, der Gesamtdeutschen Volkspartei, eine Politik des Ausgleichs mit der Sowjetunion zu betreiben, stieß bei der großen Mehrheit der Bevölkerung auf Ablehnung und fand auch in der evangelischen Kirche nur bei einer Minderheit Unterstützung. Nach dem Scheitern der Gesamtdeutschen Volkspartei befremdete 1957 Heinemanns Eintritt in die SPD wiederum viele Christen. Innerhalb der SPD, in der Heinemann nach seiner Wahl zum Bundestagsabgeordneten 1957 schon 1958 zum Mitglied des Parteivorstandes aufstieg, hatte er sich mit überkommenen Vorurteilen gegen Kirche und Religion auseinanderzusetzen.
Doch gewannen seit dem Ende der fünfziger Jahre allmählich Gedanken, wie Heinemann sie vertrat, an Einfluß. Das zeigte sich an Formulierungen des Godesberger Parteiprogramms von 1959, an dessen Abschnitt über Kirche und Religion er mitgewirkt hatte. In der Ostdenkschrift der Evangelischen Kirche von 1965 wurden Überlegungen über das Verhältnis Deutschlands zu seinen östlichen Nachbarn wirksam, die auch Heinemann seit

langem vertreten hatte. Endlich konnte er seit 1966 als Bundesminister der Justiz eine Reihe von Reformen in Gang bringen und erhielt durch seine Wahl zum Bundespräsidenten 1969 die Möglichkeit, eine große Öffentlichkeit anzusprechen. Allerdings stieß auch in diesem letzten Jahrzehnt seine kritische Stimme in Kirche und Gesellschaft oft auf offenen oder heimlichen Widerspruch.

In den vergangenen dreißig Jahren ergriff Heinemann häufig Gelegenheit, seine Stellung zu den jeweils aktuellen Problemen in Wort und Schrift, auf kirchlichen wie politischen Versammlungen, in Zeitungen und Zeitschriften darzulegen. Überzeugt davon, daß der Christ in Kirche und Politik nicht von großen theoretischen Entwürfen auszugehen, sondern Schritt für Schritt vorzugehen habe, äußerte er sich von Fall zu Fall in einer Vielzahl von Beiträgen kleineren und mittleren Umfangs zu einzelnen Fragen. Diese einzelnen Beiträge stehen jedoch nicht isoliert nebeneinander. Vielmehr ergibt sich aus ihrer Summe ein Ganzes; denn Heinemanns Bemühen war stets darauf gerichtet, durch die Tagesproblematik hindurch zu den grundsätzlichen Fragen des Verhältnisses Kirche – Staat – Gesellschaft durchzustoßen.

Der Grundzug seiner Sichtweise blieb durch die Jahrzehnte gleich: Heinemann sah und sieht den ganzen Bereich unter dem Doppelaspekt theologischer *und* soziologisch-politischer Betrachtungsweise. Die Kirche ist ihm *sowohl* »Gottes eigenes Werk« *als auch* eine gesellschaftliche Institution in vielfältiger Abhängigkeit von politischen Bedingungen. Staatliche und gesellschaftliche Ordnung ist ihm ein Bereich innerhalb des Weltregiments Gottes und zugleich eine den Menschen zugewiesene Aufgabe, ihr Zusammenleben möglichst vernünftig und gerecht zu regeln. Heinemann macht dabei weder theologisch noch politisch-soziologisch Abstriche. So entschieden er Glaubensaussagen treffen kann, so pointiert arbeitet er die gesellschaftlichen Bedingungen heraus, in denen Kirchen leben. Ohne Rücksicht auf Machtverhältnisse in der Welt formuliert er, daß »einer mit Gott immer noch in der Majorität« sei – ohne Rücksicht auf die Kirche konstatiert er das Versagen des »Bodenpersonals Gottes«, kritisiert den Mangel an politischem Engagement unter den Christen (»ein halber Christ ist ein ganzer Unsinn«) und greift, selbst in der gefährlichen Situation des Kirchenkampfes der NS-Zeit, die »theologischen Syndici« an, »die normieren und deduzieren, wo ein schlichtes Sehen besser wäre.«

Heinemann möchte *sehen* lehren: Er weist die Christen auf die politische Welt hin und die Politiker auf die christlichen Aussagen über Gott und Welt. Er tut das aber ohne Vermischung der verschiedenen Tatbestände und der ihnen gemäßen Methoden: Er spricht Glaubensgewißheiten aus, ohne dafür historische Beweise zu suchen – er nennt politische Tatsachen und argumentiert mit ihnen rational, ohne sie durch religiöse Assoziationen zu verbrämen oder gar zu sanktionieren. Im Ergebnis entsteht ein einheitliches Gesamtbild klarer christlicher Glaubensaussage und aufgeklärter politischer Rationalität, das Christen wie Nichtchristen zur Auseinandersetzung reizt und zugleich Zusammenarbeit zwischen ihnen ermöglicht.

Die vorliegende Sammlung hat zum Ziel, von den weit verstreuten und zumeist schwer zugänglichen Texten Gustav Heinemanns zum Themenbereich Kirche – Staat – Gesellschaft die wichtigsten wieder greifbar zu machen. Eine Auswahl zu treffen war allerdings wegen der Vielzahl der vorliegenden Reden und Schriften nicht leicht. Von den über zweitausend Reden, die Heinemann vor seinem Amtsantritt als Bundespräsident hielt, betraf etwa die Hälfte diesen Themenbereich; das gleiche Verhältnis bestimmt auch die Hunderte von Publikationen dieser Jahrzehnte.

Dieser Band umfaßt die grundsätzlicheren Erwägungen Heinemanns aus den Jahren vor und nach seiner Amtszeit als Bundespräsident. Eine Auswahl der Reden des Präsidenten liegt in Band I dieser Reihe bereits vor. Diejenigen politischen Artikel und Reden zur jeweiligen Lage, deren Themen primär »politisch« sind, sollen, auch wenn einige von ihnen theologische Akzente enthalten, einem dritten Bande vorbehalten bleiben, in dem Heinemanns Handeln im politischen Tagesgeschehen verfolgt werden kann. In dem vorliegenden Bande liegt das Schwergewicht eher auf der grundsätzlichen Verhältnisbestimmung von Kirche und Staat/Gesellschaft zueinander.

Eine Anordnung nach Sachgebieten war nicht möglich, weil sich eine Reihe umfangreicher Texte auf mehrere Themen bezieht. Es bot sich eine chronologische Anordnung an, zumal bei Heinemann auch die grundsätzlicheren Äußerungen in Beziehung zur jeweiligen konkreten Situation stehen. So kann diese Auswahl *auch* als Aufeinanderfolge von Beiträgen Heinemanns zu den jeweils brennenden Problemen der Zeit gelesen werden.

Die Texte sind fast alle ungekürzt wiedergegeben, damit der Gesamteindruck erhalten bleibt; nur selten wurden Abschnitte weggelassen, die den Inhalt anderer Beiträge wiederholten. Hinweise darauf finden sich in den Anmerkungen, die im übrigen nur durch einige Zitat-Nachweise ergänzt wurden.

Der Anhang enthält:

- einen bibliographischen Nachweis der Erstveröffentlichung der in diesem Band vereinigten Texte,
- bibliographische Hinweise auf weitere Arbeiten Heinemanns zum Thema dieses Bandes,
- eine Zeittafel, die einen vergleichenden Überblick über seine Tätigkeit in Kirche und Politik gibt,
- einen Hinweis auf Literatur über Heinemann.

Eine Gesamtbibliographie aller Veröffentlichungen Gustav Heinemanns, die die Friedrich-Ebert-Stiftung herausgibt, wird von Martin Lotz erarbeitet, dem ich für seine Mithilfe bei dieser Auswahl herzlich danke.

Bremen, im März 1976 *Diether Koch*

1. Demokratie und christliche Kirche
Ein Beitrag zu einer »deutschen Demokratie«

Vortrag in verschiedenen Städten des Ruhrgebietes 1945/46 (Druckfassung)

Für die Wertung der christlichen Kirche seitens der demokratischen Parteien ist die geistesgeschichtliche Entwicklung ihrer Länder von entscheidender Bedeutung. Ein kurzer Rückblick ermöglicht hier wichtige Aufschlüsse für das Verständnis unserer heutigen Lage und der so überaus unterschiedlichen Haltung der englischen Labour Party sowie der Parteien in den USA zur Kirche auf der einen Seite und der Sozialdemokratie in Deutschland sowie der kommunistischen Partei in Rußland auf der anderen Seite.

Die Entwicklung in England

Die englische Situation ist durch drei Umstände der dortigen kirchlichen Reformation des 16. Jahrhunderts gekennzeichnet. Die englische Reformation ist die einzige in der Geschichte der christlichen Kirchen, die ohne eine religiöse Not einer nennenswert breiten Volksschicht und ohne einen religiös leitenden Geist mit wechselnder Zielsetzung der Staatsgewalt vorgenommen wird. Ihr Ausgangspunkt ist ein Ehestreit des englischen Königs mit dem Papst. Heinrich VIII. macht sich 1531/34 zum Haupt der Kirche in England (Supreme head in earth of the Church of England), um sich freie Hand für die von ihm erstrebte, aber vom Papst nicht gebilligte Ehescheidung zu verschaffen. An die Stelle des päpstlichen Katholizismus tritt ein königlicher Katholizismus. Ein geistiger Reformator von Rang wird in alledem nicht tätig. Es tritt auch im weiteren Verlauf der kirchlichen Umgestaltung kein großer Reformator hervor. Alles, was geschieht,

bleibt in der Hauptsache das Werk der Krone. Diese aber wechselt in den nächsten Jahrzehnten in schneller Folge den Träger. Heinrich VIII. stirbt 1547. Auf ihn folgt Eduard VI. bis 1553, der wegen seiner Minderjährigkeit durch einen mehrköpfigen Regentschaftsrat vertreten wird. Dann regiert Maria Tudor bis 1558, ihr folgt Elisabeth. Jeder dieser Regierungswechsel bedeutet einen scharfen Richtungsumschlag in der Religionspolitik. Dazu lassen sich innerhalb jeder Regierung noch Unterepochen verschiedener kirchenpolitischer Haltung feststellen. Heinrich VIII. bleibt nach 1531 dogmatisch zunächst auf katholischer Linie, wird dann zeitweilig für lutherische Bestrebungen offen, bis er wieder zurücklenkt. Der Regentschaftsrat Eduards VI. ist protestantisch gesinnt; neben lutherischen Einflüssen kommen auch calvinistische zur Geltung. Maria Tudor ist wiederum römisch-katholisch; Elisabeth ist anglikanisch. Unter ihrer Regierung beginnt die Opposition des Puritanismus.
Als Ergebnis der schwankenden Kirchenpolitik des Staates sind im Verlauf weniger Jahrzehnte in England für jedes Religionssystem Volksteile wachgerufen, die fortan erbittert an ihrer Entscheidung festhalten. Es erweist sich als unmöglich, eine neue Konformität des Glaubens durchzusetzen. Die englische Nation ist damit die einzige unter den großen christlichen Völkern, die wirklich in allen Gliedern in eine religiöse Not hineingeführt wird, in der letzten Endes jeder einzelne zwischen mehreren Dogmen und Kirchenverfassungssystemen selbst eine persönliche Entscheidung fällen muß, ohne daß ihm der Staat diese Entscheidung noch aus der Hand nehmen kann. England wird auf diese Weise das Land des grundsätzlichen Dissenses in allen öffentlichen Angelegenheiten. Es setzen die staatsfreien presbyterial-synodal verfaßten Kirchen aktivistischer Laienkräfte ein, die in innerer Distanz zum Staat und zur Staatskirche schließlich in Verteidigung ihrer religiösen Freiheit die politische Demokratie und die Gewaltenteilung im Staat erzwingen. So ist die Wurzel der Demokratie in England eine religiöse, mit dem Erfolg, daß jede demokratische Bewegung unter den Einfluß freikirchlicher

Kräfte tritt und die Labour Party sich bis auf den heutigen Tag für kirchlichen Einfluß positiv offen gehalten hat. Soweit der Kampf um die politische Demokratie sich auch in England gegen eine dem Konservatismus verbundene Staatskirche wenden mußte, bleibt er auf diese Weise doch von jeder politisch verursachten kirchlichen Entfremdung oder gar antichristlichen Haltung der Arbeiterbewegung frei.

Ist somit schon England ein lehrreiches Beispiel für die nachhaltige Wirkung freikirchlicher Kräfte in der demokratischen Gestaltung eines Landes, so bieten die Vereinigten Staaten von Nordamerika vollends das Musterbeispiel demokratischer Ordnung des öffentlichen Lebens aus religiöser Wurzel. Als die Pilgerväter 1620 nach Nordamerika ziehen, ist ihr wesentliches Anliegen Religions- und Gewissensfreiheit. Mit der Überzeugung, daß es ein vom Staate unabhängiges Recht der Gewissensfreiheit gibt, ist der Punkt gefunden, von dem aus sich allmählich alle unveräußerlichen Rechte des Individuums spezialisieren, die über die Verfassung von Rhode Island (1636) schließlich in den Menschen- und Bürgerrechten der Verfassung von Virginien (1776) und der anderen nordamerikanischen Bundesstaaten ihren welthistorischen Niederschlag finden. Sie sind durch Vermittlung von Lafayette die eigentliche geistesgeschichtliche Quelle der französischen Menschen- und Bürgerrechte von 1789 und damit des ganzen politischen Liberalismus in Europa, wobei jedoch anzumerken ist, daß die Kräfte, die für die Aufnahme des Programms der amerikanischen Menschen- und Bürgerrechte in Europa bereitstanden, schon nicht mehr aus religiöser, sondern aus rein rationaler und sozialer Wurzel bestimmt waren.

Die russische Religionspolitik vom Zarentum bis zum Kommunismus

Das Gegenstück zu den bisher gezeigten Entwicklungslinien bietet Rußland. Mit der Errichtung des Patriarchates von Moskau (1589), des 3. Rom nach Byzanz und dem antiken Rom, begibt sich die orthodoxe russische Kirche alsbald in eine Abhängigkeit vom Zaren. 1702 wird offiziell die Staatskirche proklamiert. Ein neuer Cäsaro-Papismus tritt auf. Der Zar steht über dem Patriarchen oder er ist es selbst. Das slavophile Ideal der moskowitischen Zaren, »der Sammler der Länder«, zielt auf ein konfessionell einheitliches Reich. Für ein Christentum außerhalb der Staatskirche ist hier kein Raum. Eine gegenständige christliche Dogmatik kann sich weder innerhalb der Staatskirche noch erst recht nicht außerhalb ihrer entfalten; es gibt keine theologisch-geistig geschulte Elite, schließlich auch keine freien Städte, kein freies Unternehmertum, keinen Ansatz zur Demokratie, ja nicht einmal Toleranz. Erst der für Rußland unglücklich verlaufene Krieg mit Japan 1904 und die wenn auch unterdrückte Revolution von 1905 bringen Anfänge einer Wandlung. Die bolschewistische Revolution von 1917 zerbricht mit dem Zarenstaat auch die Staatskirche. Die bolschewistische Revolution war eben keine religiöse, sondern eine sozial-rationale. Ihr Aufbruch hatte sich an dem Widerwillen gegen den zaristischen Staat entzündet und mußte von da aus notwendigerweise auch die mit diesem Staat streng verkoppelte Kirche treffen. Das ist ein entscheidender Grund für die antichristliche Haltung des russischen Kommunismus. Ihr Ertrag ist zunächst ein Weltanschauungsstaat marxistischer Ideologie ohne Religionsfreiheit und ohne Demokratie. Erst in den letzten Jahren hat der bolschewistische Staat die orthodoxe Kirche wieder zugelassen. Es darf aber nicht übersehen werden, daß er es wiederum im Sinne seiner zaristischen Vorgänger tut. Die orthodoxe Kirche ist aufs neue nichts anderes als ein Instrument in der Hand des Staates zur Fundierung der bestehenden Gewalt und zur geistigen Vereinheitlichung der unter russischem Einfluß stehenden Völker. Eine echte Überwindung der im russischen Volk verbreiteten und durch die voraufgegangene antichristliche Religionspolitik des bolschewistischen Staates vertieften Feindseligkeit gegen das Evangelium kann von hieraus nicht erwartet werden. Auch für die Entfaltung echter Demokratie in Rußland wird diese neue Religionspolitik nichts bedeuten.

Die deutsche Entwicklung von der Reformation bis zum Jahre 1918

Die deutsche Geschichte zeigt im Rahmen dieser Vergleiche eine größere Verwandtschaft mit der russischen als mit der angelsächsischen Entwicklung. So bunt der Ertrag der religiösen Auseinandersetzungen des 16. und 17. Jahrhunderts für Deutschland aussieht, indem sie die konfessionelle Einheit aufheben und im deutschen Raum in gleicher Weise Katholizismus wie Luthertum und Calvinismus hinterlassen, so gibt es doch grundsätzlich keine persönliche Entscheidung der einzelnen Menschen über ihre Zugehörigkeit zu diesen verschiedenen Religionssystemen. Es bleibt vielmehr bei der Geltung des Satzes »Cuius regio eius religio«, d. h. es bestimmt überall der Landesherr gleichmäßig und verbindlich für alle Untertanen die Religion. Das ist ein entscheidender Unterschied gegenüber der angelsächsischen Entwicklung. Während in England Anglikanismus, Protestantismus und Katholizismus ein zeitliches Nacheinander in der kirchenpolitischen Haltung ein und derselben Zentralgewalt darstellen, sind Katholizismus, Luthertum und Calvinismus in Deutschland ein gleichzeitiges Nebeneinander aus der unterschiedlichen Entscheidung zahlreicher Landesherren. Die religiöse Einheit wird infolgedessen in England in einer ganz anderen Art aufgesprengt als in Deutschland. In England ergibt sich ein über das ganze Land verteilter Nonkonformismus der Untertanen ein und derselben Staatsgewalt. In Deutschland dagegen ergibt sich ein territorial abgegrenzter unterschiedlicher Religionsstand zahlreicher Gebiete, die zwar bunt durcheinanderliegen, aber doch jeweils in sich eine Einheit des Religionsstandes ihrer Einwohner bewahren. Sonderlich der lutherische Protestantismus bleibt dabei bis in die neue Zeit in Staatskirchen verfaßt. Der Landesherr ist zugleich Landesbischof. Die Landeskirchen sind öffentlich-rechtliche Predigt- und Erziehungsanstalten unter landesherrlicher (konsistorialer) Verwaltung, ohne aktives Gemeindeleben. Damit ist alle Demokratie in diesem Bereich an der Wurzel abgeriegelt. Den schärfsten Ausdruck dieser undemokratischen Situation bieten die Gutsherrschaften, die gerade in den lutherischen Territorien vorkommen. Der Gutsherr ist gleichzeitig Grundherr, Leibherr, Gerichtsherr und Kirchenherr (Patron).

In die Auseinandersetzungen mit dem landesherrlichen Absolutismus, die sich in Deutschland hauptsächlich im 19. Jahrhundert abspielen, wird wegen der engen Verbundenheit von Staat und Kirche von Anfang an auch die Kirche hineingezogen. Der bürgerliche Liberalismus sieht in der Kirche u. a. den Verbündeten der Fürsten. Desgleichen wird die Kirche in die soziale Auseinandersetzung des 19. Jahrhunderts mit hineingezogen, weil die Arbeiterschaft zum mindesten in den protestantischen Staatskirchen einen Verbündeten der oberen konservativ gerichteten Klassen sieht. Je mehr der Klassenkampf in Deutschland sich verschärft, um so tiefer wird die kirchliche Entfremdung eines großen Teiles der Arbeiterschaft. Während der vom Staat in ganz anderer Weise als der Protestantismus abgesetzte Katholizismus in der demokratischen Zentrumspartei die Arbeiterschaft noch zu einem großen Teil auch kirchlich festzuhalten vermag, verliert der Protestantismus die Arbeiterschaft weitgehend an den antichristlichen Marxismus der Sozialdemokratie. Wie unglücklich sich die Gebundenheit der evangelischen Kirchen an die landesherrlichen Gewalten und die Klasseninteressen eines reaktionären Bürgertums auswirken, zeigt hinreichend die politische Bewegung Stöckers (1835–1909). Das politische Wirken dieses Mannes im letzten Viertel des 19. Jahrhunderts empfängt seinen Anstoß einerseits aus der Entchristlichung der Massen, andererseits aus dem Klassencharakter der Gesellschaftsordnung. Bereits 1876 stellt Stöcker fest: »Jedenfalls ist das deutsche Volk heute das unkirchlichste unter den Völkern der protestantischen Christenheit.« Die von ihm 1878 gegründete Christlich-Soziale Arbeiterpartei nimmt ihren Kampf mit doppelter Front auf: Sie richtet sich in gleicher Weise gegen die Ersatzreligion des Marxismus und den Freigeist wie gegen den Klassenstandpunkt des Konservatismus. In diesem Kampf läßt die Kirche den Hofprediger letzten Endes völlig im Stich. Ihre verantwortlichen Organe schwanken zwischen lauer Ermutigung und Warnungen an die Pfarrerschaft. So kommt es, daß die sonst so uneinigen Gegner Stöckers, der sozialdemokratische Freigeist und ein staatsgebundener Konservatismus samt dem preußischen Hof diesen Mann gemeinsam zu Fall bringen und seine politische Bewegung unterdrücken. Der Protestantismus erweist sich in diesem Kampf durch seinen staatskirchlichen Charakter so sehr gebunden, daß die Entchristlichung der Massen aus diesem Vorgang nicht nur keine Abhilfe, sondern im Gegenteil neuen Antrieb empfängt.

Von 1918 bis 1945

Als 1918 die Monarchien in Deutschland zusammenbrechen, ist eine Stunde gekommen, die einen politischen Ansatz ermöglicht und die insbesondere geeignet war, der Kirche die Freiheit zu geben. Aber noch einmal gelingt es einem reaktionären Konservatismus, sich in der Deutschnationalen Partei fortzusetzen und die Kirchenbehörden in der überkommenen Gebundenheit an diesen Konservatismus festzuhalten. Der Protestantismus bleibt weithin auch in der demokratischen Weimarer Politik aus falsch verstandener lutherischer Loyalität gegenüber aller Obrigkeit politisch scheinbar abstinent, in Wahrheit aber in beträchtlichem Maße wie zuvor tatsächlich eine Stütze aller Residuen der vergangenen landesherrlichen Gewalten in der Form der agrarisch-großindustriellen Interessenverbundenheit, des Nationalismus und Militarismus, ja sogar des Antisemitismus. Obwohl nun keine Landesherren mehr da sind, strebt die Kirche nicht einmal danach, die überkommene konsistoriale Verwaltung endlich überall abzustreifen und zu einer Ordnung zu kommen, wie sie ihrem Wesen entspricht. Man läßt die alte Gebundenheit an den Staat möglichst bestehen, weil es bequem ist und praktische Augenblicksvorteile bietet.

Wiederum tritt eine politische Bewegung auf den Plan, die wie die Stöckersche mit der Gleichsetzung protestantisch-kirchlicher Belange mit reaktionären Interessen und Nationalismus, so wie sie in der Deutschnationalen Partei erneut vollzogen wird, grundsätzlich bricht. Es ist dies der Christliche Volksdienst, der zu einer echten demokratischen Haltung aus christlicher Wurzel vorstößt. Daß er dabei wiederum gleiche Feindschaften auf sich zieht wie einst Stöcker, und daß auch er von der Kirche insbesondere mit dem Argument, daß das Christentum nichts mit politischer Verantwortung zu tun habe, wiederum im Stich gelassen wird, zeigt noch einmal, wie tief die in der deutschen Reformation geborene landesherrliche Gebundenheit der protestantischen Kirche und die aus ihr verursachte Fehlentwicklung nachwirkt. Andererseits entsteht auf dem Boden der größten sozialistisch-marxistischen Partei die aus christlichen Kräften genährte Bewegung der religiösen Sozialisten, die aber infolge innerer Unklarheit und Unsicherheit eine religiöse oder gar christliche Entscheidung der marxistischen Arbeiterparteien nicht durchzusetzen vermag und schließlich versandet. Die letzte und höchste Steigerung alter Entwicklungslinien, so wie sie 1931 in der sogenannten Harzburger Front des reaktionären Konservatismus mit dem Nationalsozialismus und in ihrer zunächst gemeinsamen Machtergreifung im Jahre 1933 zum Ausdruck kommt, drückt auch den Christlichen Volksdienst als politische Bewegung unter die Oberfläche. Große Teile der protestantischen Kirche aber erleben im Dritten Reich noch einmal ein Höchstmaß an Staatsgebundenheit, ja schließlich an Mißbrauch durch eine Obrigkeit, in der die in Generationen erwachsene Unchristlichkeit des deutschen Volkes zum offenen Angriff gegen die Kirchen übergeht und eine neue geistige Konformität des deutschen Volkes in der nationalsozialistischen Weltanschauung erzwingen will. Der Kampf der Bekennenden Kirche, die sich dieser Umklammerung entwindet, und der katholischen Kirche wird zwangsläufig in steigendem Maße ein Kampf mit dem Staat und läßt damit das deutsche Volk zum ersten Mal in seiner Geschichte eine ähnliche grundsätzliche Auseinandersetzung um Glaubens- und Gewissensfreiheit der einzelnen erleben, wie sie England 300 bis 400 Jahre früher durchgemacht hat.

Der Weg in die Zukunft

Nun stehen wir inmitten des Zusammenbruchs unserer ganzen Vergangenheit. Unvorstellbar noch für uns Miterlebende ist in seinem letzten Ausmaße der Wechsel aller staatlichen, politischen und kirchlichen Szenerie, die durch vier Jahrhunderte das Bild der deutschen Geschichte bestimmt hat. Zerschlagen ist nicht nur der Nationalsozialismus, sondern auch aller reaktionärer Konservatismus. Die Schichten, die diesen beharrlichen Gegner der Demokratie bislang getragen haben, werden durch Auflösung der Wehrmacht, durch sogenannte Bodenreform, durch Auflösung der industriellen und wirtschaftlichen Machtzentren, durch Enteignung und Sozialisierung hinweggefegt. Zerschlagen ist die 400-jährige Gebundenheit der protestantischen Kirche an landesherrliche Gewalten und ihre Nachfolgeschaften. Die traditionelle Botmäßigkeit des deutschen Volkes gegenüber aller Obrigkeit ist angesichts der im Dritten Reich daraus erwachsenen Katastrophe in ihrer tiefsten Fragwürdigkeit enthüllt und bewußt gemacht. Eine gründliche Analyse dieser und anderer Veränderungen wäre nützlich und zeitgemäß. Es muß aber hier bei diesen Andeutungen bewenden, weil es den Blick nach vorn zu richten gilt. Was soll werden?

Deutschland wird nunmehr den Weg der Demokratie gehen. Zwei Ansätze stehen hier zur Verfügung. Es sind dies die sozialistische und die christliche demokratische Bewegung. Unter der ersteren ist die im 19. Jahrhundert aufgekommene Sozialdemokratie zu verstehen, neben der die kommunistische Partei steht. Inwieweit die letztere eine echte demokratische Linie gewinnen und durchhalten wird, bleibt abzuwarten. Die christliche Demokratie findet ihre Anknüpfung in der alten Zentrumspartei sowie im Christlichen Volksdienst. Sie hat sich in der neuen Christlich

Demokratischen Union formiert und wird aus den ehemaligen Rechtsparteien diejenigen christlichen Kräfte aufnehmen, die aus der nun zerbrochenen Gebundenheit dieser Gruppen an einen reaktionären Konservatismus für eine demokratische Ordnung unseres öffentlichen Lebens freigeworden sind.

Der Unterschied zwischen diesen beiden wesentlichen Kräften des demokratischen Aufbaues ist klar. In der sozialistischen Gruppe stehen die antibürgerlichen Affekte im Vordergrund, die ihr in der Vergangenheit den Auftrieb gaben. Ihre geistesgeschichtlichen Wurzeln sind im Negativen der Freigeist im Sinne einer Verneinung von Kirche und Christentum sowie im Positiven der Marxismus als Gesellschaftslehre und Weltanschauung. Diese Gruppe wird hinsichtlich ihres demokratischen Charakters zwei entscheidende Bewährungsproben zu bestehen haben. Es wird einmal darauf ankommen, ob sie nach der Entmächtigung des reaktionären Konservatismus auch ihrerseits den Klassencharakter abstreifen und einen gegliederten Aufbau der Gesellschaft nach dem Grundsatz »Jedem das Seine« fördern wird. Zum anderen wird es darauf ankommen, ob diese Gruppe sich angesichts der nun von beiden Kirchen erreichten Befreiung aus aller landesherrlichen oder reaktionären Gebundenheit und angesichts der von beiden Kirchen im Dritten Reich bewiesenen überzeugungsstarken Standfestigkeit aus ihrer feindseligen Haltung gegen Kirche und Christentum herausfinden wird. Wie jede Entfremdung gegenüber der christlichen Kirche dazu neigt, in einen antichristlichen Affekt überzugehen und das Christentum zu bekämpfen, so wird auch der Marxismus und der ihm nahestehende Liberalismus weiterhin in solcher Versuchung stehen und den Weg zu einer echten Bejahung des Christentums noch finden müssen. Eine positive Aufgeschlossenheit gegenüber dem Christentum, wie sie der Labour Party innewohnt, ist nicht ohne eine tiefe geistige Wandlung der deutschen sozialistischen Gruppen zu denken. Dafür ist der Unterschied zwischen einer Demokratie, die aus sozialen Bewegungen im Kampf gegen reaktionären Materialismus und staatsabhängige Kirchen entstanden ist,

und einer Demokratie, die aus religiöser Gewissensnot geboren wurde und von daher ständig religiös durchtränkt blieb, zu groß.
Auch für die Christlich Demokratische Union wird es Bewährungsproben geben. Ihr steht zunächst die reiche politische Tradition des katholischen Volksteiles zur Verfügung, der bei der durch den Kulturkampf vertieften Distanz seiner Kirche zum Staat schon früh auf den Weg einer eigenen politischen Betätigung geführt worden ist und eine gute demokratische Schule erfahren hat. Der protestantische Volksteil steht in dieser Hinsicht zurück; er hat erst unter den Erlebnissen des Dritten Reiches gelernt, daß es auch für ihn eine politische Verantwortung aus christlicher Haltung gibt. Für die Christlich Demokratische Union wird es darauf ankommen, jeder einseitigen sozialen Interessengebundenheit auszuweichen und die kirchlichen Interessen niemals anders als so zu vertreten, daß die christliche Botschaft zur freien Entscheidung jedes einzelnen gestellt bleibt.
Wenn dies unsere heutige innerpolitische Lage ist, so läßt sich ihre Spannung auch dahin umschreiben, daß die christliche und die sozialistische Demokratie sich auf dem deutschen Boden zur Entscheidung begegnen. Diese Entscheidung braucht kein Entweder-Oder einer neuen geistigen Konformität des deutschen Volkes zu bedeuten, wenn allerseits ein Wille zu echter Demokratie bestehen bleibt. Daß eine neue geistige Konformität, wenn überhaupt, nur durch abermalige tiefste Erschütterungen zu erreichen wäre, sofern sie auf andere Weise als durch ungezwungene Entscheidung herbeigeführt werden soll, dürfte nicht zweifelhaft sein. Nachdem das deutsche Volk seine geistige Konformität einmal verloren hat, wird es nun zu lernen haben, daß auch in seinem Bereich eine politische Einheit bei religiöser und weltanschaulicher Mannigfaltigkeit möglich ist.

2. Was geht heute in der Evangelischen Kirche in Deutschland vor?

Vortrag vor Presbytern in Wuppertal-Barmen
17. 12. 1946

Der Einladung nach Wupperfeld zu folgen war mir aus zwei Gründen eine Verpflichtung. Zunächst aus einem persönlichen: Meine Mutter ist Kind der Wupperfelder Kirchengemeinde. Sie und ihre Vorfahren sind hier geboren und erzogen worden und haben hier gelebt. Ich selbst bin nicht in Barmen geboren; aber eben durch diesen Zusammenhang mit der Wupperfelder Gemeinde sonderlich verbunden. Der zweite, wichtigere Grund ist der, daß ich jedweder Aufforderung, wo immer sie an mich ergeht, nach Möglichkeit Folge leiste, um über solche Dinge zu sprechen, wie sie uns heute beschäftigen sollen. Ich stehe nicht deswegen in der Politik, weil sie mir die erste Verpflichtung wäre. Ich weiß meine erste Verpflichtung im kirchlichen Leben; ich stehe in der Politik auf Vorposten und hoffe, daß aus dem kirchlichen Raum Hilfe kommt für die, die im politischen Raum wirken. Ich werde die Dinge, die ich hier zu erörtern habe, nicht als Theologe erörtern. Ich will die Dinge einmal so darstellen, wie ein Nichttheologe sie sieht und erlebt. Dabei ist für den Theologen wie für den Nichttheologen verbindlich, daß wir alles von der Wahrheitsfrage beurteilen und entscheiden. Für den, der als Nichttheologe, als politischer Mensch aus Wirtschaft und Beruf in solche Entwicklung hineingestellt ist, werden jedoch die Akzente häufig anders sein, als sie für den Theologen zu sein pflegen. Es kommt für uns manches stärker zu Wort, als es sonst der Fall ist. Ich hoffe, daß aus solchem Wechselgespräch das Richtige sich ergeben kann.

»Was geht heute in der Evangelischen Kirche vor?«

Ich brauche Ihnen, die Sie selbst in kirchlichen Ämtern stehen, nicht viel zu sagen über das, was hinter uns liegt. Nur eines soll uns immer wieder bewußt werden: daß das Jahr 1945 in der Evangelischen Kirche nicht nur ein Trümmerfeld hinterlassen hat insofern, als für viele sogenannte kirchliche Behörden und Personen, die dem nationalsozialistischen Einfluß erlegen waren, der Rückhalt wegfiel, von dem sie bis dahin gelebt hatten, sondern daß aus den voraufgegangenen 12 Jahren auch noch etwas ganz anderes verblieben ist, was zukunftweisend ist und eine ungeheuere Verheißung in sich trägt: das ist die neue Glaubwürdigkeit, die die Botschaft des Evangeliums in dieser Zeit erfahren hat. Es ist der Kirche in dem Abwehrkampf gegen den Nationalsozialismus von ihrem Herrn geschenkt worden, daß sie widerstand mit ihrem Zeugnis; es ist ihr geschenkt worden, daß Märtyrer dieses Zeugnis bis in den Tod hinein bekräftigt und aufrechterhalten haben. Das trägt dazu bei, daß zahlreiche Leute in unserem Volk, die dem Evangelium fremd geworden sind, nun doch noch einmal auf das hören, was aus dem kirchlichen Raum gesagt wird. Das ist für uns ein ungeheuer wichtiges Geschenk inmitten alles dessen, was wir sonst an Fürchterlichem aus diesen Jahren übernommen haben. Mit diesem Pfund zu wuchern ist unsere Verpflichtung.

Als im vorigen Jahr der nationalsozialistische Staat zerfiel und damit in der Kirche das System zusammenbrach, das er darin aufgerichtet hatte, um sie sich botmäßig zu machen, kam es darauf an, eine neue Ordnung der Kirche zu entwickeln. Im Rheinland gelang es bereits am 15. Mai 1945, eine neue Leitung der Kirche herauszustellen; wir konnten aus der Bekennenden Kirche und den uns noch nahe gebliebenen Amtsträgern der früheren Behörden eine Gemeinschaft schaffen, die die Leitung der Evangelischen Kirche im Rheinland übernahm. Der nächste große Schritt im Zuge der Neuordnung geschah auf der Kirchenversammlung vom August 1945 in Treysa[1]. Damals wurde der Rat der Evangelischen Kirche bestellt als der zur Zeit einzige Amtsträger der Evangelischen Kirche in Deutschland, der in sich alle Vollmachten der Deutschen Evangelischen Kirche vereinigt und den Auftrag hat, eine neue Verfassung für die Evangelische Kirche in Deutschland vorzubereiten. Inzwischen sind auch in den einzelnen Landeskirchen die Ordnungsarbeiten mehr oder weniger rüstig vorangeschritten. Im Bereich der Rheinisch-Westfälischen Kirche haben wir heute, nach den Tagungen beider Provinzialsynoden, eine neue Ordnung für die Berufung in das kirchliche Presbyteramt, die im Jahre 1947 durchgeführt werden wird[2]. Zum ersten Male wieder seit 1933 soll aus den Gemeinden heraus die Berufung der Presbyter und der Synodalen auf Grund der neuen Ordnung erfolgen. Diese neue Ordnung war notwendig, weil wir unmöglich wieder bei dem Wahlrecht anfangen konnten, das uns 1933 in das Elend hineingebracht hatte. Sie erinnern sich, daß damals der ehedem katholische Reichskanzler Hitler die Rundfunkrede für die Wahlen in der Evangelischen Kirche hielt. Das Ergebnis war, daß die nichtkirchlichen Elemente uns überstimmten, weil jeder als vollwertiges Kirchenglied angesehen wurde, der gerade noch den letzten Kirchensteuerzettel bezahlt hatte. Mit der Überwindung dieses seinerzeit aus falschen politischen Rücksichten entstandenen Wahlrechtes ist ein bedeutender Schritt zur grundlegenden kirchlichen Neuordnung getan worden. Streitpunkte im eigentlichen Sinne über die neue Ordnung hat es unter uns kaum gegeben. Wir waren alle miteinander darin einig, daß ein Bestimmungsrecht in der Kirche nur diejenigen haben können und dürfen, die ein lebendiges Verhältnis zur Gemeinde haben, und daß eine Berufung ins Presbyteramt nur im Gottesdienst stattfinden kann, wo die Gemeinde unter der Verkündigung des Wortes und zum Gebet versammelt ist.

Es ergab sich bei den Besprechungen, daß wir uns länger über das passive Wahlrecht der Frauen unterhalten mußten. Diese Diskussion endete damit, daß mit Mehrheit die Berufung der Frau in das Presbyteramt für zulässig erklärt wurde. Mehr der Kuriosität halber sei erwähnt, daß eine andere Frage die Einmütigkeit zwischen Rheinland und Westfalen ernstlicher bedrohte, nämlich die Erörterung, ob die Altersgrenze für die Zugehörigkeit zum Presbyterium bei 70 oder 75 Jahren liegen sollte. Diejenigen, die darauf bedacht waren, eine Verjüngung der Presbyterien zu erreichen, sahen es als das Äußerste an, daß mit 70 Jahren der Platz geräumt werden sollte für die Jüngeren, während die Westfalen mit der ihnen eigenen Hartnäckigkeit sich für die höhere Altersgrenze entschieden. Da wir nun die Einheit nicht gerade hieran scheitern lassen wollten, haben wir die westfälische Entscheidung auch für das Rheinland gelten lassen mit dem Auftrag an die Kirchenleitung, dafür zu sorgen, daß die Verjüngung der Presbyterien dennoch ernstgenommen werden soll.

Nun stehen wir im Übergang von der Zwischenlösung zur endgültigen Lösung. Der Weg mag lang und umständlich erscheinen. Aber wir haben in der Kirche nicht die Hilfsstellung der Militärregierung; wir sind froh, daß wir sie nicht haben, und wollen sie als Kirche auch nicht in Anspruch nehmen. Weil wir aber solche Hilfsstellungen nicht haben, müssen wir uns selber helfen und den umständlichen Weg durch eine Zwischenlösung hindurchgehen. Auch im Bereich der Gesamtkirche sind wir noch in einem Zwischenstadium. Das wird im nächsten Jahre seinen Ausdruck darin finden, daß der Rat der Evangelischen Kirche in Deutschland erstmalig eine sogenannte Kirchenversammlung berufen wird, zu der man etwa 150 Teilnehmer aus allen Teilen Deutschlands erwartet und der man alle grundsätzlichen Fragen, die den Rat der EKD beschäftigen, zur Stellungnahme unterbreiten wird.

Warum kommen wir in der Evangelischen Kirche Deutschlands nicht so schnell voran? Das liegt im wesentlichen an zwei Dingen. Zunächst einmal: Die Evangelische Kirche kann sich als die Zusammenfassung aller Landeskirchen nicht eher endgültig ordnen, als bis die Landeskirchen fertig sind. Und diese haben noch große Schwierigkeiten zu überwinden. Bedenken Sie einmal folgendes: Die Rheinische Kirche liegt in drei Besatzungszonen und vier deutschen Ländern: Nordrhein-Westfalen, Hessen, Rheinpfalz und Saargebiet. Wie will man solch einen Körper endgültig abgrenzen und ordnen, solange z. B. mit den Brüdern im Saargebiet ein Verkehr fast ausgeschlossen ist?

Erst muß eine Auflockerung und Klärung der politischen Begrenzungen eintreten, ehe wir im kirchlichen Raum wissen, woran wir sind und was wir noch als Rheinische Kirche werden ansprechen dürfen. Ähnlich liegen die Dinge in anderen Landeskirchen, z. B. in Württemberg. Vor allem aber wissen wir im Hinblick auf die russische Zone noch nicht, wie von uns zu den Brüdern im Osten eine wirkliche Aussprache möglich sein kann. Wir sehen, wie im Bereich der russischen Zone die dort verbliebenen Landeskirchen enger zusammenrücken, weil sie durch die äußeren Vorgänge gezwungen werden. Wir wissen aber noch nicht, wohin diese Entwicklungen führen. Das sind die Schwierigkeiten, die aus der politischen Situation heraus die kirchliche Entwicklung hemmen.

Es kommt eine andere Schwierigkeit hinzu, die in uns selbst liegt und sehr bedacht sein will: *das interkonfessionelle Problem* des deutschen Protestantismus. Damit kommen wir auf eine Frage, die hier im Mittelpunkt des Interesses stehen soll. Die konfessionellen Schwierigkeiten haben ihre lange Geschichte. Das, was im Augenblick diese Dinge in Fluß bringt und uns aufhorchen läßt, sind die Bestrebungen zur Bildung einer Vereinigten Lutherischen Kirche Deutschlands. Sie wissen, wir haben lutherische, reformierte und unierte Landeskirchen. Im Bereich der lutherischen Landeskirchen, sonderlich der Bayrischen und Hannoverschen, ist der Wille erneut aufgebrochen, alle lutherischen Kirchen Deutschlands zu einem großen Kirchenkörper zu vereinigen. Wie man sich das im einzelnen denkt, ob da z. B. ein Primas oder Bischof an der Spitze stehen soll, ist nicht das Wichtigste. Das Wichtigste ist, daß hier ein großer lutherischer Kirchenkörper angestrebt wird, der sich durch den gesamten Bereich Deutschlands hindurch aufbauen soll, ein großer Kirchenkörper, der womöglich den früheren der Altpreußischen Union noch übertreffen könnte, zumal wenn es gelänge, aus den unierten Kirchen noch Teile in diese Vereinigte Lutherische Kirche hineinzuziehen. Dagegen ist zunächst einmal zu sagen: Ein solch großer Kirchenkörper innerhalb der Evangelischen Kirche Deutschlands würde nicht glücklich sein. Es ist ja schon viel darüber geklagt worden, daß die Altpreußische Union viel zu groß gewesen sei; besser sei ein Verband gleichberechtigter Landes- oder Provinzialkirchen. Wenn nun der erstrebte Verband aller lutherischen Landeskirchen ein starkes Übergewicht in der Evangelischen Kirche Deutschlands bekommen würde, so würde das keinen glücklicheren Zustand herbeiführen. Viel kritischer aber ist dieses, daß von einer solchen Entwicklung sich ein Druck auf die nicht lutherischen Kirchen oder Gemeinden ergeben würde. Und das ist ein Punkt, an dem für mich ein Mitgehen völlig undiskutabel ist. Ich bin schlecht und recht evangelisch und lasse mich von niemand vor die Alternative zwingen, lutherisch oder reformiert zu sein. Warum nicht? Wir müssen zuerst diese Frage als Wahrheitsfrage ansehen. Damit rückt diese Frage unter die Aspekte der theologischen Diskussion. Ich meine, daß auch wir als Nichttheologen zu dieser Frage Stellung nehmen müssen als einer Frage biblischer Wahrheit. Mein persönlicher Standpunkt ist der, daß ich sage: Es ist für mein Verständnis der Schrift nicht entscheidend, was wir uns als Menschen über das Abendmahl für Vorstellungen machen, sondern das Abendmahl ist in seinem Gehalt bestimmt durch den Herrn der Kirche. Wir werden das, was der Herr der Kirche uns in seinem Mahl bestimmt hat, vielleicht nicht richtig erkennen, das ist unsere Unzulänglichkeit. Das ändert aber nichts an dem, was der Herr als Wesen dieses Mahls bestimmt hat. Sollen wir, die wir uns bemühen, dieses Geheimnis zu durchdringen, uns nun je nach den Ergebnissen unserer allemal menschlichen Erkenntnisse kirchlich voneinander sondern, anstatt uns der Einheit in Christus bewußt zu bleiben? Ich finde, daß ein Vorgang in der Geschichte der Urkirche uns einen deutlichen Fingerzeig gibt, wie wir die Dinge sehen sollten: das Apostelkonzil zu Jerusalem (Apostelgeschichte 15, sonderlich Vers 11). Damals ging es darum, ob die Juden- und Heidenchristen eine Einheit sein könnten, ob die Heidenchristen das ganze mosaische Gesetz als bindend annehmen müßten. Wie war die Lösung? »Wir glauben, durch die Gnade des Herrn Jesu Christi selig zu werden, gleicherweise wie auch sie.« Sehen Sie, wo diese Verbundenheit im Glauben an Jesus Christus uneingeschränkt da ist, da ist kirchliche Gemeinschaft möglich und tatsächlich vorhanden. Ich meine, daß wir uns an diesen Vorgang in der Urkirche halten sollten. Das ist für mich der biblische Aspekt dieser Dinge.

Dazu kommt ein anderer Aspekt, den ich geltend machen muß, und zwar, wie ich eingangs sagte, von nichttheologischem Standpunkt aus. Wie ist denn heute die Situation? Heute strömen unendlich viele Menschen, von Land und Haus und Habe vertrieben, aus den Ostgebieten herüber in andere Bezirke Deutschlands. Darunter sind unendlich viele aus unierten Gemeinden. Sie alle werden an der Grenze nicht danach gefragt, ob sie lutherisch, reformiert oder uniert sind; sondern sie werden irgendwohin geschickt in das Gebiet der Bayrischen-lutherischen oder Hannoverschen-lutherischen oder Lippeschen-reformierten Kirche. Sollen sie denn nun den Konfessionsstand einer Kirche annehmen müssen, in die sie auf äußerst tragische Weise verschlagen werden? Damit stehen wir vor der Frage, ob denn noch bis in den heutigen Tag hinein die konfessionellen Entscheidungen, die einmal von den früheren Landesfürsten getroffen worden sind, bindend für das Territorium sind, das ein Mensch betritt. Es bäumt sich etwas dagegen auf, daß die Entscheidungen, die frühere Landesfürsten und Magistrate getroffen haben, noch heute gelten sollen für Menschen, die in diese Gebiete ziehen müssen, weil man sie anderwärts vertrieben hat.

Die Württembergische Landeskirche hat in einem Gutachten ihres Oberkirchenrates unter Zustimmung des Landesbischofs D. Wurm im Juli 1946 Stellung zu allen diesen Fragen genommen. Unter einer großen Fülle von Gesichtspunkten, aus biblischen, ökonomischen, geschichtlichen und sozialen Gründen ist darin alles erörtert, was zu sagen ist. Unter anderem heißt es darin[3]:

»Es gibt nur noch Evangelische Kirche, in der die Glieder der lutherischen, reformierten und unierten Kirche ihre geistliche Heimat finden können. Es ist nicht angängig, die einzige Heimat, die es für die aus dem Osten verdrängten Glieder unseres Volkes

in den westlichen Zonen gibt, nämlich die Kirche, durch Aufrichtung neuer konfessioneller Schranken zu gefährden ...
Wir glauben, daß die EKD sich mit den Beschlüssen der 4. Preußischen Bekenntnis-Synode in Halle vom 10./13. Mai 1937 über die Frage der Abendmahlsgemeinschaft ernstlich auseinandersetzen muß, und glauben, daß gemeinsame Abendmahlsfeiern zwischen Reformierten, Lutheranern und Unierten nicht im Widerspruch zu der schriftgemäßen Verwaltung des Heiligen Abendmahls stehen ...
Die Frage, um die es in Deutschland heute geht, ist nicht die konfessionelle Frage. Es geht vielmehr um das schlichte Entweder-Oder: Für Christus oder gegen Christus.«
Das ist die Stimme einer lutherischen Kirche. Ich habe ihr nichts hinzuzufügen.
In Gesprächen mit Brüdern aus der bayrischen und hannoverschen Kirche, die an diesen Bestrebungen aktiv beteiligt sind, habe ich immer wieder auf die Rheinische Kirche hingewiesen, in der lutherische, reformierte und unierte Christen miteinander und nebeneinander leben, und gesagt: Warum soll dasselbe nicht auch im Bereich der übrigen Landeskirchen möglich sein? Der jetzt auf tragische Weise ums Leben gekommene Oberkirchenrat Bogner aus München gab mir zur Antwort, er könne nicht verstehen, wie das in Wuppertal überhaupt zugeht. Ich konnte nur sagen: Sehen Sie es sich einmal an! Jedenfalls weiß ich von der Rheinischen Synode, daß dort in aller Einmütigkeit erklärt worden ist, daß wir am Unionsstand der Rheinischen Kirche nicht rühren lassen wollen und darum diese Bestrebungen mit Unbehagen ansehen.
Ich bin eben auf dem Wege hierher an der Gemarker Kirche vorbeigekommen, an der Kirche, die als Tagungsort der ersten Bekenntnissynode mit der Barmer Erklärung von 1934 einen besonderen Zusammenhang hat. Haben wir denn das, was auf der Bekenntnissynode zu Barmen ausgesprochen wurde, so sehr beiseite getan, daß wir uns heute wieder dem Konfessionalismus preisgeben? Barmen 1934 war das erste gemeinsame Bekennen

der deutschen evangelischen Christenheit ohne Rücksicht auf den Konfessionsstand, das erste gemeinsame Bekenntnis von lutherischen, reformierten und unierten Christen. Wir haben damals gesagt: Wir überlassen es dem Herrn der Kirche, was dieses gemeinsame Bekenntnis für das Verhältnis untereinander bedeutet. Dabei sollten wir stehenbleiben und es wirklich Ihm überlassen, wohin Er uns in diesen Fragen führt. Mir scheint, daß im Bereich der Bayrischen und Hannoverschen Kirche ein Betonen des Konfessionalismus im Gange ist, das uns von diesem 1934 beschrittenen Wege abdrängt, wenn wir davon nicht endlich lassen. Das war das, was ich zu diesen Dingen meinerseits sagen möchte.

Nun möchte ich noch auf einige Dinge kommen, die sich um die Frage gruppieren lassen: Kirche und Obrigkeit. Mit dem Jahre 1945 ist etwas zu Ende gegangen, was wir in seiner letzten Tragweite noch gar nicht richtig abzuschätzen vermögen: das Staatskirchentum im Bereich des Protestantismus. Wir, die wir jetzt unter einer angelsächsischen Besatzungsmacht leben, bekommen einige Eindrücke von dem, wie es bei anderen aussieht. Und wenn wir dann fragen, worin so mancher Unterschied besteht zwischen dem, wie ein Engländer die Dinge ansieht, und dem, wie wir sie ansehen, dann stoßen wir immer wieder darauf, daß dem englischen religiösen Leben ganz andere Grundzüge zugrunde gelegen haben. Das Wesentliche an der englischen Geschichte in bezug auf das Verhältnis von Kirche und Staat ist dieses, daß im 16. Jahrhundert die Glaubenseinheit im englischen Volk in einer Weise aufgespalten wurde, die durch das ganze Land hindurch einen unterschiedlichen Religionsstand entwickelte, weil die englische Krone einen Zickzackkurs ging. Heinrich VIII. reißt 1532 die englische Kirche von Rom los und gründet eine katholische englische Staatskirche. Unmittelbar nach seinem Tode im Jahre 1547 treibt Eduard VI. eine der Reformation freundliche Kirchenpolitik. Nach weiteren sechs Jahren regiert Maria Tudor und führt wieder ein streng katholisches Regiment. Schließlich wieder, nur fünf Jahre später, führt Elisabeth erneut die Staatskirche ein und entwickelt ihr anglikanisches

Gepräge. Im Abschnitt weniger Jahrzehnte wurden auf diese Weise alle Kirchensysteme am englischen Volk exerziert, die möglich waren. Die Folge davon war, daß von allem etwas hängenblieb. Neben den katholischen Gemeinden entstanden anglikanische, lutherische und dem Calvinismus aufgeschlossene Gemeinden. Die ganze Fülle der Glaubensentscheidungen des 16. Jahrhunderts breitet sich von dieser Art der Reformation über das englische Volk aus. Der Staat kann die Einheit nicht mehr durchsetzen, nachdem er selbst die Glaubensaufspaltung verursacht hat. Man schlägt sich durch lange und blutige Bürgerkriege hindurch bis zur staatsbürgerlichen Anerkennung und wirtschaftlichen Gleichberechtigung. Als im Anfang des 17. Jahrhunderts Roger Williams in der Neuen Welt einen Staat aufbaut, der in Gewissensdinge überhaupt nicht mehr eingreift, kommen die Wurzeln der Demokratie aus der Fülle der Glaubensentscheidungen noch viel deutlicher heraus, diese Urwüchsigkeit, dieses Gestelltsein auf Selbstentscheidung, das wir angelsächsisch nennen.
Den Gegenpol dazu bildet die russische Kirche. Es gibt in Rußland von Anfang bis zu Ende nur die eine orthodoxe Kirche. 1702 macht der Zar sie zur Staatskirche; er will durch diese Staatskirche das Volk geistig vereinheitlichen. Die Kirche wird völlig zum Werkzeug dieses Staates. Weil das so gewesen ist, hat die Revolution von 1917 mit weit größerem Haß die Kirche getroffen als den Staat.
Wo stehen wir im Vergleich mit dem Angelsachsentum und der russischen kirchlichen Entwicklung? Wir sind mit der russischen geschichtlichen Linie sehr nahe verwandt, weil auch unter uns das Staatskirchentum die Entwicklung bestimmte, bis es im vorigen Jahre dahinfiel. Bei uns haben weltliche Obrigkeiten die Glaubensentscheidungen getroffen. Im Unterschied zur englischen Geschichte ist aber über unsere Geschichte zu sagen, daß die Glaubenseinheit unseres Volkes länderweise aufgespalten wurde. Es blieben die katholischen Länder, es entstanden daneben die lutherischen und reformierten Länder. Innerhalb dieser Länder mußte man hier katholisch, dort lutherisch, dort reformiert sein,

ganz im Unterschied zu England, wo die Glaubensaufspaltung quer durch das ganze Land hindurchging. Dort *ein* Land mit *vielen* Kirchen, hier *viele* Länder mit je *einer* Kirche. Ein Land mit vielen Glaubensrichtungen, wie England, treibt zwangsläufig zu einer demokratischen und gemeindemäßigen Ordnung der Dinge. Ein Land mit nur einer und noch dazu als Staatskirche verfaßten Konfession bleibt dagegen auf autokratischen Bahnen. Unsere eigene Geschichte ist Beleg dafür. Erst jetzt ist das Staatskirchentum für uns endgültig zu Ende gekommen, und es wird nicht wiederkehren. Einerlei, welcher Staat sich entwickelt, er wird ein weltlicher Staat sein. Auch die Kirche selbst, wie sie sich heute darstellt, will eine solche Verbundenheit mit dem Staat nicht wieder eingehen, wie sie in der Vergangenheit einmal bestanden hat.

Was folgt daraus? Vor allem dieses, daß wir uns nun in einer ganz anderen Weise um unsere Dinge mühen müssen als in der Vergangenheit. Es gibt jetzt keine Obrigkeit mehr, die die Kirche betreut und verwaltet. Es ist in unsere Hand gegeben, die kirchlichen Dinge zu gestalten. Wir können nicht wie jener Schneidermeister sagen, der seinen Landesherrn, als er die Stadt besuchte, mit den Worten begrüßte: »Unter deinen Flügeln kann ich ruhig bügeln.« Es ist endgültig vorbei, daß wir unsere Dinge verwaltet sehen können durch eine fremde Hand, und mag es auch eine wohlwollende sein. Dieser Aufruf zur Selbstverantwortung und Aktivität gilt sonderlich für die sogenannten Laien. Er gilt für den Raum der kirchlichen so gut wie für den Raum der bürgerlichen Gemeinde. Seien wir uns klar darüber, daß auch über das Ende aller staatskirchlichen und obrigkeitsstaatlichen Institutionen hinaus die mangelnde Geneigtheit der evangelischen Gemeindeglieder zu persönlicher Initiative noch verhängnisvoll nachwirkt. Das muß anders werden, wenn wir bestehen wollen!

Noch ein weiteres ist gefallen: die soziale Bindung, die unsere Kirche hat tragen müssen. Als im vorigen Jahrhundert zunächst das Bürgertum aufstand und um politische Rechte kämpfte, im

Jahre 1848, da traf es nicht nur auf die Landesherren als seine politischen Gegner, sondern auch auf die mit ihnen verbundenen Kirchen. Von da aus wird es verständlich, daß sich eine Entfremdung des Bürgertums von der Kirche entwickelte. Als die Arbeiterschaft im 19. Jahrhundert aufstand, um für ihre sozialen Rechte zu kämpfen, stieß auch sie auf eine mit den politischen Gegnern verbundene Kirche. Die Entfremdung des evangelischen Arbeiters von der Kirche und sein Anheimfallen an den Materialismus hat zu einem großen Teil seinen Grund darin, daß unsere evangelische Kirche so gebunden war. Die Rheinische Kirche hat auf der Provinzialsynode vom Oktober 1946 dazu in ihrem »Wort zum Dienst am Volk« etwas gesagt, was ich hier verlesen möchte[4]:

> »Unsere Kirche ist seit der Zeit, als die Industrialisierung die Struktur der Völker zu wandeln begann, in ihrer staatlichen und gesellschaftlichen Bindung ... zu einseitig für den bestehenden Zustand und damit für die Interessen des Bürgertums eingetreten. Durch die Kirchenfeindschaft der sozialistischen Parteien und unter dem Eindruck des Gegensatzes zwischen dem Evangelium und dem marxistischen Welt- und Menschenverständnis hat sich die Kirche in eine einseitige politische und soziale Stellungnahme zugunsten derjenigen Parteien drängen lassen, die sich für die Erhaltung der wirtschaftlichen und gesellschaftlichen Verhältnisse einsetzen. Es ist keine Frage, daß Bürgertum und Marxismus in der Verfestigung und Verabsolutierung der gegenseitigen Standpunkte in einer die Gemeinschaft des Volkes und der Völker geradezu sprengenden Weise aneinander schuldig geworden sind. Das muß anders werden. Deshalb bittet die Kirche alle Schichten und Stände um vertrauensvolle Zusammenarbeit ohne Rücksicht auf vorgefaßte Meinungen und Doktrinen, ohne Haß und gegenseitige Verdächtigung.«

Es will etwas heißen, wenn eine Kirche durch ihr oberstes Organ ein solches Wort der Selbsterkenntnis und der Buße spricht. Ich glaube, daß wir dankbar sein müssen, daß die Rheinische Kirche dieses Wort gesprochen hat, das dazu beitragen wird, noch einmal das Gespräch aufzunehmen mit den Teilen unseres Volkes, die der Kirche entfremdet sind. Ich meine, daß wir der Arbeiterschaft, die der Kirche fremd geworden ist, heute sagen können: Du weißt und hast erlebt, daß die Evangelische Kirche nach ihrem ganzen Verhalten im Dritten Reich ein Wort zu sagen hat, für das sie das Letzte einzusetzen bereit ist, und du hörst, daß sie sich bewußt ist, in der Vergangenheit einseitig gebunden gewesen zu sein, und daß sie jetzt davon frei geworden ist und sich nun anschickt, eine Kirche zu werden, die wirklich außerhalb und über allen politischen und sozialen Lagern steht. Willst du solch eine Kirche nicht noch einmal mit neuen Augen ansehen und ihrer Botschaft nicht noch einmal dein Ohr leihen? Was würde es nicht für uns alle bedeuten, wenn wir auf solche Weise noch einmal herauskommen könnten aus all den Verkrustungen, die sich weltanschaulich festgesetzt haben, wenn wir einen Weg finden könnten über die Gräben, die sich zwischen uns aufgetan haben! Das wäre der größte Ertrag, den wir aus dieser Zeit mitnehmen könnten. Möchten alle, die ein kirchliches Amt haben, an der Verantwortung mittragen, nach allen Richtungen hin das Gespräch wiederaufzunehmen und allem und jedem gegenüber aufgeschlossen zu sein, was heute an die Kirche herangetragen wird! Wenn wir in dieser Hinsicht einen Neuanfang zu machen wüßten, dann könnte Gott unseren Weg segnen, weil es hier wirklich um einen Auftrag Seiner Kirche geht.

1 Vgl. Kirchliches Jahrbuch (KJ) 1945–48, hg. v. J. Beckmann, S. 8–16.

2 Vgl. ebd. S. 111–18.

3 Schreiben des Evangelischen Oberkirchenrates Stuttgart an den Rat der Ev.-Luth. Kirche Deutschlands in München v. 12. 7. 46.

4 Verhandlungen der 44. Tagung der Rhein. Provinzialsynode in Velbert 1946, Essen 1948, S. 172. – KJ 1945–48, S. 170.

3. Mensch und Staat

Vortrag auf der evangelisch-sozialen Woche des evangelischen Männerwerks des Kirchenkreises Essen 11. 5. 1949

Wann immer wir vom Staate sprechen, überkommt uns eine Fülle der Gefühle. Wir brauchen den Staat, aber wir leiden auch unter ihm. Wir rufen nach dem Staat, aber wir wollen ihm auch entgehen. Wir lieben den Staat, aber oft auch mißachten wir ihn. Woher kommt solcher Widerstreit? Er hat seine Ursache darin, daß der Staat eine echte Aufgabe zu erfüllen hat und zugleich eine echte Bedrohung darstellt. Das sei im einzelnen mit folgendem erläutert:

Über *die Aufgabe des Staates* sagt das Neue Testament, daß der Staat ein Doppeltes tun soll. Er soll dem Chaos wehren, das der Mensch immer wieder heraufzuführen bestrebt ist, und er soll das Gute fördern und der Gemeinschaft dienen. Er ist gesetzt »zur Rache über die Übeltäter und zu Lobe den Frommen« (1 Petr. 2, 14). Dem Chaos wehren heißt: öffentliche Ordnung halten, Übeltäter strafen, Angreifer zurückschlagen, kurzum den Bürger in seiner Existenz und Lebensgebarung schützen. Die Gemeinschaft fördern heißt: für Gerechtigkeit sorgen, das Schöne und Gute entfalten helfen und es stärken, der Jugend eine Bahn öffnen, den Hilflosen helfen und manches Ähnliche. In diesen Aufgaben liegt der uns durch den Staat gegebene Hinweis auf Gottes Weltregiment begründet. Die Erklärung der Barmer Bekenntnissynode von 1934 drückt dieses so aus[1]: »Die Schrift sagt uns, daß der Staat nach göttlicher Anordnung die Aufgabe hat, in der noch nicht erlösten Welt nach dem Maße menschlicher Einsicht und menschlichen Vermögens unter Androhung und Ausübung von Gewalt für Recht und Frieden zu sorgen. Die Kirche erkennt in Dank und Ehrfurcht gegen Gott die Wohltat dieser seiner Anordnung an. Sie erinnert an Gottes Reich, an

Gottes Gebot und Gerechtigkeit und damit an die Verantwortung der Regierenden und Regierten.«
Das vornehmste Mittel, mit dem der Staat seine Aufgabe durchführt, ist *die Schwertgewalt.* Sie steht hinter allem, was der Staat tut. Der Staat befiehlt und erzwingt Gehorsam. Kein Bürger darf dem anderen etwas nehmen; kein Bürger darf den anderen seiner Freiheit berauben; kein Bürger darf den anderen töten, – aber der Staat darf es und er tut alles solches im Namen des Rechtes. Nur er tut solches recht; deshalb sagen wir: Der Staat hat das Monopol der legitimen Gewalt. In dieser Schwertgewalt liegen Hoheit und Würde des Staates begründet. Sie macht alle Obrigkeit zu dem Stück Gottesordnung, der wir nach neutestamentlicher Lehre Ehrerbietung, Fürbitte und tätige Mitverantwortung nach dem Maße unserer persönlichen Gaben schuldig sind: »Fürchtet Gott, ehret den König!« (1. Petr. 2,17).
Aber damit, liebe Freunde, treten wir auch schon an *die Grenzen des Staates* heran. In der noch nicht erlösten Welt führt er sein Amt. Auch der Staat ist Menschenwerk. Er steht – wie nicht minder die Kirche – in der gefallenen Schöpfung. Deshalb bedürfen Regierende und Regierte in gleicher Weise der Dämme gegen Chaos und Übermut.
Aus diesem Grunde spricht die Barmer Erklärung mit Recht im gleichen Atemzug von der Verantwortung der Regierenden und Regierten. Wenn diese Verantwortung der Regierenden vor Gott versäumt wird, tun sich Gefahren auf. Dann tritt uns das andere Gesicht des Staates entgegen, – jene echte Bedrohung.
Der Bürger fühlt es, wenn der Staat seine Grenzen überschreitet. Es ist etwas nicht in Ordnung, wenn Behörden sich zu Schlinggewächsen auswachsen, wenn die Gesetze zu Labyrinthen werden, wenn gesunde Kräfte erstickt statt gefördert werden, wenn alles und jedes bewirtschaftet wird: die Bedarfsgüter unseres täglichen Lebens, die menschliche Arbeitskraft, unsere Ersparnisse. Es ist etwas nicht in Ordnung, wenn nicht mehr gleiches Recht für alle gilt, wenn einseitige Interessen gefördert werden. Es ist etwas nicht in Ordnung, wenn Polizei oder Justiz zur politischen

Waffe werden. Es ist etwas nicht in Ordnung, wenn Propaganda heraufzieht, wenn der Staat anfängt, die Gewissen regieren zu wollen, wenn die Gutwilligen anfangen zu verzweifeln und wenn die Böswilligen anfangen zu triumphieren. Dann breitet sich eine Stickluft aus, in der niemand mehr frei atmen kann. Dann fängt der Boden an zu schwanken, auf dem wir stehen. Dann wird einer des anderen Feind im allgemeinen Mißtrauen aller gegen alle. Wir wollen diese Dinge ganz nüchtern betrachten und uns einmal bis zur letzten Tiefe deutlich machen. Ich meine, daß drei Gefahren zur Erörterung stehen, *drei Gefahren* von unterschiedlicher Tragweite.

Die eine Gefahr ist, daß der Staat sich mit Aufgaben überlastet. Sie zieht herauf, wenn er dem Bürger nichts mehr zutraut, wenn er alles reglementieren und organisieren will, so wie wir das in den letzten Jahrzehnten erlebt haben. Es fängt damit an, daß dem einzelnen die Dinge aus der Hand genommen werden und daß die Behörde anfängt, sie zu verwalten und zu tun. Es wächst sich dahin fort, daß der Staat der Gemeinde die Dinge wegnimmt und sie nach oben an sich zieht, so daß alles immer zentraler geregelt wird, immer ausschließlicher. Dann wachsen die Bürokratie, die Staatswirtschaft, die Staatsintervention, die Staatsaktivität, dann verlagern sich die Schwergewichte in die sogenannte »öffentliche Hand«, und der Bürger wird klein und häßlich. Die Gegenwart liefert Beispiele genug für solche Vorgänge. Es möchte wohl interessant sein, einmal genaue Zahlen darüber zu hören, wie sich das Verhältnis der öffentlichen Bediensteten zur Bevölkerung entwickelt hat, ob wir heute auf 50 Bürger einen öffentlichen Bediensteten haben oder auf 20 oder 10. Wenn wir das mit der Vergangenheit vergleichen, wird sich darin eine erschreckende Entwicklung abzeichnen. Allein die Polizeimacht hat sich seit 1924 vervielfacht. Man rechnet heute auf 450 Einwohner einen Polizisten. Vielleicht wissen Sie, daß es auf 700-800 Menschen einen Arzt gibt, und Sie wissen sicherlich, daß es erst auf 4000 oder 5000 Menschen einen Pfarrer gibt.

Das eindrucksvollste Bild von dem Staat, der alles an sich zieht, ist der Übermensch oder Leviathan, den der englische Staatsrechtslehrer Hobbes im Jahre 1651 auf dem Titelblatt seiner Staatslehre gezeigt hat. Da erscheint ein Übermensch, der da alles in einem ist: Gott, Mensch, Tier, Maschine, indem er alle Einzelpersonen in sich aufsaugt, indem er die Insignien aller Gewalt in seinen beiden Händen trägt, der geistlichen Gewalt so gut wie der weltlichen Gewalt, der keinen staatsfreien Bezirk läßt, weder des Denkens noch des Handelns. Er ist das Sinnbild der Gefahr, daß der Staat sich übernimmt und den Bürger erdrückt. Und weil diese Gefahr eine gegenwärtige ist, hat die Barmer Erklärung von 1934 nicht umsonst auch hierzu ein Wort in der These V c gesagt, die da lautet: »Wir verwerfen die falsche Lehre, als dürfe und könne der Staat über seinen besonderen Auftrag hinaus die einzige und totale Ordnung menschlichen Lebens werden und also auch die Bestimmung der Kirche erfüllen.«

Die zweite Gefahr, von der ich reden möchte, ist die, daß *der Staat zur Beute* wird. Nicht wahr, es ist nützlich, es kann viel einbringen, wenn man die Klinke der Gesetzgebung zu fassen vermag und damit Einfluß auf die Schwertgewalt gewinnt, die dem Staat eigen ist. Immer wieder durch die Geschichte der Menschheit geht ein Streben der Interessenten nach dieser Klinke der Gesetzgebung, nach der Einflußnahme auf die staatlichen Möglichkeiten. Ganze Gruppen greifen danach, soziale Klassen tun es, und ob es kapitalistische Klassen sind oder bürgerliche oder proletarische, – das Spiel ist dasselbe. Wirtschaftsinteressenten greifen danach, politische Parteien tun es bald mehr, bald minder, auch die Kirchen haben es je und dann getan, und nicht umsonst sagt die Barmer Erklärung von 1934 ein Wort, das in solchem Zusammenhang auch hier in Erinnerung genommen werden muß. These V d lautet: »Wir verwerfen die falsche Lehre, als dürfe und könne sich die Kirche über ihren besonderen Auftrag hinaus staatliche Art, staatliche Aufgaben und staatliche Würde aneignen und damit selbst zu einem Organ des Staates werden.«

Aber, liebe Freunde, wir wollen in solchem Zusammenhang auch ganz persönlich an uns selber denken. Ein jeder einzelne von uns gefährdet den Staat, wenn wir immer wieder fordern, daß der Staat dieses oder das bezahlen möge, was ja doch praktisch nur heißt, daß andere für uns bezahlen sollen. Der Staat kann nicht hexen und zaubern. Er kann uns nicht mehr geben, als er anderen wegnimmt. Deshalb muß ein jeder, der an den Staat eine Forderung richtet, sich deutlich machen, zu wessen Lasten es gehen soll. Und wenn wir alle miteinander darin hemmungslos werden, ist der Staat gar bald nur noch ein Beuteobjekt oder Streitobjekt von Interessenten.

Die dritte Gefahr, die eigentliche, die letzte und tiefste, wäre *die apokalyptische Gefahr.* Wir sind nicht ohne Erfahrung in dieser Gefahr. Aber es hat jetzt keinen Zweck, etwa an Rußland zu denken, sondern wir wollen dessen eingedenk bleiben, was unter uns selber geschah. War es nicht so, *daß der Regent,* der da Führer genannt wurde, *anfing, sich als Gott verehren zu lassen?* Redete man nicht davon, daß ihm keiner gleich sei und es keiner mit ihm aufnehmen könnte? War es nicht so, daß er Macht gewann über Geschlechter und Völker, daß Wundertaten von ihm bezeugt wurden, überirdische Bewahrungen und Errettungen? Daß er die große Verführung unter uns wurde? Daß er angebetet und die Heiligen umgebracht wurden? War es nicht so, liebe Freunde, daß Kleine und Große in unserem Volke, Arme und Reiche sich ein Malzeichen gaben, ohne das niemand kaufen und verkaufen konnte? Wer das 13. Kapitel der Offenbarung Johannis kennt, weiß, was ich jetzt rede. Möchte jeder dieses Kapitel im Zusammenhang mit diesem Vortrag noch einmal nachlesen! Solches alles haben wir erlebt, und es war doch noch nicht die wirkliche apokalyptische Gefahr, von der die Offenbarung redet. Aber wir lernten plötzlich, *Gott mehr gehorchen als dem Menschen,* Gott zu geben, was Gottes ist. Wir lernten plötzlich, der eigenen Obrigkeit zu widerstehen um des Gewissens willen. Wir wissen seitdem wieder, daß der Staat das Tier aus dem Abgrund werden kann, und das ist ein Anliegen auch von heute und morgen. Aber noch einmal möchte ich bitten, jetzt nicht in falschen Geleisen zu denken. Es geht nicht um die große Ost-West-Differenz in der Welt. Es geht nicht darum, daß der Staat von heute ungeahnte Machtmittel hat, wie die Staaten sie zuvor nie besessen haben, in Atomwaffen, die die Erde auseinandersprengen können, in Giftwaffen, die Völker und Länder verwüsten können, oder in Drogen, die die menschliche Substanz so auflösen, daß ein jeder seine letzten Geheimnisse vor dem Inquisitor auszuplaudern beginnt. Nein, das sind nicht die Dinge, um die es hier geht. Alles das ist furchtbar. Nein, es geht um eine letzte antichristliche Hybris des Gottmenschen, die durch alle Zeit hindurchgeht und sucht, wo sie sich festsetzen könnte. Das kann überall geschehen. Das kann unter uns geschehen, und ein Schatten davon ist ja in den vergangenen Jahren auf unseren Weg gefallen. Wir fühlen, daß es wiederkommen und sich endgültig auf uns herablassen könnte.

Das also ist das Doppelgesicht des Staates: die echte Aufgabe, die ihm Hoheit und Würde gibt, und die echte Bedrohung, die in ihren letzten Ausmaßen eine apokalyptische werden wird. Wenn wir den Staat so sehen, mit diesem Doppelgesicht, dann begreifen wir, daß man immer wieder gesagt hat: »Den Staat zu organisieren, ist das höchste Kunstwerk menschlicher Zivilisation.« Da müssen miteinander verbunden werden Ordnung, Gehorsam und Zwang mit Freiheit und Sicherheit der Bürger; da müssen miteinander verbunden werden Festigkeit und Dauer einer Staatsmacht bei gleichzeitiger Auslösung aller guten Kräfte in den Menschen; da müssen miteinander vereinigt werden Staatswürde und Menschenwürde. Wie kann es möglich gemacht werden, daß die Befehlenden und Gehorchenden sich einigen, ohne sich zu zerreiben? Wie wird es möglich sein, daß Befehlende und Gehorchende, Regierende und Regierte alle miteinander mit den unsichtbaren guten Geistern des Vertrauens erfüllt werden, anstatt mit den sichtbaren bösen Geistern des Terrors?

Uralt ist die Bemühung der Menschheit, dieser Aufgabe gerecht zu werden. Es ließe sich Vieles und Interessantes von Staatsmännern und Staatsphilosophen hierzu berichten. Aber es muß hier dahinstehen. Ich will auch nicht etwa eine eigene Staatsphilosophie aufzutischen beginnen, noch in eine Erörterung unserer heutigen unmittelbaren Staatsaufgaben eintreten. Wir sind nach dem völligen Zusammenbruch überall in diesem Aufbau begriffen. Wir fangen wieder an, unsere bürgerlichen Gemeinden, die Länder und nun gerade in diesen Tagen auch einen Bund zu organisieren. Uns alle überkommt dabei ein Gefühl des Problematischen und der Unsicherheit. Das ist erklärlich, weil ja alles, was sich heute in Rathäusern und Parlamenten und Regierungen abspielt, nicht von unten her gewachsen ist, sondern sozusagen auf dem leeren Tisch aufgebaut und konstruiert und organisiert werden muß, um aus den Trümmern und der totalen Kapitulation herauszukommen. Wir müssen deshalb in den Ansprüchen, die wir an diese staatlichen Entwicklungen von heute und morgen stellen wollen, bescheiden sein. Es kann jetzt wirklich nur darum gehen, in allen diesen Dingen einen guten Anfang zu setzen. Die Vollendung erleben wir nicht mehr, denn gute staatliche Organisationen, gute bürgerliche Gemeinschaften müssen durch Generationen hindurch wachsen, ehe sie wirklich gefestigt, wohl begründet und ausgewogen vor uns stehen. Es gibt Staaten und Volksgemeinschaften, denen dieser lange Weg des Wachsens von Generation zu Generation und durch die Jahrhunderte hindurch geschenkt wurde, wie der Schweiz, in etwa auch dem englischen Volk und den skandinavischen Völkern – es gibt solche! Uns ist solches von ferne nie zuteil geworden, denn alle Anläufe, die unser deutsches Volk in seiner Geschichte je zur staatlichen Ordnung gemacht hatte, blieben stecken, wurden umgebogen und zerknickt, ehe sie zum Ziele kamen. Deshalb lastet auf unserer Generation die besonders mühevolle Arbeit, überhaupt einmal nach Fundamenten zu suchen und wenigstens die Anfänge eines solchen Aufbaus zu legen. Deshalb müssen wir bescheiden sein, und wir hätten alles getan, wenn wir den guten Anfang setzen würden. Dieser gute Anfang aber, liebe Freunde, verpflichtet uns zur Teilnahme an diesem Geschehen, verpflichtet sonderlich den evangelischen Mann zur Teilnahme!

Lassen Sie mich jetzt noch über drei Dinge unter solchem Betracht sprechen: Von den *Aufgaben, die jedem einzelnen von uns gestellt sind,* von der Anforderung an die Regierenden und schließlich ein Wort über die Aufgaben der Kirche in diesem Geschehen.

Was das erste anlangt, so möchte ich sagen: Man kann die Geschichte der letzten Jahrzehnte überhaupt nicht verstehen, wenn man nicht weiß, daß eine ungeheure Gewichtsverschiebung vom einzelnen zur Gesamtheit hin stattgefunden hat, eine Vermassung der Gesinnung, eine Verstaatlichung unser aller Existenz, eine Selbstpreisgabe der Persönlichkeit, die da alle Stufen von einer bloßen Unsicherheit des Urteils über die zähneknirschende Unterwerfung bis zum schamlosesten Opportunismus durchläuft. Hat es jemals soviel Charakterlosigkeit gegeben wir unter uns, soviel Mangel an Zivilcourage, soviel Gleichförmigkeit im Denken, soviel zynischen Opportunismus des Mitmachens um der Zweckmäßigkeit willen, so viele weiche Knie wie in unserer Generation? Ich glaube kaum, und da liegt der Hinweis darauf, daß wir als Christenheit, als christliche Gemeinde, der Welt etwas schuldig geblieben sind. Es ist nicht zuletzt unser Versagen, daß es so werden konnte. Damit stehen wir vor der Frage, ob wir uns nun besinnen wollen, ob wir nun unsere Verantwortung endlich sehen wollen und ob wir nun in diesen Grundstein mit hineinbauen wollen, was wir als evangelische Männer hineinzutragen haben, auf daß wirklich ein Fundament entstehe, auf dem die bürgerliche Gemeinde und der Staat für unsere Kinder und Kindeskinder – so Gott will – werden Bestand haben können.

Wir sind gerufen, einander zu dienen, ein jeglicher mit der Gabe, die er empfangen hat. Um welche Gaben geht es hier? Unter Hinweis auf frühere Ausführungen nenne ich aus der Fülle der Gaben, die dem Christenmenschen von Gott geschenkt sind, nicht aus unserem Verdienst, sondern aus Gottes Gnade und Barmherzigkeit und mit dem Auftrag, sie zu bestätigen:

Die Gabe der *Personhaftigkeit.* »Fürchte dich nicht, ich habe dich erlöst, ich habe dich bei deinem Namen gerufen, du bist mein«

(Jes. 43,1). Dieser Ruf bedeutet die ganze Unvertretbarkeit unserer persönlichen Existenz vor Gott. Daß doch davon etwas wirksam würde in all unserem Gemeinschaftsleben!

Die Gabe der *Verantwortungsfähigkeit*, weil der Christenmensch Gott gegenübersteht, der uns in unsere Verantwortung bindet und uns auf unsere Verantwortung stellen wird.

Die Gabe der *rechten Einschätzung des Menschen*. Wir wissen, daß wir den Menschen nicht pessimistisch verachten dürfen, weil er Geschöpf Gottes ist wie wir selber, daß es kein lebensunwertes Leben gibt. Wir wissen, daß wir den Menschen nicht optimistisch überschätzen dürfen, daß wir gemahnt sind, den Menschen niemals zu vergöttern.

Die Gabe der *Unterscheidung der Geister*. Liebe Freunde, wissen wir etwas von dem, was in 1. Korinther 12, Vers 11 steht? Wäre doch solches wirksam unter uns zu rechter Zeit! Es ist für mich auch heute immer noch überwältigend eindrucksvoll, wie ein Christ das, was über uns gekommen ist, im Jahre 1931 eben als Christ uns gesagt hat, ein Mann im bescheidenen Pfarramt, Otto Karwehl, in einem Aufsatz über »Politisches Messiastum« in der Zeitschrift »Zwischen den Zeiten«[2]. Es würde sich verlohnen, einen ganzen Abend nur über diesen Aufsatz zu sprechen und ihn unter den Erlebnissen zu betrachten, die wir seit 1931 alle gemacht haben. Die Gabe der Unterscheidung der Geister gibt es. Möchte sie wirksam werden und von uns respektiert werden, je und dann, wenn es notwendig wird!

Die Gabe der *echten Hoffnung*. Ohne Hoffnung lebt niemand. Es geht darum, ob wir unsere Hoffnung auf Ersatzgötter und Ersatzreligionen setzen und damit dem Fanatismus verfallen oder ob wir stehenbleiben bei dem Satz »Trachtet am ersten nach dem Reiche Gottes und nach seiner Gerechtigkeit, so wird euch solches alles hinzugegeben« (Matth. 6,33).

Die Gabe, fähig zu sein zur *Gerechtigkeit*, die Gabe, fähig zu sein zur *Liebe*. »Unser keiner lebt sich selber«, sagt Paulus von seiner Gemeinde (Röm. 14,7). Das bedeutet, daß der autonome Mensch an der Wurzel überwunden ist.

Endlich die Gabe der *rechten Einschätzung des Staates.* Wir wissen als Christenmenschen, daß der Staat eine Notordnung ist. Wir dürfen ihn nicht verludern lassen, weil er von Gott her gesetzt ist als Instrument, um dem Chaos zu wehren. Wir wissen, daß der Staat nicht die Erlösung sein wird, daß die Schwertgewalt nicht das Paradies aufschließt. Deshalb dürfen wir ihn nicht vergöttern. So gehen wir mitten hindurch zwischen dem Anarchismus auf der einen Seite und der Staatsvergötterung auf der anderen Seite. Wenn doch das die Menschheit nur immer in Erinnerung halten wollte! Es ist unsere Aufgabe als Christenheit, der Welt immer wieder zu sagen, welches die Aufgaben und welches die Grenzen des Staates sind.

Aber auch ein Wort über die Regierenden ist zu sagen. Ich kann mir nichts Tieferes denken als das, was im sogenannten Königsgesetz des Moses zu lesen ist (5. Buch Mose, Kapitel 17). Das Volk Israel wollte unbedingt einen König haben, und Moses sagt ihnen dazu einige Worte. Bitte lest es nach! Da steht u. a. der Vers: *»Er«* (nämlich der König) *»soll sein Herz nicht erheben über seine Brüder und soll nicht weichen von dem Gebot, weder zur Rechten noch zur Linken.«* In diesen wenigen Worten ist alles enthalten, was die christliche Kirche den Regierenden immer wieder zu sagen hat. Vor dem Staat steht die Person und über dem Staat steht Gott. Wenn die Regierenden alle Zeit gelten lassen würden, daß vor ihnen Personen stehen, Geschöpfe Gottes, Personen in ihrer unvertretbaren Existenz, in ihrer Unverletzlichkeit des Gewissens, würden sie gar manchmal anders mit ihren sogenannten Untertanen umgehen. Der König soll sich nicht erheben über seine »Brüder«! Ja, liebe Freunde, jetzt möchten wir wohl sagen: Wäre es doch zunächst einmal unter uns in der Kirche so! Da sind wir doch wahrlich noch viel mehr zur Bruderschaft gerufen als in der bürgerlichen Gemeinde, im Staat. Und das andere ist, daß er dem Regierenden zuruft: »Du sollst nicht weichen von dem Gebot, weder zur Rechten noch zur Linken«, d. h. in einer unerschütterlichen Majestät steht Gottes Gebot über dir, weiche nicht von ihm!

Und ein letztes Wort zu dem, *was die Kirche hinzuzutragen hat.* Liebe Freunde, es ist immer gut, wenn der Staat ein Gegengewicht hat, wenn er nicht alles in allem ist. Das bewahrt ihn davor, sich zu dem Übermenschen und Ungeheuer zu entwickeln. Deshalb soll die Person unangetastet vor ihm stehen, aber auch die Familie und die nächsthöhere Zelle und Gruppe, bis er selbst als letztes kommt. Von da ist wohl auch zu fordern, daß der einzelne Mensch seine eigene wirtschaftliche Selbständigkeit haben muß, um wirklich ein freier Staatsbürger sein zu können. Vor allem muß eine *eigenständige Kirche* da sein, wenn die Dinge recht geordnet sein sollen. Die Kirche kann, wenn sie sich mit dem Staat in einer Hand vereinigt, ein furchtbares Zusatzgewicht zur Staatsmacht werden. Sie kann ebensosehr ein heilsames Gegengewicht sein, wenn sie eigenständig ist. Die Geschichte unserer evangelischen Kirche in Deutschland ist Beleg für solches. 400 Jahre lang war sie Staatskirche und damit dieses zusätzliche Gewicht auf der Staatsgewalt gegenüber dem Bürger und dem Untertanen mit vielen unglückseligen Auswirkungen für unsere ganze Geschichte! Das ist zu Ende seit 1945; ich sehe darin einen der wenigen großen, erfreulichen und hoffnungsvollen Vorgänge unserer gegenwärtigen Zeit. Aber gerade hier gilt es, Folgerungen zu ziehen! Es genügt nicht, zu sagen: Wir wollen nicht wieder Staatskirche werden. Das ist so überaus unverbindlich für den einzelnen. Hier ist ein jeder zur Verantwortung gerufen, jeder auch hier heute abend. Liebe Brüder und Freunde hier im Westen, wollt Ihr, bitte, einmal zur Kenntnis nehmen, daß die evangelische Kirche in der russisch besetzten Zone sozusagen über Nacht vor die Aufgabe gestellt wurde, den gesamten Religionsunterricht in allen Schulen zu übernehmen, die gesamte Krankenhaus-Seelsorge, die gesamte Gefängnis-Seelsorge; das alles auch selbst zu bezahlen, zu tragen und mit vielen tausend neuen Helfern zu organisieren. Unsere evangelischen Gemeinden dort drüben in der russischen Zone werden damit fertig, recht und schlecht, sorgenvoll und freudvoll zugleich. Sie lassen diese Aufgaben nicht liegen, sondern sie fassen sie an. Das nenne ich »eigenständige Kirche«! Da gilt es, nicht zu jammern, daß der Staat den Religionsunterricht nicht mehr erteilt und bezahlt, nicht zu jammern, daß er nicht mehr die Krankenhaus- und Gefangenenseelsorge trägt und daß er nicht mehr die Gelder für uns eintreibt, sondern da gilt es zuzufassen! Es ist wahrlich Gottes grundlose Barmherzigkeit, daß Er uns diese Aufgaben noch nicht vor die Füße gelegt hat. Aber wir sollten uns auf solche Aufgaben rüsten, denn sie können auch morgen vor uns stehen. Wir können es dadurch tun, daß wir uns *zur lebendigen Gemeinde zusammenfinden,* zu einer echten Bruderschaft, zu einer echten Verbundenheit von Mann zu Mann einschließlich des Pfarrers, denn auch er ist unser Bruder, so wie wir seine Brüder sein wollen. Ihr lieben Freunde, laßt es uns doch lernen, nicht mit so viel Hemmung, mit so viel Kritik, mit so vielen Einwänden kirchliches Geschehen sich abspielen zu lassen, sondern überall da, wo uns etwas nicht gefällt, hinzugehen und uns auszusprechen mit dem Bruder, mit dem Pfarrer. Heraus mit der Sprache und dann zugefaßt! Nicht die Aufgaben immer auf die anderen abschieben! Ein jeder einzelne hat Gaben empfangen von Gott, und jeder von uns hat auch noch etwas Freizeit. Möge sie angewandt werden zum Männerwerk und Gemeindedienst, alles das als Hinweis für die ganze Welt auf Gottes Ordnung und Gottes Gebot. Das würde das Stücklein Baustein sein, das wir mit in das Fundament hineinzulegen haben, um das wir uns in Deutschland im Jahre 1949 mühen, hier und anderwärts. Und wenn wir das alles tun, dann wird zwar immer noch kein Paradies auf Erden, da alles, was geschieht, Menschenwerk bleibt mit allem Wenn und Aber, von dem ich sprach, mit allen Gefahren falscher Entwicklung, mit allen Bedrohungen, die daran hängen. Aber, liebe Freunde, es wird dennoch dabei verbleiben, daß der Sieg des auferstandenen Herrn errungen ist, endgültig und vollständig. Dieser Sieg wird sichtbar werden an dem Tag, an dem er wiederkommen wird, um alles Regiment selber anzutreten und jeden einzelnen von uns zu fragen: »Was hast du getan?«

1 KJ 1933–44, S. 63–65.
2 Jg. 9, H. 6, Juni 1931, S. 519–43. – Neudruck in: Theol. Bücherei Bd. 34, München 1966, S. 19–41.

4. Die öffentliche Verantwortung des evangelischen Christen

Vortrag auf der Deutschen Evangelischen Woche (dem 1. Deutschen Evangelischen Kirchentag) in Hannover, 29. 7. 1949

Die These, daß die Obrigkeit von Gottes Gnaden da sei, und die Zeit, da alles verwaltet wurde von Thron und Altar, ist heute nicht mehr unsere Situation. Wir sind wirklich mit einer Obrigkeit solcher Vergangenheit zu Ende gekommen. Aber haben wir in unser Bewußtsein wirklich aufgenommen, daß die evangelische Kirche frei geworden ist von staatlicher Verwaltung und Gestaltung ihrer Angelegenheiten? Sind wir uns dessen klar geworden, daß dieser unser Staat ein demokratischer Staat geworden ist? Es liegt an uns, was nun werden soll. Oder wollen wir etwa bedauern, daß es unserer Generation aufgetragen ist, alle die Aufgaben anzufassen, die uns vor die Füße gelegt sind? Jede Epoche ist in gleicher Weise unmittelbar zu Gott. Keine ist wertvoller als die andere. Auch 1949 ist Deutschland nicht ferner von Gott, als es zur Zeit um 1910 gewesen ist oder als das reiche Amerika von heute ist. Ja, vielleicht könnten wir Heutigen sogar näher zu Gott sein, da uns alles zerschlagen wurde, was menschlicherweise zufrieden, stolz und sicher macht. Wir erleben heute die Gnade des Nullpunkts. Es ist eine Gnade, daß wir nach all diesem Wegräumen vor einem neuen Weg stehen dürfen, und es ist die Frage: »Was machen wir aus dieser Gnade, was machen wir aus dieser Aufgabe?«

Es wird uns oft gesagt: du sollst dies und das tun, verantworten und mitmachen. Ich meine, wir brauchen gar nicht so hart zu sprechen, wir können es viel freundlicher, viel ansprechender ausdrücken, indem wir etwa einmal so sagen: »Es ist doch nirgendwo so interessant wie heute und hier!«

Ist es nun wirklich ganz in unser Bewußtsein getreten, daß wir alle mit dem Jahr 1948 ein Jahr von besonderer kirchengeschichtlicher Bedeutung mitgemacht haben? Die Kirchenversammlung von Eisenach liegt knapp ein Jahr zurück. Dort ist es der evangelischen Christenheit geschenkt worden, nach 400jähriger Getrenntheit zum ersten Male in echter brüderlicher Einigung zusammenzufinden und eine Einheit sichtbar zu machen, nach der unsere Vorfahren seit Generationen ausgeschaut haben.

Ist es wirklich ganz in unser Bewußtsein getreten, daß unsere evangelische Kirche heute die einzige öffentliche Körperschaft ist, die über alle vier Zonen hinweg wirkt? Nicht aber dieser Hinweis auf einen Vorgang soll entscheidend sein, sondern die Frage, ob wir daran Anteil nehmen, auch heute und morgen! Ob wir uns gerufen sein lassen, diese uns in der evangelischen Christenheit bereitete Gemeinschaft zu festigen und zu vertiefen, oder ob wir sie gefährdet sein lassen wollen durch Konfessionalismus, der sich als ausschließlich versteht. Ich glaube sagen zu dürfen, daß die evangelischen Männer und Frauen, die evangelischen Nichttheologen mit heißem Herzen danach trachten, daß uns allen evangelische Gemeinschaft durch alle Gemeinden hindurch geschenkt und erhalten bleibe.

Ist es wirklich in unser Bewußtsein eingetreten, daß auch jenseits der Kirchenmauern Christen am Werk sind? Daß die Kirche so frei ist, das bringt immer wieder die frische Luft in die Kirche, die sie so nötig hat. Der liebe Gott könnte ja viel liberaler sein, als wir es denken und gern haben! Weil Kirche Gnade ist, eröffnet sie vielen Menschen Wege, alte und neue, bewährte und ungewohnte. Weil sie Gnade ist, darum haben die alten Wege, die Sprache Kanaans an ihrem Ort ihr gutes Recht und ihre Notwendigkeit, wo sie zu hören und zu respektieren sind. Weil sie Gnade ist, mag es auch Bekenntniskirchen geben. Die Aufgabe der Nichttheologen besteht darin, dafür zu arbeiten, daß all dieses nicht verstummt, sondern unter uns zur Brücke wird in dem einen Herrn der Kirche, Jesus Christus.

Ist es wirklich ganz in unser Bewußtsein getreten, was mit der

Weltkirchenkonferenz von Amsterdam im Jahre 1948 für uns heranreift? Wer dieses Ringen um die Einheit in der Getrenntheit hat miterleben dürfen und dieses befreiende Bewußtsein, daß in allem Trennenden die Gemeinschaft in Jesus Christus siegt, wird das nicht vergessen, sondern möchte es all und überall als Wirklichkeit wissen.

Haben wir miterlebt und ist es wirklich in unser Bewußtsein getreten, daß sich in den evangelischen Landeskirchen etwas ganz Grundlegendes vollzogen hat dadurch, daß wir endlich erstmalig frei geworden sind aus staatlicher Verwaltung und staatlicher Gestaltung unserer kirchlichen Anliegen? Ungeheure Aufgaben kommen dadurch auf uns zu, um das nun zu formen, was uns vor die Füße gelegt ist.

Ist es wirklich ganz in unser Bewußtsein getreten, daß sich eine Umformung von der Volkskirche zur lebendigen Gemeinde, zur Kerngemeinde vollzogen hat? Ein Stücklein, das dieses deutlich macht, ist die Berufung in das Presbyteramt. Es ist interessant zu wissen, daß dieses in der Schweiz ein aufregendes Interesse hervorgerufen hat, was bei uns nicht immer der Fall ist.

Steht es wirklich ganz in unserm Bewußtsein, was sich mit der evangelischen Kirche in der russischen Zone zuträgt? Über Nacht wurde ihr die Aufgabe gegeben, den gesamten Religionsunterricht als eigene Sache zu übernehmen. Viele tausend Katecheten müssen ausgebildet werden. Alle Seelsorge in Krankenhäusern und Gefängnissen ist als ausschließlich kirchliche Angelegenheit zu gestalten. Auch finanzielle Bedürfnisse müssen selbst erfüllt werden, weil der Staat es zum großen Teil ablehnt, die Kirchensteuer einzuziehen. Immer da, wo Gott seiner Gemeinde solche Aufgaben gibt, ist es nahe daran, daß Gottes Segen über sie kommt.

Ist es wirklich in unser Bewußtsein getreten, daß durch das kirchliche Hilfswerk nach diesem zweiten Weltkrieg die ersten Brükken geschlagen worden sind von Nation zu Nation als Zeichen der Verbundenheit über alle Lande und alle Kirchen hinweg?

Steht es wirklich ganz in unserm Bewußtsein, daß heute in

Deutschland die politischen und sozialen Bewegungen nach neuen geistigen Fundierungen suchen? Gerade in den sozialen und politischen Bewegungen in der Arbeiterschaft! Der Marxismus als Weltanschauung zerblättert und zerbricht. Der Streit um das Eigentum an den Produktionsmitteln erweist sich nicht mehr als die Kernfrage. Hier ist die große Aufgabe für den evangelischen Arbeiter in den Büros, in den Bergwerken, in den Handwerksbetrieben. Möge Gott uns alle diejenigen schicken und schenken, die an der neuen geistigen Fundierung sozialen und politischen Geschehens mit Anteil nehmen und zufassen[1].

1 Im 2. Teil des Referats werden die Gedanken von Nr. 3 über die Gaben des Christen und die Gefahren des Staates wiederholt.

5. Evangelische Kirche heute

Vortrag vor dem Christlichen Verein Junger Männer in Wuppertal-Barmen, 16. 11. 1949

Wer nach der Evangelischen Kirche heute fragt, sollte in erster Linie nach dem *geistlichen Geschehen* in ihr Ausschau halten. Ein Stück dieses geistlichen Geschehens wird durch die Gegenüberstellung zweier Persönlichkeiten deutlich, an denen die tiefgreifende Wandlung im geistlichen Verständnis des Evangeliums zu erkennen ist, die ungefähr seit dem ersten Weltkrieg einsetzte.

Vor noch etwa 20 oder 30 Jahren war die evangelische Theologie weithin durch *Adolf von Harnack* bestimmt, der 1930 79jährig starb. Für Harnack, einen Mann von ungeheuer großem geistigen Zuschnitt, der in den verschiedensten Geisteswissenschaften gründlich gebildet war, ist Jesus menschliches Vorbild gewesen, in dem Sinne, daß sich in ihm eine Persönlichkeit darstellt, der es von uns aus nachzustreben gilt. Das Leben würde für das Verständnis Harnacks sinnlos gewesen sein, wenn es sich wirklich so verhielte, wie Paulus sagt, daß alle Weisheit der Welt Torheit wäre vor Gott. Für ihn und diejenigen, die sich von ihm bestimmen ließen, waren *alle* Erkenntnisse Stufen der Gotteserkenntnis. Und diese Erkenntnis in den Stufen der menschlichen Entwicklung war von dem Optimismus getragen, daß wir es selbst und auf mancherlei Weise zuwege bringen würden, uns dem großen Vorbild mehr und mehr zu nähern.

Diesem Adolf von Harnack steht ein Mann gegenüber, der das Gesicht der Theologie von heute in ähnlichem Umfang bestimmt: *Karl Barth.* Er ist 35 Jahre jünger als Harnack und war im Jahre 1906 als Student sein eifriger Schüler. Karl Barth hat eine völlig andere Linie in die Theologie hineingetragen, erstmalig sichtbar geworden in seinem Kommentar zum Römerbrief, der 1919/22 erschien[1]. Da zeichnet sich ein ganz anderes geistliches

Verstehen des Evangeliums ab: Christus ist der große Einbruch von oben herab in diese unsere Welt, der Einbruch Gottes. Nun ist es mit einem Schlage zu Ende mit alledem, was *wir* zustande bringen sollen. Wir sind ganz und gar zurückgeworfen auf das Handeln Gottes mit uns.

Das wäre in ganz wenigen Strichen eine Kennzeichnung dieser beiden geistlichen Haltungen, und nun ist eine Begebenheit zwischen diesen beiden Männern hinzuzufügen, die das harte Aufeinanderstoßen dieser Richtungen sichtbar macht. Die Tochter Adolf von Harnacks, Agnes von Zahn-Harnack, berichtet in ihrer Biographie über den Vater[2], daß diese beiden Männer, Harnack und Barth, sich im Jahre 1920 auf einer theologischen Konferenz in Aarau (Schweiz) begegneten. Als Harnack nach Hause zurückkehrte, sagte er erschüttert, er habe doch in seinem langen Gelehrtenleben wahrlich bewiesen, daß er aufgeschlossen für weite Bezirke geistigen und geistlichen Lebens sei. Aber dort, auf dieser Konferenz, bei der Begegnung mit Karl Barth sei es ihm so ergangen, daß er nicht *einen* Satz, nicht *einen* Gedanken mehr verstanden habe von dem, was ihm da entgegentrat. An dieser Begebenheit wird deutlich, wie groß und tiefgreifend die Wandlung im Verständnis der Heiligen Schrift sein muß, die sich damals anbahnte.

Das andere, was man zur Verdeutlichung des heutigen geistlichen Geschehens in der Evangelischen Kirche ins Auge fassen muß, ist der *Aufbruch der Bekennenden Kirche.* Im Jahre 1933 setzte der große Angriff einer kirchenfremden Weltanschauung auf die christliche Kirche ein. Damals sind bekanntlich die sogenannten Deutschen Christen aufgestanden, um im Raum der Evangelischen Kirche die arische Gotteserkenntnis zu vertreten, um uns beizubringen, daß es mit dem Judengott der Bibel zu Ende sei und daß nun ein Christus aus arischer Schau gepredigt werden müsse. Dieser Ansturm auf die christliche Kirche wurde mit den politischen Methoden des damaligen Systems geführt.

Im Juli 1933, als die Wahlen zu den kirchlichen Körperschaften stattfanden, war es der seiner Herkunft nach katholische Reichskanzler, der am Abend zuvor über alle Radiosender die entscheidende Rede für die evangelischen Kirchenwahlen hielt. Die Folge war, daß den Deutschen Christen weithin die Tür zur Eroberung der kirchlichen Körperschaften aufgebrochen wurde. Daran entzündete sich der Widerstand der Bekennenden Kirche. Es entstand der Pfarrernotbund als erste Widerstandsbewegung gegen dies Geschehen. Es erwuchsen die Bruderräte in den Gemeinden und in den Landeskirchen, die freien Synoden in Abwehr gegen die von den Deutschen Christen eroberten und nicht mehr kirchlich legitimen Synoden. Es entstand, liebe Freunde, laßt uns das ganz besonders in Erinnerung nehmen, *lebendige Gemeinde,* landauf, landab, indem wir anfingen, etwas ganz anderes als nur das Publikum für eine Sonntagspredigt zu sein. Wir fingen an, uns quer durch die Reihen hindurch zu kennen, mit unserem Namen zu kennen, aneinander auch persönlich Anteil zu nehmen und das Geschehen der Zeit die Werktage der Woche hindurch miteinander brüderlich zu besprechen und zu tragen. Es kam hinzu, daß wir auf einmal etwas von dem erlebten, wovon wir nur aus unseren Schulbüchern und Unterrichtserinnerungen wußten und was wir für eine Sache fernster Vergangenheit hielten, nämlich daß Menschen, die wir leibhaftig kannten, mit denen wir umgegangen waren, auf einmal von Gott gerufen wurden, auch unter Leiden und Verfolgungen Werkzeuge seiner Botschaft, ja, Blutzeugen Jesu Christi zu sein.

Die große Deklaration in dem Abwehrkampf der Evangelischen Kirche gegen den Ansturm nationalsozialistischer Weltanschauung ist die *Theologische Erklärung, die wir auf der Bekenntnissynode von Barmen 1934* abgaben. Ich möchte wünschen, daß Presbyterien und Gemeinden heute und morgen und immer wieder diese Barmer Erklärung besprechen, durchdenken und daran das kirchliche Geschehen messen.

Das war es, was wir erlebten, und alles dieses hätte nicht sein können, wenn nicht eben diese geistliche Wandlung in unserer evangelischen Christenheit voraufgegangen wäre, von der ich eingangs andeutungsweise sprach.

Das Ende dieses Kirchenkampfes ergab sich 1945 dadurch von selbst, daß der Nationalsozialismus auf der ganzen Linie zusammenbrach und damit auch sein Vortrupp im Bereich der Evangelischen Kirche. Als der neu eingesetzte Rat der Evangelischen Kirche in Deutschland im *Oktober 1945* sich erstmalig in Stuttgart beieinander fand, gaben wir eine Erklärung ab, von der ich bitten möchte, daß auch sie nicht aus dem Bewußtsein unserer Gemeinden verschwände. Diese *Stuttgarter Erklärung* besagt u. a.: »Wohl haben wir lange Jahre hindurch im Namen Jesu Christi gegen den Geist gekämpft, der im nationalsozialistischen Gewaltregiment einen furchtbaren Ausdruck gefunden hat; aber wir klagen uns an, daß wir nicht mutiger bekannt, nicht treuer gebetet, nicht fröhlicher geglaubt und nicht brennender geliebt haben!«[3] Liebe Freunde, nach meiner Überzeugung wird Gott uns keinen Weg in eine neue Freiheit schenken, wenn wir nicht in voller Bereitschaft durch die Tür dieser Erklärung hindurchgehen, ein jeder auf seine Weise.

Es ist eigenartig und beschämend, zu beobachten, daß die Barmer und die Stuttgarter Erklärung und manches andere Wort der Bekennenden Synoden aus den Jahren 1933/45 weit außerhalb Deutschlands auch heute noch ein größeres Interesse finden als unter uns. Es gibt kaum einen holländischen Pfarrer, der die Barmer Erklärung nicht kennt, so wie sie auch im norwegischen Kirchenkampf eine Rolle spielte und in den jungen Gemeinden der Missionsgebiete heute noch eine Rolle spielt. Und unsere Gemeinden, so frage ich, nehmen sie auf diese Dinge rechten Bedacht? Denken Sie alle immer wieder daran zurück? *Leben* diese Erkenntnisse in uns?

Ein Propst der dänischen Kirche, der mich unlängst besuchte, sagte zu mir: »Wißt ihr eigentlich in Deutschland, daß euer größtes Aktivum draußen in der Welt *Martin Niemöller* ist?« Ja, das ist so! Ich habe ein Stück davon selbst miterlebt, als Martin Niemöller im August des Jahres 1948 im Anschluß an die Amsterdamer Kirchen-Konferenz vor der holländischen Jugend und den Delegationen der Jugend anderer Länder einen Vortrag zu halten hatte. Er wurde von dem Leiter dieser riesigen Versammlung mit dem Bemerken angekündigt, es sei nun das erste Mal nach dem Kriege, daß in Holland ein Deutscher in deutscher Sprache öffentlich zu reden beabsichtige: Martin Niemöller, der fast acht Jahre im Konzentrationslager gesessen habe. Als Niemöller daraufhin ans Rednerpult trat, stand die 6000köpfige Menge auf, um ihn mit begeistertem Händeklatschen zu begrüßen. Warum erzähle ich das? Nicht um einen Menschen zu rühmen, sondern weil es ein Beleg dafür ist, daß die Christenheit in der Welt an dem Geschehen in unserer Kirche in Deutschland allerinnersten Anteil genommen hat; weil man draußen von der Christenheit hier in Deutschland noch etwas erwartet; weil man erkennt, daß hier in Deutschland stellvertretend für alle Christenheit etwas geschehen ist, so wie schon einmal in der Reformationszeit. Und ich frage immer wieder: Wie ist es möglich, daß uns selbst das alles nicht so stark bewegt? Wie ist es möglich, daß wir so etwas als abgeschlossene Sache betrachten, anstatt mitten darin zu stehen und als Kirche auch heute und morgen »unterwegs« sein und bleiben zu wollen?!

Wenn wir aber bereit wären, das Erbe dieser vergangenen Jahre bewußt fortzuführen, was wären dann *unsere gegenwärtigen Aufgaben?* Die Christenheit hat zu allen Zeiten die eine große Aufgabe der Verkündigung des Evangeliums. Aber ihr sind auch je und dann besondere Aufgaben gestellt, zeitbedingte Aufgaben, und solche liegen auch auf uns. Die Christenheit im 16. Jahrhundert hatte die besondere Aufgabe, sich klarzuwerden über das Verhältnis von Rechtfertigung aus dem Glauben und Rechtfertigung aus den Werken. Wenn ich recht sehe, hat die Christenheit *unserer Tage* ihre besondere Aufgabe darin, daß wir uns klarwerden sollen über das Verhältnis von *Kirche und Welt* sowie über die *wahre Einheit der Christenheit.*

Kirche und Welt! Als Luther zur Reformation der Kirche rief, waren es weltliche Obrigkeiten, Landesherren und Magistrate der reichsfreien Städte, die diesen reformatorischen Kirchen zum Durchbruch verhalfen. Daraus ergab sich, daß sie als *Staats-*

kirchen ins Leben traten. Das sollte ein kurzer Übergang sein, aber es blieb 400 Jahre lang so unter uns stehen und hatte eine dreifache Auswirkung: 1. daß der Landesherr, der sein Gebiet zur lutherischen oder calvinischen Kirche führte, seine ganze Untertanenschaft mit sich nahm, so daß das gesamte Staatsvolk ohne persönliche Glaubensentscheidung des einzelnen eine konfessionelle Einheit lutherischen oder calvinischen Gepräges wurde. Die 2. Auswirkung war, daß der Staat die Kirche verwaltete, und das hatte zum 3. die Auswirkung, daß diese Kirche auch in eine soziale Einseitigkeit und konservative Gebundenheit hineingeriet, weil sie ja mit den herrschenden Schichten verknüpft war. Von da aus ist es zu erklären, daß das Bürgertum in seinem Kampf um politische Rechte sowie die Arbeiterschaft in ihrem Kampf um soziale Rechte im 19. Jahrhundert der Kirche weithin fremd wurden. Diese ganze Entwicklung hat dazu geführt, daß der Dienst unserer evangelischen Kirche sich weithin beschränkt auf den Ablauf von Amtshandlungen und das Abhalten der Sonntagspredigt vor einem Publikum, das sich dann wieder verläuft.

Aber, liebe Freunde, im Geschehen des Kirchenkampfes hat eine Umstellung zur *Gemeindekirche* begonnen, und damit liegt die Aufgabe vor uns, diese Ansätze nicht wieder ruhen zu lassen, auch nachdem der Kirchenkampf abgeschlossen ist, sondern sie weiterzuführen. Gemeinde Christi würde heißen, daß wir die lebendige Gemeinschaft festhalten, die durch den Kirchenkampf uns geschenkt wurde, würde bedeuten, daß die sogenannten Laien, Männer und Frauen, Alte und Junge, sich gerufen wissen zu einem Dienst in der Kirche Christi, als dem vornehmsten und höchsten Dienst, den es unter uns Menschen geben kann.

Ich will von den speziellen Dingen, um die es in diesem Zusammenhang geht, nur eins herausgreifen. Wir haben in unserer Evangelischen Kirche im Rheinland im Jahre 1946 eine *Neuordnung für die Berufung ins Presbyteramt* beschlossen[4]. Diese Ordnung besagt, daß an der Berufung eines Presbyters in sein Amt nicht mehr wie bis 1946 jedermann mitwirken kann, der lediglich noch Kirchensteuern zahlt, sondern nur derjenige, der am Leben der Gemeinde teilnimmt. Nun wird oft von solchen, die erst nachträglich von der Wahl hören, eben weil sie nicht zum Gottesdienst kommen, gesagt: »Aber wie konnte man mich ausschließen, ich zahle doch Kirchensteuer?!« Hier ist es notwendig, daß wir ganz gründlich den Unterschied zwischen politischem Wahlrecht und einer Mitwirkung in der Gemeinde Jesu Christi herausarbeiten. Alle Parallelen aus dem politischen Wahlrecht sind in der christlichen Kirche fehl am Platze. Der Staatsbürger kann über die Substanz des Staates, seine Verfassung und Grundordnung, durch die Partei, die er wählt, mitbestimmen. In der Kirche Jesu Christi gibt es solches Bestimmungsrecht von Menschen nicht. Die Substanz der Kirche, ihr Wesen und ihr Auftrag, sind von Jesus Christus als dem Herrn der Kirche gesetzt und damit allem menschlichen Wollen und Meinen entzogen. Wer dieses Wesen der Evangelischen Kirche nicht gelten lassen will, kann nicht berufen sein, in ihr mitzuraten und mitzutaten. Der Abgeordnete in einem politischen Parlament, in einer Stadtverordnetenversammlung, in einem Landtag oder Bundestag, mag als ein Sprecher seiner Wähler auftreten, deren Interessen geltend machen oder deren Ziele verfolgen. Solches alles gibt es in der Kirche Jesu Christi nicht. Der Presbyter ist nicht ein Abgeordneter, nicht ein Sprachrohr des Kirchenvolkes. Er ist ein Glied des Kirchenregimentes und muß darauf acht haben, daß der uns gesetzte Auftrag der Kirche recht erfüllt wird. Er hat sein Augenmerk auf den zu richten, der der Herr der Kirche ist. Er hat sich nicht von irgendeinem Programm oder System, vom Kirchenvolk oder einer Wählergruppe bestimmen zu lassen. Der Abgeordnete in einem politischen Parlament mag sein Mandat niederlegen; der Presbyter kann nicht einfach aus dem Amt laufen, sondern nur durch die Brüder von seiner Verpflichtung entbunden werden, wenn sie es im Angesicht des Herrn der Kirche verantworten können.

Das also ist ein Stück konkreter Auseinandersetzung von Kirche und Welt in unseren Tagen. Es kommt darauf an, daß Kirche und Welt in ihrer Verschiedenheit recht gesehen werden und daß die Kirche, die nun aus 400jähriger staatlicher Verwaltung frei geworden ist, sich auf ihre eigene Grundlage besinnt und ihre eigenen wesensgemäßen Maßstäbe wieder ausprägt und wirksam macht.

Ich möchte noch ein weiteres Beispiel aus dem Aufgabenbereich »Kirche und Welt« anführen. Ich meine die *Verantwortung in der Öffentlichkeit*, die dem Christen unserer Tage auferlegt ist. Die Christenheit hat durch alle Zeiten hindurch getreu dem Wort der Apostel Fürbitte getan. Aber, liebe Freunde, es ist uns in unseren Tagen zur Aufgabe gesetzt, solche Fürbitte mehr denn je zu einer tätigen Mitverantwortung werden zu lassen, d. h. zu einer Mitverantwortung für das, was sich in Rathäusern, Parlamenten und Regierungen abspielt, zu einer sozialen Mitverantwortung, kurzum zu einem Hineintreten in das ganze Geschehen unserer Zeit und ihre Not. Es wäre eine große Unbarmherzigkeit gegenüber den Männern und Frauen, die sich heute in einem öffentlichen Amt mühen, wenn die christliche Gemeinde sie in ihrer Verantwortung allein ließe. Zur Fürbitte sind wir gerufen! Das wissen wir aus den Apostelbriefen. Aber daß wir zu mehr gerufen sind, zur tätigen Mitverantwortung, das ist uns erst im Geschehen des Kirchenkampfes ins Bewußtsein gerückt worden, und es wird unterstrichen durch die Verselbständigung des kirchlichen Lebens nach der Entlassung aus der staatlichen Betreuung.

Ich möchte auch hierzu etwas Konkretes in den Vordergrund rücken. Wir alle sind Zeitgenossen eines Geschehens in der Evangelischen Kirche Deutschlands, aber hierzulande allerdings etwas fern ab von dem Ort, wo es geschieht. Infolgedessen steht die Frage unter uns, ob wir uns wirklich an dem beteiligt wissen, was die Christenheit heute erlebt. Ich meine das Geschehen in der *sowjetischen Zone*, aber nicht in dem Sinne des Ost-West-Konfliktes, sondern ausschließlich in dem Sinne, ob wir wirklich an dem Anteil nehmen, was unsere Brüder und Schwestern drüben hinter dem sogenannten Eisernen Vorhang als Aufgabe vor

die Füße gelegt bekommen haben. In der Ostzone hat die Evangelische Gemeinde über Nacht den gesamten Religionsunterricht an allen Schulen übernehmen müssen. Der Staat erklärt: »Ich tue es nicht mehr. Es ist deine Sache, für die religiöse Unterweisung der Jugend zu sorgen.« Die christliche Gemeinde hat deshalb von heute auf morgen etwa 15 000 Katecheten als Unterrichtskräfte für diese Aufgabe heranziehen müssen. Eingesetzt wurden nicht 15 000 Pfarrer, sondern 15 000 Männer und Frauen aus den Gemeinden! Das ist etwa so, als wenn jeder 3. oder 4. unter uns hier mit dieser Aufgabe betreut würde! Ein amtliches Lehrbuch der Geschichte, das drüben für Unterrichtszwecke benutzt wird, enthält folgenden Satz: »Durch die Wissenschaft ist erwiesen, daß es überhaupt keinen Christus gegeben hat.« Dieser Unterweisung entgegenzusetzen, was wir der Jugend vom Evangelium her zu sagen haben, ist die christliche Gemeinde drüben ganz unmittelbar gerufen! Dazu kommt gleichzeitig die Aufhebung der Kirchensteuer. Verschlägt es uns nicht fast den Atem, wenn gesagt wird: Das staatliche Finanzamt hört auf, die Kirchensteuer einzuziehen, das ist Sache der Gemeinden?! Und *das* bei einer Steigerung der Aufgaben und inmitten einer fortschreitenden Entkonfessionalisierung des öffentlichen Lebens überhaupt!
Das erlebt ein Teil unserer evangelischen Christenheit in Deutschland, und wer will es wagen, die Welt draußen in anderen Ländern mit unseren deutschen Sorgen und Nöten in Anspruch zu nehmen, wenn wir es nicht fertigbringen, zunächst einmal selbst Anteil zu nehmen an dem, was unsere Brüder und Schwestern erleben? Manch ein Pfarrer und Gemeindeglied in der Ostzone hat mir gesagt: »Es mag viel davon geredet werden, daß es in den Westzonen angenehmer zu leben sei. Aber ich bleibe auf jeden Fall in der Ostzone, weil hier lebendige Gemeinde werden will unter dem Handeln Gottes an uns, während ihr euch beruhigt, uns vergeßt und nicht einmal zu bewahren wißt, was euch im Kirchenkampf geschenkt war.« Liebe Brüder und Schwestern! Ist es nicht beschämend, daß auf diese Menschen das geistliche Leben drüben eine so starke Anziehungskraft ausübt, wäh-

rend man bei uns nur vom wirtschaftlichen Aufblühen der Westzone träumt?

Nun ein Wort zu der zweiten Aufgabe, die uns gestellt ist, zu der Besinnung darüber, wo die *wahre Einheit der Christenheit* liegt. Hier wäre wieder an manches Geschehen aus dem Kirchenkampf anzuknüpfen. Denn damals war es uns gegeben, als Lutheraner, Reformierte, Unierte gemeinsam kirchlich zu handeln. Ich will die Frage so präzisieren: nachdem die Eisenacher Kirchenversammlung im Sommer 1948 die 27 deutschen Landeskirchen, ohne Rücksicht auf ihren Konfessionsstand, zur Evangelischen Kirche in Deutschland zusammengefügt hat, geht es darum, ob wir diesen Zusammenschluß festhalten und vertiefen oder durch einen Konfessionalismus, der sich ausschließend verstehen will, wieder in Frage stellen lassen. Es hat sich im Jahre 1948 zugetragen, daß zum erstenmal in der 400jährigen Geschichte des deutschen Protestantismus aus echtem brüderlichen Begegnen ein Zusammenschluß von lutherischen, reformierten und unierten Kirchen zustandegekommen ist. Damit stehen wir vor der Frage: *Lebt* es in uns, daß sich das zugetragen hat? Seht ihr euere Aufgabe darin, daß wir dies festigen und weiterführen? Wo liegen die Grundlagen wahrer christlicher Einheit? Diese Frage hat die Christenheit schon früh bewegt. Auf dem Apostelkonzil der Urkirche (Apostelgeschichte 15) ging es darum, ob Judenchristen und Heidenchristen *eine* Gemeinde bilden können. Die Urkirche hat darauf geantwortet: »Wir glauben, *durch die Gnade des Herrn Jesu Christi selig* zu werden, *gleicherweise wie auch sie!*« Das wäre, scheint mir, die tragende Grundlage für eine Einheit der Evangelischen Kirche und Christenheit überhaupt. Da, wo diese Rechtfertigung allein aus Gnade bekannt wird, sollte das, was im übrigen über das Abendmahl gedacht und gelehrt wird, nicht mehr als eine kirchentrennende Mauer zwischen uns stehen. Ich möchte hier sonderlich die Nicht-Theologen herzlich darum bitten, diese in dem Eisenacher Zusammenschluß sichtbar gewordene Gemeinschaft der evangelischen Christenheit in Deutschland auch gegen die Theologen zu verteidigen und nicht zuzulassen, daß die Gräben des 16. Jahrhunderts wieder aufgerissen werden.

Die Überwindung eines ausschließenden Konfessionalismus ist nicht nur eine Aufgabe, die uns in der EKD gestellt ist, sondern eine Sache, um die es – in weltweitem Maße – in *der Ökumene* geht und die auf der Kirchenkonferenz 1948 in Amsterdam weitgehend verwirklicht wurde. Auch diese Weltkirchenversammlung hat sich in unseren Tagen begeben, und wieder frage ich: steht dieser Vorgang in unser aller Bewußtsein? – Was war denn diese Weltkirchenversammlung in Amsterdam? Sie war das umfassendste Konzil in der Geschichte der Christenheit! Vertreter von etwa 150 christlichen Kirchen aus etwa 45 Ländern aller 5 Erdteile waren beieinander. Es war die Christenheit in der ganzen Vielgestaltigkeit ihres Kirchentums, mit nur zwei Ausnahmen: nicht beteiligt waren die Römische Kirche und die Orthodoxe Kirche von Moskau. Es ging darum, im Gespräch miteinander zu klären, wieweit man einig oder wie tief man getrennt sei. Das große Erleben von Amsterdam bestand darin, daß, je gründlicher man in diese Fragen eindrang, um so deutlicher die Erkenntnis heraustrat, daß man gemeinsam auf dem einen Fundament stehe: Jesus Christus, der Herr der Kirche.

Dieses brüderliche Gespräch müssen wir fortführen und lebendig halten. Aber niemand kann die Sache der Ökumene ernst nehmen, der nicht gewillt ist, zunächst innerhalb unserer EKD die ökumenische Haltung zu betätigen, indem wir uns immer wieder darauf besinnen: Worin sind wir einig und wie wollen wir es vor dem Herrn der Kirche verantworten, daß wir noch getrennt sind?

Das wären, so meine ich, die beiden Aufgaben, die der Christenheit heute sonderlich gestellt sind: Klarheit zu schaffen über das Verhältnis zwischen Kirche und Welt und Klarheit zu begründen über die wahre Einheit der Christenheit.

Aber, liebe Freunde, alles das, was ich bisher erwähnt habe, bewegt zwar uns innerhalb der Kirche, aber nicht die Welt draußen. Und doch haben die Menschen außerhalb des kirchlichen Raumes und des gemeindlichen Lebens Fragen an uns, sie suchen nach einem Gespräch mit uns. Um unsertwillen so gut wie um ihretwillen sind wir gerufen, diesem Gespräch nicht auszuweichen. Wir müssen dankbar dafür sein, daß die Jahre des Kirchenkampfes eine neue Aufgeschlossenheit der Welt für die kirchliche Botschaft geweckt haben, und wir müssen die neue Glaubwürdigkeit aus dem Zeugnis der Bekennenden Kirche fruchtbar werden lassen. Freilich müssen wir auch oft falsche Erwartungen der Welt abwehren. Wenn uns gesagt wird: »Kann denn die Kirche nicht endlich Frieden schaffen oder die Wohnungsnot beheben oder das Ost-West-Problem lösen?« so müssen wir der Welt sagen, was unser Auftrag ist und was *nicht* unser Auftrag ist. Ich möchte das mit den Worten von Dietrich Bonhoeffer tun, einem der Blutzeugen der Bekennenden Kirche, der noch am 9. April 1945 im Lager Flossenbürg auf Befehl Himmlers gehängt wurde[5]: »Jesu Wort ist nicht Antwort auf menschliche Fragen und Probleme, sondern die göttliche Antwort auf die göttliche Frage an den Menschen. Sein Wort ist wesentlich nicht von unten, sondern von oben her bestimmt, nicht Lösung, sondern Erlösung ... Wer sagt uns eigentlich, daß alle weltlichen Probleme gelöst werden können und sollen? Vielleicht ist Gott die Ungelöstheit dieser Probleme wichtiger als ihre Lösung, nämlich als Hinweis auf den Sündenfall der Menschen und auf Gottes Erlösung!«

Das ist es, was wir der fragenden Welt immer wieder sagen müssen. Die Kirche wird die Nöte der Welt nicht beheben, sie wird nicht alles das, was uns bedrückt, ausräumen. Aber sie bleibt das aufgerichtete Zeichen dafür, daß *Gott* diese Welt zu ihrem rechten Ziel und Ende bringen wird. Sie ist das aufgerichtete Zeichen dafür, daß in allem turbulenten Geschehen Gott uns fragt und daß er uns selbst seine Antwort gibt. Sie ist das aufgerichtete Zeichen dafür, daß nicht wir mit unseren Programmen und Parteien, mit unseren Diskussionen und Monologen den Weg frei machen, sondern daß Gott allein und er selber der Ausweg ist und bleiben soll! Deshalb wollen wir uns diesem Gespräch mit der Welt in dem Bewußtsein der Begrenzung dessen, was wir hier sagen können, stellen, aber auch in der ganzen Fröhlichkeit dessen, daß wir die wahre Antwort zu geben haben.

Wenn uns die Welt fragt: »Was wird denn nun kommen? Wird es Krieg geben? Wird dies oder jenes passieren?« dann laßt uns der Welt in aller Fröhlichkeit und Freiheit begegnen und ihr sagen: »Wir wissen nicht, *was* kommt, wir wissen aber, *wer* kommt: Christus kommt!« Das ist die Hoffnung, die wir der Welt mitzuteilen haben, um sie zu rufen, daß sie sich auch nach dieser wahren Hoffnung streckt und abläßt von allen Ersatzreligionen, von allen Phantasien, daß sie ruhig und sicher werde in diesem Bewußtsein, daß der Herr der Welt auf uns zuschreitet Tag für Tag. Das wäre es, worauf wir alle uns zu besinnen hätten, in der Kirche und außerhalb der Kirche, in Deutschland, in Europa und darüber hinaus. Europa dankt seine Position, die es in der Vergangenheit in der Welt eingenommen hat, diesem Evangelium von Jesus Christus. Aber – wurden wir nicht selbstherrlich mit diesem Evangelium? Haben wir es nicht zum Raub erniedrigt? Haben wir als Europäer nicht eine Herrschaft darauf begründet, statt Dienst zu tun unter den Menschen? Deshalb, weil wir alles dies versäumt haben, kam das Gericht über uns und Europa. Aus allen Träumen von Weltverbesserung ist das 20. Jahrhundert hervorgegangen – das Jahrhundert der Barbarei, gekennzeichnet durch den Judenmord, die Millionen der Vertriebenen und die furchtbare Mißachtung des Menschen. *Die wahre Einheit Europas* in unseren Tagen liegt in der gemeinsamen Demütigung, die über die Völker Europas, Sieger und Besiegte, gekommen ist. Diese Demütigung wahr sein zu lassen, diese Demütigung anzuerkennen, wäre der erste Schritt aus aller Not heraus, so Gott uns noch einmal gnädig sein will, auch in seinem Gericht. Denn in jedem Gericht ist auch der Fingerzeig seiner Gnade.

Wenn nun der eine oder andere von hier hinausgeht und sich fragt: Da habe ich mancherlei heute gehört, manchen Appell vernommen, daß die Christenheit dies oder das tun soll; was aber soll *ich* nun tun? – so möchte ich folgendes antworten: Wenn ein jeglicher von uns anfangen würde zuzugeben, daß er nicht immer recht gehabt hat, so würde ein Stück aus dem Teufelskreis herausgebrochen werden, der das Unheil über uns brachte. Wir haben nicht Recht, sonderlich nicht vor Gott, deshalb laßt uns endlich einander völlig andersherum begegnen. Wenn ein jeder von uns es sich vornehmen würde, morgen irgend etwas ein klein wenig besser zu machen als heute, dann wäre der erste Schritt getan, um den es geht. Irgend etwas ein klein wenig besser machen, zunächst einmal in unserer eigenen Familie, in dem Haus, in dem wir wohnen, im Zusammenleben mit den Arbeitskameraden in der Fabrik, im Büro; als Erster das auflockernde Wort sprechen, als Erster die Hand zur Versöhnung reichen, statt zu sagen: ich bin im Recht, und zunächst muß der andere sich ändern, – irgend etwas dieser Art, etwas Unscheinbares nur, ein wenig besser machen, als es gestern gelaufen ist, das wäre ein Aufbrechen auf den Weg, auf den wir gerufen sind. Dann würde das Zeichen wieder sichtbar werden, das auf den Herrn hinweist, der uns in Dienst genommen hat, und der der Erlöser aller sein will. Freilich: wenn wir so anfangen, werden wir nicht die Erlösung dieser Welt und das Paradies auf Erden herbeiführen, sondern wir müssen nüchtern bleiben in allem, was sich auch ereignen mag. Diese Welt ist die gefallene Welt. Aber dennoch: wir wissen, daß der Sieg über diese Welt errungen ist, ein für allemal und vollständig, und daß er sichtbar werden wird vor aller Augen an dem Tage, wo der Herr wiederkommen wird, um uns alles aus der Hand zu nehmen und selber alles in allem zu sein, und wo er einen jeglichen von uns fragen wird: *Was hast du getan?*

1 1. Aufl. Bern 1919, 2. völlig veränderte Aufl. München 1922.
2 A. v. Zahn-Harnack, Adolf von Harnack, 2. Aufl. 1951, S. 414 f.
3 KJ 1945–48, S. 26 f.
4 Ebd. S. 111–19.
5 D. Bonhoeffer, Ethik, hg. v. E. Bethge, München 1949, S. 277 f. (in der neugeordneten 6. Aufl. 1962 S. 377 f.).

6. Glaubt an den Retter!

Ansprache auf der Schlußkundgebung des 2. Deutschen Evangelischen Kirchentages in Essen, 27. 8. 1950

»Ich bin gekommen, zu suchen und selig zu machen, was verloren ist«, – das war die Antwort Jesu Christi, als die so Frommen sich über ihn aufregten (Luk. 19,10). Die Aufregung entstand, als Jesus im Hause des Zachäus einkehrte. Zachäus aber war ein reicher Steuereinnehmer, der seine Mitmenschen nach Kräften übers Ohr haute und in die eigene Tasche wirtschaftete. Er war, um es in unsere Begriffswelt abzuwandeln, ein Menschenschinder oder ein Schieber. Mit solchen Menschen wollen doch fromme Leute bekanntlich nicht gern etwas zu tun haben. Man weiß doch, was man sich schuldig ist. Möchte man denn mit jedermann am gleichen Tische gesehen sein? Jesus Christus aber stört sich aufregend wenig an Moralbegriffen; er geht vor aller Augen bei hellem Tage geradewegs hinein in das Haus des Zachäus. Er geht dem einen nach, der da verloren ist, und nimmt das Murren der neunundneunzig Gerechten auf sich. Er bringt die Liebe Gottes zu dem, der sich aus der Herrlichkeit Gottes noch weiter entfernt hat als die anderen. Er tut es unter Berufung darauf, daß er eigens deshalb gekommen ist, so und nicht anders zu handeln.

Sollten wir nicht zugeben, daß auch uns gar eilig ein Achselzukken überfällt, wenn wir einen von uns in schlechter Gesellschaft sehen? Wir »Christen« wollen doch rechtschaffene Leute sein; wir haben doch ein bürgerliches Ansehen aufs Spiel zu setzen. Können wir denn wirklich mit Menschen, die sich um ihren guten Ruf gebracht haben, verkehren?

Liebe Brüder, hier hängt ein Entscheidendes, ob wir glaubwürdige Kirche sind oder sein werden! Wenn Jesus Christus seinen guten Ruf mehr geliebt hätte als Zachäus, als den verlorenen Sünder, so wäre die Welt insgesamt in ihrer Verlorenheit stekkengeblieben! Mögen zwischen uns nach den guten oder schlechten Maßstäben der bürgerlichen Welt noch so große Unterschiede sein, so sind wir doch vor Gott allesamt in gleicher Weise verlorene Menschen, wenn Christus nicht zu uns kommt. Auch ein Präses der Kirche macht keine Ausnahme. Er steht in Gottes Augen mit dem Geringsten sehr eindeutig in Reih und Glied und sollte zu keiner Stunde vergessen, daß aus Ersten Letzte werden und nach Gottes Gnade aus Letzten Erste werden.

Daß Christus gekommen ist, zu suchen und selig zu machen, was verloren ist, ist unser aller Rettung, der bürgerlich rechtschaffenen Menschen ebensosehr wie der bürgerlich verworfenen Menschen. Was haben wir denn für einen anderen Reichtum als diesen, daß Christus uns gefunden hat, genau so, wie er diesen anrüchigen Zachäus fand? Deshalb laßt uns um der Dankbarkeit willen für solche Begnadigung die Schranken niederbrechen, die wir aus menschlichen Urteilen unter uns selbst oder zwischen uns und den Menschen auf Straßen und Plätzen, in Kellern und Lagern, in Freiheit und Unfreiheit, in guten und schlechten Kleidern aufrichten. Das wäre glaubwürdiger Christenstand in der Nachfolge des Herrn, der zu allen kommen will, die Gottes Ebenbild tragen.

Laßt mich noch ein Letztes sagen: Aus der Verlorenheit führt Jesus Christus uns schon hier und heute in die Geborgenheit seiner göttlichen Allmacht. Wo wir aufhören, herrenlos zu sein, hören wir auch auf, schutzlos zu sein. Wenn irgend etwas die Verlorenheit des Menschen unserer Tage sichtbar macht, so ist es das Ausmaß von Angst und Furcht, die unter uns umgeht. Furcht ist das Kainszeichen unserer Zeit.

Laßt uns deutlich machen, daß es einen Weg gibt, um der Furcht zu entrinnen. Dieser Weg heißt: die Vergebung ergreifen, die Jesus Christus uns anbietet. Wer sich von ihm finden läßt, wird ein geretteter Mensch, wird sein Eigentum im Leben und Sterben und durch den Tod hindurch bis in sein himmlisches Reich. Laßt uns der Welt bezeugen, daß nichts diese Rettung zunichte machen kann, weil Gott stärker ist als alle Menschengewalt.

Unsere Freiheit wurde durch den Tod des Sohnes Gottes teuer erkauft. Niemand kann uns in neue Fesseln schlagen, denn Gottes Sohn ist auferstanden. Laßt uns der Welt antworten, wenn sie uns furchtsam machen will:
Eure Herren gehen, unser Herr aber kommt!

7. Evangelische Kirche in Deutschland heute und die Wiederaufrüstung

Vortrag in der Johanneskirche in Bern, 1. 12. 1950

Das gegenwärtige Geschehen in der Evangelischen Kirche Deutschlands ist durch das Handeln Gottes an unserer Kirche in den letzten drei Jahrzehnten sowie durch die Aufgaben bestimmt, die uns heute gestellt sind.

I

Aus dem Handeln Gottes an unserer Kirche sind drei Vorgänge hervorzuheben.

Der erste Vorgang, einsetzend nach dem ersten Weltkrieg, ist die *Zurückdrängung des geistigen Liberalismus in der Theologie* durch ein immer breiter werdendes Aufbrechen des Evangeliums in seinem alten, echten Verständnis. Während uns die liberale Theologie Jesus als ein menschliches Vorbild und eine optimistische Beurteilung unserer menschlichen Fähigkeiten zu ständig höherer Entwicklung lehrte (A. v. Harnack), lernten wir wieder verstehen, daß die Welt im argen bleibt, weil der Mensch in die Fessel der Sünde und Ohnmacht geschlagen ist, daß aber Jesus Christus die von Gott zu uns herabgestreckte Hand ist, die uns erlösen will, so wir uns ihm anvertrauen (K. Barth).

Auf dieser Grundlage (und nur auf ihr) konnte sich als zweiter Vorgang der *Kampf der Bekennenden Kirche mit dem Nationalsozialismus* abspielen. Der Zeitgeist einer nationalsozialistischen Weltanschauung brach in den Raum der Kirche ein, indem er mit politischen Mitteln (Wahlrede des ehemals katholischen Reichskanzlers Hitler zu den evangelischen Kirchenwahlen) die Fülle der Kirchensteuerzahler als Wähler mobilisierte und weithin die kirchlichen Körperschaften überschwemmte. Zur Abwehr erstanden die Kerngemeinden der Bekennenden Kirche, in der wir lernten, Gott mehr zu gehorchen als den Menschen. Die von der ersten deutschen Synode der Bekennenden Kirche im Mai 1934 abgegebene »Barmer Erklärung« stellte alte biblische Wahrheiten gegen den Zeitgeist neu heraus. Sie war unsere Orientierung für den Kirchenkampf und ist es heute noch.

Die wechselvolle Geschichte des Kirchenkampfes, in dem es viel Aufbruch und neues Werden in unseren Gemeinden, aber auch viel Schwachheit und Versagen gab, konnte nur mit einem dritten Vorgang, nämlich einem *Bekenntnis eben dieses Versagens* abschließen. Als der nach dem Kriege eingesetzte Rat der Evangelischen Kirche in Deutschland (EKD) im Oktober 1945 in Stuttgart erstmalig zusammentrat, stießen zu unserer Überraschung eine Reihe von Vertretern der ausländischen Christenheit zu uns, darunter Kirchenpräsident Koechlin, Basel. Sie waren gekommen, um zu sehen, ob über die Gräben des Krieges hinweg eine neue Gemeinschaft der Christenheit möglich sei. Aus dem Gespräch mit ihnen entstand die *Stuttgarter Erklärung des Rates der EKD,* in der wir u. a. sagten: »... wir wissen uns mit unserem Volke nicht nur in einer großen Gemeinschaft der Leiden, sondern auch in einer Solidarität der Schuld. Mit großem Schmerz sagen wir: Durch uns ist unendliches Leid über viele Völker und Länder gebracht worden. Was wir unseren Gemeinden oft bezeugt haben, das sprechen wir jetzt im Namen der ganzen Kirche aus: Wohl haben wir lange Jahre hindurch im Namen Jesu Christi gegen den Geist gekämpft, der im nationalsozialistischen Gewaltregiment seinen furchtbaren Ausdruck gefunden hat; aber wir klagen uns an, daß wir nicht mutiger bekannt, nicht treuer gebetet, nicht fröhlicher geglaubt und nicht brennender geliebt haben ... Wir hoffen zu Gott, daß durch den gemeinsamen Dienst der Kirchen dem Geist der Gewalt und der Vergeltung, der heute von neuem mächtig werden will, in aller Welt gesteuert werde und der Geist des Friedens und der Liebe zur Herrschaft komme, in dem allein die gequälte Menschheit Genesung finden kann.«

Diese Erklärung sollte die Grundlage sowohl für die Neuordnung unserer Kirchen nach der nationalsozialistischen Zerstörung und eine neue ökumenische Gemeinschaft als auch eine Hilfe für die Besinnung unseres Volkes über seinen Weg in den vorausgegangenen 12 Jahren und damit eine Grundlage für eine neue nationale Gemeinschaft sein. *Unser Volk hat uns diese Erklärung nicht abgenommen.* Der Mann, der sie besonders vor unserem Volke vertrat, Martin Niemöller, erfuhr darüber viel Anfeindung. Unsere Kirchen zeigten neben viel Aufgeschlossenheit ebenfalls manche Ablehnung oder Verständnislosigkeit. So wurde uns das in Hybris und Katastrophe, in Gericht und Gnade Erlebte aufs ganze gesehen nicht ein Anlaß zur Umkehr und neuer Besinnung. Deshalb stehen wir im Grunde genommen auch heute noch zentral vor der Aufgabe, unseren Weg durch die vergangenen Jahre und unsere Lage heute erst einmal im Lichte des Wortes Gottes zu sehen und zu begreifen, ehe wir weitergehen können. Hier liegt das besondere Hindernis vor allem gegenüber neuer Militarisierung in Deutschland.

Ehe ich darauf näher eingehe, möchte ich noch *einiges über andere kirchliche Entwicklungen nach dem Kriege sagen.* Wenngleich schon 1918 mit den deutschen Landesherren die summi episcopi unserer Landeskirchen weggefallen waren, so sind doch unsere Landeskirchen nach 400jähriger staatlicher Gebundenheit recht eigentlich erstmalig nach dem Zusammenbruch des Nationalsozialismus zu staatsfreien eigenständigen Kirchen geworden. Sehr radikal wurde die Trennung des Staates von der Kirche in der russischen Zone vollzogen, etwas differenzierter im Westen.

Sowohl dieser Vorgang als auch die vom Nationalsozialismus hinterlassenen Zerstörungen erforderten eine Neuordnung unserer Kirchen. Wir brachen dabei aus den bitteren Erfahrungen von 1933 mit dem Wahlrecht sämtlicher Kirchensteuerzahler. Im Jahre 1948 konnten wir auf der Kirchenversammlung von Eisenach den Zusammenschluß unserer 27 Landeskirchen zur Evangelischen Kirche in Deutschland vollziehen. Wenngleich die 27 Landeskirchen fortbestehen und nach wie vor in Lehre, Kultus und Ordnung selbständig sind, so ist die EKD in der 400jährigen Geschichte des deutschen Protestantismus dennoch der erste aus freier Entscheidung gewonnene Zusammenschluß unserer lutherischen, reformierten und unierten Kirchen zu einer sichtbaren Gemeinschaft der evangelischen Christenheit in Deutschland. Leider erstreckt sich diese Gemeinschaft nicht auf eine volle Abendmahlsgemeinschaft, weil einige lutherische Kirchen sich ihr entziehen.

Mit der Befreiung aus der staatskirchlichen Gebundenheit gewinnen unsere Kirchen endlich auch eine Befreiung aus politischer und sozialer Gebundenheit. Wenn weite Teile unseres Volkes dem Evangelium entfremdeten, so waren diese Gebundenheiten dafür eine wesentliche Ursache. Als im 19. Jahrhundert das liberale Bürgertum um seine politischen Rechte zu kämpfen begann, stieß es nicht nur auf die Landesherren, sondern auch auf die mit ihnen verbundenen Kirchen. Und als im 19. Jahrhundert die Arbeiterschaft um ihre sozialen Rechte zu kämpfen begann, stieß sie nicht nur auf die konservativen Kräfte, sondern auch auf die von ihnen getragenen Kirchen. In beiden Fällen ist daraus viel Entfremdung entstanden. Im Unterschied zu England standen bei uns keine Führungskräfte aus Freikirchen zur Verfügung, welche den politischen oder sozialen Dissent aufgefangen hätten. Die Führungskräfte unserer politischen und sozialen Opposition verfielen deshalb in besonderem Maße dem Liberalismus sowie dem Marxismus, und weite Volksschichten folgten ihnen. Nun ist es eine Aufgabe unserer Kirchen, aus der im Kirchenkampf gewonnenen neuen Glaubwürdigkeit und in Wahrnehmung der jetzt erreichten Eigenständigkeit die alten Gräben zu überwinden.

Wir gehen in dieser Bemühung auch neue Wege. Weil wir immer noch sogenannte Volkskirchen sind, gilt es, die uns im Kirchenkampf vielerorten geschenkten lebendigen Gemeinden zu bewahren und auszubreiten. Insbesondere suchen wir in unseren *Evangelischen Wochen und in den Evangelischen Akademien* allenthalben mit den Menschen aller Berufe ein neues Gespräch über der Bibel in die Fragen ihres Alltages und ihrer beruflichen Verantwortung hinein. Im Evangelischen Kirchentag versuchen wir alljährlich eine Begegnung aller kirchlichen Laienarbeit. So waren wir im August 1950 in Essen unter der Parole »Rettet den Menschen« (Rettet seinen Glauben – seine Familie – seine Heimat – seine Freiheit) beieinander. Die Schlußkundgebung versammelte an die 200 000 Menschen in dem aus Trümmern der Stadt Essen errichteten Stadion. Sie war keine Demonstration, sondern eine echte Gemeindeversammlung, in der jeder auf seine persönliche Gewissensentscheidung hingeführt wurde.

Ein besonderer Aufruf unserer Kirchen gilt der *öffentlichen Verantwortung der Gemeindeglieder.* Eine nicht mehr vom Staat getragene sondern eigenständige Kirche und ein nicht mehr obrigkeitliches sondern demokratisches Staatswesen erfordern die Mitarbeit und Mitverantwortung der Gemeindeglieder sowohl in der christlichen als auch in der bürgerlichen Gemeinde. Die Zweiteilung unseres Lebens in eine sonntägliche Christlichkeit und eine werktägliche Unchristlichkeit muß zu Ende kommen. In der These II der Barmer Erklärung von 1934 sagten wir: »Wie Jesus Christus Gottes Zuspruch der Vergebung aller unserer Sünden ist, so und mit gleichem Ernst ist er auch Gottes kräftiger Anspruch auf unser ganzes Leben.«

Dieser Ruf zur öffentlichen Verantwortung verdichtet sich insbesondere zu einem *Ruf auch in die politische Verantwortung des Christen,* d. h. zur Mitarbeit in Betriebsräten, Gewerkschaften, Parteien, Parlamenten und Regierungen. Ihm entspricht, daß sich auch die Kirche selbst einer ihrem eigenen Auftrag entsprechenden Verantwortung gegenüber Volk und Staat bewußt wird. In der These V der Barmer Erklärung von 1934 hören wir: »Fürchtet Gott, ehret den König. – Die Schrift sagt uns, daß der Staat nach göttlicher Anordnung die Aufgabe hat, in der noch nicht erlösten Welt, in der auch die Kirche steht, nach dem Maß menschlicher Einsicht und menschlichen Vermögens unter Androhung und Ausübung von Gewalt für Recht und Frieden zu sorgen. Die Kirche erkennt in Dank und Ehrfurcht gegen Gott die Wohltat dieser seiner Anordnungen an. Sie erinnert an Gottes Reich, an Gottes Gebot und Gerechtigkeit und damit an die Verantwortung der Regierenden und Regierten ...«

Dies alles kann auch so gesagt werden: *Christus ist der Herr der ganzen Welt, nicht nur seiner Gemeinde.* Er ist König aller Könige und Herr aller Obrigkeiten. Seine Gemeinde aber und wir als ihre Glieder sind sein Leib und darum seine Werkzeuge in dieser Welt zum freien, dankbaren Dienst an allen Geschöpfen. Deshalb haben wir als einzelne nach dem Maß unserer Gaben und als Gemeinde oder Kirche nach dem Maß ihrer Sendung einen Auftrag gegenüber der Welt einschließlich auch der politischen Wege unserer Völker. Weil die Christenheit um das echte Heil des Menschen weiß, weiß sie auch besser als die Welt um das wahre Wohl der Menschen. Es gehört darum zur evangelischen Verantwortung, dem Menschen eine Klärung und Beurteilung seiner wirklichen Lage in der Welt zu geben und ihm den Willen Gottes zu bezeugen. Solche Verantwortung kann immer nur als ein Dienst, d. h. ohne Herrschaftsanspruch betätigt werden. Sie soll Handreichung und Hilfestellung geben, damit die aus der konkreten Lage geforderten Entscheidungen richtig vollzogen werden von denen, die zum Handeln berufen sind.

II

Auf der Grundlage dieses Verantwortungsbewußtseins ist die evangelische Christenheit in Deutschland heute insbesondere an dem Ost-West-Konflikt und dem Streit um die Wiederaufrüstung beteiligt. Es ist darüber in den letzten Wochen zu großen Spannungen unter uns gekommen.

Um diese Spannungen recht zu verstehen, muß man sich vor Augen halten, daß die EKD heute die einzige Körperschaft ist, welche ganz Deutschland in allen seinen drei Teilen (Saar, westdeutscher Staat und ostdeutscher Staat) umfaßt.

Überall versucht die Welt, unsere Kirchen zu ihrem Werkzeug zu machen oder aus dem Weg zu räumen. Sie sollen im Osten dem kommunistischen Regime, insbesondere seiner Friedenspropaganda dienen. Sie werden im Westen von den einander widerstreitenden politischen oder sozialen Gruppen bald so und bald anders in Anspruch genommen. Überall bedient sich die Welt der gleichen Mittel. Sie versucht im Osten die Spaltung der Kirche, indem man einige wenige kommunistische Pfarrer protegiert oder indem man sich wieder wie zu Hitlers Zeit für Wahlaktionen unter Beteiligung aller Kirchensteuerzahler zu interessieren beginnt. Sie versucht im Westen die kirchlichen Kräfte gegeneinander auszuspielen. Hier geht es vornehmlich um *Niemöller,* gegen den sich der Angriff der verschiedenartigsten Kräfte, der liberalen wie der katholischen sowie der alten Nazis und der Reaktionäre konzentriert. Im Osten ist *Dibelius* ein amerikanischer Söldling, im Westen Niemöller ein sowjetischer. Für den Osten ist Dibelius ein Atombombenbischof, weil er sich der östlichen Art von Friedenspropaganda entzieht, für den Westen ist Niemöller ein blinder Pazifist, weil er der Aufrüstung nicht zustimmt. Für den Osten war ich als Innenminister eine Verkörperung westdeutschen Polizeiterrors, heute werde ich im Westen als Gandhi-Apostel oder als sowjetischer Handlanger bezeichnet. So oder so sind wir alle, die wir uns nicht einfach mit politischen Deklarationen kirchlicher Färbung in das Schema des Ost-West-Konfliktes einfügen, nichts anderes als Verräter, nationale Selbstmörder, Rückversicherer, Saboteure und dergleichen. Vollends wird die Entstellung der Tatbestände im Osten wie im Westen in gleicher Weise geübt, dort brutal, hier versteckter und doch sehr wirkungsvoll. Ich nenne nur ein Beispiel. Im Osten machte man mit dem *offenen Brief Niemöllers an Adenauer vom 4. Oktober*[1] eine große Propaganda zu den Wahlen vom 15. Oktober. Aber man ließ dabei aus dem Brief alles fort, was gegen den Osten gesagt war. Im Westen beschimpfte man Niemöller, dem Osten Propagandamaterial geliefert zu haben. Aber man verschwieg dabei, daß man den Niemöller-Brief im Osten verfälscht hatte. Ich kann zu alledem nur sagen: Weshalb regen wir uns im Westen eigentlich mit so viel Erhabenheit über den Osten auf, wenn wir hier gleiche Methoden aufkommen lassen? Wir sollten endlich lernen, daß auch unsere Zeitungen uns die Kirche selten zeigen, wie sie ist oder wirklich handelt, sondern überwiegend so, wie man sie haben will. Kein Wunder, daß in der Öffentlichkeit viel Verwirrung und Aufgeregtheit bis in die Kreise der christlichen Gemeinde hinein entsteht, wenn so verfahren wird. Alles dieses ist uns in Deutschland ein ständiges Erlebnis seit vielen Jahren. Gegenwärtig ist es in besonderem Maße durch den Meinungsstreit um die Wiederaufrüstung gesteigert. Was hat es damit auf sich?

Ich lasse in diesem Zusammenhang die politische Argumentation um eine westdeutsche Aufrüstung beiseite. Sie bewegt sich um Fragen nach dem Zeitpunkt der Entscheidung, um politische und militärische Gleichberechtigung, um die wirtschaftliche und soziale Tragbarkeit von Rüstungsaufwendungen angesichts von Flüchtlings- und Wohnungsnot, um die Intakthaltung unserer ungefestigten Demokratie, um die Rückwirkung auf den Osten, um die Zweiteilung Deutschlands, um das Problem nach dem völkerrechtlichen Status westdeutscher Soldaten angesichts bedingungsloser Kapitulation auch gegenüber Rußland und manches andere mehr. Für die Christenheit geht es bei alledem um die besondere Frage, in der sich alles zusammenfaßt: *Was ist Gottes Wille heute in unserer Lage?* Diese Frage geht offensichtlich von einer Voraussetzung aus, nämlich davon, daß Gott nicht eine Idee, sondern der wahrhaftige Schöpfer und Herr der Welt ist, ohne dessen Willen kein Haar von unserem Haupte fallen kann. Glauben wir, was Psalm 46 sagt, oder glauben wir es nicht? »Gott ist unsere Zuversicht und Stärke, eine Hilfe in den großen Nöten, die uns getroffen haben.

Darum fürchten wir uns nicht, wenngleich die Welt unterginge und die Berge mitten ins Meer sänken,

wenngleich das Meer wütete und wallte und von seinem Ungestüm die Berge einfielen ...

Kommt her und schauet die Werke des Herrn, der auf Erden solch Zerstören anrichtet,

der den Kriegen steuert in aller Welt, der Bogen zerbricht und Spieße zerschlägt und Wagen mit Feuer verbrennt.
Seid stille und erkennt, daß ich Gott bin. Ich will Ehre einlegen unter den Heiden, ich will Ehre einlegen auf Erden ...«
Nur wer diese Psalmworte glaubend und vertrauend bejaht, ist an unserer Frage ganz beteiligt, zugleich aber auch auf sie verhaftet, wenn er ernstlich Politik aus christlicher Verantwortung treiben will. Diejenigen aber, welche nicht auf der Voraussetzung unserer Frage stehen, müssen sie wenigstens gelten lassen, solange sie sich an dem Gerede vom »christlichen Abendland« beteiligen.
Niemand kann den Willen Gottes in unserer heutigen Lage verbindlich aussprechen. Evangelischerweise hat hier jeder, der zu einer Verantwortung berufen ist, aus seinem Gewissen zu handeln. Wir alle können einander darin nur brüderliche Hilfe leisten. Wir versuchen es, aber *die gewissensmäßige Entscheidung der Christen in Deutschland ist bisher keine einheitliche*, wenngleich eine Übereinstimmung in einer Reihe von sehr wichtigen Stücken nicht übersehen werden darf.
1. Wir sind uns bei aller Meinungsverschiedenheit über einen militärischen Verteidigungsbeitrag völlig in dem *Willen zur Erhaltung des Friedens* einig. Auch diejenigen unter uns, die der Aufrüstung das Wort reden, wollen damit dem Frieden dienen.
2. Wir sind uns ferner in der *Ablehnung des kommunistischen Totalstaates* einig. Auch diejenigen unter uns, die einer westdeutschen Aufrüstung genauso wie einer ostdeutschen widersprechen, lehnen den kommunistischen Totalitarismus entschieden ab. Niemand unter uns verkennt die Wohltat der Freiheiten und Rechtsgarantien, die im Westen gelten. Niemand beschönigt die Verhältnisse im Osten. Niemöller hat beispielsweise auf dem evangelischen Männertag in Frankfurt am 15. Oktober 1950 u. a. gesagt[2]: »Wir haben allen Anlaß, uns keinerlei Illusionen hinzugeben: Was aus dem Osten auf uns zukommt, und was als drückende und erdrückende Last auf unseren Brüdern und Schwestern jenseits des Eisernen Vorhanges liegt, das ist mehr, als

Menschen tragen und ertragen können, ohne schließlich in dumpfe Verzweiflung zu versinken, weil sie keinen Weg mehr wissen, die Freiheit ihrer persönlichen Verantwortung und damit ihr Menschentum festzuhalten. Es geht nicht an, diese Gefahr irgendwie zu verharmlosen; ja sie ist viel bedrohlicher, als es aus irgendwelchen Zeitungsartikeln und Reden zu entnehmen ist; denn da geht es wahrlich nach dem Apostelwort: ›Wir haben nicht mit Fleisch und Blut zu kämpfen, sondern mit Fürsten und Gewaltigen, nämlich mit den Herren der Welt, die in der Finsternis dieser Welt herrschen, mit den bösen Geistern unter dem Himmel‹.«

3. Wir sind uns des weiteren in der *Ablehnung aller Kreuzzugsideen* einig. Auch diejenigen, welche rüsten wollen, wissen deutlich, daß die Waffe nur einer Verteidigung der Freiheit, von Haus und Hof, von Weib und Kind dienen kann, niemals aber der Verteidigung unseres Christenstandes oder der christlichen Gemeinde. Als Christen und als Gemeinde Jesu Christi wissen wir uns gemeinsam unter dem Schutz des Herrn der Kirche und seiner Verheißung.

4. Wir sind uns endlich darin einig, daß das Evangelium *keine Grundlage für einen grundsätzlichen Pazifismus* bietet. Wir alle wissen, daß Obrigkeit nach Gottes Ordnung sein soll und daß ihr das Schwert zum Schutz gegen innere und äußere Feinde gebührt. Wir folgern daraus gemeinsam, daß auch in der westdeutschen Bundesrepublik eine den Umständen entsprechende Polizei zur Verfügung der Obrigkeit sein muß. Wir gehen auseinander in der Frage, ob die westdeutsche Bundesrepublik auch in eine militärische Rüstung eintreten soll.

Ich möchte versuchen, die Sicht derer, die sich nach Gottes Willen heute gegen eine Aufrüstung in Deutschland aussprechen, wie folgt darzustellen: *Die Christenheit sieht in jedem Krieg ein Gericht Gottes an den Völkern.* Als im 16. Jahrhundert der Türke das Abendland bedrohte und Kaiser und Papst zur Verteidigung aufriefen, schrieb Luther in seiner Schrift »Vom Krieg wider den Türken«: »Ehe ich nun ermahne oder dazu ermuntere, gegen die Türken zu streiten, so höre mir doch um Gottes willen zu: Ich will dich zuvor lehren, mit gutem Gewissen den Krieg zu führen ... Weil es gewiß ist, daß der Türke gar kein Recht und keinen Befehl hat, Streit anzufangen und die Länder anzugreifen, die nicht sein sind, ist offenbar sein Krieg lauter Frevel und Räuberei, wodurch Gott die Welt straft ... Es muß wahrlich dieser Streit mit der Buße angefangen werden, und wir müssen unser Wesen bessern; sonst werden wir umsonst streiten, wie der Prophet Jeremia, Kap. 18, 7 ff., sagt ... Denn Gott denkt etwas Böses wider uns um unserer Bosheit willen und rüstet den Türken gewißlich gegen uns aus ... Vielmehr soll der Christ im Türken Gottes Rute und Zorn erkennen; das haben die Christen entweder zu leiden, wenn Gott ihre Sünde heimsucht, oder müssen sie allein mit Buße, Weinen und Gebet wider ihn fechten und ihn verjagen ...«

In der Tschechen-Krise von 1938 gab die Vorläufige Leitung der Deutschen Evangelischen Kirche (d. h. die Bekennende Kirche) am 27. September 1938 eine Gottesdienstordnung heraus, in der es u. a. heißt[3]: »Laßt uns Gott unsere Sünden bekennen ... Herr unser Gott, wir armen Sünder bekennen vor Dir die Sünde unserer Kirche, ihrer Leitung, ihrer Gemeinden und unserer Hirten. Durch Lieblosigkeit haben wir den Lauf Deines Wortes oft gehindert, durch Menschenfurcht Dein Wort oft unglaubwürdig gemacht. Wir haben ein falsches Evangelium nur zu sehr geduldet ... Wir bekennen vor Dir die Sünden unseres Volkes. Dein Name ist in ihm verlästert, Deine Wahrheit unterdrückt worden. Öffentlich und im geheimen ist viel Unrecht geschehen ...«

Über diese Gottesdienstordnung ergoß sich die Wut der Nationalsozialisten. »Das Schwarze Korps« schrieb am 27. Oktober 1938: »Solche Gebete haben nichts mehr mit Religion zu tun, solche Theologien nichts mehr mit Theologie – sie sind politische Kundgebungen des Verrates und der Sabotage an der geschlossenen Einsatzbereitschaft des Volkes in ernsten Stunden seines Schicksals. Schluß damit! Die Sicherheit des Volkes macht die Ausmerzung dieser Verbrecher zur Pflicht des Staates ... auch den treuesten Kirchenbesuchern muß diese jüngste Haltung der politisierenden Pastorei die Augen geöffnet haben! . . .« Die Ausmerzung der »Verbrecher«, der »religiös getarnten Landesverräter« wurde gründlich getrieben. Aber auch die Augen sind aufgegangen – trotz der Einheitsfront in der Evangelischen Kirche gegen die Volksschädlinge, die der Kirchenminister Kerrl wenigstens scheinbar und leider auch mit Hilfe etlicher Landesbischöfe (von Bayern, Baden, Hannover und Württemberg) zustande brachte.

Rüstet Gott heute den Bolschewisten gegen uns aus, um uns zur Besinnung zu rufen? Hören wir diese Frage?

Diese Frage geht alle in Europa an, sonderlich aber uns in Deutschland. Wir wurden zweimal waffenlos gemacht um deswillen, was wir mit der Waffe angerichtet haben. Was sich 1945 vollzog, war nicht nur ein militärischer Zusammenbruch und eine bedingungslose Kapitulation vor fremden Armeen, war nicht nur eine nationale Katastrophe von furchtbaren Ausmaßen, sondern der Bankrott des ganzen Zutrauens, das ein fortschrittgläubiges 19. Jahrhundert erfüllt und sich bis in den Wahn des Nationalsozialismus gesteigert hatte. Sind wir alle in Europa und zumal in Deutschland dessen einsichtig geworden? Das war die Frage, die Gott mit seinem Gericht an uns gestellt hat und die die Evangelische Kirche in Deutschland mit der Stuttgarter Erklärung vom Oktober 1945 in unser aller Bewußtsein zu rücken versuchte. Unsere Selbstrechtfertigung ist weithin darüber hinweggegangen. Aber Gott läßt sich nicht spotten. Das haben wir wahrlich erfahren. Er fragt uns erneut durch die Bedrohung, die er über uns verhängt. Was ist unsere Antwort?

Ein Antibolschewismus genügt nicht! Mit ihm traten wir 1933 an, um in der Katastrophe von 1945 zu enden. Soll ein neues Vertrauen auf die Waffen heute abermals dem Geist in unserem Volk das Tor öffnen, der den zweiten Weltkrieg heraufführte? Kann es eine glänzendere Rechtfertigung des Nationalsozialismus und des deutschen Militarismus geben als die, daß nun dieselben Mächte, die uns niederzwangen, um uns diesen Geist auszutreiben, uns heute wieder aufrüsten wollen, damit wir einen Beitrag zum Frieden leisten sollen? Was Gott fordert, ist die Besinnung auf sein Weltregiment!

Man sagt, das sei »unrealistischer Pazifismus«. Unrealistisch nennt man das Übersehen wesentlicher Tatsachen. Es ist nun aber eben die Frage, wer etwas übersieht! Wer vom »unrealistischen Pazifismus« redet, meint, daß die Zahl der Divisionen, Panzer und Flugzeuge im Osten übersehen werde. Die Antwort kann nur lauten: Überseht ihr nicht zu allererst, daß Gott der Herr der Welt ist, daß er mehr ist als Divisionen, Panzer und Flugzeuge? Es geht hier um den christlichen Realismus, den Matthias Claudius in seinem schönen Lied meint: »Es gibt gar viele Sachen, die wir getrost belachen, weil unsre Augen sie nicht seh'n«. Es geht um die Sicht unserer *ganzen* Situation, die gerade so, wie sie ist, in entscheidender Weise von Gott her bestimmt ist. Wir reden gar viel vom »christlichen Abendland«, aber sehr wenig von Christus. Er aber verschiebt all unsere Fragestellungen gründlich.

Man sagt, die Christenheit möge mit dererlei schweigen. *Religion sei Privatsache.* So etwas möge man für sich abmachen. Wir antworten: Christus ist der Herr der ganzen Welt. Sein Wort ist die öffentlichste Sache, die es gibt.

Man sagt, die Christenheit greife in ein fremdes Amt, wenn sie sich in »politische« Fragen mische. Wir antworten: Wir rufen freilich ins Rathaus hinein, weil solches unser Auftrag ist. Wir rufen, um zu helfen.

Wir rufen, weil auch Schweigen eine »Politik« wäre. Denn Schweigen fördert, was im Gange ist. Schweigende Kirche bedeutet im Osten die Förderung des Totalstaates und seiner Willkür. Schweigende Kirche bedeutet im Westen die Förderung der Unbußfertigkeit und der Selbstrechtfertigung. Man möchte überall, im Osten wie im Westen, eine Ja sagende oder wenigstens eine schweigende Kirche, aber keinesfalls eine Nein sagende Kirche haben. Die Gemeinde Jesu Christi aber ist der dritte Ort außerhalb aller menschlichen Thesen und Antithesen. Weil Gott uns nicht bestätigt, ganz und gar nicht, kann auch seine Kirche nicht auf Bestätigungen in Anspruch genommen werden. Sie muß der Ort des Evangeliums bleiben.

Jeder einzelne in Deutschland ist zur Entscheidung gerufen. Der Rat der EKD hat auf Grund der Konferenz mit den leitenden Amtsträgern der evangelischen Landeskirchen am 17. November 1950 in Berlin erklärt[4]: »Wir ermahnen alle, die im Osten oder im Westen Verantwortung tragen, in dieser Frage (der Wiederaufrüstung) mit letztem Gewissensernst zu handeln und sie nicht gegen den Willen des Volkes zu entscheiden.« Diese letztere Mahnung gilt auch der Bundesregierung und dem Bundestag. Sie kann nur den Sinn haben, daß der Wille des Volkes ermittelt werden muß und daß es falsch ist, sich mittels Paragraphen auf Mandate zu stützen, die eine Vollmacht, in dieser Sache zu entscheiden, offensichtlich nicht enthalten.

Der Christenheit im Osten und Westen aber ist aufgetragen, der Angst zu wehren. Hüben und drüben herrscht die Angst vor einem Angriff. Sie steigert sich wechselseitig. Aus der Geborgenheit in Gottes Weltregiment darf die Christenheit sagen: »Fürchtet euch nicht!« Diese Geborgenheit zu bezeugen und zu leben, ist ein entscheidender Beitrag zur Erhaltung des Friedens. Die Christenheit kann diese Geborgenheit um so zuversichtlicher bezeugen, als sie um die wahre Hoffnung weiß. Sie wartet auf Christus. Sie weiß, daß Gott nicht vor dem Unheil bewahrt, wohl aber auch im Unheil. Sie weiß, daß Gott nicht vor antichristlicher Obrigkeit bewahrt, wohl aber auch unter ihr. Sie ist überall gerufen, »der Stadt Bestes zu suchen«, und durch ihr tätiges Helfen ein Zeichen aufzurichten, das auf den helfenden Herrn hinweist.

Laßt uns in dieser erregenden Zeit gemeinsam der Welt sagen, wenn sie uns furchtsam machen will: *Eure Herren gehen, unser Herr aber kommt!*

1 KJ 1950, S. 174 f.
2 Ebd. S. 187.
3 Ausf. Wiedergabe in: Ev. Theologie 1950, S. 175 f.
4 KJ 1950, S. 223.

8. Wozu ist die Kirche da?

Vortrag auf dem 3. Deutschen Evangelischen Kirchentag in der Berliner Werner-Seelenbinder-Halle zum Thema »Wir sind doch Brüder – In der Kirche«
12. 7. 1951

I

Liebe Freunde! Wir alle machen uns unsere Gedanken über die Kirche. Millionen von anderen Menschen tun es ebenfalls. Und die Generationen vor uns haben es durch Jahrhunderte auf ihre Weise nicht minder getan. Was ist bei all diesem Nachdenken über die Kirche herausgekommen? Gibt es eine klare und richtige Antwort auf die Frage, wozu die Kirche da ist? Ja, diese Antwort ist da! Sie ist ein für allemal da. Aber jede Generation und jeder einzelne von uns muß den Zugang zu dieser Antwort aufs neue finden, damit aus der uns gegebenen Aussage über die Kirche auch eine persönliche Antwort werde. Um diese persönliche Antwort wird es in unserem Gespräch hier gehen.
Sie sollen dazu zunächst heute zwei Vorträge hören, und morgen abermals zwei. Ich werde in dem meinigen mit einer Aufräumungsarbeit beginnen und darzulegen versuchen, was alles an schiefen und falschen Antworten und Erwartungen über den Zweck der Kirche unter uns umgeht. Ich werde also davon reden, wozu die Kirche bestimmt *nicht* da ist. Solch eine Demontage falscher Vorstellungen und Erwartungen ist immer wieder nötig, weil wir uns an seltsamen Vorstellungen über die Kirche immer wieder Erstaunliches leisten. Die Demontage wird also vielfältig sein, und es wird passieren, daß der eine oder der andere Hörer sich getroffen fühlen wird. Darf ich diesen Betroffenen im vorhinein sagen, daß wir auch auf diesem Gebiete *alle* des Ruhmes ermangeln. Es geht für jeden von uns, auch für mich selbst, darum, daß wir uns immer wieder zu einem Begreifen über alles

menschliche Verstehen hinaus helfen lassen. Es gibt zudem keine einzige falsche Vorstellung von der Kirche, die nicht von der Kirche selber einmal genährt und gefördert worden wäre oder noch heute wird! Wir haben deshalb alle miteinander bescheiden und barmherzig zu sein.

Ich frage also: Wozu ist die Kirche *nicht* da?, und ich möchte die Antwort darauf in der Weise geben, daß ich in das vielfältige Gestrüpp falscher Vorstellungen von der Kirche vier Schneisen in vier verschiedene Reviere schlage. Es wird die Rede von individualistischen Mißverständnissen der Kirche, von idealistischen Mißverständnissen, von politischen Mißverständnissen und von klerikalen Mißverständnissen sein. Möge jeder sich dabei prüfen, ob er sich in einem oder gar in mehreren dieser Reviere angesiedelt hat!

II

Aus dem ersten Bezirk, den wir betreten wollen, wird uns zugerufen: Die Kirche ist für mich da!

Da wohnen durchaus sympathische Menschen, die von der Kirche etwas Gutes halten, aber doch eben sich selbst reichlich stark als den Mittelpunkt der Kirche empfinden. Da wohnen viele von uns, die der Kirche ihre Steuer geben und dafür nun einen sehr praktischen menschlichen Dienst haben wollen, so wie man sich je und dann auch von allerlei anderen Instituten mit Nützlichem oder Nötigem versehen läßt. Hier sind eine Reihe von Warnungstafeln anzubringen.

1. Die Kirche ist *kein Verschönerungsinstitut* zur feierlichen Ausgestaltung besonderer Ereignisse, wie Hochzeiten und Beerdigungen, bis hin zu allerlei Denkmals- und Brückeneinweihungen oder Jubiläen oder dergleichen. Es ist gewiß schön und richtig, daß wir manchen Vorgängen in unserem Leben eine Betonung geben. Ich stehe auch gar nicht an zu bejahen, daß ein Pfarrer dazu etwas sagen kann. Nur sollten wir deutlich wissen, daß wir die Verkündigung eines Pfarrers nicht herbeirufen können, so

wie man ein Blumenarrangement oder eine Musikkapelle bestellt. Wollen wir *uns* befeiert sehen und *selber* im Mittelpunkt bleiben, oder wissen wir, daß wir den Herrn der Welt zu uns bitten, wenn wir sein Wort herbeirufen? Das ist es, worum es geht.

2. Die Kirche ist *kein Geselligkeitsinstitut.* Sosehr wir als Christen nicht nur ein Publikum zur Anhörung sonntäglicher Predigten sein, sondern eine Gemeinschaft untereinander haben sollen, sowenig ist doch die Kirche dazu da, mit uns allerlei Freizeitgestaltung oder »Kraft durch Freude« zu treiben.

3. Die Kirche ist *kein Erinnerungsinstitut,* in dem das Gedächtnis an vergangene Zeiten oder Menschen zu pflegen wäre. Die Kirche hat nur die eine Erinnerung an den gekreuzigten und auferstandenen Christus wachzuhalten, bis daß er wiederkommt. Jede andere Erinnerung ist nicht ihre Sache. Ich bitte in diesem Zusammenhang, es mir abzunehmen, daß unsere Kirchen auch ebensowenig Erinnerungshallen für unsere als Soldaten gefallenen Angehörigen sind, wie sie es für verstorbene Pastoren oder Bürgermeister sein dürfen.

4. Die Kirche ist *kein Versorgungsinstitut,* weder für Pfarrer oder andere Kirchendiener noch auch für Gemeindeglieder. Sosehr es zu den Zeichen lebendiger Gemeinde gehört, daß ihre Glieder untereinander tätige Liebe und Barmherzigkeit üben, sowenig kann doch ein Mensch die Kirche einfach darauf ansehen, ob und mit wieviel Geld oder Sachen sie ihm geholfen hat. Ich weiß, daß wir wahrlich nicht genug tun können. Ich weiß aber auch, daß viel treuer und aufopferungsvoller Dienst in unseren Gemeinden vor sich geht und daß in zahllosen Anstalten der Inneren Mission und durch das weltweite Hilfswerk der christlichen Kirchen wirklich große Zeichen der Liebe errichtet worden sind. Christus wird uns fragen, was wir dem geringsten seiner notleidenden Brüder nicht getan haben. Wir selbst haben einander zu mahnen, aber nicht vorzurechnen. Wer nur um seines Fortkommens willen in der Kirche bleibt oder wieder eintritt, tut dasselbe wie der, der um seines Fortkommens willen aus der Kirche

austritt. Besonders pfiffig glauben manche zu handeln, wenn von zwei Ehegatten ein Teil aus der Kirche austritt, der andere Teil aber darin bleibt. So kann man je nach Bedarf auf zwei Gleisen fahren. Dazu ist die Kirche ganz gewiß nicht da. Die Kirche ist überhaupt, weder so noch so, als Gradmesser für bürgerliche Wohlanständigkeit oder politische Zuverlässigkeit geeignet.

5. Die Kirche ist *kein Erbauungsinstitut.* Das möge nun recht verstanden werden. Gemeint sind diejenigen unter uns, die nach einem Gottesdienst völlig bei dem stehenbleiben, was sie von dem Gottesdienst gehabt oder nicht gehabt haben. Gewiß wird Gottes Wort verkündigt und gepredigt, um uns reich zu machen. Gewiß ist es ein schlechter Gottesdienst gewesen, wenn Steine statt Brot geboten wurden. Und doch ist der Maßstab für einen Gottesdienst ein anderer als für ein Konzert oder Theater, wo wir die Akteure auf ihre Leistung hin ansehen und kritisieren mögen, wo wesentlich sein mag, ob wir für unsere Eintrittskarte gut oder schlecht bedient worden sind. Auch ein Prediger soll sich mühen und sein Bestes an Fleiß und Können daransetzen, daß er gut predige. Aber über allem Gottesdienst waltet letztlich Gott selber, indem er Vollmacht der Verkündigung schenkt oder versagt, indem er Ohren und Herzen auftut oder verschließt. Deshalb reicht es nicht aus zu fragen, ob wir uns erbaut gefühlt haben in einem Sinne des Befriedigtwordenseins. Erbaut werden will der Leib Christi, in den wir als Bausteine zu ihm als dem Eckstein hinzugefügt werden. Ein Baustein aber muß behauen und zurechtgemacht werden, um sich einzufügen in den Bau. Wollen wir das an uns geschehen lassen? Das ist die Voraussetzung dafür, daß wir nun auch getröstet, gestärkt und – wenn es denn sein soll – »erbaut« werden können.

Damit habe ich etliches von dem demontiert und fortgeräumt, was von dem Bezirk falscher individualistischer Vorstellungen über die Kirche zu sagen ist, über dem geschrieben steht: »Die Kirche ist für mich da!« Noch einmal unterstreiche ich, daß manche dieser Vorstellungen auch eine richtige Note in sich tragen. Die Kirche ist auch für dich und für mich da. Aber wir sind nicht der Mittelpunkt ihres Seins und ihres Auftrages. Ihr Ausrichtungspunkt ist Christus, und ihr Auftrag vollzieht sich an uns. Wir haben bei allem nicht um uns zu kreisen und vollends nicht unsere oft allzu menschlichen Bedürfnisse zu suchen.

III

Aus einem zweiten Bezirk falscher Vorstellungen über die Kirche wird gerufen: Die Kirche ist zur Veredelung der Menschen da! Klingt es nicht überaus ansprechend, gar geradezu schmeichelhaft für die Kirche, daß sie zur Veredelung der Menschen da sei? Kann man überhaupt größer von ihr denken? Und doch gehört hier die Warnungstafel hin: Die Kirche ist *kein Veredelungsinstitut.* Laßt uns darüber in Ruhe nachdenken. Immer wieder klingt uns in den Ohren, daß doch der Mensch berufen sei, in steigender Vernunft und in wachsender Beherrschung der Materie eine bessere Erde zu gestalten. Glaubten wir nicht, schon allerlei Fortschritte zu sehen? In der Tat: Durch 150 Jahre ging es den Menschen ständig besser. Sie lebten besser, sie wohnten besser, sie aßen besser, sie kleideten sich besser, und sie hielten sich für bessere Menschen als ihre Vorfahren. Immer wieder wurde die Kirche gerufen, sich mit in den Dienst einer schönen Menschenveredelung zu stellen. Endlich sollte sie einen für jedermann sinnvollen Auftrag gefunden haben. Sie sollte Christus als das große Vorbild vollkommener Menschlichkeit unter uns aufrichten und uns helfen, diesem Vorbild Stufe um Stufe näherzukommen. Weithin hat sich die Kirche auf solche Aufforderung eingelassen. Man wurde »liberal«, man wurde »progressiv«. Man wollte zumindest im Strom der vermeintlichen Fortschritte nicht den Anschluß verlieren. Wenn auch je und dann Blitze einschlugen und Erschütterungen über uns kamen, so wollte man sich doch nicht erschüttern lassen. Daß es immer noch Haß und Neid und Kriege gab, waren Fehlleistungen und Betriebsunfälle, und es galt, alsbald mit neuen Idealen oder neuen Programmen wiederum fortzufahren in die große Menschenveredelung hinein. Nun aber ist die große Katastrophe über uns gekommen. Nun liegt der Arbeitsertrag von Generationen in Schutt und Asche vor unseren Füßen. Nun liegen aus dem Zweiten Weltkrieg an fünfzig Millionen Menschen erschlagen und umgebracht in den Gräbern aller Kontinente. Unzählbar sind die Opfer des Terrors und der Grausamkeit. Und all das geschah in eben dieser Menschheit, die sich für zivilisiert hielt, für kultiviert, für gebildet und fortgeschritten. Unter uns geschah all dieses! Und nach allen Schrecknissen ist immer noch kein Ende des Terrors und der Grausamkeiten. Nachgerade ist Europa, das einmal die Welt geführt hat, fragwürdig geworden. Nun ist alles unglaubwürdig geworden, was geredet und philosophiert und propagiert worden ist, um so unglaubwürdiger, als wir im Schatten noch größerer Katastrophen stehen. Aus allen Träumen der Fortschrittsseligkeit hat sich das 20. Jahrhundert als das Jahrhundert der Barbarei enthüllt.

Wollen wir auch jetzt wieder nur sagen, daß alles ein Betriebsunfall sei? Wollen wir abermals nur das Programm und die Methode etwas verändern? Wollen wir neuen Idealismus predigen und den Fanatismus steigern? Soll auch die Kirche immer noch dafür in Anspruch genommen werden und in neuer Fortschrittlichkeit machen?

Ich denke, wir sollten zur Besinnung kommen. Nietzsche sagte: »Die Wahrheit über den Menschen nicht ertragen können, das ist Idealismus.« Wenn auch die Kirche in unnüchterner Glorifizierung des Menschen und in Fortschritt machen will, so schallt ihr das höhnische Echo entgegen: »Zweitausend Jahre Christentum und immer noch diese elende Welt! Wozu ist Christentum nutze, wenn nichts dabei herauskommt?« Recht so, daß ihr so fragt! Wir haben ja auch selber so fragen gelehrt, weil wir selber weithin vergaßen, was der Mensch ist und wozu die Kirche da ist. Von Dietrich Bonhoeffer, einem Blutzeugen Jesu Christi, der noch am 9. April 1945 im Lager Flossenbürg gehängt wurde, stammt der Satz[1]: »Wer sagt uns eigentlich, daß alle weltlichen Probleme gelöst werden können und sollen? Vielleicht ist Gott die Ungelöstheit dieser Probleme wichtiger als ihre Lösung, nämlich als Hinweis auf den Sündenfall des Menschen und auf Gottes Erlösung.« In der Tat: Das Jahrhundert der Barbarei ist ein Hinweis auf den Menschen in seiner ganzen Blöße, in seiner unentrinnbaren Verstrickung in das Böse. Wir sprechen hier von Erbsünde. Ich denke, daß uns das Lachen über diesen Begriff vergangen sein dürfte. Laßt uns aus allen Trunkenheiten zu dem Bild des Menschen zurückkehren, wie es der Wahrheit und Wirklichkeit entspricht! Dann werden wir dessen inne, daß sich die Menschheit nicht veredeln wird, sondern daß wir die ganz und gar von Gott Infragegestellten bleiben. Dann hört es auf, daß wir auch noch die Kirche bald hierhin und bald dorthin vor die brüchigen Fuhrwerke unserer scheinbaren Fortschritte spannen. Dann allein kann es wieder groß unter uns werden, daß der Sieg über diese Welt durch die Auferstehung Christi von den Toten längst errungen ist und daß er in seiner Gemeinde auf Erden das verborgene Reich des Friedens und der Gerechtigkeit angefangen hat und es selber nach seinem Plan und Wohlgefallen vollenden wird. Das ist es, was die Kirche zu verkünden hat. Das allein ist es, was uns in Dienst und Arbeit nehmen soll. Gewiß: In den Dienst am Menschen, in den Dienst am Recht, in den Dienst am Frieden, aber dieses alles in Gehorsam gegen Gott und nicht nach unserem Eigenwillen! Darum die Warnungstafel: Die Kirche ist kein Institut zur Weltverbesserung durch Menschenveredelung, wohl aber der Ort, von dem aus wir ebenso nüchtern wie siegesgewiß dem wiederkommenden Herrn der Welt in seinem Dienst entgegengehen.

IV

Aus einem dritten Bezirk falscher Vorstellungen über die Kirche wird gerufen: Die Kirche ist als Vorspann im Kampf um die Throne dieser Welt da!

Es gibt viele Throne in dieser Welt, große und kleine. Auf dem einen sitzen Herrscher und Regierungen, auf dem anderen sitzen Geldsäcke oder Parteifunktionäre, sitzen Systeme oder Weltanschauungen, sitzen Halbgötter oder Verbrecher. Die da oben sitzen, wollen an der Macht bleiben, die da unterdrückt sind, wollen befreit werden. Sie alle suchen Hilfe, die einen zur Verteidigung, die anderen zum Angriff. Sie alle sehen die Kirche und meinen: Wozu soll sie schon nützlich sein, wenn sie in diesem unserem Kampf der Verteidigung oder des Angriffs nicht hilft? Sie hat doch Einfluß auf zahllose Menschen! Wie wäre es schön, wenn sie ein Vorspann in dem Kampf um die Throne dieser Welt sein möchte, wenn sie helfen würde zu erhalten, was dem einen so wohlgefällt, oder zu stürzen, was dem anderen so ärgerlich oder so beschwerlich ist! So war es immer, daß die Welt nach der Kirche griff, und so ist es heute, daß sie nach der Kirche greift, um sie dienstbar zu machen. Auch hier sind Warnungstafeln anzubringen.

1. Die Kirche ist *kein Beruhigungsinstitut.* Man meint, es bleibe schön in Ordnung, wenn niemand widerspricht. Sagt nicht die Bibel, daß der Mensch zufrieden sein soll mit dem, was Gott über ihn verfügt? Er wird im Himmel entschädigt werden. Gerade das ist es, was diejenigen brauchen, die oben auf dem Thron sitzen, daß man unten zufrieden ist und ihre Herrschaft nicht anzweifelt oder stört. Deshalb rufen die Herrschenden gern nach der Kirche und fördern sie, daß sie Ehrlichkeit, Gehorsam und Zufriedenheit predige. Das brauchen doch die Menschen! Ja, sie brauchen es. Aber sie brauchen es nicht um euretwillen, die ihr behaglich auf den Thronen sitzt. Wehe, wenn die Kirche sich willfährig macht! Die anderen, die unten sitzen, merken es bald und sagen: Die Kirche will uns verdummen! Sie ist nichts als Opium für das Volk. Wir sollen unseren Schweiß und unsere Knochen hergeben, daß nur ja alles so bleibe, wie es denen da oben gefällt. Verkaufte Kirche ist das; Thron und Altar, diese verhängnisvolle Einheit von Interessen und dieser Verrat an der Bruderschaft unter dem einen Herrn der Welt hat es zu allen Zeiten und auch in deutschen Landen gegeben. Aber immer hat die Kirche die Rechnung bezahlen müssen. Wenn manche Revolution, wie in Frankreich vor 160 Jahren oder in Rußland vor

34 Jahren, sie fast noch ärger getroffen hat als diejenigen, die auf den Thronen saßen, so mit Recht deshalb, weil die Kirche in dem Bündnis von Thron und Altar den größeren Verrat treibt. Auch in Deutschland hat die Kirche ihre staatliche und konservativ-bürgerliche Bindung mit der Abwendung großer Teile unseres Volkes bezahlen müssen. Ich betrachte es als eines der verheißungsvollsten Geschehnisse unserer Zeit, daß unsere evangelischen Kirchen sich dessen in steigendem Maße bewußt werden und von jenem dritten Ort außerhalb aller Interessen her zu leben beginnen, der allein der Kirche die Vollmacht zu erhalten vermag, das Evangelium allen zu verkündigen.

Auf der anderen Seite ist aber auch zu sagen:

2. Die Kirche ist *kein Revolutionsinstitut.* Es muß alles anders werden, rufen diejenigen, welche zu kurz gekommen sind. Sagt nicht die Bibel, daß man brüderlich teilen soll, daß Gerechtigkeit sein soll? Deshalb rufen auch die Beherrschten und die Ausgebeuteten nach der Kirche. Sie tun es freilich oft in fataler Gebrochenheit, die mehr Anklage gegen die Kirche als Zuversicht auf das Gehörtwerden enthält. Haben wir die Entrechteten dieser Welt zu oft enttäuscht, daß sie so reden? Haben sie uns zu oft im Lager der Mächtigen und so selten im Lager der Schwachen gesehen? Das ist eine notvolle Frage an uns. Sie fordert Besinnung und Buße. Aber sie rechtfertigt doch nicht, daß wir nun Klassenkämpfer im anderen Lager werden und als Kirche anfangen zu revolutionieren. Es gilt auch hier jenen dritten Ort zu gewinnen, von dem aus die Kirche mahnend und die Gewissen schärfend alle Menschen an Gottes Gebote erinnert und jene heilsame Unruhe zur Umkehr stiftet, welche mehr ist als Umsturz.

Zu alle diesem ist noch ein drittes zu sagen:

3. Die Kirche ist *kein Propagandainstitut.* Im Kampf der Meinungen und Interessen treten je und dann besondere Parolen in den Vordergrund. Solche Parolen können für die Kirche verfänglich werden, wenn etwas angeschnitten wird, was christlich zu sein behauptet. Muß die Kirche nicht mittun, wenn sie mit christlichen Parolen gerufen wird?

Es wird unter uns viel vom »christlichen Abendland« und von der Abwehr »antichristlicher Mächte« geredet. Wir hören von »Freiheit« reden, und es wird uns von »Frieden« gesungen. So ließen sich noch manche andere Parolen nennen, denen die Kirche als Vorspann zu dienen geeignet erscheint. Was aber steckt hinter diesen Parolen? Eine christliche Vokabel allein verpflichtet noch nicht. Es werden ja heutzutage beinahe alle Begriffe und Worte umgemünzt, so daß ihr Kurswert erst zu prüfen ist. Wie finden wir uns im Gewirr von Echtem und Unechtem zurecht? Es gibt einen sicheren Maßstab dafür. Alles in der Welt scheidet sich an Jesus Christus. Nur wo aus Verbundenheit mit ihm gerufen und gehandelt wird, sind wir verpflichtet. Er macht alle Selbstherrlichkeit offenbar. Paulus spricht davon, daß die christliche Gemeinde die Gabe der Unterscheidung der Geister besitzt. Diese Gabe gilt es anzuwenden.

Wenn es um »Freiheit« geht, so wollen wir hören, ob eine Freiheit zu selbstherrlichem Leben gemeint ist oder aber die Freiheit, unser Leben in Verantwortung vor Gott nach seinen Geboten zu führen. Als ein Beispiel nenne ich die Freiheit der Seelsorge und Predigt auch und gerade in Strafanstalten und Lagern. Aus der Freiheit zu tun, was wir sollen, käme alles übrige von selbst in Ordnung. Wenn es um »Frieden« geht, so soll der Friede in Jesus Christus gemeint sein. Dieser Friede ist die Vergebung aller schuldhaften Vergangenheit und die Befreiung aus aller Verstrickung in Leidenschaften und Götzendienst in einem neuen Ansatz unseres Lebens und damit auch zur Gemeinschaft unter den Menschen. Diesem Frieden sind wir verpflichtet, und wir wissen, daß wir damit auch unserem Volk am besten dienen.

Der Kampf um die Throne dieser Welt wird weitergehen. Er ist ein wesentliches Kennzeichen dafür, daß die Welt im Aufruhr gegen Gott steht. Die Kirche darf sich nicht in diesen Streit um die Throne der Welt verstricken lassen. Wo auch immer die Mächte dieser Welt der Kirche zurufen: Du bist dazu da, uns zu verteidigen oder mit uns anzugreifen, du bist dazu da, politische Systeme, Wirtschaftsordnungen oder Ideologien zu segnen oder zu verdammen, kann unsere Antwort nur lauten: Die Throne, um die ihr streitet, werden zerbrechen, der Thron Jesu Christi aber steht unerschütterlich, und nur was in seinem Namen gesagt und getan werden kann, verpflichtet seine Kirche.

V

Aus einem vierten Bezirk falscher Vorstellungen über die Kirche wird gerufen: Die Kirche ist dazu da, um zu herrschen! Soll nicht auch die Wahrheit nach der Macht greifen, um sich zu behaupten und durchzusetzen? Soll nicht alles der Wahrheit untertan sein und von ihr regiert werden? Diese Frage ist immer wieder eine Versuchung für die Kirche, der die Wahrheit anvertraut ist, und wir wissen, daß sie ihr oft erlegen ist. Deshalb ist hier zu sagen: Die Kirche ist *kein Machtinstitut.*

Wir denken an das Gespräch zwischen dem gefesselten Jesus und dem römischen Pilatus. Jesus sagt: »Mein Reich ist nicht von dieser Welt. Wäre mein Reich von dieser Welt, meine Diener würden kämpfen.« Da fragt ihn Pilatus: »So bist du dennoch ein König?« und Jesus antwortet: »Ich bin ein König. Ich bin dazu geboren und in die Welt gekommen, daß ich für die Wahrheit zeugen soll. Wer aus der Wahrheit ist, der höret meine Stimme« (Joh. 18,36). Die Wahrheit erfaßt den, der aus der Wahrheit ist. Deshalb kann die Wahrheit nur bezeugt, aber nicht auferlegt werden. Staatliche Art und kirchliches Wesen sind zweierlei und sollen unvermischt bleiben. In der Theologischen Erklärung der 1. Bekenntnissynode von Barmen 1934 ist ausgesprochen, daß weder der Staat über seinen besonderen Auftrag hinaus die einzige und totale Ordnung des menschlichen Lebens werden und auch die Bestimmungen der Kirche erfüllen darf, noch daß die Kirche über ihren besonderen Auftrag hinaus sich staatliche Art, staatliche Aufgaben und staatliche Würde aneignen und damit selbst zu einem Organ des Staates werden darf. Staat und Kirche werden sich aufs beste einander zuordnen, wenn sie sich wechselseitig das Ihrige geben. Auch die Kirche soll dabei ihr Feld be-

haupten und ausfüllen. Indem sie das tut, dient sie zugleich der bürgerlichen Gemeinde. Indem der Staat der Kirche und ihren Gliedern die Freiheit gewährt, Gottes Wort zu verkündigen und zu leben, wird er selber erst wirklich Rechtsstaat. Wo dieses Freiheitsrecht gewährt und von der rechten Kirche in rechter Weise dienend gebraucht wird, und wo für die Glieder der Kirche im Beruf wie im öffentlichen Dienst ein Leben des Gehorsams gegen Gottes Gebot ermöglicht wird, kommt alles an seinen rechten Ort zu stehen. Da steigt auf die gute Ordnung der menschlichen Dinge, die Gerechtigkeit, die Weisheit und der Friede. Das ist es, was die Kirche dem Staat anzubieten hat, indem sie ihrerseits für sich und ihre Glieder nichts anderes als diese Freiheit haben will und begehren soll. Deshalb tut sich die Kirche letztlich selbst den besten Dienst, wenn sie nichts weiter als diese Freiheit vertritt, ohne nach Sicherungen und politischem Einfluß zu greifen.
In diesem Zusammenhang ist noch ein kurzes Wort über das Herrschen in der Kirche zu sagen. Wir sind evangelische Kirche. Das will sagen, daß es gerade auch unter uns selbst nicht um Macht der Ämter und Personen gehen darf. Wir alle sind Brüder unter dem einen Vater und sollen dessen eingedenk bleiben, daß auch Christus nicht gekommen ist, um sich dienen zu lassen, sondern um zu dienen bis in seinen Tod hinein. Weil das so ist, besteht auch zwischen uns sogenannten Laien und den Amtsträgern unserer Kirche keine Unter- und Überordnung, sondern brüderliche Gemeinschaft. Sie hat ihre wunden Punkte, weil es Pastoren gibt, die das nicht praktizieren, und weil es Laien gibt, die nicht den Mund auftun. Hier haben wir uns gegenseitig zu helfen, daß es anders werde.

VI

Damit stehe ich am Schluß. Es war die Rede von den Mißverständnissen der Kirche, von den individualistischen, den idealistischen, den politischen und den klerikalen. So vielfältig sie sich darstellen, so laufen sie allesamt doch auf das eine hinaus, daß sie

Zweckvorstellungen von der Kirche sind, die wir Menschen uns selber zurechtmachen. Die Kirche ist aber in keiner Weise ein menschliches Zweckinstitut. Sie ist der Ort, an dem sich Gottes Eingriff in diese Welt durch Jesu Christus vollzogen hat und fortpflanzt, bis daß er wiederkommt.

1 s. Nr. 5 Anm. 5, S. 65.

9. Die Verantwortlichkeit des Menschen im politischen Leben

Vortrag auf der Europäischen Laientagung des Ökumenischen Rats der Kirchen in der Evangelischen Akademie Bad Boll, 23. 7. 1951

I

1. Es gehört zu den Merkwürdigkeiten unserer Zeit, daß die Enthaltung von der Politik weithin als ein Gebot der Lebensklugheit empfunden wird. Die »New York Times« berichtet, daß sich an amerikanischen Hochschulen eine Lähmung der Gedanken- und Redefreiheit entwickele, weil die Studenten befürchten, als kommunistenfreundlich oder als »rosa« abgestempelt zu werden, wenn sie sich politisch betätigen. Die Mitgliederzahlen politischer Studentenklubs gingen zurück; Aufrufe möchte niemand unterzeichnen, auch nicht, wenn sie antikommunistisch sind. Anstelle des geistigen Liberalismus entwickele sich ein Einheitsdenken und eine Abneigung gegen politische Aktivität aus Gründen der Vorsicht.

Wenn solches schon aus den USA, dem Lande der Freiheit, berichtet wird, um wieviel mehr muß dann die Situation in Europa als lähmend empfunden werden! In Europa ist geradezu ein Gefühl der Sinnlosigkeit des Geschehens aufgekommen, das durch ein Gefühl der Ohnmacht gegenüber den Zwangsläufigkeiten oder den anonymen Kräften in der Politik verstärkt wird und die Enthaltung von jeder politischen Verantwortung hierzulande für viele Menschen erst recht als ein Gebot der Klugheit erscheinen läßt. Ich glaube, daß wir hier an den entscheidenden Zusammenhängen für das so weithin verbreitete Ausweichen vor der politischen Verantwortung stehen, und möchte sie daher noch etwas erläutern.

2. Meine Altersgenossen und ich haben in der Spanne unseres

Lebens in Deutschland vier völlig verschiedene politische Systeme erlebt, nämlich die obrigkeitliche Monarchie bis 1918, die parlamentarische Demokratie bis 1933, den hitlerischen Faschismus bis 1945 und eine Besatzungsdemokratie, d. h. einen Zwitterzustand unvollständiger Verantwortungen unter fremden Militärregierungen seit 1945. Die jüngere Generation erlebte wenigstens zwei oder drei dieser Systeme. Zwei Weltkriege zerstörten Familien und Besitz. Millionen von Menschen verloren Heimat und Existenz. Zwei Geldentwertungen untergruben das Vertrauen zu jeglicher Währung. Parteien kamen und zerfielen; einige konnten wieder erstehen. Flaggen und Symbole wechselten. Helden wurden zu Verbrechern. Verfolgte wurden zu Führern. Idealismus wurde zur Schande. Verrat wurde zur Glorie. Abwechselnd waren der Reaktionär (Offiziere, Kapitalisten, Gutsbesitzer), der Kommunist, der Jude, der Nationalsozialist und wieder der Kommunist der Feind Nr. 1. Machtgreifungen gegeneinander und Scherbengerichte der einen Gruppe über die andere erfüllten die Szene.

Gibt es nicht auch in anderen europäischen Ländern vergleichbare Vorgänge? Freunde erzählen mir, daß holländische Soldaten nach ihrer Rückkehr aus Indonesien von einem Teil ihres Volkes den Vorwurf hören, für eine gute Sache schlecht gekämpft zu haben, von einem anderen Teil aber zugleich den Vorwurf, einer schlechten Sache völlig sinnlos gedient zu haben. In einem Zeitungsbericht[1] lese ich, daß ein Besucher im Brüsseler Gefängnis St. Gilles von einem alten Wärter gefragt wird, was von Korea zu halten sei? Was seine Gefangenen dächten, wisse er. Sie seien einmal als Belgier unter Hitler gegen den Weltkommunismus ausmarschiert. Nun marschiere ein belgisches Bataillon gegen den gleichen Feind nach Korea aus. Der Wärter fragt, was man noch von einer Welt halten solle, in der für den Kampf gegen den gleichen Feind dem einen die Dekoration winke und die anderen eingesperrt bleiben?

Die Problematik des Gehorchens oder des Widerstehens, der Eidestreue oder des Eidbrechens, der Pflichterfüllung oder der

Sabotage, der Kollaboration oder der Résistance durchzieht fast alle Länder. Das Tribunal von Nürnberg, die Spruchkammern der Entnazifizierung und die entsprechenden Gerichte in Frankreich, Belgien, Holland usw. zogen ihre Folgerungen je auf ihre Weise. Betroffene und Nichtbetroffene ziehen sie ebenfalls. Sie fragen: was soll dieses ganze Spiel? Wir glaubten, einer redlichen Sache zu dienen, wir gehorchten rechtmäßigen Befehlen; wir versuchten, unter den gegebenen Möglichkeiten das Beste zu tun, und werden dafür bestraft! Sollen wir uns nach diesen Erfahrungen die Finger erneut verbrennen, indem wir noch einmal in konfliktgeladene Situationen eintreten? Und andere fragen: sollen wir dasselbe erleben, was jene erlebt haben, die sich auf politische Dinge einließen? Eine abgrundtiefe Skepsis ist aus alldem entstanden. Viele Menschen denken, daß neue Wechsel der politischen Situationen eintreten werden, und sie wollen nicht unter die Räder kommen. Die unpolitischen Menschen und das Verbleiben in einer privaten Existenz sind ja noch nie so hoch belohnt worden wie in unseren Tagen. Darüber hinaus müssen wir sehen, daß der Idealismus des 19. Jahrhunderts überhaupt zu seinem Ende gekommen ist und damit auch die Antriebskräfte nachlassen, die er einmal aufgeschlossen hat. Wir stehen inmitten eines Zusammenbruchs politischer und sozialer Ordnungen und zugleich auch des Zusammenbruchs derjenigen nationalen, liberalen, sozialistischen und staatlichen Überzeugungen, welche diese Ordnungen getragen haben, so daß eine einfache Regenerierung nicht möglich ist. Aus allerlei Träumerei von Fortschritt, Menschenveredelung und Weltverbesserung hat sich dieses 20. Jahrhundert als das Jahrhundert einer unvorstellbaren Barbarei enthüllt. Das Ende des Illusionismus ist Skepsis. Propaganda kann diese nicht überwinden. Das ist vielleicht noch das Beste an dieser Situation, denn gerade die Christenheit hat ja inmitten der Illusionen und Ersatzreligionen immer wieder zur Nüchternheit über den Menschen gerufen und die Gefallenheit dieser Welt betont. Sie wurde damit freilich ebensowenig gehört wie Nietzsche, als er erklärte: »Die Wahrheit über den Menschen nicht aushalten können, das ist Idealismus.« Vielleicht ist jetzt die Stunde für einen anderen Ansatz gekommen.

Ehe ich davon spreche, ist aber noch auf Folgendes hinzuweisen:

3. Für das Empfinden vieler Menschen ist das politische Geschehen von Kräften oder Zwangsläufigkeiten gestaltet, die jeden individuellen Einfluß darauf unmöglich machen. Das rührt an allgemeine Zustände unserer Zeit. Es ist überall eine Entfremdung gegenüber den uns tragenden Gemeinschaften eingetreten, seitdem unsere Lebensverhältnisse und ihre Zusammenhänge so unübersehbar geworden sind. Das Organische ist abgestorben und durch Organisation ersetzt worden. Die Übervölkerung unserer Länder, die Arbeitsteilung maschineller Großbetriebe, die Zentralisation der Entscheidungsbefugnisse bei wenigen allenfalls dem Namen nach bekannten und letztlich doch anonymen Amtsträgern riesiger Institutionen, die Verknüpfung aller wirtschaftlichen und politischen Geschehnisse in globale Zusammenhänge – sie alle hinterlassen beim einfachen Mann das Gefühl: da kann ich nicht mehr mit! Der Landesvater früherer Zeiten war eine leibhaftige Figur, die ihre Huldigung in allen Landesteilen persönlich entgegennahm. Heute ist es schon der Bürgermeister einer großen Stadt nicht mehr. Der Unternehmer war noch vor wenigen Jahrzehnten ein Mensch inmitten seiner Arbeiter. Heute sind es wechselnde Manager als vordergründige Funktionäre von Kapitalgesellschaften. Einkauf und Verkauf haben sich in Märkte verflüchtigt, die von Korea über Washington und New York bis in jedes Dorf des freien Erdballs bewegt werden. Zahllose Lebensvorgänge sind verstaatlicht und von entfernten Zentralbehörden abhängig geworden. Der Parlamentarismus ist in vielen Ländern von Grund auf fragwürdig und begegnet wachsender Ablehnung. In der Tat: was soll in alledem der einfache Mann ausrichten? Wer irgendwie mitspielen will, muß zuallererst selber zum Baustein einer großen Organisation, eines Interessenverbandes, einer Gewerkschaft, einer Partei werden und weiß doch, daß er damit abermals nur Funktionären eine Plattform bereitet, die *ihn* mehr dirigieren, als er *sie* diri-

gieren wird. Gewiß kann man in einer Organisation aufsteigen und ein »Verantwortlicher« werden. Der nationalsozialistische Agitator gegen die Sozialdemokratie, Riemkasten, schrieb vor 20 Jahren unter dem Motto: »Man sage nichts gegen den Sozialismus. Durch den Sozialismus hat schon mancher arme Teufel seine Lage gewaltig verbessert.« Diese Ironisierung trifft unser ganzes Gehabe an Gemeinschaftsorganisationen und besagt, daß die Masse der »armen Teufel« bleibt, was sie ist, sosehr auch einzelne Funktionäre emporsteigen. Die Masse der armen Teufel ist auch unter dem Nationalsozialismus erst recht geblieben, was sie war, nämlich ein Objekt in der Hand weniger Personen, und sie wird es in jedem totalitären Staat bleiben. Der Leviathan, das alles verschlingende Ungeheuer, von dem Hobbes vor genau 300 Jahren sprach, geht überall unter uns um. Der totalitäre Weltanschauungsstaat verkörpert ihn besonders drastisch in der Vereinigung von weltlicher und geistiger Gewalt über den Menschen. Aber auch der sozialistische Staat des Planens und Lenkens und die Demokratie mit ihren Massenorganisationen und ihrer kapitalistischen Publizistik des Massendenkens wandeln weithin auf ihren Pfaden. Der kleine Mann fragt sich immer wieder, was er da noch ausrichten soll.

4. Vielleicht liegt aber für nicht wenige Menschen unserer Tage die Abneigung gegen politische Verantwortung noch tiefer begründet als nur darin, daß es ihnen unklug erscheint, sich zu exponieren, oder daß sie keinen Sinn mehr im politischen Geschehen finden oder daß sie sich gegenüber den darin waltenden Kräften zu ohnmächtig fühlen. Ist es nicht auch so, daß vielen Menschen die Freiheit zu eigener Entscheidung und Mitverantwortung viel zu anstrengend ist, daß ihnen der Instinkt für persönliche Lebensgestaltung verlorengegangen ist und sie sich gerne in eine Unterwerfung flüchten, die ihnen die Last der Freiheit abnimmt? Wenn es schon enttäuschend ist, daß der Masse der Menschen die Freiheit kein ganz so teures Gut ist, wie viele Vorkämpfer der Freiheit meinten, so ist es vollends bestürzend, daß gerade auch manchen intellektuellen Gemütern die scheinbar so

großartige Geschlossenheit, Einheit und Autorität totalitärer Systeme zur Versuchung wird. Es gibt offenbar auch im politischen Felde den Dostojewskischen Großinquisitor, der da zu den Verfechtern der Freiheit sagen kann: »Hattest Du vergessen, daß Ruhe und selbst der Tod den Menschen lieber sind als die freie Wahl in der Erkenntnis von Gut und Böse?« Ich glaube, wir müssen es aussprechen, daß manche Schriftsteller und Gelehrte mit großem Namen in ihrem Fach und mancher ehrsame Bürger unter uns so denkt. Nur so verstehen wir, was manche von ihnen tun, wenn sie in der freien Welt mit totalitären Systemen sympathisieren oder nach einem starken politischen Führer suchen, dem sie sich blindlings anzuvertrauen bereit wären.

So ist also insgesamt dieses als Kennzeichen unserer Lage festzustellen: Ein Zeitalter, welches mit der Erklärung begann, daß der Mensch frei und autonom sei, und jedem die Aufgabe stellte, sich selbst zu entfalten, ist in der Vermassung geendet. Der einzelne fühlt sich wertloser und wehrloser denn je. Ein Zeitalter, das von vielerlei Idealismus getragen war, ist weithin in Skepsis und Nihilismus geendet. Im Wechselspiel des Geschehens ist eine Fülle von Überzeugungen und Haltungen zerrieben und totgetrampelt worden. Denen, die das Spiel fortsetzen, scheint es über kurz oder lang ebenso zu gehen.

Ein Übermaß an Eindrücken und Erlebnissen war von einem Übermaß an Worten begleitet, so daß weithin nur noch der Wunsch übriggeblieben ist, in Ruhe gelassen zu werden. Für diese Ruhe ist mancher offenbar bereit, sogar den Preis der Freiheit zu bezahlen. Mit allen diesen geistigen Haltungen, so meine ich, stehen wir an den schwersten Hindernissen für eine verantwortliche Mitwirkung des Menschen unserer Tage am politischen Leben.

II

Ein besonderes Wort ist noch über den Marxismus zu sagen nötig. Der Marxismus bietet sich als eine Lehre an, die dem Menschen sein Schicksal verständlich machen und ihm Anweisung für sein Verhalten geben will. Aus dem Widerstreit zwischen dem privaten Eigentum an den Produktionsmitteln des kapitalistischen Zeitalters und dem Anteil der Werktätigen am Ertrag entstehen Krisen, die letzten Endes zwangsläufig zu einer Umwälzung und zu einer neuen Gesellschaftsordnung führen werden. Lenin wandelte diese Lehre durch die Betonung der politischen Organisation des Proletariats in eine revolutionäre Partei ab. Sie soll den Umwälzungsprozeß fördern und erzwingen. Stalin potenzierte die Organisation zu einer schlagkräftigen Waffe des blinden Gehorsams in der Hand der Führer. Aus dem Marxismus als wissenschaftlichem System ist darüber die Bemäntelung eines revolutionären Instrumentes von größter Durchschlagskraft geworden. Gleichwohl ist er für die Masse seiner Anhänger eine Ersatzreligion geblieben, die in ungeheurer Verdichtung das säkularisierte Evangelium darstellt, welches wir alle mehr oder weniger auf verschiedene Weise aus dem echten Evangelium gemacht haben. Hier werden noch einmal starke voluntaristische Kräfte gebunden, denen mit keiner wissenschaftlichen Widerlegung der marxistischen Theorien beizukommen ist. Wenn die Werbekraft des Kommunismus in Deutschland heute gering ist, weil die Erlebnisse zahlloser Deutscher in Rußland und in der russischen Zone Deutschlands sie überlagern, so ist damit noch kein neuer positiver Ansatz an die Stelle des marxistischen Gedankengebäudes getreten. Auf der anderen Seite soll auch nicht übersehen werden, daß die hohen kommunistischen Wahlstimmen in Italien und Frankreich nur ein Ausdruck dafür sind, daß die kommunistischen Parteien dieser Länder von vielen Arbeitern in Italien und Frankreich als die einzige echte Arbeiterpartei zur Wahrung ihrer sozialen Ansprüche angesehen werden. Auf jeden Fall stehen, wie Gollwitzer sagt, im Marxismus dem Westen sein Produkt und sein Gericht gegenüber[2]. Der Marxismus ist heute der einzige ungebrochene Erbe des menschlichen Selbstvertrauens, das das neuzeitliche Denken in Europa in so breiter Front heraufführte. Jede Auseinandersetzung mit ihm muß deshalb zugleich und zuerst eine Auseinandersetzung mit uns selbst sein.

III

1. Verantwortlichkeit des Menschen im politischen Leben kann nur dort sein und nur dort wieder wachsen, wo Personhaftigkeit des Menschen lebendig ist.

Wie kann sie entstehen?

Ich bin überzeugt, daß sie im letzten und echten Sinne nur dort entsteht, wo der Mensch durch Jesus Christus angeredet und überwunden wird. Wo wir Gottes Anrede hören: »Ich habe dich erlöst, ich habe dich bei deinem Namen gerufen, du bist mein« (Jes. 43, 1), da beginnt die Unvertretbarkeit unserer Existenz, da bricht es auf, daß der Mensch sein Leben als eine persönliche Geschichte Gottes mit ihm zu leben beginnt und daß er all sein Tun und Lassen von Gott begleitet sieht. Da tritt Gott dem Menschen so gegenüber, daß der Mensch »verantwortlich« wird.

Über alles das verfügen wir nicht. Es bleibt Gottes grundlose Barmherzigkeit, daß er uns das Evangelium aufschließt. Das hebt gewiß unseren Auftrag zur Verkündigung des Evangeliums nicht auf, und wir haben uns zu bemühen, ihn nach besten Kräften überall auszurichten. Letztlich können wir aber Gott immer nur darum bitten, daß er Menschen in die Verantwortung vor ihm berufe und damit auch unseren staatlichen und anderen Gemeinschaften verantwortungsfähige Menschen schenke.

2. Wo Gott das tut, gewinnen wir auch den Ansatz, um jener Abneigung gegenüber der politischen Betätigung zu begegnen, von der ich gesprochen habe.

Wer da sagt, es sei unklug, sich zu exponieren, dem ist zu antworten, daß diese Rechnung umgekehrt aufgeht. »Trachtet am ersten nach dem Reich Gottes und nach seiner Gerechtigkeit, so wird Euch solches alles zufallen« (Matth. 6, 33). Trachten nach dem Reich Gottes heißt, daß wir gehorsam sein sollen, damit Gott sein Reich bauen kann. Dieser Gehorsam kann auch politische Verantwortung und Betätigung einschließen. Jeder ist zu dem berufen, was er leisten kann. Unsere uns von Gott geschenkten Gaben bestimmen unsere Aufgaben. Wenn der Mensch dort zu handeln beginnt, wo eine seinen Gaben entsprechende Aufgabe vor seinen

Füßen liegt, so folgt er damit einer Platzanweisung Gottes. Wer da sagt, das heutige Geschehen sei sinnlos geworden, dem ist zu antworten, daß keine Epoche der Geschichte ferner von Gott ist als irgendeine andere. Auch unsere Zeit ist es nicht, einerlei, wo wir leben. Weltgeschichte ist immer Gottes Mummerei und Larve, wie Luther sagt[5]. Gerade als Christen dürfen wir wissen, daß Gott auch über dem uns sinnlos erscheinenden Geschehen waltet und alles zu seinem Ziel führt. Deshalb kann unsere Verantwortung zu keiner Zeit aussetzen.

Wer da sagt, daß er sich gegenüber den bestimmenden Kräften des Zeitgeschehens ohnmächtig fühle, dem ist zu antworten, daß Einer mit Gott immer noch Majorität ist. Was wir ausrichten werden, hängt nicht davon ab, welche Kräfte gegen uns stehen, sondern davon, wie viel oder wie wenig wir gehorsam sind. Freilich muß hier angefügt werden, daß die Christen überall gerufen sind, der Vermassung zu wehren und auf Ordnungen unseres politischen und sozialen Lebens hinzuwirken, die dem einzelnen Menschen einen möglichst großen persönlichen Lebenskreis belassen.

Wer da sagt, daß ihm die Last persönlicher Entscheidungen und Verantwortungen zu schwer sei, dem ist zu antworten, daß Gott uns niemals mehr auferlegt, als wir tragen können. Er waltet auch über unseren Fehlern, und wir dürfen uns auch in der politischen Entscheidung seiner vergebenden Gnade getrösten. Deshalb brauchen wir keinerlei Zuflucht zu menschlichen Autoritäten oder autoritären Systemen zu nehmen.

So kann also alles in allem nichts unsere Geborgenheit in Gottes Hand aufheben. Sie trägt uns durch Gefahren und Zweifel und waltet über unserem Tun und Lassen.

Weil das so ist, dürfen die Christen sich von der so weit verbreiteten Abneigung gegen öffentliche Verantwortung nicht anstekken lassen. Sie tragen gerade heute ein erhöhtes Maß von Verantwortung inmitten der Verwirrung und Ratlosigkeit der Menschen. Ihnen ist mehr gegeben als denen, die Christus nicht gefunden haben. Deshalb ist auch mehr von ihnen gefordert. Sie, die der Furcht entnommen sind, können allein schon dadurch zur

Beruhigung der aufgeregten und angsterfüllten Welt beitragen, daß sie diese Befreiung von der Furcht exemplarisch leben und überall zu nüchternem Handeln rufen. Wer um den Frieden in Christus weiß, kann auch den Frieden auf dieser Erde hüten.

3. Gott kann uns in allerlei Dienst rufen. Obrigkeit soll nach Gottes Ordnung sein, deshalb ist den Christen grundsätzlich jedes Amt und jede Funktion darin offen. Es gehört zum Wesen des weltlichen Regiments, daß es Macht ausübt. Somit kann und darf der Christ auch an der Machtausübung beteiligt sein. Er soll sich dabei freilich bewußt bleiben, daß er eine ihm von Gott überlassene Macht ausübt und Gott dafür Rechenschaft schuldet. Das gilt für den Regenten so gut wie für den Richter oder den Gerichtsvollzieher, den Polizisten so gut wie für den Soldaten. Damit ist zugleich gesagt, daß auch die Beteiligung an einem Kriege zur Pflicht des Christen gehören kann. Es bedarf allerdings einer besonderen Erörterung, ob der Krieg in seiner heutigen Form und mit den heutigen Mitteln uns nicht an eine Grenze geführt hat, wo diese grundsätzliche Bejahung auch des Kriegsdienstes aus realistischen Gründen fragwürdig geworden ist. Wenn der Krieg mit Völkerselbstmord identisch wird, wenn er das größere Übel ist im Vergleich zu dem, was abgewehrt werden soll, wenn er eine auch nur halbwegs sinnvolle Lösung der strittigen Probleme nicht mehr darzustellen vermag, dann hört die Bejahung des Kriegsdienstes als einer möglichen Pflicht des Christen auf. Ich kann die Frage, ob diese Grenze heute gegeben ist, im Rahmen dieses Vortrages nur aufzeigen, aber nicht ausführlich behandeln. Sie müßte ein Thema für sich bilden[4]. Erwähnt sei in diesem Zusammenhang noch, daß die Synode der Evangelischen Kirche in Deutschland vom April 1950 den gesetzlichen Schutz der Kriegsdienst-Verweigerung aus Gewissensgründen begrüßt hat und den Kriegsdienst-Verweigerer ausdrücklich der Fürbitte und Fürsprache der Kirche versichert[5].

Wenn der Christ an der Ausübung der Macht des weltlichen Regimentes beteiligt sein darf, so kann ihm auch der Weg zur Macht nicht verschlossen werden. In demokratischen Staaten führt dieser Weg über die Parteien und das Parlament. Ich halte die Beteiligung von Christen an politischen Parteien und ihren Kampf um die Macht deshalb nicht nur für erlaubt, sondern sogar für geboten, um gerade auch in der politischen Führung der Völker und ihren Regierungen verantwortungsfähige Menschen zur Geltung zu bringen. Eine andere Frage ist dagegen, ob sogenannte »christliche« Parteien sinnvoll sind. Obwohl ich selber einer solchen angehöre, habe ich gegen die Existenz solcher Parteien erhebliche Bedenken. Aber auch dieses müßte ein Thema für sich bilden[6].

IV

Sosehr ich überzeugt bin, daß Verantwortlichkeit im letzten und echten Sinne nur dort entsteht, wo der Mensch durch Jesus Christus so angeredet und überwunden wird, daß er in Gott den Herrn der Welt findet, der ihn auf sein Tun und Lassen verhaftet, so bleibt doch bestehen, daß Gott im weltlichen Regiment auch durch andere Menschen handelt. Es ist nichts als eine schöne Fügung Gottes, wenn er Könige, Staatsmänner und Amtsleute Christen sein läßt. Aber es ist wahrlich nicht die Regel. Wir sollten auch nicht verkennen, daß die Menschen immer wieder sehr viel solchen Mitbürgern verdanken, die aus anderen als christlichen Motiven handeln. Allein aus den Wurzeln der Humanitas sind viele Streiter für Reformen der menschlichen Gesellschaft erwachsen. Politiker aller Grade schöpfen ihre Antriebe oft genug aus nichts anderem als aus humanitärer Gesinnung oder aus einem bewundernswerten Idealismus. Viel treuer Dienst ist zu aller Zeit nur aus einem schlichten Pflichtbewußtsein um das Wohl von Mitmenschen oder aus Verbundenheit mit einer Idee getan worden. Das haben wir nicht nur stehen zu lassen, sondern wir haben diesem Tun, ja sogar einem Tun aus unedlen oder egoistischen Motiven, zu Hilfe zu kommen, wenn es um eine gute Sache geht. Jeremia rief den in der Verbannung zu Babylon lebenden Juden zu: »Suchet der Stadt Bestes.« (Jer. 29, 7.) Das gilt auch uns.

Damit ist ausgesprochen, daß eine politische Zusammenarbeit von Christen und Nichtchristen möglich ist. Ihre Grenze liegt dort, wo der Christ gemäß seiner gewissensmäßigen Bindung die Ziele oder die Methoden nicht mehr vertreten kann, die ihm in der Zusammenarbeit mit Nichtchristen zugemutet werden. Es kann eine sehr beunruhigende Frage werden, was der Stadt Bestes ist. Sie kann bedeuten, daß Pflichterfüllung vielleicht gerade das falsche ist, indem sie ein antichristliches System stabilisieren hilft, daß vielleicht gerade der Sturz eines Systems geboten ist. Hier geht es nicht um logische Folgerungen, sondern um gewissensmäßige Entscheidungen aus konkreter Situation. Was heute noch tragbar oder richtig ist, kann morgen falsch sein.

Im übrigen ist es unsere Aufgabe, gerade auch den Menschen, die aus humanitären oder idealistischen Beweggründen handeln, immer wieder zu verkündigen, daß die Grundlage ihres Handelns keine tragfähige ist. Der Weg von der Humanität in die Bestialität ist nur kurz. Der Idealismus kann auch einem System des Terrors und der Grausamkeit dienstbar werden. Gerade das ist es, was wir im deutschen Nationalsozialismus erlebt haben und im Bolschewismus weiter erleben. Alle Erklärungen der Idealisten über ihr großes Verantwortungsbewußtsein heben nicht auf, daß Verantwortungsfähigkeit nur dort besteht, wo der Mensch in dem durch Christus geoffenbarten Gott wirklich den Herrn der Welt und seines persönlichen Lebens gefunden hat, dem er antworten muß.

1 FAZ v. 28. 3. 1951.

2 H. Gollwitzer, Kirche und Marxismus in der Krise Europas, Thesen vom Juni 1951, in: Gollwitzer, Forderungen der Freiheit, München 1962, S. 150.

3 Vgl. Luther, Der 127. Psalm, in: Weimarer Ausgabe Bd. 15, S. 373.

4 Über realistischen Pazifismus vgl.: Emil Brunner, Das Gebot und die Ordnungen, Zürich 1932, S. 455 f. u. 663 f.

5 KJ 1950, S. 9.

6 Vgl. Heinemann, Zur theologischen Bemühung in Politik aus christlicher Verantwortung, in: Stimme der Gemeinde 1951, Nr. 5, S. 5 f.

10. Reise durch die Ostzone

Aufsatz in der Zeitschrift
Die Stimme der Gemeinde, November 1951

Es ist ein eigenartiger Auftrag, über eine Reise durch einen Teil des eigenen Vaterlandes zu schreiben. Kennen wir einander nicht mehr, so daß solches notwendig erscheint? In der Tat, wir wissen nicht genug voneinander, und vor allem – *wir stehen nicht im Gespräch miteinander.* Das ist zunächst einmal der beherrschende Eindruck im Rückblick auf eine einwöchige kirchliche Vortragsreise durch die russische Zone, daß die Menschen dort ein großes Bedürfnis nach Austausch der Gedanken haben. Sie wollen verstehen lernen, was in Westdeutschland gedacht und getan wird, und sie wollen ihre Nöte einsichtig machen. So war denn meine Reise Ende Oktober nach Cottbus, Oschatz, Dresden, Chemnitz, Meerane, Leipzig, Halle und Magdeburg von einer nicht endenden Kette der Gespräche in allerlei Kreisen der evangelischen Gemeinden und mit vielen Einzelpersonen umkleidet. Diese Gespräche kreisten um kirchliche und politische Fragen sowie um persönliche Schicksale.

Der Kampf in der Schule

Erinnern wir uns, daß die evangelischen Gemeinden in der russischen Zone nach dem Krieg vor ungeahnte neue Aufgaben gestellt wurden. Die christliche Unterweisung der Kinder hörte auf, eine Sache der Schulen zu sein; die Kirche mußte sie in die Hand nehmen. Dazu war es nötig, den Stand der Katecheten neu zu entwickeln. Diese Katecheten, hauptamtliche und nebenamtliche, erteilen in Schulen oder gemeindeeigenen Räumen den Religionsunterricht in ausschließlich kirchlichem Auftrag. Ihre Heranbildung und Versorgung ist allein Sache der Kirche. Welch eine Fülle von Aufgaben war und ist damit verbunden, wenn man bedenkt, daß beispielsweise in der sächsischen Kirche die Zahl dieser Katecheten nahezu die Zahl der Pfarrer erreicht. Im Zuge der radikalen Trennung von Staat und Kirche ging des weiteren auch die Einziehung der Kirchensteuer völlig auf die Kirche über. Die staatlichen Behörden gewähren lediglich noch die Einsicht in ihre Steuerlisten; alles Weitere ist Sache der Kirche. Beide Aufgaben sind aufs Ganze gesehen gemeistert worden. In den Katecheten wie in den Verwaltungsangestellten der Gemeinden (zuweilen auch »Steuermissionare« genannt) sind neue Ausdrucksformen gemeindlicher Verantwortung entstanden. Die Pfarrer sind nicht mehr die *alleinigen* Amtsträger, wenngleich sie natürlich die wesentlichen bleiben. Ihr Nachwuchs ist unzureichend, nicht zuletzt deshalb, weil die Söhne der Pfarrer größte Schwierigkeiten haben, in die Oberschule und an die Universität zu gelangen. Man erklärt, daß ihre Elternhäuser keine befriedigende Gewähr für »demokratische Erziehung« zu bieten vermöchten. Sehr bitter empfinden die Pfarrer *die Abschnürung vom geistigen Austausch.* Was ihnen an Schrifttum zur Verfügung steht, ist erschütternd wenig. Das gemeindliche Leben pflegt rege zu sein, eben weil man mehr als zuvor zueinander gewiesen ist und im ganzen in einer Bekenntnissituation steht.

Diese Bekenntnissituation zeichnet sich vor allem in der Bedrängnis durch die Entwicklung der Schule und in der Anfechtung christlicher Existenz im täglichen Leben ab. In der Schule wird der dialektische Materialismus nicht nur gelehrt, sondern als Bekenntnis gefordert, und die Erziehung zum »demokratischen Patriotismus« schließt eine Erziehung zum Haß gegen die Feinde dieses »demokratischen Patriotismus« ein. Kinder, Eltern und Lehrer werden dadurch in *vielfältige Gewissensbedrängnis* versetzt. Die Abwehr solcher Entwicklungen kann naturgemäß nicht nur den Pfarrern aufliegen; hier ist die ganze Gemeinde und zumal das christliche Elternhaus gefordert. Aus diesem Grunde bewegen die gegenwärtig in den Schulen stattfindenden Elternbeiratswahlen die Gemüter sehr erheblich. Die Schwierigkeiten, bei diesen Wahlen christliche Eltern zum Zuge zu bringen, sind aber – trotz aller Propaganda für freie gesamtdeutsche Wahlen – so groß, daß weithin die völlige Wahlenthaltung für richtig gehalten wird. Dieser Situation entspricht es durchaus, daß die kirchliche Christenlehre von der Schule aus nicht selten gestört wird, etwa so, daß Kinder ihre Bibel für den Religionsunterricht auch dann nicht mit in die Schule bringen dürfen (Tornisterkontrolle), wenn der Unterricht im Schulgebäude erteilt wird. Sie müssen dann die Bibel erst in einem zweiten Schulweg eigens holen. Auch ist die Teilnahme am kirchlichen Religionsunterricht überhaupt nicht selten ein Anlaß für Kränkungen der Kinder durch Lehrer vor der ganzen Klasse.

Echte christliche Existenz

Der berufstätige Mensch erlebt Entsprechendes. Es ist klar, daß treue Verbundenheit mit der christlichen Gemeinde und das offene Bekenntnis zu Christus vielfältig zu offenen oder versteckten Zurücksetzungen führen. Besonders erschwert wird die Heiligung des Sonntages. Immer wieder erfährt aber auch gerade das offene Bekenntnis ungeahnte Bewahrung oder Hilfe. Überhaupt darf man sich die Gemüter der treuen Gemeindeglieder drüben nicht als verwirrt oder verzweifelt vorstellen. Es geht im Grunde darum, daß dort *echte christliche Existenz* gefordert und weithin gelebt wird, daß es zwar mit der Kirche als *organisierter Harmlosigkeit vorbei ist,* dafür aber die Wirkungsmacht des Wortes Gottes um so kräftiger empfunden wird. Wie oft ist mir nicht gesagt und sogar betont mit auf den Weg gegeben worden, daß man keinesfalls gesonnen sei, den Platz zu verlassen, auf den man gestellt ist. Allen Gemeinden drüben war der Kirchentag in Berlin eine große Stärkung, und der Wunsch, im nächsten Jahr in Stuttgart dabei sein zu können, erfüllt viele ihrer Glieder.

Die politische Aufgabe Westdeutschlands

Das politische Interesse zielt in allen Gesprächen auf die Frage: Wie werden wir mit Westdeutschland zu einem Staatswesen vereinigt, in dem Freiheit und Menschenwürde gelten? Die eigene Antwort, die man darauf gibt, ist die, daß der Westen stark sein müßte. Das beinhaltet indessen nur zum geringen Teil die Meinung, daß auch Westdeutschland aufrüsten solle. Man sieht vielmehr *aus westdeutscher Aufrüstung eine Vertiefung der Spaltung erwachsen* und will doch gerade durch den noch so eingeschnürten Verbund mit Westdeutschland gehalten sein und wieder eine volle Gemeinschaft mit ihm haben. Die westdeutsche Aufrüstung und erst recht die Eingliederung der Bundesrepublik in einen Westblock verlieren schnell an Bejahung, wenn dieser Weg zur Wiedervereinigung mit allem Für und Wider durchgesprochen wird. Man will mit völlig vereinzelten Ausnahmen *auf keinen Fall um den Preis eines Krieges befreit werden.*

Westdeutschland soll keine leeren Reden führen

Man brennt vielmehr darauf, daß etwa über eine gesamtdeutsche Wahl eine Wandlung komme, und fragt darum überall, *warum man in Westdeutschland nicht bündiger auf einen solchen Lösungsversuch zugehe,* warum man ihn mit Dingen verquicke, welche jetzt nicht akut sind (Oder-Neiße-Linie), ob man überhaupt noch an sie denke und dergleichen. Dazwischen gibt es Stimmen, die nach allen Erfahrungen mit der »Wahlfreiheit« in der russischen Zone und den gerade jetzt die Gemüter sehr bewegenden Elternbeiratswahlen diesen Weg von vornherein für aussichtslos halten. Es wird *als Sache des Westens* angesehen, den Weg zu dem Ziel zu finden, welches sie bewegt, und alles daranzusetzen, daß es bald erreicht wird. Immer wieder wurde ich gefragt, was denn nun hinter den vielen westlichen Reden von baldiger Befreiung stecke. Man will jetzt erleben, daß wirklich *etwas dahinter steckt und daß man nicht einfach mit leeren Worten gespeist worden ist.* Einsichtige Beurteiler haben die größte Sorge, daß nur eine nihilistische Abwendung übrigbleibe, welche die innere Haltung der Menschen drüben tief gefährde, wenn jetzt nicht eine gesamtdeutsche Lösung den hoch hinauf gesteigerten Erwartungen folge.

»Betrügt die Betrüger«?

Das führt zu der Frage, wie die Menschen drüben überhaupt das empfinden, was vom Westen aus für sie spürbar wird. Alle Welt scheint den RIAS zu hören. Man lebt, zumal angesichts des unzulänglichen Nachrichtendienstes dortiger Zeitungen, von seinen Informationen. Aber es bestehen erhebliche Einwände gegen seine allgemeine Haltung. Man empfindet sie als *fortwährendes Aufputschen,* aber nicht als innere Festigung und Zurüstung. Immer wieder wurde vor allem von meinen kirchlichen Gesprächspartnern, Pfarrern wie Laien, die unmittelbar vor den Wahlen vom 15. Oktober 1950 von RIAS verbreitete Parole »Betrügt die Betrüger« geradezu als *ein Dolchstoß in den Rücken* derer bezeichnet, welche entschlossen waren, nicht zur Wahl zu gehen. Diese schon mehr als opportunistische Parole hat offenbar jedes Gespür dafür vermissen lassen, wie ernst drüben inmitten aller Bedrängnis um gewissenhafte Entscheidungen gerungen wird. Je ruhiger man drüben urteilt, um so mehr wünscht man, daß dieser Sender endlich in deutsche Hände komme und sich um eine realistische und solide geistige Hilfestellung bemühe.

Mißbrauch jugendlicher Einsatzbereitschaft

Die politische Untergrundarbeit jugendlicher Plakatkleber und dergl. wurde von allen meinen Gesprächspartnern nicht nur abgelehnt, sondern *schärfstens verurteilt.* Man macht ihren westlichen Hintermännern einhellig den schweren Vorwurf, daß sie unerfahrene Menschen in sinnlose Abenteuer verstricken und dann nichts anderes zu tun wissen, als ihre drakonische Bestrafung propagandistisch auszuschlachten, so daß vollends jede Bemühung um diese Menschen zur Aussichtslosigkeit verurteilt werde. Die unlängst zu 130 Jahren Zuchthaus verurteilten 19 Werdauer Oberschüler hatten mit westlicher Hilfe gegen die Beteiligung an der Wahl vom 15. Oktober 1950 zu agitieren versucht, für die dann im entscheidenden Augenblick der RIAS die Parole ausgab: »Geht alle zur Wahl, betrügt die Betrüger!« Hier geht es wahrlich um eine große Verantwortung für diejenigen, welche es betrifft. Jugendpfarrer und Studentenpfarrer haben mich wiederholt ausdrücklich gebeten, dieses alles hier auszusprechen und für Abhilfe zu sorgen. Einer von ihnen tat es mit dem Bemerken, daß ihm die Versündigung der westlichen »christlichen« Untergrundorganisatoren an der Jugend um nichts geringer erscheine als die Versündigung durch die östliche marxistische Schulerziehung. Hinzugefügt sei noch, daß weitaus die größte Mehrzahl meiner Gesprächspartner bislang nie etwas von der Untergrundpropaganda bemerkt hat – ein Beweis dafür, wie sinnlos der damit betriebene Jugendfrevel für die Situation insgesamt ist. Und in West-Berlin klagte eine Jugendfürsorgerin mir ihr Leid, daß die aus der russischen Zone wegen Beteiligung an Untergrundpropaganda flüchtenden Jugendlichen nur selten Aufenthaltsgenehmigungen und Arbeit fänden, so daß sie schließlich wegen Diebstahls und dergl. auch dort im Gefängnis landen. Damit ist das Bild dieser Art von »Politik« vollends rund.

Lebensverhältnisse

Die persönlichen Erlebnisse, welche einem Besucher aus dem Westen nahegebracht werden, entspringen teils der allgemeinen Situation, teils aus besonderen Begebenheiten. Die Lebensverhältnisse insgesamt haben sich gebessert; man ist sich bewußt, alles aus eigener Kraft und gegen viel Widerwärtigkeit geschafft zu haben. Eine Rückkehr *schlechthin zu allen früheren Zuständen wird durchaus nicht begehrt, vielmehr dies oder das an grundsätzlichen Änderungen bejaht.* Man klagt über eine bis zur Erschöpfung gehende Überlastung durch Arbeit, Schulungen und Inanspruchnahme seitens der vielen Organisationen, so daß die Errungenschaft des Achtstundentages weithin zu einer Illusion geworden ist und die Menschen nicht mehr zu ruhiger Besinnung kommen. Arbeiter beschweren sich über die Betriebskollektivverträge mit ihrer Fülle von Sonderverpflichtungen.

Der *Ärztemangel* ist groß; man fragt, warum nicht mehr Ärzte aus dem überfüllten Westen kommen. Selbständige Gewerbetreibende fühlen sich von vielen Willkürlichkeiten der Behörden bedroht. *Rechtssicherheit* ist ein allgemeines Verlangen. Die derzeitige *Amnestie* enttäuscht auf das tiefste. Immer wieder wurde ich von Angehörigen angegangen, doch etwas über den Grund von Verhaftungen oder Strafen oder den Verbleib lieber Menschen auszumachen. Die *Erbitterung über die deutschen Funktionäre* des Systems scheint mir größer zu sein als über die Besatzungsmacht, der man einiges aus der deutschen Vergangenheit und ihrer eigenen Lebensart zugute hält.

So offenbart die Reise ein zweigeteiltes Deutschland in doppeltem Sinne. Ein Eiserner Vorhang trennt Osten und Westen, und ein *Riß zwischen den Menschen drüben* teilt sie in zwei Lager, je nachdem, ob sie zu dem System stehen oder nicht. Den Eisernen Vorhang durch Deutschland zu überwinden, ist Sache einer hohen Politik. Aufgabe aber der christlichen Gemeinden und ihrer einzelnen Glieder drüben bleibt es, nicht nur nicht zu verbittern, sondern sich immer wieder die Freudigkeit schenken zu lassen, den Weg zu den anderen Menschen zu suchen und ihnen die Botschaft zu sagen, aus der allein sie selber zu leben vermögen. Möchte ihnen dazu bei aller gebotenen Wahrung ihrer bürgerlichen Rechte das unerschütterliche Vertrauen auf Gottes Verheißungen erhalten bleiben und ihrem Zeugnis Kraft verliehen werden!

11. Die Einheit der evangelischen Christenheit in Deutschland

Beitrag zur Festschrift zum 60. Geburtstag von Martin Niemöller am 14. 1. 1952

I

Die Einheit der evangelischen Christenheit Deutschlands drückt sich äußerlich in der »Evangelischen Kirche in Deutschland« aus. Sie ist keine vollständige. Artikel 4 der Grundordnung sagt[1]:
»Der Dienst am Wort und die Verwaltung der Sakramente geschieht in den Gliedkirchen und Gemeinden nach der Ordnung ihres Bekenntnisses. Vereinbarungen über Kanzel- und Abendmahlsgemeinschaft bleiben Aufgaben der Gliedkirchen. – Berufenen Dienern am Wort wird der Dienst der Verkündigung auch in Gemeinden eines anderen Bekenntnisses im Rahmen der geltenden Bestimmungen der Gliedkirchen nicht verwehrt. – Der ordnungsmäßige Vollzug der Heiligen Taufe wird in allen Gliedkirchen anerkannt; dasselbe gilt für alle Amtshandlungen. – Über die Zulassung zum Heiligen Abendmahl besteht innerhalb der Evangelischen Kirche in Deutschland keine volle Übereinstimmung. In vielen Gliedkirchen werden Angehörige eines anderen in der Evangelischen Kirche in Deutschland geltenden Bekenntnisses ohne Einschränkung zugelassen. In keiner Gliedkirche wird einem Angehörigen eines in der Evangelischen Kirche in Deutschland geltenden Bekenntnisses der Zugang zum Tisch des Herrn verwehrt, wo seelsorgerliche Verantwortung oder gemeindliche Verhältnisse die Zulassung gebieten ...«
Dieser Bestimmung liegt die Tatsache zugrunde, daß in der Evangelischen Kirche in Deutschland 26 Landeskirchen (ohne Bremen) zusammengeschlossen sind, welche jede für sich in Lehre, Kultus und Ordnung selbständig ist. 13 dieser Landeskirchen sind lutherischen Bekenntnisses, 2 reformierten Bekenntnisses und 11 uniert. 10 der lutherischen Landeskirchen sind in der

»Vereinigten Evgl.-Lutherischen Kirche Deutschlands« zusammengefaßt, 6 der unierten in der »Evangelischen Kirche der Altpreußischen Union«. Die Vereinigte Evgl.-Luth. Kirche Deutschlands und die Evgl. Kirche der Altpreußischen Union mit rund 17 bzw. 14 Millionen Gliedern stellen somit die größten Gliederungen in der Evgl. Kirche Deutschlands dar. Von den 3 lutherischen Kirchen außerhalb der Vereinigten Evgl.-Luth. Kirche Deutschlands haben 2 (Württemberg, Oldenburg) grundsätzliche Einwendungen gegen diesen lutherischen Zusammenschluß; die dritte (Eutin) wurde nicht aufgenommen. Die 5 unierten Kirchen außerhalb der Evgl. Kirche der Altpreußischen Union (Anhalt, Kurhessen-Waldeck, Hessen-Nassau, Pfalz, Baden) gehören aus historischen Gründen nicht zu ihr, teilen aber in Bekenntnisfragen ihre Haltung.

In den unierten Kirchen werden das lutherische und das reformierte Bekenntnis gleich geachtet. Die Gemeinden stehen zwar, soweit sie nicht konsensus-uniert sind, auf einem der Sonderbekenntnisse, betonen aber das Gemeinsame der reformatorischen Positionen. Überall besteht volle Kanzel- und Abendmahlsgemeinschaft für alle Glieder der Evgl. Kirche in Deutschland. Die beiden reformierten Kirchen gewähren ebenfalls Kanzel- und Abendmahlsgemeinschaft, ohne sie für ihre Glieder von den lutherischen Kirchen grundsätzlich überall zu empfangen. Bei den in der Vereinigten Evgl.-Luth. Kirche Deutschlands zusammengeschlossenen lutherischen Kirchen waltet ein »ausschließender Konfessionalismus« in dem Sinne, daß man sich von den Reformierten geschieden sieht und die Unionen für unmöglich erklärt. Die außerhalb der Vereinigten Evgl.-Luth. Kirche Deutschlands stehenden lutherischen Kirchen hinwieder lassen Kanzel- und Abendmahlsgemeinschaft grundsätzlich zu.

So gehen also zwei Scheidungslinien durch die evangelische Christenheit in Deutschland, ohne daß das Bild im ganzen, unter welchem Gesichtspunkt auch immer, einen sinnvollen Eindruck zu machen vermöchte. Die eine Scheidungslinie wird von denjenigen lutherischen Kirchen aufrechterhalten, welche wegen der alten Lehrunterschiede nach wie vor glauben, mit den Reformierten nicht in einer vollen Gemeinschaft sein zu können. Die andere Scheidungslinie wird von denselben lutherischen Kirchen gegenüber den unierten Kirchen betont, indem man diese mangels eines in allen Einzelheiten eindeutigen Bekenntnisses nicht als Kirchen glaubt anerkennen zu können.

II

Die Lehrdifferenzen, welche die Lutheraner gegenüber den Reformierten betonen, bewegen sich um das Verständnis des Abendmahles, die Lehre von Gesetz und Evangelium, die Lehre Luthers von den beiden Reichen, die Frage nach Erwählung und Verwerfung, nach dem Verhältnis von Glaube und Werken, von Amt und Gemeinde, das verschiedene Verständnis von Zeit und Ewigkeit, die Lehre von der Person Jesu Christi, die Tatsache seiner Kondeszendenz, um die verschiedene Auffassung vom Wesen der Kirche und ihrer Verfassung, von Gottesdienst und Kultus u. a. m.[2].

So zahlreich diese Lehrunterschiede zu sein scheinen, so ist es doch angesichts der im Fundamentalen zwischen Lutheranern und Reformierten bestehenden Einmütigkeit keine ausgemachte Sache mehr, daß sie einzeln oder insgesamt von kirchentrennendem Gewicht sind. In welcher Differenz ist wirklich das biblische Zentrum angetastet? Diese Frage findet von keiner Seite eine ausreichende Antwort[3].

Wenn geltend gemacht wird, daß kirchliche Gemeinschaft nicht weiter reiche als die Einheit der Lehre, so wird dies von den Lutheranern selber widerlegt, indem sie in den aufgezählten Kontroversen auch unter sich in hohem Grade uneinig sind und doch eine Kirche bleiben, weil eine Übereinstimmung im Fundamentalen sie in ihrer Uneinigkeit ausreichend trägt. *Weder die Kirchenleitungen der lutherischen Kirchen, noch die akademischen Lehrer lutherischer Theologie, noch erst recht nicht die Fülle der Pfarrer in diesen Kirchen – von den Gemeinden zu schweigen –*

denken über die erwähnten Kontroversthemata alle das Gleiche. Seit nachgerade 200 Jahren ist in diesen Fragen keine Lehrzucht mehr unter ihnen geübt worden. Noch nicht einmal in der Abendmahlslehre geschieht es. Weder in Bayern noch in Hannover, Thüringen oder Sachsen wird ein Pfarrer amtsentsetzt, der z. B. die Schlattersche Abendmahlslehre vertritt. *Man sieht in allem – mit Recht – auf das Fundamentale (Normativität der Schrift, Rechtfertigung allein aus Gnaden) und praktiziert damit, daß die Einheit der Kirche nicht auf der – totalen – Einheit der Lehre beruht.* Die so viel betonte Wahrheitsfrage wird immer nur dann erhoben, wenn es um die alten lutherisch-reformierten Trennungsgräben geht, keineswegs aber ernstlich auch dann, wenn die Lehruneinigkeit im eigenen überkommenen Kirchenbereich spielt. Nur wenn dieselben Maßstäbe auch innerhalb der historischen Kirchengebilde exerziert würden, die man nach draußen ins Feld zu führen pflegt, könnte es glaubhaft erscheinen, daß die theologischen Kontroversen zwischen Lutheranern und Reformierten wirklich von kirchentrennendem Belange wären! Die Fronten der Lehrdifferenzen haben sich aber erheblich verschoben. Sie laufen seit langem quer durch die beiden konfessionellen Lager, d. h. es stehen in fast allen Fragen Lutheraner und Reformierte auf der einen Seite gegen Lutheraner und Reformierte auf der anderen Seite und nicht mehr, wie ehedem, Lutheraner nur gegen Reformierte oder umgekehrt. Wann wird man aus diesen Tatsachen allerseits die gebotenen Folgerungen ziehen?

III

Angesichts dieser Situation im alten Felde lutherisch-reformierter Auseinandersetzungen kann auch die zweite Scheidungslinie innerhalb des deutschen Protestantismus nicht überzeugend wirken. Der von lutherischer Seite immer wieder gebrachte Hinweis auf die mangelhafte Bestimmtheit des Bekenntnisstandes der Unionskirchen verfängt nicht, weil die Unionskirchen damit ihren Gemeinden und Pfarrern ja nur auch von Rechts wegen die Freiheit der Stellungnahme zu den Kontroversen einräumen, welche die lutherischen oder reformierten Kirchen immerhin seit langem faktisch gewähren. *Die Unionskirchen bewegen sich klar im Rahmen der reformatorischen Zentrallehren von der Normativität der Schrift und der Rechtfertigung allein aus Gnaden. Sie stehen auf der Hl. Schrift im Verständnis des reformatorischen Bekenntnisses, und es ist deshalb unbegründet, ihnen bekenntnismäßige Bestimmtheit abzusprechen.*

Die Kirchen der Altpreußischen Union haben 1951 in einer von keinerlei politischem Einfluß durchsetzten Entscheidung ihre Gemeinschaft bestätigt und bekräftigt. Sie halten aus freiem Entschluß daran fest, daß beide reformatorischen Bekenntnisse substantiell schriftgemäß sind. Damit entfällt zugleich der bisher immer wieder erhobene Einwand, daß die Union nur ein staatspolitisches Gebilde sei. Die Geschichte, nicht zuletzt die des Kirchenkampfes nach 1933, hob gerade die Altpreußische Union längst über ihren Ursprung hinaus, so daß die jetzt getroffene Entscheidung eine ebenso echte kirchliche wie sachgemäße Entscheidung ist. Die Vereinigte Evgl.-Lutherische Kirche Deutschlands hatte sie bis zuletzt abzuwenden versucht[4]. Sie empfindet die der Altpreußischen Union zugrunde liegende theologische und kirchenrechtliche Konzeption erklärtermaßen als die ihr genau entgegengesetzte. Das ist verständlich. Der hier empfundene und offen ausgesprochene Gegensatz ist zu einem Kernproblem der Einheit des deutschen Protestantismus geworden, nachdem die Hoffnung auf den Zerfall der unierten Kirchen und deren Aufgliederung in die alten lutherischen oder reformierten Lager sich nicht nur nicht erfüllt hat, sondern in den altpreußischen Kirchen im Gegenteil zu einer freien Bekräftigung ihres Fortbestandes und ihrer Zusammengehörigkeit geführt hat.

IV

Da Kirchenleitungen und Theologen offenbar wenig Neigung haben, die geschilderten Verworrenheiten und Ungereimtheiten als Wahrheitsfragen mit allen Konsequenzen ernstlich auszutragen – wofür ihnen im gewissen Sinne nur gedankt werden kann –, bleibt für den Nichttheologen nur die Frage übrig, ob die Erklärung für das konfessionelle und organisatorische Bild unserer Landeskirchen nicht in sehr untheologischen Umständen zu suchen ist. Die »übersehenen Faktoren« der Kirchentrennung sind im ökumenischen Gespräch neuerdings mit erfreulicher Beherztheit angeschnitten worden[5], und es dürfte an der Zeit sein, sie für unsere deutschen Verhältnisse einmal besonders gründlich ins Auge zu fassen. Im Rahmen dieses Aufsatzes können dazu nur einige Andeutungen gemacht werden.

In den kirchlichen Verhältnissen des deutschen Protestantismus wirken in größtem Ausmaß die Entscheidungen politischer Gewalten nach. Fast alle protestantischen Kirchen in Deutschland entstanden aus dem Grundsatz: »cuius regio eius religio« durch Akte der vielfältigen territorialen Gewalten, also von weltlichen Obrigkeiten. (Ausnahme: besonders die Gemeinden unter dem Kreuz am Niederrhein.) Sie empfingen nicht nur ihre gebietsmäßige Abgrenzung, sondern auch ihren speziellen Konfessionsstand von Obrigkeits wegen. Gewiß erwuchsen die Differenzen zwischen Luther, Zwingli und Calvin aus echter theologischer Differenz in der Wahrheitsfrage. Die Umsetzung dieser Differenzen in die kirchlichen Sonderungen und damit in die konfessionelle Landkarte des deutschen Protestantismus aber waren Akte der vielfältigen weltlichen Obrigkeiten. Für sie waren die konfessionellen Differenzen nicht selten ein Mittel zur Betonung politischer Eigenständigkeit. *Sogar die innerlutherischen Differenzen* (Concordienformel oder nicht) *dienten zum Teil einer rein dynastisch-politischen Zielsetzung.* Wäre die Religionspolitik in Deutschland im 16. Jahrhundert nicht Sache der zahllosen territorialen Gewalten (Landesherren und reichsfreien Städte), sondern einer der Reformation zugewandten Zentralgewalt gewesen, so würde das Ergebnis wesentlich anders aussehen.

Ebenso aber, wie die kirchlichen Aufsplitterungen aus der staatsrechtlichen Aufsplitterung Deutschlands im 16. Jahrhundert erwuchsen, sind auch die kirchlichen Unionen des 19. Jahrhunderts eine Folge der staatlichen Gebiets-Unionen gewesen. Als die deutschen Großterritorien durch Zusammenfassung vieler Zwergstaaten entstanden, drängten die neuen Länder auf einheitliche Landeskirchen. Die Historie sowohl der Aufsplitterungen als auch der Unionen ist somit in gleicher Weise eine überwiegend politische.

Vollends ist bemerkenswert, daß der Widerstand gegen staatliche Einverleibungen sich nicht selten in kirchliche Absonderung zurückzog. So wurde z. B. die Konfessionalisierung von Hannover durch die preußische Besetzung von 1866 verstärkt. Überhaupt waren antipreußische Affekte für viele kirchliche Entwicklungen von wesentlichem Belang. Nicht nur die renitente Kirche in Niederhessen, sondern sogar das bayerische Luthertum basieren stark auf diesem politischen Affekt. Die Einzelheiten dieser und ähnlicher kirchlicher Entwicklungen sind nicht selten schlechthin grotesk und sollten viel gründlicher zur Kenntnis genommen werden[6].

Mögen diese Verschlungenheiten dem Staatsrechtler uninteressant und dem Theologen unsympathisch oder störend erscheinen, so sind sie doch von solch offensichtlichem realen Gewicht, daß ihre geflissentliche Ignorierung nicht zu verantworten ist. Hier kann unter Hinweis auf diese Zusammenhänge nur nachdrücklich die Frage erhoben werden, ob die derzeitigen Landeskirchen endlich bereit sind, ihre konfessionellen Besonderheiten hinsichtlich ihrer Bedeutung für die kirchliche Einheit des deutschen Protestantismus in Frage stellen zu lassen.

Weitere Fragen nach dem Gewicht nichttheologischer Gründe knüpfen sich an die Größenverhältnisse und gebietlichen Abgrenzungen der derzeitigen 26 Landeskirchen. Ihre Seelenzahl schwankt zwischen rund 70 000 und 4 500 000, die Zahl ihrer Pfarrstellen zwischen 21 und über 1700! Spielen nicht bei den kleinen und kleinsten Landeskirchen einfach partikularistische und persönliche Umstände eine Rolle? Freilich geht es in keiner Weise um die Bildung von zentralistischen Mammutkirchen, wohl aber um sinnvolle Gliederungen kirchlichen Charakters an Stelle bloßer Reminiszenzen aus dem Zeitalter des politischen Partikularismus.

Schließlich sei einmal die Frage erhoben, ob in unseren kirchlichen Differenzen nicht auch politische Haltungen (etwa obrigkeitlich-konservative einerseits, demokratisch-fortschrittliche andererseits) eine untergründige Rolle spielen. Das ist gewiß eine heikle Frage, aber wir sollten den Mut haben, uns ihr zu stellen.

V

Wir alle haben unser Äußerstes daranzusetzen, daß die Kirche Jesu Christi in ihrer Einheit sichtbar wird. Der deutsche Protestantismus steht in besonderem Maße vor der Aufgabe, seine ihm endlich zuteil gewordene Befreiung aus staatlichen Bindungen in dem Vollzug derjenigen kirchlichen Einheit anzuwenden, welche in unserem Bereich möglich ist. *Weil Judenchristen und Heidenchristen im Fundamentalen einig waren, erklärte das Apostelkonzil* (Apg. 15, 11) *sie als eine Gemeinde, ohne Rücksicht auf ihre Kontroversen über das mosaische göttliche Gesetz. Auch als Lutheraner und Reformierte sind wir im Fundamentalen einig; alle innerprotestantischen Kontroversen berühren nicht das biblische Zentrum.* Wir sind deshalb gerufen, auch unter uns kirchliche Gemeinschaft gelten zu lassen und herzustellen. Möchten wir alle diesen Ruf hören.

1 KJ 1945-48, S. 96 f.

2 So der leitende Bischof der Vereinigten Evgl.-Luth. Kirche Deutschlands vor der Synode in Ansbach am 20. 6. 1950, KJ 1950, S. 53.

3 Die von Schlatter, Lütgert und Strathmann 1936 erhobene Frage: »Müssen wir heute lutherisch oder reformiert sein?«, Freizeitenverlag Friedrich Graeber, Essen, wartet immer noch auf eine ernsthafte gründliche Stellungnahme! Vgl. dazu auch Heinemann: »Müssen wir heute lutherisch oder reformiert sein?« in »Bekennende Kirche auf dem Weg«, 1950, Nr. 9, und 1951, Nr. 3, sowie Hübner in »Evgl.-Luth. Kirchenzeitung«, 1950, S. 337, und Janssen in »Reform. Kirchenzeitung«, 1951, S. 147.

4 Vgl. den vielfältig abgedruckten Briefwechsel zwischen dem leitenden Bischof der Vereinigten Evgl.-Lutherischen Kirche Deutschlands, D. Meiser, und dem Präses der Synode der Evgl. Kirche der Altpreußischen Union, Dr. Kreyssig, (KJ 1951, S. 48-62), sowie Kreyssig, »Neuordnung der Altpreußischen Union« in »Zeichen der Zeit«, 1951, S. 104, und Beckmann, »Neuordnung der Altpreußischen Union«, Gütersloh 1951.

5 Vgl. Oliver Tomkins, »Die Einheit der Kirche«, München 1951; Dodd, »A letter concerning unavoyed motions in ecumenical discussion«, in »The Ecumenical Review«, 1949, S. 52; Jenkins, »The Ecumenical Review«, 1951, S. 339; Clark, »Non-theological factors in religious diversity« in »The Ecumenical Review«, 1951, S. 347; K. D. Schmidt, »Übersehene Faktoren bei Separationen und kirchlichen Zusammenschlüssen«, als Manuskript von der Ökumenischen Zentrale, Frankfurt 1951, veröffentlicht.

6 Vgl. K. D. Schmidt, a. a. O.

12. Im Reiche dieses Königs hat man das Recht lieb

Vortrag über Psalm 99 V. 4 auf dem
6. Deutschen Evangelischen Kirchentag in Leipzig
zum Thema »Seid fröhlich in Hoffnung«
9. 7. 1954

Gott hat Geduld mit der Welt, – hörten wir gestern. Gottes Geduld aber ist kein bloßes Gewährenlassen dieser Welt, sondern ein unablässiges Behüten ihrer Existenz und unseres Lebens darin. Auch mit Atom- und Wasserstoffbomben sprengen wir diese Welt nur dann auseinander, wenn er es zuläßt. Wenn Gott uns gewähren ließe, so würden wir längst uns selber vernichtet haben. Vom Sündenfall an steht Adam, und das will sagen: der Mensch, in Rebellion gegen Gott. Er ist ungehorsam und will sein wie Gott. Was aber der Mensch mit diesem Ungehorsam zuwege bringt, ist der Brudermord an Abel, ist Brudermord in jeglicher Form – des Diebstahls, des Meineides, der Untreue, des Ehebruches. Wenn Gott uns in unserer ständigen Rebellion des Ungehorsams gewähren ließe, so würden wir einander darin umbringen. Aber Gott tritt unserer Rebellion entgegen. Er hat in dieser Welt den auflösenden Kräften die erhaltenden Kräfte zur Seite gestellt. Dazu gehört die Staatsgewalt als Damm gegen das Chaos, dazu gehört auch das Recht, in dessen Gewand der Staat seinen Dienst tut und seinen Bürgern eine Regel des Zusammenlebens setzt. Recht muß sein. Recht ist ein Stück der Notordnung, mit der Gottes Geduld unseren Weg begleitet. Deshalb sollen alle Diener am Recht, zumal die Richter, eingedenk sein, daß sie Diener und Werkzeuge der Geduld sind, die Gott mit dieser Welt hat. Ihre Amtstracht, der Talar, den auch die Pastoren im Amt, das die Versöhnung predigt, tragen, ist noch ein letzter Ausdruck für die Zuordnung von Gott und Recht, von Gott und Obrigkeit.

Der Staat und das Recht sind aber keine starren Größen, sondern ein Stück des täglichen Menschenwerkes und darum Stückwerk,

denn das Recht hat seinen Widersacher. Davon wissen wir fast mehr zu sagen als von den Wohltaten des Rechtes.
Wer jemals um sein Recht gekämpft hat, weiß, daß Recht haben und Recht bekommen zweierlei ist. Recht muß bewiesen werden. Werde ich Zeugen haben für mein Recht? Werden die Richter ihnen Glauben schenken? Wird der Gegner sich fügen? Das alles kann zweifelhaft sein. Es stehen aber Vermögen, Freiheit und Ehre im Rechtsstreit auf dem Spiel. Manch einer ist im Kampf um sein Recht zermürbt worden, um schließlich voll Bitterkeit zu sagen: Es gibt kein Recht.
Solche Rechtsnot, die uns als einzelne persönlich zu bedrängen vermag, ist nicht der einzige Zweifel am Recht. Wie das Recht, das der Staat setzt, gestaltet sein soll, ist zu aller Zeit ein Gegenstand des Streites gewesen. Darum dreht sich immer wieder der politische Kampf der Klassen und Gruppen innerhalb eines jeden Volkes. Wer die Macht im Staate hat, wer die Klinke der Gesetzgebung zu fassen vermochte, gestaltet die Rechtsordnung und tut es nur zu oft im Interesse des ökonomischen Vorteils seiner politischen Gruppe oder seiner Klasse oder zur Durchsetzung seiner Weltverbesserungsideen. Die anderen, die nicht an der Macht sind, haben oftmals ganz andere Vorstellungen von dem, was Recht und Gesetz sein sollte, und im Wechselspiel der Machtgruppen werden Recht und Gesetz hin- und hergerissen. Politische Systeme kommen und gehen. Wahlgesetze sind heute so und morgen anders. Arbeitsordnungen und Eigentumsordnungen wechseln, und jedesmal soll die neue Ordnung die bessere, die gerechtere, ja die endgültige sein. Können wir Respekt vor dem Recht haben, wenn wir es zu einer Waffe im Kampf der Interessen oder politischen Programme erniedrigt sehen?
Auch untereinander kämpfen die Völker um Recht und Gerechtigkeit. Das große Bilderbuch der Völkergeschichte ist angefüllt mit Anklagen gegen das Unrecht der Unterdrückung und Ausbeutung. Welches Volk hat nicht einmal seinen Freiheitskrieg als einen Kampf um das Recht kämpfen müssen? Die Geschichte des Volkes Israel kennt gleich zu Anfang den Kampf um die Befrei-

ung aus der ägyptischen Knechtschaft, und wie es heute ist, so war es damals: dem Recht der Ausgebeuteten auf Freiheit und Menschenwürde wird das Arbeitssoll entgegengestellt, das der Ausbeuter erfüllt sehen will. Pharao antwortet zu aller Zeit: »Ihr seid faul, faul seid ihr, darum sprecht ihr: Wir wollen hinziehen und dem Herrn opfern« (2. Mose 5, 17). Noch nicht einmal das Gewissen der Menschen bleibt geachtet, wenn die Pharaonen dieser Welt ihre Ziele erzwingen wollen. Auch unser Volk hat je und dann um seine Freiheit kämpfen müssen. Daran erinnert gerade in dieser Stadt Leipzig das Völkerschlachtdenkmal, an dem am Sonntag die Stunde der Männer während dieses Kirchentages stattfindet. Und gegenwärtig beobachtet alle Welt mit verhaltenem Atem die Auflehnung asiatischer und afrikanischer Völker gegen fremde Herrschaft in ihren Ländern in dem Bewußtsein und der Beklemmung, daß aus diesem Sturm über Asien ein Weltbrand entstehen könnte.

Wohin wir immer schauen, ist es das gleiche Bild: das Recht ist umstritten und fragwürdig. Geliebt wird es von denen, die zu kurz gekommen sind; verachtet wird es nur oft von denen, die an der Macht sind. Darum ist die Enttäuschung über Recht und Gerechtigkeit in dieser Welt groß. Sie ist es insbesondere dort, wo ein guter Wille das Recht in Ehren halten möchte, aber leidvoll erlebt, wie sehr es mißachtet wird.

Die Bibel weiß wie kein anderes Buch um dieses Leiden am Recht. Es ist auffällig, wie häufig und wie stark sie es erklingen läßt. Davon ein Beispiel nur. Der Prophet Habakuk beginnt seine Predigt mit den Worten:

»Dies ist die Last, welche der Prophet Habakuk gesehen hat. Herr, wie lange soll ich schreien, und du willst nicht hören? Wie lange soll ich zu dir rufen über Frevel, und du willst nicht helfen? Warum läßt du mich Mühsal sehen, und du siehst dem Jammer zu? Raub und Frevel sind vor mir. Es geht Gewalt über Recht. Darum ist das Gesetz ohnmächtig, und keine rechte Sache kann gewinnen, denn der Gottlose übervorteilt den Gerechten; darum ergehen verkehrte Urteile ...« (Hab. 1, 1–4).

So und ähnlich klingt der Schrei nach dem Recht vielfältig durch das Alte Testament, sonderlich durch seine Psalmen, und manch einer von uns wird den eigenen Schrei nach Recht je und dann in diese alten Worte gekleidet haben.

Und doch: Das Recht bleibt ein Stück der bewahrenden Hilfen Gottes. Ebenso vielfältig, wie die Bibel der Bedrängnis des Rechtlosen einen lebendigen Ausdruck gibt, bezeugt sie zugleich, daß das Recht unverbrüchlich in Geltung steht, daß es von starker Hand geschützt wird, daß dem Armen, dem Verfolgten und Verfemten, dem rechtlos Gemachten ein Richter erwächst. In der Tat darf sich der rechtlos Gemachte deshalb trösten, daß das Recht letztlich doch siegen wird, daß das Unrecht nur auf Zeit sein Wesen treiben kann, weil Gott es vom Stuhle stoßen wird, wenn seine Spanne, sei sie nun kurz oder lang, abgelaufen ist. Auch davon ein Beispiel nur. In der alten Geschichte von Naboths Weinberg (1. Könige 21) hören wir, wie König Ahab diesen Weinberg haben möchte, aber Naboth das Erbe seiner Väter nicht weggeben will. Hohnlachend sagt die Königin Isebel zu Ahab: »Was wäre das für eine Königsgewalt in Israel, wenn du diesen Weinberg nicht zu enteignen vermöchtest!« Ja, in der Tat, was soll denn die Macht, wenn sie nicht überall Mittel und Wege findet, ihr Ziel auch gegen den Buchstaben des Rechts zu erreichen? Isebel weiß sich zu helfen. Sie zettelt eine unwahre politische Anklage gegen Naboth an. Naboth wird vom Volksgerichtshof verurteilt und hingerichtet. Sein Vermögen verfällt der Einziehung. Nun kann Ahab den Weinberg zu einem königseigenen Betrieb machen. Da aber verkündet Elia dem König ein furchtbares Gericht Gottes: »So spricht der Herr: An der Stätte, da Hunde das Blut Naboths geleckt haben, sollen Hunde auch dein Blut lecken.« Gott ist es, der über dem rechtlos Gemachten die Wache hält.

Aber so eindrucksvoll diese Geschichte ist und so wahr es bleibt, daß jegliche Rechtsbeugung aus aller Zeit in Gott ihren letzten Richter und Rächer finden wird, so bleibt doch die Rechtsnot als solche so lange unbehoben, als immer wieder ein großer oder kleiner Ahab ans Ruder kommt, als immer wieder ein Sonderinteresse sich der Gesetzgebung zu bemächtigen weiß. Deshalb bleibt Gerechtigkeit ein sehnliches Verlangen. Wird es einmal ein Ende aller Rechtsnot geben und wirkliche Gerechtigkeit herrschen? Die Antwort auf diese Frage gibt unser Psalmwort, und sie klingt wie eine Fanfare, wie ein Jubel unermeßlicher Hoffnung und Freude. Der Psalmist ruft in diese Welt hinein: Es gibt ein Reich, in dem man das Recht lieb hat! Es gibt ein Reich, in dem der Kampf um das Recht zu Ende geführt ist! Es gibt ein Reich, in dem Recht und Macht einträchtig miteinander einhergehen, ein Reich, in dem das Recht ganz erfüllt ist.

Solch ein Ruf in eine brennende Rechtsnot hinein kann erstaunlichen Widerhall auslösen. Als ich anfing, mich mit dem Thema dieses Vortrages zu beschäftigen, und darüber mit anderen sprach, erlebte ich es mehrfach, daß mir gesagt wurde: »Darüber hat Professor Heim in Tübingen zu Anfang des Kirchenkampfes mit Hitler einmal eine Predigt gehalten.« Daß sich Menschen heute auf Anhieb einer Predigt erinnern, die vor 20 Jahren gehalten wurde, will etwas sagen. Das muß offenbar eine Predigt gewesen sein, die unheimlich genau in ihre Zeit hineinsprach und weit durch das Land lief. Was war es mit dieser Predigt? Ihre gedruckten Stücke wurden damals von Hitlers Staatspolizei beschlagnahmt und vernichtet. Aber Professor Heim war so freundlich, mir das einzige Stück aus seinem Besitz auszuleihen, so daß ich sie jetzt noch einmal lesen konnte. Der Anlaß zu dieser Predigt vor zwanzig Jahren war die Verhaftung des damaligen württembergischen Landesbischofs Wurm. Die Gemeinden waren landauf und landab durch den Angriff der nationalsozialistischen Weltanschauung auf die Botschaft von Jesus Christus als dem Herrn dieser Welt und unserer alleinigen Hoffnung bedrängt. Es hieß damals, daß es den biblischen Jesus aus Nazareth im jüdischen Lande nie gegeben habe, daß wir keiner Erlösung durch ihn bedürften, sondern daß wir die Welt aus eigener Kraft und Vernunft in Ordnung bringen würden, wenn nur der rechte Ansatz genommen und die Staatsfeinde, die Juden und Kommunisten zumal, rechtlos gemacht und beiseite geräumt würden. Wieder einmal begann ein Turmbau zu Babel. Derweilen sollte die christliche Gemeinde sich stumm verhalten, den Aufbau nicht stören und ein Leben nur noch im Winkel führen. Wieder einmal hieß es: Bis euer Christus wiederkommt, sind wir dran, wir, die wir ein tausendjähriges Reich bauen! Verbote kirchlicher Arbeit, Beschlagnahmungen, Verhaftungen ohne öffentliches Verfahren sollten dem nachhelfen. Auf diesem Hintergrunde hielt Professor Heim seine Predigt, in der er mahnend zu den Geboten Gottes rief und den Unrechtstaten der damaligen Machthaber die Rechtstaten des allmächtigen Gottes entgegenstellte. Gerade in der Bedrängnis wurde es trostvoll, daß ein Reich des Rechtes aufgerichtet ist.

Indem Gott nicht nur Staat und Rechtsordnung unter uns Menschen setzt, sondern indem er eine Rechtsordnung auch zwischen sich und uns setzt, erweist er die höchste Geduld mit der Welt. Wo ist ein Herrscher auf dieser Welt, der soviel Mißachtung seiner Gebote so langmütig hingehen ließe, wie Gott es trotz aller Gerichte tut, die er je und dann über Menschen und Völker verhängt, auf daß wir hören sollen? Die Machthaber auf dieser Erde sind gar schnell bei der Hand, auf jeden zuzuschlagen, der ihre Herrschaft in Zweifel stellt oder gar antastet. Hier kann schon der bloße Verdacht genügen, um Kopf und Freiheit zu verlieren. Gott aber schlägt nicht zu. Er, der Allmächtige, übt Geduld. Er trägt dich und mich mit seiner Langmut, und er weiß wohl, daß manch einer seinen Spott darauf gründet, es sei gar kein Gott da. Unbegreiflich erscheint es, daß die Allmacht solche Geduld entfaltet. Diese Geduld erscheint wie ein Verrat am Recht und ist doch nur ein Ausfluß der Rechtstat Gottes.

Gott hat den Zorn und das Gericht über unser aller Ungehorsam in das Todesurteil über einen einzigen Menschen zusammengefaßt. Dieser Eine war der einzige Unschuldige, war der einzige, der Gottes Willen tat, war Gottes eigener Sohn. Der Galgen von Golgatha ist das Zeichen dafür, daß Gottes Reich ein Reich des Rechtes ist. Hier sind Recht und Gericht geübt worden an dem, der für uns in dieses Gericht hineinging. Deshalb kann unser Psalmwort mit gutem Grund sagen: »Im Reiche dieses Königs hat man das Recht lieb.« Deshalb ist Gottes Langmut mit der Welt kein Versäumen des Rechtes, sondern Ausfluß einer bereits abgeschlossenen und vollendeten Rechtsordnung. Indem Gott unser aller Menschenrecht in seinem Sohn auf Golgatha zunichte machte, kann er uns allen das Menschenrecht wiedergeben und uns in das ewige Leben seines Sohnes einschließen, wenn wir bereit sind, das an ihm vollzogene Urteil uns zugute rechnen zu lassen. Das ist die Liebe zum Recht, die Gott uns anbietet und die er von uns erwartet, indem wir ja sagen sollen zu unserem Todesurteil in Jesus Christus. Haben wir diese Liebe zum Recht?

Unser Psalmwort klingt so, als wollte es diese Frage bejahen. Es spricht davon, daß »man« im Reiche dieses Königs das Recht lieb habe. Eine wörtliche Übersetzung unseres Textes aber lautet: »Du, Gott, bist König und liebst Recht«, und der Text fährt fort: »Du hast aufgerichtet, was Recht ist. Recht und Gerechtigkeit hast du an Jakob geübt.« Und doch hat Luther richtig übersetzt, wenn wir ihn dahin verstehen, daß uns die Liebe zum Recht aufgeschlossen ist durch das, was auf Golgatha geschah. Diese Rechtstat Gottes ist uns angeboten zu unserem Heil. Diese Rechtstat können und sollen wir lieben, indem wir Jesus Christus um deswillen lieben, was er auf Golgatha für uns auf sich nahm. Diesen Zugang zum Recht haben wir ganz und gar. Es ist das Wesen des Christenstandes, daß wir dieses Recht lieb haben, das Gott dort vollzog. Darum und insofern ist es richtig, daß »man« im Reiche Gottes das Recht, nämlich dieses eine heilsame Recht, lieb hat, das in Jesus Christus geschah.

Von hier aus erfahren wir, daß auch unsere menschlichen Rechtsordnungen unter die Herrschaft des Königs aller Könige gerufen sind. Von hier aus und nur von hier aus gewinnen wir die Kraft zum Recht auch in der menschlichen Gemeinschaft. Gottes Recht ist Zuspruch und Anspruch zugleich, und beide sind Wohltaten Gottes. So wie sein Zuspruch unser Freispruch von der Strafe des ewigen Todes, unser Freispruch zum ewigen Leben ist, so ist sein

Anspruch darauf, daß wir unser menschliches Recht untereinander als seinen Auftrag tun sollen, zugleich eine frohe Befreiung aus gottlosen Bindungen dieser Welt zu einem freien und dankbaren Dienst an allen Geschöpfen (Barmer Synode 1934, These II).

Wen Gott so zurechtbringt, daß er ihn in Christus erkennt, der bekommt die Kraft und die Geduld und die Einsicht, das Recht lieb zu haben, und zwar nun eben auch das Recht, das wir Menschen untereinander in Unvollkommenheit setzen und üben, weil dieses Recht ein Stück der bewahrenden Ordnungen ist, die Gott dieser Welt zuteil werden läßt. Es kann uns nicht entmutigen, daß wir ein reines, richtiges und volles Recht nie schaffen werden. Sowenig wir überhaupt ein Paradies auf dieser Erde zustande bringen, sowenig werden wir es durch Gesetze und Paragraphen tun. Wiederum müssen wir Bejahung und Nüchternheit miteinander verbinden. Wir dürfen die Kraft unserer menschlichen Bemühung um das Recht nicht überschätzen, aber wir dürfen zugleich nicht müde werden, unser Recht jeden Tag besser zu machen. Es ist lebenswichtig, daß das Recht ernstgenommen wird. Unsere christliche Nüchternheit wird uns von denen, die den Himmel mit ihrem Idealismus stürmen wollen, gern als ein Versagen, als ein Nicht-mittun-Wollen ausgelegt. Wir antworten darauf, daß wir uns jederzeit an unsere Pflicht mahnen lassen wollen, auch dem Recht unter den Menschen mit Ernst zu dienen, so wie wir auch dem Frieden unter den Menschen und Völkern jederzeit zu dienen gerufen sind. Aber wir lassen uns nicht irremachen darin, daß alles Menschenrecht und aller Völkerfrieden darum brüchig bleiben, weil wir alle, Christen und Nichtchristen, unseren Aufruhr gegen Gott und seine Gebote nicht zu beenden vermögen. Die Programme mögen erhaben sein, die man aufstellt, und der Idealismus mag groß sein, mit dem man da und dort zu Werke geht. Es bleibt aber bestehen, was einer der ärgsten Kritiker des Christentums, Nietzsche, gesagt hat: »Die Wahrheit über den Menschen nicht ertragen können, – das ist Idealismus.« Die Wahrheit über uns Menschen ist unsere unlösliche Verstrickung in die Versuchung der Macht, des Ehrgeizes, des Neides, des Ehebruches auch dann, wenn wir schöne Programme, seien es idealistische, marxistische oder christliche, vertreten zu müssen meinen. Darum bleiben unser Recht und unser Frieden brüchig. Aber gerade darum sollen wir uns nach der Kraft strecken, mit der Gott uns durch seine Rechtstat zu Hilfe gekommen ist und Frieden zwischen sich und uns stiftet. Darum können wir Christenleute freudig und beharrlich und ungeteilten Herzens für das Stück Recht und den Aufschub von Katastrophen eintreten, die es jeden Tag mühselig zu erkennen und zu erstreiten gilt. Unsere Leidenschaft kann nur eine nüchterne sein, aber unsere Nüchternheit muß eine taterfüllte sein, wissend, daß es Gott um das Stück Recht und eben den Aufschub geht, mit denen er diese Welt so lange erhalten will, bis die Zahl derer voll ist, die er sich darin zum ewigen Leben ersehen hat. Bis genau zu diesem Augenblick wird es nach Gottes Geduld und Barmherzigkeit auch in einem verdorbenen Staat noch einen redlichen und herzhaften Richter, Staatsanwalt, Gerichtsvollzieher und Gefangenenaufseher geben. Bis genau zu diesem Augenblick bleibt jeder Christ gerufen, sich zum Diener des Rechtes zu machen. Bis genau zu diesem Augenblick bleiben die christliche Gemeinde und ihre Glieder insbesondere gerufen, dem zu Hilfe zu eilen, der Unrecht leidet. Wir verschweigen nicht, daß wir darin immer wieder vieles versäumen. Darum wollen wir uns gerade auch auf diesem Kirchentag recht mahnen und rufen lassen!

Ja, liebe Gottesgemeinde, laßt uns das Recht in dieser Welt mit aller unserer Kraft lieben und üben, weil wir wissen und erfahren haben, welche Rechtstat Gott an uns und dieser ganzen Welt zuliebe in Jesus Christus getan hat!

13. Die Kirche im Sowjetstaat

Reisebericht in der Zeitschrift Kirche und Mann
August 1954

Von einer Reise in die Sowjetunion wird mancher nicht gern etwas hören wollen. Leidvolle Erinnerungen mögen im Wege stehen. Aber ich meine, daß wir die Kraft zu einer neuen Begegnung auch mit unseren östlichen Nachbarn aufbringen müssen, wenn wir ohne Krieg mit und neben ihnen bestehen wollen. Wir sind es gewesen, die sie mit Krieg überzogen und ihre Gegenschläge gegen uns auslösten. Wechselseitig müssen wir uns aus den Erinnerungen der vergangenen Jahre heraushelfen. Dazu war die Reise gemeint, die sechs Personen aus der Evangelischen Kirche in Deutschland von 17. Juni bis 6. Juli d. J. auf Einladung des Patriarchen der Russisch-Orthodoxen Kirche nach Moskau, Sagorsk, Leningrad, Kiew und Odessa machten.

Es ist unmöglich, die ganze Fülle der Eindrücke in der hier geforderten Kürze wiederzugeben. Wieviel wäre allein über das Leben der Sowjetmenschen zu sagen! Ich muß mich hier auf kirchliche Dinge beschränken, weil sie für »Kirche und Mann« im Vordergrund des Interesses stehen.

Zweifellos lebt die Orthodoxe Kirche in Rußland in einer ihr abträglichen Umgebung. Nachdem sie durch Jahrhunderte den Absolutismus der Zaren, die Leibeigenschaft der Bauern und das feudale System mit getragen hatte, wurde sie 1917 in den Untergang dieses Systems mit hineingezogen. Jahre schwerster Verfolgung brachen herein. Das Calwer Kirchenlexikon von 1941 schildert die Russisch-Orthodoxe Kirche als eine »auf der ganzen Linie dahinsterbende Gemeinschaft«, der es an geistigem Zusammenhang fehle. »Die Kirche Rußlands ist offiziell liquidiert, praktisch atomisiert. Dennoch lebt sie als unsichtbare Kirche in den Herzen von Tausenden russischer Christenmenschen.« Solche und ähnliche Bilder machen sich viele von uns, und eine gewisse

politische Propaganda bestärkt sie geflissentlich darin. Sosehr aber die Christenheit in der Sowjetunion in der Tat unter anderen Verhältnissen existiert als hierzulande, so sieht das Bild dieser ihrer Existenz in Wahrheit doch wesentlich anders aus.
Die Orthodoxe Kirche besteht in der Sowjetunion in aller Sichtbarkeit und Öffentlichkeit ihres Gottesdienstes. Sie hat einen klaren rechtlichen Stand und erfüllt den ihr zugemessenen Lebensraum mit der Zuversicht des ewigen Bestehens. Drei Dinge sind ihr genommen: der Unterricht an der Jugend, die karitative Arbeit und die religiöse »Propaganda«. Geblieben ist ihr der Gottesdienst. Darin aber lebt sie in der ganzen Kraft ihrer – uns freilich fremden – Art orthodoxer Frömmigkeit mit der Verehrung von Ikonen und Reliquien. *Gesang und Gebet dieser Kirche sind so eindrucksvoll wie je, und das Überraschende ist, daß diese Kirche seit der Revolution sogar zu einer verkündigenden Kirche wird.* Infolge der Ausschließung vom Unterricht der Jugend sowie infolge der innerkirchlichen Auseinandersetzungen der 20er Jahre hat sie begonnen, in ihren Gottesdiensten auch biblische Verkündigung durch Predigt und neue Formen der Schriftunterweisung auszubauen. Viele ihrer Gottesdienste sind voll und übervoll von Menschen jeden Alters einschließlich Jugendlicher und Kinder. Erstaunlich hoch ist die Zahl der Taufen; man berichtete uns, daß sie am weit überwiegenden Teil aller Neugeborenen vollzogen wird. In einem Gottesdienst erlebten wir 250 Taufen.
Die Orthodoxe Kirche hat in der Sowjetunion 20 000 Kirchen und 40 000 Priester (ohne Diakone), 10 Seminare und 2 geistliche Akademien, eine Reihe von Klöstern für Mönche und Nonnen – alles dieses ausschließlich mit Hilfe freiwilliger Gaben ihrer Gläubigen in Gestalt von Kollekten und Spenden für Amtshandlungen. Außerdem spielt der Verkauf von Kerzen eine große Rolle, mit denen die Gläubigen die Ikone oder Reliquie verehren, zugleich aber auch der Kirche einen Beitrag leisten. Die Orthodoxe Kirche sagt von sich, daß sie eine reiche Kirche auch ohne Kirchensteuer und Staatshilfe sei.

Seit 1943 hat der Staat der Orthodoxen Kirche eine besondere Behörde und eben damit einen klaren Wirkungsraum gesetzt. Jeglicher Verkehr der Kirche mit allen sonstigen Behörden vollzieht sich nur über dieses Amt und seine Beauftragten. Wir haben oft gehört, daß der Kirche in Rußland noch nicht einmal ihre Gotteshäuser gehören. Das stimmt. Es ist aber in der Sowjetunion aller Grund und Boden ausschließlich Staatseigentum. Auch die Kirche empfängt davon für ihre Zwecke nur leihweise, ohne Entgelt und unbefristet. Viele Kirchen sind auf solche Weise ihrem früheren Zweck zurückgegeben.

Die Loyalität der Orthodoxen Kirche gegenüber dem Sowjetsystem ist unverkennbar. An die Stelle des Zaren ist für sie nach den Jahren höchster Bedrängnis der sowjetische Staat getreten. Der uns befremdende Verzicht auf jegliche öffentliche Verantwortung der Kirche und ihrer Glieder kann nicht einfach mit unseren Maßstäben gemessen werden; ein Gegenüber der Kirche zum Staat hat es in Rußland nie gegeben.

Die Orthodoxe Kirche wünscht offizielle Begegnungen mit der Evangelischen Kirche in Deutschland. Sie werden dazu beitragen, das Bild zu berichtigen, das man sich von uns macht, als wären wir noch mitten im Kulturprotestantismus der Jahrhundertwende, so wie sie dazu beitragen werden, unsere Achtung vor einer Kirche zu stärken, die ohne alle öffentlichen Rechte und Privilegien in einem marxistischen Gemeinwesen allein auf dem Bekenntnis und der Opferfreudigkeit ihrer Glieder steht. Möchten solche Begegnungen zugleich dazu helfen, daß unsere Völker sich zu friedlicher Nachbarschaft finden! *Auch das russische Volk will Frieden.*

Hinzugefügt sei noch, daß unsere Reise uns auch mit den beiden Bischöfen der Lutherischen Kirchen in Lettland und Estland sowie mit Vertretern der Baptisten zusammenbrachte. Ihre Lage ähnelt in vielem der der Orthodoxen Kirche. Die Baptisten berichten von 5000 Gemeinden mit über 500 000 Getauften; das wäre eine Verfünffachung gegenüber der Zarenzeit. Die Orthodoxe Kirche war bis zur Revolution als die eine große Staatskirche des Zarenreiches gegenüber den anderen Religionsgemeinschaften nicht von Freundlichkeit erfüllt. Heute aber ist das Verhältnis unter ihnen allen anscheinend gut.

14. Rückblick auf Evanston

Artikel in Der Weg, Evangelisches Sonntagsblatt für das Rheinland, 19. 9. 1954

Nun ist die zweite Vollversammlung des Weltrates der Kirchen vorbei. Zwei Wochen lang (15.–31. August) waren Vertreter von 160 Kirchen aus 48 Nationen in Evanston (USA) beisammen. Was ist dabei herausgekommen? Diese Frage wird unterschiedliche Antworten finden je nach dem Standort, von dem aus sie angesehen wird. Zweifellos hat Evanston das wechselseitige Erkennen und Verstehen der verschiedenen christlichen Kirchen gefördert, aber zugleich auch erneut Spannungen und Gebundenheiten aufgedeckt, die nicht überwunden sind. Das zentrale Thema: »Christus die Hoffnung der Welt« ist von der Versammlung nur in einer recht blassen Weise zum Ausdruck gebracht worden. Gerade hier war eine völlige Übereinstimmung zwischen der Hoffnung auf Christi Wiederkehr und der Hoffnung hier und heute nicht zu erreichen. Immer noch gibt es einen breiten ungebrochenen Optimismus bezüglich des menschlichen Vermögens und der menschlichen Entwicklungsmöglichkeiten, der von dem Realismus der Bibel hinsichtlich der tiefen, durch keine Entwicklung zu lockernden menschlichen Verstrickung in das Böse nicht überwunden ist und eben darum die totale Hoffnung auf Christus verfehlt. Die theologischen Fragen, die hier angeschnitten sind, obliegen den Mitgliedskirchen zum weiteren Studium.

Eine besondere Note erbrachte die Diskussion über Christus als die Hoffnung für das Volk Israel. Aus Rücksicht auf arabische Empfindsamkeiten gegenüber dem Staat Israel entschied eine Mehrheit der Kirchenversammlung, daß in der Erklärung zum Hauptthema eine Bezugnahme auf die Hoffnung für Israel unterbleibe. Damit war biblische Wahrheit (Römer 9-11) in einer untragbaren Weise verleugnet. Eine breite Gruppe von Delegierten sah sich deshalb zu einer besonderen Erklärung gedrungen, daß wir weder in Christus eins sein noch die Verheißung Gottes verkündigen können, wenn wir sie nicht auch für das Volk Israel in Kraft sein lassen, und daß diese Verheißung nichts mit einem irdischen Staat Israel zu tun hat.

Auch in Evanston leistete die Kirchenversammlung wie in Amsterdam ihre Arbeit in verschiedenen Sektionen und Gruppen. Selbst für einen Teilnehmer an der Kirchenversammlung ist es unmöglich, über alle Vorgänge zu berichten. Die zu den verschiedenen Themengruppen vorgelegten Entschließungen müssen für sich selber sprechen. Sie enthalten zweifellos viel wertvolles Material und bekunden im ganzen eine weitgehende Aufgeschlossenheit und eine beachtliche Übereinstimmung gegenüber einer Reihe von sehr ernsten Problemen wie etwa den Rassenfragen und den internationalen Angelegenheiten.

Konnte Evanston etwas zum Frieden in der Welt beitragen? Vielfältige Erwartungen waren hierauf gerichtet, und man wird sagen müssen, daß die Weltkirchenversammlung sich dieser Aufgabe mit besonderem Ernst gestellt hat. Die Massenvernichtungswaffen erzwingen eine Besinnung. Die gesamte Menschheit ist von Selbstzerstörung bedroht. Die Kirchenversammlung warnt vor der trügerischen Hoffnung, daß diese Waffen in einem Kriege zwischen den Weltmächten nicht angewendet werden würden. Die Versuchung, mit diesen Waffen entweder den Sieg zu gewinnen oder einen überlegenen Gegner in letzter Verzweiflung mit in den Abgrund einer Weltzerstörung zu reißen, wird nach menschlichem Ermessen die Oberhand behalten. Angesichts dieser Situation hat die Christenheit mehr als je zuvor alles daran zu setzen, daß Freiheit, Gerechtigkeit, Wahrheit und Liebe den Streit unter den Menschen überwinden. Alles, was herkömmlicherweise über sog. gerechten Krieg gelehrt worden ist, muß neu überdacht werden. Das Recht der Kriegsdienstverweigerung zu schützen wird allen Kirchen empfohlen. Zumindest die Anwendung von Massenvernichtungswaffen auf zivile Bevölkerung offener Städte muß von den Kirchen verurteilt werden. Alle Nationen werden aufgerufen, sich zu verpflichten, von jeder Drohung mit Gewaltmitteln und deren Gebrauch Abstand zu nehmen. Internationale Ordnung und Abrüstung müssen das Ziel sein. Da Furcht und Mißtrauen die ärgsten Hindernisse sind, hat die Christenheit gerade hier ihre besondere Aufgabe. Sie darf und kann der Furcht enthoben sein, weil sie von der Hoffnung auf Christus erfüllt ist. Sie ist gerufen, auch in einer hoffnungslos erscheinenden Situation zu handeln, weil ihre Hoffnung unzerstörbar ist. Die Kirchen in den Ländern, zwischen denen Spannungen bestehen, sollen einander durch Vertreter besuchen, um das Verständnis für die beiderseitige Lage zu fördern. Dem Zentral-Committee des Weltkirchenrates ist aufgetragen, eine Delegation oder Delegationen zu den Kirchen in West und Ost einschließlich der Sowjetunion zu senden, um Vorschläge der Weltkirchenversammlung an die Regierungen ihrer Länder zu unterbreiten.

Man sieht, daß Evanston nicht bei wohlmeinenden Worten stehengeblieben ist, sondern die Grundlage für ein praktisches Handeln geschaffen hat. Es ist dieses insbesondere der Initiative des Bischofs von Chichester zu danken, der einen wesentlichen Teil seiner Mitarbeit in Evanston gerade diesen Dingen widmete und als Ehrenpräsident des Weltkirchenrates weiter betreiben wird.

Wie immer hinterläßt eine solche Konferenz viel Nacharbeit. Ob wohl auch die Leser dieses kleinen und unvollständigen Berichtes sich daran beteiligen werden, indem sie nach den Texten der Entschließungen von Evanston[1] zu den vielfältigen Aufgaben der heutigen Christenheit in aller Welt fragen und sie zum Gegenstand von Aussprachen in der Gemeinde machen? Darauf muß es hinauslaufen, wenn ökumenische Arbeit nicht auch wie so manche andere kirchliche Arbeit eine Sache von einigen Spezialisten sein soll. Es geht ja nirgends in der Welt so interessant zu wie in der Gemeinde Jesu Christi! Wir alle sind seine Gemeinde und deshalb soll jeder von uns am Leben der Gesamtgemeinde Anteil nehmen.

1 Vgl.: Evanston Dokumente. Berichte und Reden auf der Weltkirchenkonferenz in E. 1954, hg. v. F. Lüpsen, Witten 1954, bes. S. 128 f., 345.

15. Präseswahl – zweierlei Maß?

Erklärung zur Wahl des Synodalpräses vor der Synode der Evangelischen Kirche in Deutschland in Espelkamp/Westfalen, 6. 3. 1955

Hochwürdige Synode! Mit der Bitte um ein freundliches Gehör möchte ich zur Wahl des Präses der neuen Synode folgendes sagen: Wir alle – das heißt die ganze Evangelische Kirche mit all ihren Organen, mit all ihren Institutionen – haben nach 1945 in einem verstärkten Maße zur Wahrnehmung tätiger Mitverantwortung der Glieder unserer Kirche sowohl im Dienst unserer Gemeinden als auch im Dienst an unserem Volk aufgerufen. In eigener Erfüllung dieses Aufrufes bin ich nach schon voraufgegangener aktiver Beteiligung am Kampf der Bekennenden Kirche 1945 dem in Treysa ausgesprochenen Auftrag der Brüder[1] zum Eintritt in den Rat der EKD gefolgt und damals zugleich auch in die politische, und das heißt parteipolitische Arbeit gegangen, mit dem Ergebnis, daß ich alsbald auch in politische Ämter als Ratsherr und Oberbürgermeister, als Abgeordneter und Justizminister in Nordrhein-Westfalen berufen wurde. Als die Kirchenversammlung in Eisenach 1948 mich zum Präsidenten wählte und als die erste Synode der EKD 1949 mich zum Präses bestellte, war allen Beteiligten bekannt, daß ich zugleich auch politisch tätig war. Die Verkoppelung kirchlicher und politischer Funktionen wurde alsbald noch betonter. Namens der CDU hatte ich im Sommer 1949 den damaligen Bundestagswahlkampf in einer Großkundgebung in Heidelberg neben dem späteren Bundeskanzler Dr. Adenauer und dem damaligen Ministerpräsidenten Dr. Ehard, München, zu eröffnen und wurde kurz darauf auf einmütigen Beschluß der CDU-Bundestagsfraktion in die Bundesregierung berufen. Dr. Adenauer machte damals dabei zur ausdrücklichen Bedingung, daß ich zugleich Präses der Synode bliebe. Bischof D. Dibelius erklärte auf meine

Rückfrage, daß er keine Bedenken sähe und daß auch die Bereitschaft der anderen Brüder, mich im Amte des Präses zu belassen, als sicher unterstellt werden dürfe. In der Tat hat damals auch niemand widersprochen, als ich beide Aufgaben versah. Im Gegenteil, man war froh, einen Mann der Kirche in einem der höchsten politisch bestimmten Staatsämter zu sehen.

Im August bzw. Oktober 1950 mußte ich mich dann vom Bundeskanzler trennen. Die Gründe sind bekannt. Sie ergaben sich aus der von ihm damals eingeschlagenen Politik der Aufrüstung und der Eingliederung der Bundesrepublik in westliche Militärpakte gegen die vierte östliche Besatzungsmacht. Ich habe diese Politik von Anbeginn an für eine verhängnisvolle erachtet und habe aus der für mich gegebenen Unmöglichkeit, sie mitzuverantworten, die Konsequenz des Rücktritts aus der Bundesregierung gezogen.

Dieser Rücktritt fand in Kreisen unserer Gemeinden nicht nur Bedauern, sondern weithin auch ausdrückliche Zustimmung. Zahlreich waren damals die Aufforderungen, in Konsequenz meines Rücktritts nun auch dem Widerspruch gegen die Politik des Bundeskanzlers einen öffentlichen und beharrlichen Ausdruck zu verleihen. Aus der Fülle solcher Bekundungen greife ich jetzt lediglich einen Brief des verstorbenen Ratsmitgliedes Prälat Hartenstein heraus. Er schrieb im Oktober 1950 an mich u. a.:

»... Ich stehe nicht an, mit großem Respekt von diesem Schritt (des Rücktritts) zu denken und zu reden. Endlich ist auf dem trostlosen Gefilde der Politik wieder einmal ein Zeichen aufgerichtet worden, daß auch hier die Erinnerung an die Gebote Gottes gilt und daß wir nicht ungestraft auch in unserem weltlichen Geschäft vergessen dürfen, insbesondere im Rahmen einer CDU, daß wir Christen sind ...

Das Ganze vergrößert nicht nur das Chaos in unserer Politik, sondern auch die Angst in den Herzen, es stünde etwa die allgemeine Wehrpflicht oder eine ganz elementare und massive Wiederbewaffnung bevor. Was sind das für Dinge. So geht es einfach nicht.

Freilich bin ich nun der Meinung, daß es nicht allein, ja nicht einmal bevorzugt auf die führenden Männer der Kirche abgeladen werden darf, hier zu protestieren und Remedur zu schaffen. Die Kirche ist ja nun wirklich noch etwas anderes als eine Vereinigung zur Verhütung politischer Unfälle. Um so dankbarer sind wir Ihnen, werter und lieber Bruder, daß Sie sich zur Stimme des Gewissens in diesen Fragen gemacht haben, und ich möchte ernstlich zu erwägen geben, ob Sie nicht mit einigen Freunden zusammen eine entschlossene Aufklärung in unserem Volk unternehmen könnten, damit die Gewissen wach und die Verantwortung lebendig werden ...«

Sie alle wissen, daß ich nunmehr seit 4½ Jahren gegenüber der Politik des Bundeskanzlers einen grundsätzlich anderen Weg zur Wiedervereinigung unseres Volkes in einer freiheitlichen gesamtdeutschen Ordnung und einen anderen Weg zur Befriedung Europas vertrete. Ob dieser oder ein anderer Weg der richtige ist, macht den politischen Streit unter uns aus. Er steht hier nicht zur Entscheidung. Ich darf nur bemerken, daß meine Sicht der Dinge mittlerweile nicht nur von der SPD, sondern auch von Abgeordneten der Bonner Koalition geteilt wird, bei etlichen von den letzteren nicht ohne das Eingeständnis, daß insbesondere 1952 eine Chance für eine Lösung in meinem Sinn verpaßt worden ist.

Was jetzt zur Entscheidung steht – ich sage es noch einmal –, ist *nicht* die angedeutete politische Streitfrage, sondern lediglich die kirchliche Frage, wie das Amt des Präses kirchlicherweise am besten besetzt wird. Mir ist bekannt, daß manche von Ihnen eine Änderung wünschen. Mir ist auch bekannt, daß andere von Ihnen die Fortführung des Präsesamtes durch mich wünschen. Diese widerstreitenden Wünsche versetzen mich in einen Konflikt. Ich möchte wahrlich gern alles tun, was unserer brüderlichen Gemeinschaft dient. Es wird mir von einigen Brüdern, die die Änderung wünschen, nahegelegt, daß ich mich nicht mehr zur Wahl vorschlagen lasse, um damit die Entscheidung der Synode zu erleichtern. Verehrte Synode! Bei aller Aufgeschlossenheit für brüderliche Anrede muß ich nun leider sagen, daß eben diese selben Synodalen, welche meine Ablehnung einer Kandidatur wünschen, gerade diese Ablehnung für mich außerordentlich erschwert haben. Einer ihrer maßgebenden Sprecher ist OKR Herntrich. Er schrieb im »Sonntagsblatt« dieser Woche[2], und Zeitungen wie die FAZ vom 3. März druckten es nach: »Es wäre nicht nur Versäumnis, sondern Schuld, wenn die Synode dieses Gesamtdeutschland dienende Amt (des Präses) dadurch vakant ließe, daß sie es mit einem Parteipolitiker besetzte.«

Verehrte Synodale, und das bitte ich nun in aller Freundlichkeit mir jetzt abnehmen zu wollen: so geht es keinesfalls! (Beifall) Die erste Synode besetzte dieses Amt 1949 wissentlich mit einem Mann, der zugleich in der Parteipolitik stand, und sie ließ es unbeanstandet, ja sie begrüßte es in der Fülle ihrer Mitglieder, daß sich mit diesem kirchlichen Amt alsbald darauf ein regierendes Amt im politischen Feld verband. Darf nun solche Verkoppelung nicht mehr sein, wenn die politische Betätigung in die Opposition führt? Darf sie nicht mehr sein, so frage ich weiter, wenn sich der politische Wahlerfolg in die Wahlniederlage verwandelt? Dann wäre der Erfolg unser Gott und unsere Leidenschaft wäre die Anpassung! Dann wäre alles Gerede unter uns von politischer Betätigung aus persönlicher Entscheidung eines an Gott gebundenen Gewissens unglaubwürdig. Dann wäre ebenfalls alles Gerede unter uns von der Unverbrüchlichkeit der kirchlichen Gemeinschaft trotz politischer Meinungsverschiedenheit unglaubwürdig. Dann wäre den Gemeindegliedern, die nicht im Regierungslager stehen, attestiert, daß sie anderen Rechtes sind als die übrigen. Dann wäre der Appell an die Nichttheologen, sich auch in die politische Arena zu begeben, aufgehoben, weil politische Betätigung gemäß unserer Verfassung parteipolitische Willensbildung heißt. Oder man hätte denn konkrete Einwände hinsichtlich der Art und Weise, wie die politische Betätigung ausgeführt worden ist. Dann möge man aber das aussprechen und sich nicht hinter einem meines Erachtens abwegigen Grundsatz verstecken!

Was die Art und Weise meiner politischen Betätigung anlangt, so hat man gemeint, ich wäre zu prononciert oder zu führend tätig geworden, erträglicher wäre eine geringere Art von Betätigung gewesen. Dazu kann ich nur sagen, daß wir uns wahrhaftig nicht zu einem harmlosen Mitläufertum in der Politik erziehen sollten! Wer in die Politik geschickt wird, wird in den Kampf um den Einfluß auf die öffentliche Meinung und auf die Gestaltung von Entscheidungen geschickt, oder man sollte ihn von vornherein ruhig und besser zu Hause lassen! Eine Verquickung von kirchlichem Amt und politischer Betätigung etwa in dem Sinne, daß ich mich auf politischen Plakaten oder dergleichen mit dem kirchlichen Amt hätte bezeichnen lassen, kann mir niemand vorwerfen. Wohl haben es andere getan und tun es noch. Auch eine Verquickung der Argumentation der Art, daß ich meine politische Entscheidung als kirchliche Entscheidung vertreten oder sie zum Maßstab der Christlichkeit anderer gemacht hätte, kann mir niemand vorwerfen. Wenn ich auch kein Lutheraner bin, so verstehe ich doch ein Minimum vom doppelten Regiment Gottes in und mit dieser Welt. Das hat mir beispielsweise Prof. Thielicke in dankenswerter Fairneß einmal wie folgt bestätigt: »Es gibt Exempel genug (auch »prominente« Exempel!), die bezeugen, wie die augenblickliche Schicksalsfrage unseres Volkes unter evangelischen Christen so durchgekämpft wird, daß man bei aller extremen Verschiedenheit der eigenen politischen Entscheidung die Bruderschaft nicht antastet und den *einen* Leib Christi respektiert. Und da ich oben Heinemann angreifen mußte, kann ich nunmehr nicht umhin, auch das andere zu bezeugen: daß gerade *er* die Ebenen zu scheiden weiß, auf denen er redet und kämpft. Es bedeutet in einer so verwirrten und von falschen Frontstellungen belasteten Zeit immerhin etwas, wenn der Führer einer politischen Partei, deren Programm man ablehnen mag, in geistlicher Weise der Präses der gesamtdeutschen Synode ist und wenn er dieses Amt so führt, daß der Gedanke an eine geistliche Verketzerung politischer Gegner offenbar nicht einmal als Verdachtsmoment auftaucht«[3].

Verehrte Brüder! Dieses alles mußte ich sagen, um die Maßstäbe abzuwehren, welche von OKR Herntrich öffentlich vorgebracht worden sind. Wenn es bei seiner oder einer ähnlichen Argumentation bleibt, habe ich nicht die Freiheit, Ihnen die Entscheidung zu ersparen. Das hieße für mich eine Fülle von Gemeindegliedern im Stiche lassen, die ebenfalls politisch tätig sind. Dann muß es durchgestanden werden, ob es mit dem Ruf zur politischen Betätigung eine doppelte Bewandtnis hat, je nachdem, ob sie in die Regierung oder in die Opposition führt. Nur zu lange schon ist ja ohnehin die Klärung vieler Fragen, die mit der politischen Betätigung aus christlicher Verantwortung aufbrechen, unterlassen worden. Der Mangel dieser Klärung kann nun nicht, nachdem voraussehbare Verwicklungen und Fehlbeurteilungen nicht zuletzt durch ungute Berichterstattungen eingetreten sind, auf die billige Weise eines Appells an den persönlichen Rückzug ausgeglichen werden. Damit würde auch in den Gemeinden wenig gewonnen sein. Die Beruhigung, um nicht zu sagen Vereinfachung, die vielleicht an einer Stelle einträte, würde durch neue Beunruhigung an anderer Stelle abgelöst werden.

Es kann mir niemand unterstellen, daß ich an einem Amte kleben würde, wenn ich hier etwas durchstehen müßte. Ich habe mehr als ein höchstes Amt aufgegeben und zweimal in meinem Leben meine besten Berufschancen drangegeben – 1936 aus der Weigerung, mich von der Bekennenden Kirche zu trennen, und 1949/50 aus politischen Gründen. Das sage ich jetzt lediglich deshalb, um wirklich auf den Kern der Fragestellung zu führen.

Wenn bei der Wahl des Präses im voraus auf meine persönliche Absage an eine neue Kandidatur abgehoben werden soll, wie einige Synodale es wünschen, so gibt es für mich – solange keine Einwände gegen meine Amtsführung in der Synode bestehen – nur den einen Maßstab des Votums der Brüder aus der DDR. Wenn sie sagen würden, daß es ihnen wichtig wäre, den künftigen Präses aus ihrer Mitte zu wissen, so würde ich einer solchen Erklärung jeden Weg freigeben und meine Freunde bitten, mich nicht mehr vorzuschlagen. Den Brüdern in der DDR habe ich mich in allen Jahren verpflichtet gewußt und bleibe es. Darum mögen sie sagen, was sie von mir erwarten. Diese Antwort möge unter ihnen erwogen und gegeben werden, sobald sie es wollen. Die Antwort mag ausfallen wie auch immer – ich werde auf jeden Fall dafür eintreten, daß von niemandem, auch nicht in der DDR, ihrer Antwort ein politischer Charakter unterstellt wird (Beifall)[4].

1 Vgl. Treysa 1945. Die Konferenz der evangelischen Kirchenführer 27.-31. August, hg. v. F. Söhlmann, Lüneburg 1946, S. 102 ff.

2 Sonntagsblatt 6. 3. 1955: »Was erwarten wir von der Synode?«, s. KJ 1955, S. 27 f.

3 H. Thielicke, Die evangelische Kirche und die Politik, 1953, S. 52.

4 Die Synodalen aus der DDR entschlossen sich, kein besonderes Votum in der Synode abzugeben. – Im ersten Wahlgang erhielten Constantin von Dietze 51, Heinemann 37, Claus von Bismarck 24 und Ludwig Raiser 5 Stimmen; in einer Stichwahl wurde v. Dietze mit 77 Stimmen gegen Heinemann (40) gewählt. – Espelkamp 1955. Bericht der Synode, S. 119 f., 139 f.

16. Gedanken zur politischen Ethik

Thesen für die Zeitschrift Junge Kirche zum Bundestagswahlkampf, Juli 1957

I. Politische Diakonie

Christenstand ohne Dienst ist wie ein Baum ohne Frucht. Unser Dienst hat nicht nur der Kirche und den hilflosen (den kranken, alten oder gefangenen) Menschen zu gelten, sondern auch den gesunden Menschen in allen ihren Lebensbereichen. Diakonie ist so umfassend wie möglich zu verstehen. Darum gehört auch Mitverantwortung für die bürgerliche Gemeinde und ihre Gemeinschaften in Dorf, Stadt und Staat, Parteien, Betrieben und Berufsverbänden zum Dienstbereich des Christen.

II. Unser Platz

Nicht alle Menschen haben das gleiche zu tun. Wo ist dein Platz unter der Fülle der Aufgaben?
Die Antwort gibt Gott in seinen Gaben, welche er jedem bereitet hat. Gott hat uns verschiedene Gaben geschenkt. Diese seine Gaben sind eine Platzanweisung für unseren Dienst.

III. Unsere Hemmung

Jahrhundertelang wurden unsere Kirchen durch die Landesherren regiert. Daraus entstanden Predigtanstalten ohne lebendige Gemeinden. Jahrhundertelang waren unsere Obrigkeiten in den erblichen Monarchen vorgegeben. Daraus entstand ein Untertanengeist, der immer noch nachwirkt.

Heute sind wir als Christen und als Staatsbürger für Kirche und Staat mitverantwortlich. Kirchenregiment und Obrigkeit erwachsen heute, wenngleich auf recht verschiedene Weise, aus uns selbst als den Gliedern der Gemeinde und als Staatsbürgern.
Die Obrigkeit ist nicht mehr unser Herr, sondern soll unser Diener sein. Wir alle sind mitverantwortlich für ihre Art und für ihre Entscheidungen. Wir alle haben sie zu wählen, und viele von uns sind gerufen, selber in öffentlicher Verantwortung – in einer Selbstverwaltung, einer Partei, der Regierung oder als Amtsträger verschiedener Art – zu stehen.

IV. Gehört Politik zum Herrschaftsbereich Christi?

Die Barmer Erklärung der 1. Bekenntnissynode vom Mai 1934 sagt in These II: »Wie Jesus Christus Gottes Zuspruch der Vergebung aller unserer Sünden ist, so und mit gleichem Ernst ist er auch Gottes kräftiger Anspruch auf unser ganzes Leben; durch ihn widerfährt uns frohe Befreiung aus den gottlosen Bindungen dieser Welt zu freiem, dankbarem Dienst an seinen Geschöpfen.«
Zuspruch *und* Anspruch! Anspruch an unser *ganzes* Leben! Anspruch also auch auf unser Leben und Handeln als Staatsbürger in öffentlicher Verantwortung, gleich welcher Art. Die Barmer Erklärung fügt ausdrücklich hinzu: »Wir verwerfen die falsche Lehre, als gebe es Bereiche unseres Lebens, in denen wir nicht Jesus Christus, sondern anderen Herren zu eigen wären ...«
Damit ist abgetan, daß Politik ein Feld eigener Gesetze oder selbstherrlicher Interessen wäre. Damit ist abgetan, daß Bindung an Christus eine Sache nur des privaten Lebens wäre. Auch Politik untersteht dem Herrschaftsanspruch Jesu Christi.

V. Luthers Lehre von den zwei Reichen

Dabei will uns Luthers Unterscheidung der zwei Reiche oder der zweierlei Herrschaftsweisen Gottes in Gesetz und Evangelium helfen. Luther mußte sich in doppelter Frontstellung mit dem Papst und den Schwärmern auseinandersetzen. Mit der Unterscheidung der zwei Reiche wehrte er klerikale Machtansprüche der Kirche über den Staat ebenso ab wie die Utopie einer Weltverbesserung durch das Evangelium.

Es gilt aber zu verhindern, daß eine Resignation des Sich-Abfindens mit der Welt entsteht. Darum fragen wir stärker als Luther nach dem Zusammentreffen der beiden Reiche in Gott. Auch in ihrer Vorläufigkeit und ihrer durch menschliche Anstrengung nicht zu behebenden Unverbesserlichkeit ist die (gefallene) Welt ein Raum wirklichen Gottesdienstes am Menschen und seiner Wohlfahrt.

VI. Der Realismus der Bibel

Die Bibel sagt uns, wer der Mensch ist. Er ist das gefallene Geschöpf Gottes, nicht fähig, sich selbst zu erlösen, aber der Verheißung teilhaftig, durch Jesus Christus erlöst zu werden.

Damit ist der Christ zur einen Seite davor bewahrt, etwa im Staat oder in ethischen oder technischen Entwicklungen die Wegbereiter zu einem Paradies der Gerechtigkeit oder des ewigen Friedens zu sehen. Es gibt keine Verchristlichung (Selbsterlösung) der Welt. Darum dürfen wir den Staat, einerlei welche Form er hat, nicht vergöttern und nicht in idealistische Schwärmerei verfallen. Aber wir dürfen den Staat, einerlei welche Form er hat, auch nicht grundsätzlich mißachten oder in Anarchie verfallen lassen. Er ist Notordnung Gottes und hat den Auftrag, allem guten Werk zu helfen und allem Bösen zu wehren (auch durch Gewalt).

Damit ist der Christ zur anderen Seite davor bewahrt, einen Mitmenschen abzuschreiben. Es gibt kein lebensunwertes Menschenleben, das wir auslöschen dürften. Es gibt keinen Leugner Jesu Christi, dem wir, etwa aus politischer Gegnerschaft, die Bezeugung Jesu Christi versagen dürften. Christus ist auch nicht *gegen* Karl Marx oder gegen die Bolschewisten, sondern *für* sie wie für uns alle gestorben. Darum darf es keine christlichen Fronten (etwa in Parteien oder Gewerkschaften) gegen andere geben.

VII. Weisung aus dem Evangelium oder durch die Kirche?

Der Herrschaftsanspruch Jesu Christi erfaßt uns – wie im privaten Leben so auch in öffentlicher Verantwortung – im Hören auf das Evangelium in der uns bereiteten Lage.
Die Bibel ist kein Rezeptbuch, welches uns aus einem Stichwortregister für jede Situation eine vorgefertigte Dienstanweisung gäbe. Desgleichen kann niemand in der Kirche, auch keine Kirchenleitung (Presbyterium, Synode, Präses oder Bischof) uns im Namen Jesu Christi verbindlich sagen, was wir zu tun haben. Auch in der Kirche ist niemand Herr unseres eigenen Gewissens.
Gleichwohl ist die Bibel mehr als ein Buch der »Ordnungen« oder der »Grenzmarken«, innerhalb deren es lediglich freie Ermessensentscheidungen gäbe, und die Kirche ist etwas anderes als ein Sprechsaal.

VIII. Persönliche Entscheidungen

Wir haben unsere Entscheidungen persönlich zu vollziehen, weil Gott jedes seiner Geschöpfe ganz ernst nimmt. Es gibt keine Flucht aus der Entscheidung; wir bleiben von Gott bei seinem Namen gerufen. Das ist der Ernst, zugleich aber auch die Größe des Evangeliums, zumal im reformatorischen (protestantischen) Verständnis.
Bei allen unseren Entscheidungen, auch in der Politik, geht es um ihre größtmögliche Geladenheit mit Gehorsam gegenüber Jesus Christus.
Gottes Wort in seinem Evangelium sowie der Rat der Brüder und ihre Fürbitte helfen uns zu diesem Gehorsam.

IX. Die brüderliche Gemeinschaft

Unsere gegenwärtigen politischen Entscheidungen sind verschieden, ja sogar einander entgegengesetzt (etwa zur Aufrüstung oder in Fragen des Kriegsdienstes). Das ist nicht gottgewollt.
Deshalb haben wir uns in der Unterschiedlichkeit unserer Entscheidungen nicht stehenzulassen, sondern einander darin zu suchen, auf daß wir uns zu dem einen Gehorsam helfen, zu dem wir alle gerufen sind.
Unsere kirchliche Gemeinschaft darf über einer Unterschiedlichkeit unserer politischen Entscheidungen nicht zerbrechen, weil sie in der Gemeinschaft des Glaubens an Jesus Christus gegründet ist, welche über alle Meinungsverschiedenheiten hinausgeht.

X. Gottes Verheißung

Die Politik ist in nicht größerem Maße ein Bereich der Dämonen, als es etwa Geschäft oder Ehe sind. In allen Bereichen dürfen wir uns der Vergebung in Jesus Christus getrösten.
Darum gibt es keine Ausrede gegenüber dem Ruf zur Verantwortung und Betätigung auch im öffentlichen Leben.

17. Zum Antisemitismus und zum deutschen Sendungsbewußtsein

Rede im Deutschen Bundestag in der Debatte über antisemitische Vorfälle, 18. 2. 1960

Herr Präsident! Meine Damen und Herren! Wenn alle die angemalten Hakenkreuze wieder abgekratzt sein werden, wenn möglichst alle Täter ermittelt und möglichst gerecht bestraft sein werden, wenn alle Proteste über die Vorgänge der letzten Wochen verhallt sein werden, wenn die Parlamente dieses Thema zu Ende diskutiert haben werden, erst dann werden wir mitten in der Aufgabe stehen, die uns der *Antisemitismus* stellt ... Antisemitismus ist niemals ein punktueller Vorgang, sondern eine ständige, unüberhörbare Frage an uns alle, an die politischen und gesellschaftlichen Ordnungen in unserem Volk ..., ist eine ständige, unüberhörbare Frage nach dem Verhältnis zu unserer eigenen Vergangenheit, nach unserem Umgang mit der Jugend in Deutschland und nicht zuletzt auch eine ständige, dringliche Frage an die Verkündigung der christlichen Kirchen in Deutschland.

Über die Bewandtnis des Antisemitismus haben wir nun viel gehört. Herr Wilhelmi hat ausgesprochen, daß der Angriff auf den *Juden* immer auch auf die *Kirchen* übergreift[1]. Aber damit ist dieses Thema noch nicht erschöpft. Wir kommen nicht umhin, in einem noch strengeren Sinne von der Bezogenheit zwischen Kirche und Synagoge zu sprechen und auch von daher ein Stück unserer Aufgabe in der Gegenwart richtig zu erkennen.

Christen und Juden verbindet und trennt der Jude Jesus Christus am Kreuz. Christenglaube und Judenhaß sind unvereinbar in einem sehr speziellen Sinn, leider nicht faktisch unvereinbar; denn es hat immer wieder pseudo-theologische Argumente für einen Judenhaß gegeben, und volle tausend Jahre christlicher Kirchengeschichte sind ausgefüllt mit schrecklichen Untaten an den Juden. Alles das liegt längst schon vor einem »Dritten Reich«.

Ich sage: Christenglaube und Judenhaß sind unvereinbar in einem letzten, sehr speziellen Sinn. Um deutlich zu machen, was ich meine, erinnere ich an eine Anekdote, die man Friedrich dem Großen zuschreibt. Er soll eines Tages seinen Leibarzt gefragt haben, ob es einen Beweis für die Existenz Gottes gebe, und dieser Leibarzt soll schlankweg geantwortet haben: »Majestät, die Juden!«

Juden sind und bleiben Gottes Volk in einem besonderen Sinn, auch wenn sie auf den Messias noch warten, von dem die Christen sagen, daß er in Jesus Christus gekommen sei. Es ist eines der verhängnisvollsten Mißverständnisse in Theologie und Kirchengeschichte, daß man den Juden allein die Kreuzigung Christi glaubt anlasten zu können, während sie in Wahrheit das Zeichen unserer aller Auflehnung gegen Gott ist. So wie damals der Volljude Kaiphas, der Halbjude Herodes und der Arier Pilatus gemeinsam am Werke waren, so sind auch heute Glaube und Unglaube nicht nach Völkern oder sogenannten Rassen aufzuteilen, sondern sie sind in diesem Zusammenhang immer wieder gemeinsam anzusprechen.

Am 25. Januar dieses Jahres hat in Marl in Westfalen eine öffentliche Diskussion über das Thema stattgefunden: »Wie schützen wir uns vor Antisemitismus?« In dieser Diskussion hat Erich Lüth darauf hingewiesen, daß in den *Oberammergauer Passionsspielen* – er fügte aber hinzu, daß das auch in protestantischen Mysterienspielen vorkomme – Christus und seine Jünger, obgleich sie Juden sind, arisiert worden sind – alle waren blond –, daß aber die zweite Gruppe der Juden in Kostüm und Maske karikiert, verzerrt und untermenschlich – sie alle waren schwarz und häßlich – dargestellt worden ist. Was aus solcher Art von Auffassung herausspringt – Lüth sagt es an einem Beispiel –, ist dann dies: daß sich ein Verfasser antijüdischer Karikaturen als ein Lehrer an der Oberammergauer Schnitzschule und Regisseur der Passionsspiele herausgestellt hat. (Hört! Hört! bei der SPD.) Das ist es, was ich meine, wenn ich von den pseudotheologischen Argumenten in Zusammenhang mit dem Antisemitismus spreche. Die Juden werden fortexistieren, so wahr Gott existiert. Keine Assimilation saugt sie auf, keine Verfolgung rottet sie aus. Sie existieren in der Zerstreuung, ohne gemeinschaftliche Geschichte, ohne gemeinschaftliche Kultur, ohne gemeinschaftliche Sprache. Auch wenn wir den Staat Israel ansehen und ihn in seinem Aufbau bewundern, bleibt das jüdische Volk ein Sonderfall. Dessen müssen wir uns bei den Vorgängen, die wir hier behandeln, immer wieder bewußt sein. Denn über der jüdischen Geschichte steht das alttestamentliche Wort: »Wer euch antastet, tastet meinen Augapfel an« – ein Wort Gottes[2].

Von da her, verehrte Damen und Herren, ergibt sich die Besonderheit der Aufgabe, die uns gestellt ist. Antisemitismus ist mehr als Intoleranz, ist auch mehr und noch etwas anderes als Angriff auf Demokratie. Antisemitismus hat in letztem Zusammenhang etwas zu tun mit den Dingen unseres christlichen Glaubens, und von da her müssen wir auch unsere Aufgabe einer politischen Erörterung wie hier in diesem Parlament ansehen. Antisemitismus ist immer höchste Alarmstufe, nicht weil ein Ausland sich aufregt, nicht nur weil eine Demokratie gefährdet wäre, sondern weil mit dem Antisemitismus Bezirke betreten werden, vor denen die Warntafel steht: Gott läßt sich nicht spotten!

Verehrte Damen und Herren! Wir haben in unserer politischen Arbeit je und dann Anreden der Kirchen an uns erfahren, sie haben uns je und dann auf unsere Verantwortung gestellt. Hier ist einmal ein Umgekehrtes unumgänglich. Ich für meinen Teil muß sagen, daß dem Antisemitismus zu begegnen nicht allein die Aufgabe einer politischen Führung sein kann, mit all den großen Möglichkeiten, die sie zweifellos hat und anwenden muß, sondern daß wir hier einmal, so meine ich, auch als Politiker eine Frage an die Kirchen zu richten haben, ob sie denn alles tun, was hier geboten ist, ob sie also insbesondere jener Pseudotheologie zu Leibe gehen, die in der Kirchengeschichte dieses Unheil angerichtet hat.

Diese Frage ist nicht unnütz, obwohl eine *Bekennende Kirche* im Dritten Reich sich an der Judenfrage entzündete und obwohl gerade auch aus christlicher Gemeinde manche Hilfe bis zum letzten Einsatz für verfolgte Juden geschah und manch einer aus der christlichen Gemeinde darüber im Konzentrationslager landete. Auch die Erklärungen der Kirchen nach dem Kriege im Hinblick auf das, was sie versäumt hätten, genügen hier nicht, sondern es muß die Frage erhoben werden, ob es denn durchgedrungen ist, was da erklärt worden ist, ob sich die Unterweisung wirklich nach dem ausrichtet, was man als notwendig erkannt hat.

Ich verfolge deshalb mit besonderem Interesse, was in diesen Wochen im Hinblick auf die Vorgänge, die uns hier beschäftigt haben, in den theologischen oder christlichen Zeitschriften darüber zu lesen ist, und ich stelle gern und dankbar fest, daß man die besondere Verantwortung empfindet. Möge sie jetzt wahrgenommen werden und dazu beitragen, daß das, was wir uns vornehmen, die Ergänzung von jener Seite erfährt.

Verehrte Damen und Herren, erlauben Sie mir bitte, nun noch auf etwas zu sprechen zu kommen. Am Antisemitismus sehen wir, wo verführtes Denken enden kann. Deshalb müssen uns diese letzten Vorgänge so wachrütteln und empfindlich machen gegen verführerisches Denken, von welcher Seite auch immer es kommt.

Im vergangenen Monat hat die Äußerung eines Mannes, der in unser aller Namen spricht, größtes Aufsehen erregt, vornehmlich im Ausland, und zwar sowohl bei den östlichen wie bei den westlichen Nachbarn, und ich muß im Hinblick auf diese Äußerung – die ich gleich wörtlich zitieren werde – fragen, ob sich in ihr nicht ein verführerisches Denken darstellt.

Was ich meine, sehr verehrte Damen und Herren, ist die *Erklärung*, die der Herr *Bundeskanzler Dr. Adenauer* am 22. Januar vor dem Papst in *Rom* abgegeben hat. (Unruhe bei der CDU/

CSU. – Zuruf von der CDU/CSU: Unerhört! – Abg. Erler: Ja, die Erklärung war unerhört, Sie haben ganz recht!) Er sagte: »Ich glaube, daß Gott dem deutschen Volk in den jetzigen stürmischen Zeitläuften eine besondere Aufgabe gegeben hat, Hüter zu sein für den Westen gegen jene mächtigen Einflüsse, die von Osten her auf uns einwirken.«

Diese in feierlicher Audienz abgegebene Erklärung ist im Bulletin der Bundesregierung amtlich veröffentlicht[3]. (Unruhe bei der CDU/CSU.)

Verehrte Damen und Herren! Wenn Ihnen nicht entgangen sein sollte, was darüber etwa in der Londoner »Times« oder im »Manchester Guardian« oder in holländischen oder in schweizerischen Zeitungen zu lesen war, dann verstehe ich nicht, warum Sie überhaupt einen Unwillen dagegen empfinden, daß ich von dieser Sache spreche. (Sehr gut! bei der SPD.)

Was heute morgen in der »Frankfurter Allgemeinen Zeitung« zu lesen war, dürfte doch uns alle nötigen, uns diesem Vorgang mit Ernst zu stellen. Der Warschauer Korrespondent der »Frankfurter Allgemeinen Zeitung« schreibt – ich lese jetzt wörtlich –: »Zum ersten Male hat ein Sprecher der katholischen Abgeordnetengruppe »ZNAK« einen direkten Angriff gegen Bundeskanzler Adenauer und die Politik der Bundesregierung gerichtet.«

Und ferner in Gänsefüßchen:

»Gegenüber unserer höchsten religiösen Autorität wurden Worte gesprochen, welche die Gefühle der Gläubigen in aller Welt erregen müssen. Wir haben erfahren, daß Gott dem deutschen Volke eine besondere Mission im Kampf zwischen Osten und Westen anvertraut habe.«

Verehrte Damen und Herren, ich habe die herzliche Bitte, daß Sie diesen Vorgang mit dem Ernst einmal ansehen möchten, der ihm im Ausland zugemessen wird und den er meines Erachtens seiner Sache nach wahrhaftig hat. Selbstachtung unseres Volkes: ja. Aber daß wieder ein *Sendungsbewußtsein* aufklingt, das macht mich unruhig, (Sehr gut! bei der SPD) und daß es aufklingt, das geht uns alle an. (Beifall bei der SPD und vereinzelt rechts. – Abg. Frau Dr. h. c. Weber [Essen]: Das stimmt doch gar nicht!) – Sehr verehrte Frau Helene Weber, bitte stellen Sie klar, was es ist und stellen Sie vor allem klar, wie Sie zu dem stehen, was doch in unser aller Namen gesprochen wurde. Ich erkläre Ihnen rundheraus, daß ich mich in diese Aussage des Bundeskanzlers nicht eingeschlossen fühlen kann. (Beifall bei der SPD.)

Ich will jetzt lediglich noch dieses sagen: das verführerische Denken ist ein Boden für mancherlei Ungutes, wie wir in unserer Geschichte erlebt haben. Es führt nicht nur zu Diffamierungen einer Opposition, sondern, verehrte Damen und Herren, es kann auch Antisemitismus fördern. (Lebhafter Beifall bei der SPD. – Zuruf von der CDU/CSU: Pfui!)

1 In seiner Rede im Bundestag am 18. 2., Sten. Prot. S. 5587.
2 Sach. 2, 12 (8).
3 Bulletin v. 23. 1. 1960, S. 130.

18. Eigenständige Kirche?

Aufsatz in: Politische Verantwortung, Juli 1961

Wollen wir heute noch, was wir 1945 wollten, als der Kirchenkampf und der Krieg zu Ende waren? Zwischen Wollen und Vollbringen ist ohnehin ein Unterschied. Eine andere Frage aber ist die, ob wir heute überhaupt noch im Sinne haben und zu erreichen bemüht sind, was wir uns vorstellten, als wir 1945 vor neuen Anfängen standen.

Die Erlebnisse der Jahre 1933 bis 1945 hatten uns einiges aufgezeigt, was wir bei ehester Gelegenheit ändern oder bessern wollten. Dazu gehörten das kirchliche Wahlrecht und gewisse kirchliche Abhängigkeiten vom Staat. Über das allgemeine Wahlrecht aller Kirchensteuerzahler hatten die »Deutschen Christen« 1933 ihren Einbruch in die kirchlichen Körperschaften bewerkstelligt, indem sie mit politischer Propaganda auch diejenigen Kirchensteuerzahler an die kirchlichen Wahlurnen heranbrachten, welche der Botschaft der Kirche entfremdet waren. Deshalb drehte es sich nach 1945 um die Frage, wie die Verächter des Evangeliums von innerkirchlichen Mitentscheidungen ferngehalten werden könnten[1]. Die neuen Presbyter-Wahlordnungen der Nachkriegszeit haben diese Frage in der Richtung gelöst, daß das kirchliche Wahlrecht an die hörende und bekennende Gemeinde gebunden worden ist. Diese Begrenzung ist bis heute im wesentlichen bestehengeblieben, wenngleich Einzelheiten erneut diskutiert werden.

Das Kapitel »Unabhängigkeit vom Staat« ist sehr viel umfänglicher, und gerade hier ist es angesichts der erschreckenden Fülle rückläufiger Verhaltensweisen an der Zeit, die eingangs erwähnte Frage aufzuwerfen, ob wir uns heute überhaupt noch bewußt sind, was wir 1945 wollten. Staatsverfassungen, Kirchenordnungen und politische Parteien sprechen zwar einmütig aus, daß die

Kirche in Lehre, Kultus, Ämterbesetzung und Verwaltung selbständig ist und sein soll. Und doch hat sich ein Geflecht von neuen Abhängigkeiten entwickelt, das vielleicht den wenigsten bewußt ist und gerade darum einmal aufgezeigt werden muß. Fangen wir beim Gelde an! Die Bekennende Kirche hatte ihre gesamten Aufgaben aus freiwilligen Gaben der Gemeindeglieder finanziert. Diese Aufgaben waren nicht gerade gering, weil sie ja auch die Besoldung derjenigen Pfarrer umfaßte, welche gewaltsam aus ihren Ämtern entfernt oder ohne oder gegen die deutschchristlichen Kirchenleitungen in ein Amt berufen wurden. Auch ist daran zu erinnern, daß die freiwilligen Gaben für die Bekenntnisgemeinden zusätzlich zu den Kirchensteuern gegeben wurden, weil die Glieder der Bekenntnisgemeinden ja nicht aus den Landeskirchen austraten. Im ganzen gesehen kann jedenfalls die Finanzgebarung der Bekennenden Kirche bei allen ihren sonstigen Schwächen als ein einigermaßen beachtliches Kapitel von Eigenständigkeit angesehen werden, ohne welches sie überhaupt nicht hätte handeln können. Auch der zähe Kampf Bekennender Gemeinden um die Selbstbestimmung über ihre Kollekten gehört hierzu. 1945 wollten wir die Ansätze eigenständiger Finanzgebarung nicht wieder untergehen lassen, vielmehr fortgeführt und ausgestaltet wissen. Es dauerte aber nicht lange, bis die Versuchung überhandnahm, die Kirchensteuer auch im Rheinland, wie schon in einigen anderen Landeskirchen, durch das staatliche Finanzamt und im Lohnabzug durch die Arbeitgeber einziehen zu lassen. Immerhin äußerte noch eine Reihe von Synodalen auf der rheinischen Synode von 1950, als die Überleitung der Kirchensteuer auf den Staat zur Erörterung stand, daß sie »nur mit schlechtem Gewissen« ihre Zustimmung zu geben vermöchten, und der Synodale Hennes stellte den Antrag:

»Die Synode bittet die Kirchenleitung, mit allem Ernst darauf bedacht zu sein, daß auf die Inanspruchnahme des Staates zur Einziehung der Kirchensteuer sobald wie möglich verzichtet werden kann.«

Dieser Antrag wurde von der über 200köpfigen Synode gegen 13 Stimmen bei 16 Enthaltungen angenommen[2]. Auch im Bereich der katholischen Kirche gab es Widerstände gegen die Überleitung der Kirchensteuer auf den Staat.

Inzwischen ist von einem Verzicht auf die Inanspruchnahme des Staates für die Einziehung der Kirchensteuer keine Rede mehr. Die staatliche Hilfe ist zu bequem und der Lohnsteuerabzug natürlich obendrein auch besonders ertragreich, wenngleich nunmehr Wohnsitzgemeinde und Betriebsgemeinde oft miteinander über die Steueranteile streiten müssen. Mittlerweile sind zudem alle Landeskirchen in der Bundesrepublik den Weg zum staatlichen Finanzamt bzw. Arbeitgeber gegangen. Am längsten – bis 1956 – widerstand die Evangelische Landeskirche in Württemberg; sie konnte aber schließlich allein nicht übrigbleiben.

Nur das Kirchgeld befindet sich jetzt noch in kircheneigener Verwaltung. Als Kopfgeld in der Spanne von 2,– DM bis 30,– DM jährlich hat es indessen nur eine schmale zusätzliche Bedeutung. Anstatt es aber auszubauen, wie es anfänglich einmal beabsichtigt war, nahm die siebente rheinische Landessynode von 1958 den Fortfall des kircheneigenen Kirchgeldes für den Fall in Aussicht, daß für die staatlich einzuziehende Kirchensteuer ein von der staatlichen Einkommensteuer unabhängiger eigener Tarif eingeführt werde[3]. Einzelne reiche Gemeinden wie Düsseldorf machen sich aber schon jetzt nicht mehr die Mühe, ein Kirchgeld zu erheben. Das Wirtschaftswunder hat auch in der Kirche die Sattigkeit ausgebreitet.

Eine wesentliche Rolle in der kirchlichen Finanzgebarung spielen die staatlichen Zuwendungen. Soweit sie Ausgleich für die Einziehung ehemals kirchlichen Vermögens sind oder auf sonstigen Rechtsverpflichtungen des Staates beruhen, ist es selbstverständlich, daß die Kirche sie geltend macht und annimmt. In vielen Fällen sind die staatlichen Zahlungen nach 1945 durch Verträge zwischen Staat und Kirche neu geregelt worden.

In den Auseinandersetzungen um neue Regelungen der Sozialhilfe (Fürsorge) und Jugendhilfe haben sich auch evangelische

Kreise an der Bemühung beteiligt und ihr im Bundestag zum Erfolg verholfen, das allgemeine Steuergeld mit gesetzlichen Hypotheken zugunsten privater Organisationen zu belegen. Unter Betonung des katholischen Prinzips, daß der Staat der Kirche zu dienen habe, sind die Kommunen verpflichtet worden, den sogenannten freien Verbänden der Sozial- und Jugendhilfe nicht nur den Vorrang in der Arbeit zu lassen, sondern diese Arbeit auch weitgehend zu bezahlen.

Ein weiteres Kapitel stellen die vielfältigen Ermessenszuwendungen an die Kirche und kirchliche Organisationen aus staatlichen Fonds dar. Solche Zuwendungen gibt es für Bauten, soziale Zwecke, Jugendarbeit, Bildungsarbeit, Akademien, Denkmalspflege, Archivwesen, Pressearbeit, Glocken und Orgeln, Studienbeihilfen, Heimstätten, Wanderungen usw. Auch so unkirchlich titulierte Fonds wie »Auslandsarbeit«, »Zonenrandgebiete«, »Grenzlandarbeit« können kirchlich durchaus etwas hergeben. Es ist geradezu eine Wissenschaft für sich, die Haushaltspläne der öffentlichen Hand, sowohl der Länder und des Bundes als auch der Kommunen, auf die darin enthaltenen Möglichkeiten einer Finanzbeihilfe zu durchleuchten und im Wettlauf mit anderen Interessenten bestens auszuschöpfen. Eine Kirchenleitung oder eine große kirchliche Organisation, die hierfür nicht die richtigen Experten anzusetzen weiß, gilt als nicht auf der Höhe.

Mag es bei den Landeskirchen und ihren Gemeinden noch der geschichtlichen Entwicklung entsprechen, daß sie für staatliche Gelder so empfänglich sind, so sollte man beispielsweise beim Deutschen Evangelischen Kirchentag als der erst 1949 ins Leben getretenen neuen Laienbewegung etwas anderes erwarten. Aber auch er hat leider nur zu schnell gelernt, sich auf das Geld der großen Spender einzustellen, anstatt seine Wurzeln bei dem Opfer der vielen kleinen Leute zu suchen. W. Huehne schildert in seiner Biographie über Reinold v. Thadden-Trieglaff, wie es anfing, und fährt fort: »Der Kirchentag blieb weiter auf Spenden angewiesen. Für die großen Jahresversammlungen zögerte Thadden nicht, Hilfen der Städte und Länder anzunehmen, in die er mit seinem Kirchentag zog. Er hatte auch keine Bedenken, ihm angebotene Zuschüsse beider deutscher Regierungen zu akzeptieren«[4]. Anläßlich des Münchener Kirchentages von 1959 meldete die Frankfurter Allgemeine Zeitung am 11. Februar 1959, daß der bayerische Finanzminister, Eberhard, den Haushalt der Münchener Veranstaltung mit dem Präsidialbüro des Kirchentages erörtert habe, und daß aus Mitteln des Bundes, der Länder und der Stadt München rund 1,5 Millionen DM beigesteuert würden. Dazu kamen weitere Spenden auch noch anderer Bundesländer und manche Sachleistungen etwa der Bundeswehr in Gestalt von Zelten, Fahrzeugen, Meldeeinrichtungen und dergleichen. Wir können auch sicher sein, daß das alles nur ein Auftakt für den Eucharistischen Kongreß in München im darauffolgenden Jahr 1960 war, was uns aber nicht neidisch, sondern nur noch bedenklicher machen sollte. Wo bleibt unter solchen Umständen die Unabhängigkeit der Kirche? Diese Frage wird ja nicht dadurch befriedigend beantwortet, daß alle Beteiligten wahrheitsgemäß versichern, es würde nie von Auflagen gesprochen und es würden schon gar keine hingenommen! Aus solchen Erklärungen spricht jene idealistische Auffassung von Menschen und Gegebenheiten, die mit dem Realismus der Bibel wenig zu tun hat und derentwegen die Kritik des Marxismus und seiner soziologischen Erkenntnisse ernster genommen werden sollte. – Der Berliner Kirchentag 1961 soll aus freiwilliger Umlage auf die evangelischen Gemeinden in ganz Deutschland finanziert werden, – was sicher einen Schritt zur Besserung darstellt.

Fragwürdige Unbefangenheit

Neuerdings ist eine Diskussion darüber entbrannt, ob die Kirche in sogenannten Entwicklungsländern mit staatlichem Geld arbeiten darf oder soll. Missionsdirektor D. Brennecke wehrt sich leidenschaftlich dagegen, daß Missionsgesellschaften oder die kirchliche Hilfsaktion »Brot für die Welt« staatliche Gelder nehmen sollen. »Jede Zuhilfenahme staatlicher Mittel kann nur zur Verfälschung des evangelischen Auftrages führen.[5]« Akademiedirektor Eberhard Müller vertritt das Gegenteil und kritisiert Brenneckes Satz, daß Diakonie nur aus der Mitte der Gemeinde geschehen kann, mit den Worten: »Es ist merkwürdig, daß Brennecke das in einem Land drucken läßt, in dem die Hilfsorganisationen unserer Kirche eine große Zahl (!!) von Mitarbeitern extra dazu beschäftigen, die finanzielle und sachliche Zusammenarbeit staatlicher und kirchlicher Mittel auf karitativem Gebiet sicherzustellen. Soll das plötzlich unbiblisch sein, wenn es sich um die Bewältigung viel größerer Nöte in Asien und Afrika handelt?[6]« Natürlich kann man so fragen, wie Eberhard Müller es tut. Nur ist die Unterstellung biblischer Rechtfertigung des geschäftsmäßigen Abkassierens der Fonds in Ministerien und Rathäusern durch die extra dafür angesetzten kirchlichen Experten voreilig. Werden wir nicht doch stutzig, wenn Eberhard Müller auch noch schreibt: »Wo es um die Deutschen geht, nehmen wir unbefangen (!!) und ohne jeden Widerspruch staatliche Hilfsmittel sogar für den Dienst der Verkündigung in Anspruch.« In der Tat, Eberhard Müller weiß das Geld unbefangen zu nehmen. Vielleicht könnte aber eine Akademietagung über soziologische Zusammenhänge zu diesem Thema hilfreich sein. Brennecke würde dazu gewiß aus den Erfahrungen der Missionsgesellschaften in Afrika oder Asien und die Gründe ihrer jetzigen besonderen Schwierigkeiten in der Zeit des untergehenden Kolonialismus beitragen können.

Angesichts der »Unbefangenheit«, mit der der Staat für die eigensten Aufgaben der Kirche, sogar für Verkündigung, Diakonie und Mission, in Anspruch genommen wird, berührt es merkwürdig, mit welcher Aufgeregtheit kirchliche Kreise es ansehen, wenn auch für freireligiöse Vereinigungen hier oder dort etwas abfällt. Welchen »christlichen« Lärm hat es nicht wiederholt gegeben, weil ein kommunaler oder staatlicher Raum für eine Jugendweihe zur Verfügung gestellt wurde (Wuppertal, Köln, Hamburg) oder weil aus einem staatlichen Haushalt (Berlin) Geld nicht nur für kirchlichen Religionsunterricht, sondern auch für einen nicht konfessionellen Weltanschauungsunterricht gegeben wurde! Das zur Schau getragene christliche Selbstbewußtsein schlägt bei solchen Vorgängen staatsbürgerlicher Gleichbehandlung nur zu oft in eine gehässige Unduldsamkeit um, obwohl die Bundesrepublik keine Staatsreligion kennt, vielmehr Religions- und Gewissensfreiheit gewährleistet.

Die Machtergreifung Hitlers war 1933 für nicht wenige Glieder der Kirche eine »geschichtliche Stunde«, in der allerlei Offenbarungen über die angeblich großen Vorhaben Gottes mit unserem Volke über sie kamen. Gegen Ende des Krieges waren diese Begeisterungen auch für jene entlarvt, welche nicht von Anfang an ihren Weg weiter gegangen waren, »als wäre nichts geschehen« (Karl Barth)[7]. Nach dem Zusammenbruch wollten wir alle die Kirche von neuem Sog in politische Ideologien freihalten. Das wollen wir angeblich auch heute noch. In Wahrheit aber durchsetzt wiederum ein neuer Antikommunismus weithin das kirchliche Verhalten. Nur so ist ja die oben erwähnte Neigung letztlich zu begreifen, Jugendweihen in der Bundesrepublik dadurch zu unterbinden, daß man ihre Veranstalter hier in der freiheitlichen Demokratie ähnlich behandelt, wie eine kirchliche Organisation im marxistischen Weltanschauungsstaat der DDR drüben behandelt wird, wenn sie eine öffentliche Einrichtung, zu der *alle* Staatsbürger beigetragen haben, für eine kirchliche Veranstaltung benutzen will.

Die Bundesrepublik ist durch die CDU/CSU geprägt. Aus der Überwindung des nationalsozialistischen Ungeistes, die einmal für den Aufbruch der CDU/CSU wesentlich war, ist ein ideologischer Mißbrauch des Christentums geworden, der den West-Ost-Gegensatz in einen Gegensatz von Christentum und Marxismus umfärbt. Es ist hier nicht der Ort, den großen Weltgegensatz in seinen Ursachen und Schichten auszubreiten. Auf jeden Fall ist er am allerschlechtesten dadurch beschrieben, daß er ein Gegensatz von Christentum und Marxismus sein soll, weil das Christentum weder überhaupt irgendwelchen Interessenten als

Waffe im politischen Kampf zu dienen bestimmt ist noch sich selber dient, wenn es seine Angefochtenheit mit politischen Mitteln abwehren oder gar überwinden will. Christus ist nicht gegen Karl Marx, Lenin oder Stalin gestorben, sondern für alle Menschen. Es gibt kein christliches Nein der Staaten oder politischen Parteien untereinander, sondern nur das in Jesus Christus aufgehobene Nein Gottes gegen uns alle. Das angebliche christliche Nein gegen einen politischen Gegner kann immer nur das Nein einer Ideologie oder Weltanschauung mit ihrer Gesetzlichkeit und ihren handfesten materiellen Interessen sein. Von daher ist es abwegig, daß eine politische Partei überhaupt eine christliche Partei sein will.

Die gesamte theologische Literatur im evangelischen Bereich erklärt einmütig, daß eine politische Partei sich nicht »christlich« nennen soll. Ich verweise nur auf Thielicke, Politische Ethik[8]. Auch die Weltkirchenversammlung im Amsterdam 1948 äußerte sich gegen solche Bezeichnungen[9]. Die Evangelische Kirche in Deutschland findet gleichwohl nicht den Weg, gegenüber der hier in Betracht stehenden Partei etwas zu unternehmen. Als der Rat der Evangelischen Kirche in Deutschland im Januar 1956 vor die Frage gezwungen wurde, wie er zu der neu gegründeten »christlichen« Gewerkschaft stehe, konnte er nicht umhin, wenigstens folgendes zu antworten[10]: ». . . Wir haben Bedenken gegen die Wahl des Namens ›christlich‹ für die neue Gewerkschaftsorganisation. Der christliche Name sollte zur Bezeichnung einer an sich berechtigten Vertretung von weltlichen Gruppeninteressen heute nicht gebraucht werden . . .« Dagegen ließ die Synode der Evangelischen Kirche in Deutschland von 1955 (Espelkamp) eine ähnliche Anfrage bezüglich »christlicher« Partei unter den Tisch fallen[11].

Auch sachlich ist die Distanz der evangelischen Kirche gegenüber der CDU/CSU denkbar gering. Zwar beteiligt sie sich nicht an der Wahlpropaganda, die die katholische Kirche immer wieder so handfest für die CDU/CSU zu treiben beliebt; sie erklärt vielmehr ziemlich eindeutig, daß ein evangelischer Christ sich auch für die SPD entscheiden könne. Als es aber beispielsweise um die Frage ging, ob die Seelsorge an den Soldaten der Bundeswehr unmittelbar durch die westlichen Landeskirchen oder durch staatliche Militärpfarrer auf Grund eines Vertrages zwischen der Bundesrepublik und der Evangelischen Kirche in Deutschland, also der gesamtdeutschen kirchlichen Körperschaft, einzurichten sei, ließ man sich gegen alle Warnungen auf einen Weg verführen, der hernach für die Gliedkirchen in der DDR viel Kummer ausgelöst hat[12]. An die Gefahr, daß die Militärseelsorge ein Bestandteil der psychologischen Kriegführung wird, sei nur erinnert. Hinsichtlich paralleler Betreuung der Kriegsdienstverweigerer haben EKD und Landeskirchen sich im Vergleich zu ihrer Aufgeschlossenheit für die Militärseelsorge immer wieder sehr schwer getan. Hier ließ es sich der Rat der Evangelischen Kirche in Deutschland so gut wie widerspruchslos gefallen, daß seine Darlegungen zum Begriff oder Verständnis des »Gewissens« (Art. 4 GG) von der christlichen Parlamentsmehrheit in Bonn mißachtet wurden. Hier bedurfte und bedarf es immer wieder der Initiative einzelner, um die anfänglichen Versprechungen der Evangelischen Kirche in Deutschland (Synode Berlin-Weißensee 1950) wenigstens einigermaßen zur Erfüllung zu bringen (Synode Berlin-Spandau 1961)[13].

Ohne Widerspruch

Geradezu mundtot sind evangelische Kirchenleitungen gegenüber einem ideologischen Mißbrauch des Christentums, wenn er aus Antikommunismus geschieht. Ohnehin werden die freiheitlichen Grundsätze der Bundesrepublik steigend durch Diffamierung derer, die sie auch in kritischem Sinn praktizieren, überlagert. Wenn aber dabei außerdem elementare evangelische Überzeugungen schwer verletzt werden, so sollte man wenigstens dann eine Reaktion evangelischer Kirchenleitungen erwarten dürfen. Um was es geht, sei an Beispielen verdeutlicht:

Bei seinem Besuch im Vatikan erklärte der Bundeskanzler im

Januar 1960 vor dem Papst[14]: »Ich glaube, daß Gott dem deutschen Volk in den jetzigen stürmischen Zeitläuften eine besondere Aufgabe gegeben hat, Hüter zu sein für den Westen gegen jene mächtigen Einflüsse, die vom Osten her auf uns einwirken.« Das Vorbild solcher Überhöhung der CDU-Politik in einen Gottesauftrag lautete bei Goebbels so[15]: »Es ist kein Zufall, daß Millionen Menschen in Deutschland der heiligen Überzeugung sind, daß der Nationalsozialismus mehr als Politik ist, daß sich in ihm Gottes Wort und Gottes Wille verkündet, daß das Bollwerk, das er gegen den Bolschewismus aufrichtete, nach einer höheren Fügung gedacht ist als letzte Rettung der abendländischen Kulturwelt vor der Drohung der asiatischen Gottesfeindschaft.« Damals widersprach eine Bekennende Kirche solcher Theologie. Dieses Mal gab es Proteste nur im Ausland.

Ministerworte aus den Reihen der christlichen Partei lassen nur zu oft erkennen, daß sie von evangelischer Grundhaltung weit entfernt sind. Wenn beispielsweise der Bundesinnenminister und Vorsitzender des evangelischen Arbeitskreises der CDU, Dr. Schröder, sagt[16]: »Wir haben die Überzeugung, daß der Kommunismus letztlich nur christlich überwunden werden kann, und wir glauben, daß das ein Stück unseres politischen (!) Wirkens zu sein hat«, – oder wenn Bundesverteidigungsminister Strauß erklärt[17]: »Es kann eine Zeit kommen, wo eine Kaserne genauso notwendig ist wie eine Kirche . . ., damit in der Kirche auch in Zukunft das Wort Gottes in Freiheit verkündet werden kann«, so stehen wir vor einer Politisierung der Botschaft von Jesus Christus bzw. vor einer Koppelung von Botschaft und Waffengewalt, der zur Steuerung einer geistigen Verwirrung bündig zu widersprechen ist. Wo geschieht es?

Je »christlicher« sich die Politik in der Bundesrepublik gibt, je stärker diese Politik die Kirche mit Vorteilen und Vorzügen bedenkt, ja zuweilen geradezu überschüttet, desto mehr muß die Kirche auf ihre Eigenständigkeit bedacht sein und ihre kritische Distanz wahren. Das viel berufene »Wächteramt« erfordert einen ungetrübten Rundblick ohne politische Trübungen.

Ein Letztes: Es gab einmal eine lockere Abrede unter leitenden Amtsträgern der Kirche, sich während ihrer Amtsführung nicht durch staatliche Orden dekorieren zu lassen. Über solche Zurückhaltung ist die Entwicklung jedenfalls in der Bundesrepublik in breiter Front hinweggegangen. Über Einzelheiten ließen sich geradezu Satiren schreiben. Um so wohltuender ist es, was im Dezember 1959 die Konferenz der Evangelischen Mutterhäuser und Diakonenanstalten in Bayern beschloß. Sie bat die staatlichen Stellen in aller Form, von Ordensverleihungen an Schwestern abzusehen, und erklärte[18]: »Der Dienst der evangelischen Schwestern geschieht nicht um Lohn oder Dank, sondern aus Dank und Liebe. Er soll zeichenhaft die Wohltaten Gottes an der Welt und ihrer Menschheit zum Ausdruck bringen ... Um diese Zeichenhaftigkeit nicht zu verwischen, wollen unsere Schwestern keine Ehrenzeichen annehmen.«
Die Rückblendung auf 1945 ergibt in vieler Hinsicht ein bedrükkendes Vergessen dessen, was uns bewegt hat. Wollen wir nicht doch noch einmal darüber nachdenken?

1 Vgl. Verhandlungen der 44. Tagung der Rheinischen Provinzialsynode 1946, S. 85-107. – KJ 1945-48, S. 110 ff.
2 Verhandlungen der zweiten Rheinischen Landessynode 1950, Mülheim 1951, S. 166.
3 Verhandlungen ... 1958, S. 198 ff., 295 ff.
4 W. Huehne, Thadden-Trieglaff. Ein Leben unter uns, Stuttgart 1959, S. 219.
5 Das Diakonische Werk 1961, S. 3 f.
6 Evangelisches Sonntagsblatt 1961, S. 60.
7 K. Barth, Theologische Existenz heute, München 1933, S. 3. – Neudruck: Theol. Bücherei Bd. 34, München 1966, S. 43.
8 H. Thielicke, Politische Ethik Bd. II 2, Tübingen 1958, Ziff. 3958 f.
9 Amsterdamer Dokumente, hg. v. F. Lüpsen, Bethel o. J., S. 55 (Bericht d. Sektion III, P. 26).
10 KJ 1955, S. 87 f.
11 Bericht über die Synode in Espelkamp 1955, S. 344 ff.
12 Bericht über die Synode in Berlin-Spandau 1957, S. 231-377.
13 Bericht über die Synode in Berlin-Weißensee 1950, S. 307-99. – Bericht über die Synode in Berlin-Spandau 1961, S. 100 f., 215–49.

14 Bulletin 23. 1. 1960, S. 130.
15 J. Goebbels, Vom Kaiserhof zur Reichskanzlei, 1934, S. 13.
16 Im Bundestag am 18. 2. 1960, Sten. Berichte S. 5599 (Replik auf Heinemanns Ausführungen zum Antisemitismus, s. Nr. 17, S. 153 ff.).
17 In Frankfurt am 18. 10. 1960 lt. dpa, JK 11/1960, S. 632.
18 Lt. Schreiben des Rektors der Diakonissenanstalt, Dr. Th. Schober, v. 12. 12. 1959.

19. Weltkirchenversammlung in Neu-Delhi 1961

Aufsatz in der Stimme der Gemeinde, 15. 1. 1962

I

Es ist nicht leicht, die Bedeutung der 3. Weltkirchenversammlung, die vom 19. November bis zum 5. Dezember 1961 in Neu-Delhi, Indien, getagt hat, richtig abzuschätzen[1]. Der Generalsekretär des Weltkirchenrates, Visser't Hooft, sprach bei der Eröffnung im Hinblick auf das nahe zeitliche Beieinander des panorthodoxen Treffens auf Rhodos (24. September bis 1. Oktober 1961), der 3. Weltkirchenversammlung und des in 1962 bevorstehenden 2. Vatikanischen Konzils von »Tagen allgemeiner ökumenischer Mobilmachung«. Offensichtlich haben alle Kirchen begonnen, sich der Fragwürdigkeit ihrer Isolierung stärker bewußt zu werden. Sie alle sehen sich vernehmlicher gerufen, mit neuem Ernst über ihre Besonderheit nachzudenken und sich dabei zugleich von den Kirchen fragen zu lassen, die in ihrem Glauben oder in ihrer Ordnung anders sind als sie selber. Wenngleich es unzweifelhaft eine Illusion wäre, anzunehmen, die fundamentalen Probleme kirchlicher Einheit wären bereits in der Lösung begriffen und eben diese Einheit in eine absehbare Nähe gerückt, so ist doch auch zumal für den, der den Weg von der ersten Weltkirchenversammlung in Amsterdam (1948) über Evanston (1954) nach Delhi mitgegangen ist, unverkennbar, daß der Weltrat der Kirchen nicht nur umfassender, sondern auch gefestigter geworden ist und die in ihm verkörperte ökumenische Bewegung an Kraft gewonnen hat. Es ist gut, daß dabei Sinn und Ziel des Zusammenschlusses verschiedenartiger Kirchen im Weltrat immer wieder klar herausgestellt werden, nämlich nicht selber die *eine* Kirche zu werden, sondern lediglich den Weg für die volle Darstellung des einen Leibes Jesu Christi zu bereiten. Der Ökumenische Rat der Kirchen ist nichts anderes als ein Ausdruck christo-

zentrischer Bewegung, welche seine Kirchen treibt.
Die Grundlage, von der aus diese Bewegung sich vollzieht, ist in Delhi neu bestimmt worden. Sie hatte von Amsterdam her gelautet: »Der Ökumenische Rat der Kirchen ist eine Gemeinschaft von Kirchen, die unseren Herrn Jesus Christus als Gott und Heiland anerkennen.« Sie ist jetzt durch ausdrückliche Nennung der Bibel und der Trinität wie folgt gefaßt: »Der Ökumenische Rat der Kirchen ist eine Gemeinschaft von Kirchen, die den Herrn Jesus Christus gemäß der Heiligen Schrift als Gott und Heiland anerkennen und darum gemeinsam zu erfüllen trachten, wozu sie berufen sind, zur Ehre Gottes des Vaters, des Sohnes und des Heiligen Geistes.« Von dieser Grundlage her sind die Mitgliedskirchen des Weltrates entschlossen, soweit, wie es die Besonderheiten ihrer Verhältnisse erlauben, zusammenzuarbeiten, der Welt gegenüber ein gemeinsames Zeugnis abzulegen und auf dem Wege zur Einheit der Kirche voranzuschreiten.

II

Die Zahl der Mitgliedskirchen des Weltrates hat sich seit Amsterdam von 147 über Evanston mit 163 in Delhi auf 198 erhöht. Verdoppelt haben sich seit Amsterdam die Mitgliedskirchen in Asien, Afrika und Südamerika. Noch konzentrierter stellt sich der Mitgliederzugang dar, wenn er allein auf Afrika angesehen wird. Seit Evanston (1954) ist die Zahl der Mitgliedskirchen in diesem Erdteil von 13 auf 30 gestiegen – ein deutlicher Ausdruck für die schnelle Verwandlung ehemaliger Missionsgebiete in selbständige junge Kirchen.
Von besonderer Bedeutung ist der in Delhi vollzogene Hinzutritt der orthodoxen Kirchen von Rußland, Rumänien, Bulgarien und Polen zum Weltrat der Kirchen. Sie sind nicht die ersten ihrer Art, vielmehr haben andere orthodoxe Kirchen Griechenlands und des Orients die ökumenische Bewegung von Anfang an mit getragen. Aber erst jetzt kann von einer vollen Zugehörigkeit der Orthodoxie zum Weltrat gesprochen werden.

Langjährige Kontakte und Einzelbegegnungen sind dem in Delhi erreichten Entwicklungsabschnitt vorausgegangen.
Die orthodoxen Kirchen des Ostblocks haben ihren Schritt sicherlich nicht ohne Billigung der politischen Machthaber ihres Lebensbereiches tun können. Gleichwohl ist es abwegig, ihre Aufnahme in den Weltrat als ein politisches Komplott einiger Deutscher zu diskreditieren, wie es die Herder-Korrespondenz tut, indem sie schreibt[2]: »Nachdem es anscheinend gelungen ist, einige deutsche evangelische Kirchenmänner – wie Niemöller, Kloppenburg, Heinemann, Gollwitzer, Iwand, Vogel, Mochalski – über die Lage von Religion und Kirche in der Sowjetunion zu täuschen und als Friedenskämpfer für die Koexistenzpropaganda zu gewinnen, soll nun die gesamte ökumenische Bewegung auf die Lüge der Koexistenz festgelegt werden ... Jedem Einsichtigen ist klar, daß Infiltration, Desorientierung und Aufweichung der westlichen Öffentlichkeit bezweckt werden.« Ein derartiges Votum ist von der Einsicht, die die Herder-Korrespondenz für sich in Anspruch nimmt, überreichlich weit entfernt. Die Aufnahme der orthodoxen Kirchen aus den Ostblockstaaten haben nicht nur sämtliche deutschen Delegierten intern bejaht (siehe Ziffer V), sondern darüber hinaus von 149 zu Beginn der Weltkirchenversammlung in Delhi vertreten gewesenen Kirchen bei vier Enthaltungen nicht weniger als 142 Kirchen aus allen Erdteilen. Der Einfluß einiger der Herder-Korrespondenz offenbar besonders mißliebiger Deutschen dürfte somit etwas grotesk überschätzt sein. Im übrigen ist betont zweierlei zu sagen. Niemand sollte sich anmaßen, eine Kirche, die unter den Bedrängnissen eines marxistischen Weltanschauungsstaates existieren muß, mit anderen Maßstäben zu messen, als er seine eigene Kirche trotz ihres weithin fragwürdigen Verhaltens im 3. Reich beurteilt. Auch sollte bedacht werden, welche Verantwortung es in sich schlösse, eine Kirche zurückzustoßen, welche gerade angesichts ihrer Situation weit mehr einer verständnisvollen Ermunterung als der Kritik aus risikoloser Distanz bedarf. Wenn wir die Aufnahme einer Kirche in eine kirchliche Gemeinschaft nicht

mehr als das grundsätzlich Selbstverständliche anzusehen vermögen, sondern schlankweg in eine politische Intrige umdeuten, dann ist das Politisieren woanders zu suchen, als die Herder-Korrespondenz aufdecken zu können glaubt.
Zwischen den orthodoxen Kirchen des Morgenlandes und den Kirchen des Abendlandes besteht eine Trennung seit dem Jahre 1054. Das echte geistliche Gespräch zwischen ihnen ist erlahmt. Es kann jetzt wenigstens im Umkreis der Mitgliedskirchen des Weltrates erwartet werden. Delhi hat dazu einen Anfang gesetzt. Das sollte auf jeden Fall positiv bewertet werden.

III

Mit dem Hinzutritt der orthodoxen Kirchen aus dem Ostblock zum Weltrat der Kirchen kann dieser nunmehr als eine im wesentlichen vollständige Begegnung des Protestantismus in allen seinen Zweigen, des Anglikanismus, der Orthodoxie und des Altkatholizismus aus dem ganzen Erdball angesehen werden. Die einzige große Kirche, welche abseits steht, ist die römisch-katholische.
Mit einer Annäherung über diese Kluft hinweg erscheint menschlicherweise zu rechnen nicht möglich. Zwar hat die katholische Kirche erstmalig zur 3. Weltkirchenversammlung in Delhi offizielle Beobachter entsandt, während gegenüber den beiden ersten Versammlungen eine strikte Abriegelung geübt wurde, die in Evanston (1954) sogar so weit ging, daß der damalige katholische Erzbischof von Chikago, Kardinal Stritch, allen Katholiken den Besuch der Weltkirchenversammlung ausdrücklich verbot[3]. Die jetzige Entsendung offizieller Beobachter beinhaltet lediglich eine eigene Information des Vatikans an Ort und Stelle; sie bedeutet keine Annäherung in der Sache. Noch im Oktober 1961 hat der Kurienkardinal Bea ausgesprochen, daß kirchliche Einheit nach der Auffassung des Vatikans nur bei voller Wahrung der Integrität des katholischen Dogmas und bei »Unterordnung in Lehre und Leben unter die Autorität der Nachfolger

der Apostel in ihrer Einheit untereinander und mit dem obersten Hirten, dem Nachfolger des Petrus und Bischofs von Rom« denkbar sei[4]. Damit sind die entscheidenden Differenzen aufgezeigt, über die keine Brücke zu sehen ist. Die im Weltrat vereinten Kirchen sagen ebenso einmütig ja zu Christus als ihrem Herrn, wie sie nein sagen zu einem menschlichen Statthalter Gottes und Stellvertreter Christi auf Erden. Auch schließt die Forderung nach völliger Bejahung aller katholischen Dogmen jedes Gespräch darüber von vornherein aus.

Angesichts dessen können wir nur mit Professor Schlink, Heidelberg, sagen: »Zweifellos würde es für die Christenheit und die Welt schon viel bedeuten, wenn an den beiderseitigen Beschlüssen sichtbar würde, daß beide Konzile (Weltkirchenversammlung und Vatikanisches Konzil) nicht gegeneinander tagen und daß ein jedes von ihnen nicht sich selbst sucht, sondern allein dem Herrn Jesus Christus dienen will.« Darüber hinaus begleiten zwei konkrete Erwartungen das bevorstehende Vatikanische Konzil, nämlich allgemein, daß es sich bündig zur Religionsfreiheit bekennen möge, und im besonderen, daß es die für das Zusammenleben in Ländern mit verschiedenen Konfessionen, wie Deutschland, beschwerliche Mischehenpraxis wenigstens wieder auf den Stand zurückführen möge, wie sie bis in den ersten Weltkrieg hinein geübt worden ist.

IV

Unter dem Generalthema »Jesus Christus – das Licht der Welt« hat Neu-Delhi in drei Sektionen mit zahlreichen Untergliederungen Fragen der kirchlichen Einheit, des Zeugnisses und des Dienstes in einer zweieinhalbwöchigen intensiven Arbeit behandelt. Über die Ergebnisse liegen umfängliche detaillierte Dokumente vor, die ein genaues Studium beanspruchen.

Zum Thema »Kirchliche Einheit« hat der Vortrag von Dr. Nissiotis (griechisch-orthodox) besondere Beachtung gefunden. Er entwickelte ein Verständnis der Orthodoxie von Einheit, welches sich freihält von Polemik und sozusagen darauf angelegt ist, einen weiten Mantel um alle Besonderheiten der örtlichen Kirchen einschließlich seiner eigenen zu schlingen: »Wir müssen uns ständig daran erinnern, daß die uns gegebene Tatsache der Einheit durch einen notvollen Wachstumsvorgang hindurch auf die vollkommene Einheit in Christus hinführen muß. ... Orthodox ist nicht ein ausschließender, sondern ein einschließender Begriff, der über die Grenzen der Kirchen hinausgeht, die sich ›orthodox‹ nennen ... Es ist gänzlich unorthodox, wenn man mit Schlagworten wie ›Kommt zu uns zurück‹ oder ›Laßt uns zu den ersten acht Jahrhunderten zurückkehren‹ operiert, so als forderten wir andere auf, ihre eigenen Traditionen zu verleugnen. Wer so denkt, leugnet das Wirken des Heiligen Geistes in getauften Christen über lange Zeitabschnitte der Kirchengeschichte hin ... Wir können und sollten unsere eigenen Formen des kirchlichen Lebens nicht aufnötigen. Vielleicht müssen wir erfahren, daß der Weg zur Wiedervereinigung durch ein Sterben führt, damit wir das neue Leben des Heiligen Geistes empfangen, das tief unten in den unterschiedlichen Formen des kirchlichen Lebens dahinströmt. Die Einheit, die wir wiederherzustellen versuchen, muß notwendig für eine Vielfalt verschiedener Formen Raum lassen. Sie kann nicht durch die Anerkennung einer zentralen menschlichen Autorität oder eines Aktionsprogrammes für soziale und politische Fragen hergestellt werden. ... Die Einheit der Kirchen hat ihren Ursprung und ihr Ziel außerhalb ihrer selbst ...« Mit diesen Sätzen ist nur eine Quintessenz der Ausführungen von Nissiotis angedeutet.

Einen sehr frischen Ton zum gleichen Thema schlug Potter, Methodist aus Jamaika, an. Er sprach davon, daß »die wirkliche Veranlassung und Nötigung dazu, daß wir auf dem Weg zur sichtbaren Einheit gemeinsam voranschreiten müssen, genaugenommen von der Seite der Jugend und der Studenten, von der Missionsbewegung und von den in überwiegend nichtchristlicher Umgebung lebenden Kirchen herkam« – und, wie wir hinzufügen müssen: herkommt. »Wir stehen«, wie Potter sagte, »in der

ernsten Gefahr, junge Leute zur Verzweiflung an den Kirchen und deshalb zur Flucht aus den Kirchen zu treiben, ... weil sie daran verzweifeln, daß überhaupt noch einmal wirklich etwas geschieht ... Über die Unfähigkeit der Kirchen, sich von der Vergangenheit zu befreien und für die Zukunft öffnen zu lassen, herrschte auf der Tagung des Christlichen Studentenweltbundes in Straßburg (1960) tiefer Unwille und Unbehagen.« Wenn wir bedenken, wie sehr wir uns sogar innerhalb der Evangelischen Kirche in Deutschland noch mit »kirchlicher Einheit« plagen, lassen sich die drängenden Worte Potters hinlänglich begreifen. Sie sind eine ernste Mahnung an uns alle und dürfen uns zugleich nicht zu irgendwelchen Pressionen verleiten.
Auf den Bericht, den die Sektion »Einheit« der Vollversammlung über ihre Arbeit vorgelegt hat, kann ich jetzt nur noch verweisen. Er schließt in seiner Ziffer 58 mit den Worten: »Bei unserer Sorge um Einheit auf allen Ebenen des kirchlichen Lebens sind wir uns bewußt, daß die Einheit, die wir suchen, nicht um ihrer selbst oder gar um unserer selbst willen erstrebenswert ist. Sie ist es um unseres Herrn willen und um der Welt willen, die zu retten er gestorben ist. Einheit ist untrennbar von Erneuerung in Heiligkeit und Wahrheit, Gott zur Ehre.«
Die Sektion »Zeugnis« unterstreicht die Dringlichkeit der evangelischen Aufgabe in der sich ebenso schnell verändernden wie erstmalig in der Geschichte in einen wechselseitigen Zusammenhang aller ihrer Teile gerückten Welt. Gott ist sein eigener Zeuge. Er hat in Jesus Christus den Menschen ihre wahre Natur und Bestimmung gezeigt. Indem wir Gottes Selbstzeugnis in Jesus Christus annehmen, können wir seine Zeugen in einer Welt sein, in der Kriegsfurcht, Rassenhaß und Hunger umgehen und in der Millionen von Menschen von einem Aberglauben an Götzen, Geister und heilige Tiere erfüllt sind. Die Sektion »Zeugnis« gibt eine Fülle von Überlegungen und Anregungen für die Erfüllung des Zeugenauftrages im Alltag unserer Zeit, auf die verwiesen werden muß.
Ein besonders umfangreiches Dokument mit 91 Ziffern legte die

Sektion »Dienst« der Vollversammlung vor. Es gibt für keine Kirche mehr ein Ausweichen vor den Fragen, die sich aus dem beschleunigten sozialen und technischen Umbruch sowie aus den rassischen und völkischen Spannungen unserer Zeit und dem Rüstungswettlauf bis in den Weltraum hinein ergeben. Der Christ fürchtet den Umbruch nicht. Er ist vielmehr gerufen, den Umbruch voranzutreiben, der der Gerechtigkeit und der Freiheit dient und die Ketten der Armut sprengt. Die Haltung des Christen sollte die Haltung positiver, aber prüfender Teilnahme sein. Aufgabe der Kirchen ist insbesondere die Klärung der ethischen Fragen, die sich aus den Vorgängen der Gegenwart ergeben. Auch hier kann ich letztlich nur auf das von der Sektion erarbeitete Dokument verweisen, nicht ohne zusätzlich den Vortrag des Holländers de Vries über »Die Kirchen des Westens in einer dynamischen Gesellschaft« besonders zu erwähnen.

Eine besondere Rolle im Rahmen des Weltkirchenrats spielt die Kommission für internationale Angelegenheiten, weil sie zu seinen permanenten Einrichtungen gehört und ein gewisses Maß von Selbständigkeit besitzt. Sie ist vornehmlich mit politisch tätigen Laien aus verschiedensten Ländern besetzt und hat die Aufgabe, zu aktuellen Spannungen in der Welt Stellung zu nehmen. Ihr Direktor Nolde (New York) berichtete der Vollversammlung über die Arbeit der Kommission. Diese legte ihrerseits aus ihrer Tagung in Indien eine Stellungnahme zu den Fragen des internationalen Friedens und der Sicherheit, der internationalen Organisationen, den Problemen der jungen Staaten und Entwicklungsländer sowie zu Menschenrechten und Religionsfreiheit vor. Sie beschäftigte sich speziell mit Angola als einer der akutesten Kolonialsituationen und unterbreitete der Vollversammlung einen von dieser akzeptierten ausführlichen Appell an die Regierungen der Völker, umzukehren auf dem Weg, der zum Krieg führt. »Das bedeutet Beendigung des Nervenkrieges, des Druckes auf kleine Länder, des Rasselns mit Bomben. Es ist nicht möglich, gleichzeitig eine Politik der Drohung und der gegenseitigen Abrüstung zu verfolgen.«

Die Aussagen von Neu-Delhi zur zwischenkirchlichen Hilfe für die besonderen Notstände in vielen Ländern (»Brot für die Welt«), zur Laienfrage, zum Antisemitismus, zum Rassenkonflikt in Südafrika und zu manchen anderen Fragen können hier nur flüchtig erwähnt werden. Kein Teilnehmer konnte, zumal wegen der weitgehenden Arbeitsteilung, alles erfassen. Keiner konnte an allen Fragen beteiligt sein. Deshalb mögen zusätzliche Berichte anderer Teilnehmer nicht übergangen werden. Uns allen aber, ob wir teilnehmen konnten oder nicht, ist eine gründliche Nacharbeit und Fortführung der Anregungen aufgetragen. Wenn dieser Bericht neben anderen dazu anregt, die Arbeit von Neu-Delhi aufzugreifen, so hat er seinen Zweck erfüllt. Vor allem gilt es, die Gemeinden im Lande an die Aussagen von Neu-Delhi heranzuführen. Ökumenische Bewegung darf nicht ein Anliegen von Spezialisten sein, sondern muß jedes Gemeindeglied erfassen. Nicht umsonst heißt es im Bericht der Sektion »Einheit«: »Einssein in Christus bedeutet, daß die Einheit unter Christen in jeder Schule, in der sie lernen, in jeder Fabrik oder jedem Büro, in denen sie arbeiten, und in jeder Gemeinde, in der sie anbeten, wie auch zwischen verschiedenen Gemeinden gefunden werden muß.«

Wie auch immer man die einzelnen Aussagen von Neu-Delhi empfinden mag, so wolle man bedenken, daß die Vielfalt der dort vertretenen theologischen Standpunkte und die große Verschiedenheit der Verhältnisse, aus denen die Delegierten aus aller Welt beieinander waren, alle Einseitigkeiten beiseiteschieben mußten. Ist es nicht so, daß manche Auffassungen, die sich in einer Kirche zumal auch über nationale Fragen entwickelt haben, bisher einfach der Konfrontation mit der Auffassung in anderen Kirchen mit anderen Gegebenheiten entbehrt haben und darum schief geworden sind? Als an einer Stelle im Bericht der Sektion »Dienst« davon die Rede war, daß der Weg der Gerechtigkeit für alle Rassen der Weg der Gewaltlosigkeit sei, fragte ein Delegierter, ob für unterdrückte und herrschende Rassen verschiedene Maßstäbe in Geltung stünden? Das kann schwerlich sein. Das Beispiel möge illustrieren, daß Kompromisse und saubere Herausarbeitung dessen, was die Botschaft Christi will, voneinander zu unterscheiden sind. Es ist der große Vorzug des Miteinander-Handelns und -Sprechens von 198 Kirchen aus aller Welt, daß zumindest in den Fragen des Gehorsams eine Bereinigung von Einseitigkeiten zustandekommt.

V

Von dieser Situation her möchte ich abschließend noch zu einigen Vorgängen etwas sagen, welche in der Öffentlichkeit der Bundesrepublik eine Rolle gespielt haben.

Es ist bemängelt worden, daß die Aufnahme der orthodoxen Kirchen aus den Ostblockstaaten in Neu-Delhi nicht diskutiert wurde, daß die deutsche Frage zu kurz gekommen sei und daß man Niemöller zu einem der sechs Präsidenten des Weltkirchenrates wählte.

Was die Aufnahme der Ostblock-Kirchen anbelangt, so habe ich bereits dargetan, daß sie nach jahrelanger Vorklärung in Neu-Delhi so gut wie einmütig erfolgte. Hier hatten nicht die 625 Delegierten, sondern die Mitgliedskirchen abzustimmen. Jede Mitgliedskirche gab ihre Stimme durch einen Repräsentanten ab, so auch die Evangelische Kirche in Deutschland durch den Ratsvorsitzenden Präses D. Scharf. Jede Mitgliedskirche hatte dazu in sich und nicht erst in der Versammlung des Weltkirchenrates ihre Meinung zu bilden. Auch die Evangelische Kirche in Deutschland hatte dazu schon vor der Vollversammlung in sich ihren Entschluß auf Bejahung festgelegt. Was hätte angesichts dessen eine Diskussion in der Vollversammlung für einen Sinn gehabt? Über die Tragweite einer Aufnahme der Ostblock-Kirchen konnte keine Meinungsverschiedenheit mehr sein. Diese Tragweite hatten alle Kirchen lange und gründlich in sich erörtert.

Was deutsche Fragen anlangt, so hat Neu-Delhi erneut zum Bewußtsein gebracht, daß wir nicht Mittelpunkt der Welt sind.

Nicht nur aus der DDR, sondern auch aus anderen Bereichen war Delegierten die Reise nach Neu-Delhi von ihren politischen Machthabern unmöglich gemacht worden. Als die Kommission zur Prüfung der Mandate ihre Arbeit beendet hatte, wurden die Namen der fehlenden deutschen Delegierten offiziell bekanntgegeben. Die Vollversammlung sandte ihnen eine Grußadresse.

Berlin und die Deutschlandfrage überhaupt spielten in der Kommission für internationale Angelegenheiten eine große Rolle. Der Bericht bezeichnet Berlin als das gefährlichste Gebiet internationaler Spannung und nennt daneben den Kongo, Angola, Algerien, Vietnam, Laos, Korea, Kuba und die Dominikanische Republik. Für eine Lösung der Deutschlandfrage gab es in der Kommission keine Einmütigkeit. Der Bericht spricht davon, daß die Kommission sich dem Studium der Übereinstimmungen und der Nichtübereinstimmungen zwischen den Ost-West-Mächten zu widmen habe, um daraus weiterführende Anregungen zu entwickeln. Er sagte sodann: »Die Kirchen haben eine Pflicht, in diesem gefährlichen Augenblick die Nationen vor weiteren provokativen Handlungen in der Berliner Situation zu warnen. Beispiele (!), die hier erwähnt werden könnten, sind: Jeder Versuch, West-Berlin vom Osten oder vom Westen zu isolieren, oder die Ausrüstung der Bundeswehr mit Kernwaffen. Die Christen müssen ganz klar zum Ausdruck bringen, daß, ganz abgesehen von Recht oder Unrecht in diesem besonderen Fall, politische Handlungen, die Kirchen und Familien aufspalten oder Christen von Christen trennen, Vorgänge sind, die unter keinen Umständen gebilligt werden können.« Es ist wenig sinnvoll, sich über die Aussage gegen atomare Aufrüstung der Bundeswehr aufzuregen, wenn man nicht gewillt ist, auch die anderen Aussagen gegen eine Trennung von West-Berlin aus seinen natürlichen Zusammenhängen oder gegen die Trennung von Familien oder der Evangelischen Kirche in Deutschland fallenzulassen. Hilfreicher wäre es, deutlich zu erkennen, daß in einem Weltmaßstab manches anders aussieht als zu Hause.

In das neue Präsidium des Weltkirchenrates wurden der Erzbischof Ramsay von Canterbury, der amerikanische Methodist Rechtsanwalt Parlin (New York), der orthodoxe Erzbischof Jacobus, der afrikanische Presbyterianer Ibiam (Gouverneur in Ost-Nigeria), der Inder Dr. Moses (Vereinigte Kirche von Nordindien und Pakistan) sowie Kirchenpräsident D. Niemöller gewählt. Es war durchaus keine Selbstverständlichkeit, daß nach Bischof Dibelius als Repräsentant des europäischen Kontinents wiederum ein Deutscher in das Präsidium berufen wurde. Es erwies sich in Neu-Delhi einmal mehr, welch großes Ansehen D. Niemöller in der Christenheit der Welt genießt. Es mag gut sein, daß dies der deutschen Öffentlichkeit ins Bewußtsein gebracht worden ist. Dankbar zur Kenntnis genommen wurde in Neu-Delhi, daß Bundespräsident Dr. Lübke an D. Niemöller ein Grußtelegramm übermittelte.

1 Vgl. zum folgenden: Neu-Delhi 1961. Dokumentarbericht über die Dritte Vollversammlung des Ökumenischen Rates der Kirchen, hg. v. W. A. Visser't Hooft, Stuttgart 1962, S. 16 f., 28 ff., 85–100, 103–127, 132, 149, 170, 284, 291, 348, 457, 527, 531, 543-53.

2 Herder-Korrespondenz Nov. 1961, S. 89.

3 s. Heinemann: Brief aus Evanston, in StdG 1. 9. 1954, S. 393.

4 Stimmen der Zeit, 169, 1961, S. 4.

20. Gewissensfreiheit – Staat – Erziehung

Rede auf dem Kulturpolitischen Kongreß der Sozialdemokratischen Partei in Hamburg, 29. 8. 1963

I

Die drei Stichworte des Themas lassen je für sich einen weiten Umkreis aufleuchten. Indem sie aber zueinander in Beziehung gesetzt sind, und zwar so, daß der Staat einerseits in seiner Rolle als Erziehungsfaktor und andererseits in seiner Verpflichtung gesehen wird, die Gewissensfreiheit zu wahren, ergibt sich als die eigentliche Thematik die Frage, wie der Staat die Gewissensfreiheit im Erziehungswesen zur Grundlage und zum Maßstab seines Handelns machen kann?

Obwohl »Erziehung« mehr ist als Schule, gilt diese Fragestellung vornehmlich der Ordnung des Schulwesens. Diese Ordnung ist der Brennpunkt des Interesses, wenn von Gewissensfreiheit im Bereich staatlicher Erziehung die Rede ist.

Wenn es gelingt, im Schulwesen die Gewissensfreiheit mit den Erfordernissen der Erziehung in Einklang zu bringen, ist zugleich auch für andere Gebiete des Erziehungswesens eine Grundlage gefunden.

II

Der Schulstreit ist ein leidvolles Kapitel in unserer Geschichte. Er ist lange und mit viel Widerwärtigkeit geführt worden. Eine wechselseitige Verketzerung in Rot und Schwarz hat ihn weithin vergiftet. Wie konnte das geschehen?

Es gibt Völker, die solchen Schulstreit nicht kennen, die sich vielmehr einer breiten Übereinstimmung gerade in diesem delikaten Schnittpunkt öffentlicher Gewalt und persönlicher Auffassung erfreuen. Schulstreit ist offenbar keine naturgewollte Situation. Wo er besteht und die Gemüter leidenschaftlich bewegt, ist er, so scheint mir, ein Krankheitszeichen. Wo er nicht zur Ruhe kommt, ist offenbar in der Geschichte des so zerrissenen Volkes etwas schiefgelaufen. Dieses aufzudecken würde geeignet sein, einen Ausweg zu erleichtern oder aufzuschließen.

III

Alle europäischen Völker lebten einmal – im Mittelalter – in und aus einer Einheit des christlichen Glaubens. Diese Einheit ist in allen europäischen Völkern zerbrochen. Reformation, Humanismus, Aufklärung und Freigeistigkeit haben eine Vielfalt von Überzeugungen heraufgeführt. Alle europäischen Völker sind zu pluralistischen Gesellschaften geworden.

Aber die europäischen Völker haben diesen Entwicklungsprozeß der letzten 400 Jahre unterschiedlich bestanden. So gut wie überall gab es Bemühungen, ihn aufzuhalten oder zur früheren Einheit zurückzubiegen. Die religiösen Kriege und Bürgerkriege vornehmlich des 16. und 17. Jahrhunderts sind die Wegsteine dieses Geschehens. Der Ausgang war unterschiedlich.

In England etwa wußten sich verschiedenartige Glaubensgemeinschaften (Anglikanische Staatskirche, Freikirchen und Katholische Kirche) unter einer einheitlichen Staatsgewalt durchzusetzen. Sie alle gaben den verschiedenen politischen und sozialen Lagern ein Führerkorps, so daß in den Widerstreit zwischen konservativen und fortschrittlichen Kräften zwar auch ein Widerstreit zwischen Staatskirche, Freikirchen und Katholischer Kirche einfärbte, England im ganzen aber davor bewahrt blieb, daß etwa fortschrittliches Bürgertum, Arbeiter oder Gewerkschaftler um ihrer politischen oder sozialen Ziele willen vom Christentum abgedrängt wurden. Es war in England nicht nötig, der Kirche zu sagen, daß sie Privatsache sei, weil sie alle, die Arbeitgeber und die Arbeitnehmer, die Konservativen, die Liberalen und die Sozialisten unter den mehreren Kirchen je ihre Kirche hatten oder doch haben konnten oder von ihr geradezu den Auftrag für politisches Handeln empfingen. Tatsache ist jedenfalls, daß der Marxismus als Weltanschauung bei der Linken in England keinen

Boden fand, weil auch sie ihren Kampf um staatsbürgerliche Gleichberechtigung und soziale Besserungen mit der Bibel führen konnte und weithin so geführt hat. Attlee (früherer Ministerpräsident einer Labour-Regierung) erklärte einmal, daß christliches Denken in keiner Arbeiterbewegung einen so gewaltigen Einfluß gehabt habe wie in der englischen. Konfessionellen Schulstreit hat es von daher in England nicht gegeben.

Andere Länder wie Rußland, Frankreich, Italien und Deutschland sind demgegenüber durch den langen Fortbestand privilegierter Staatskirchen bei gleichzeitiger Unterdrückung anderer Glaubensgemeinschaften gekennzeichnet.

In Rußland stützten und schützten sich der Zar und die Orthodoxe Kirche wechselseitig gegen politische und religiöse Nonkonformisten, bis die Revolution von 1917 sie gemeinsam niederbrach. In Frankreich und Italien vermochte die katholische Kirche mit Hilfe der Staatsgewalt die Anläufe zu einer Reformation zu ersticken. In Deutschland zerbrach die Reformation zwar die Glaubenseinheit, jedoch in einer Weise, daß sie parallel zu der politisch-territorialen Zersplitterung Deutschlands im 16. Jahrhundert in viele Fürstentümer und reichsfreie Städte zu einer gebietsweisen konfessionellen Aufsplitterung mit jeweils einer Kirche in jedem Territorium führte (cuius regio eius religio). Dieses vielfältige katholische, lutherische oder calvinistische Landeskirchentum war inhaltlich nichts anderes als die Fortsetzung des Ideals einer geschlossenen kirchlichen Universalkultur im kleinen Rahmen mit geistlichen und staatlichen Mitteln zugleich. Erst die letzten 200 Jahre lockerten auf, und erst 1918 entfielen letzte Koppelungen zwischen Thron und Altar.

In all diesen Ländern – Rußland, Frankreich, Italien, Deutschland – hatte diese Kirchengeschichte zur Folge, daß sich die im 19. Jahrhundert aufkommende politische und soziale Opposition der konservativen, das alte System stützenden Kirche entfremdete. In Rußland drang der Marxismus ein. In Frankreich und Italien breitete sich Anti-Klerikalismus im Sinne freigeistiger Verneinung der Kirche aus. Der Kampf um die Schule entbrannte in Frankreich mit besonderer Heftigkeit. In Deutschland gewann die Parole von der Religion als Privatsache weiten Anklang. Mit ihr sollte die Kirche aus der politischen und sozialen Arena hinausgedrängt werden, in der sie sich einseitig für den Klassenstaat und die Arbeitgeberseite engagiert zeigte. Mit dieser Parole war auch dem Religionsunterricht in der öffentlichen Schule und zumal der staatlichen Konfessionsschule die Fehde angesagt, weil sie zum Kampfinstrument gegen die Sozialdemokratie gemacht wurden.

In einem der berühmtesten und massenhaft verbreiteten Pamphlete der SPD aus der kaiserlichen Zeit, nämlich in der Broschüre von Adolph Hoffmann[1] »Die zehn Gebote und die besitzende Klasse«, heißt es: »Von Parteiwegen bekämpfen wir die Religionsgemeinschaften nur, soweit sie uns politisch und sozial als Schleppträger der heutigen Ausbeutergesellschaft, als Träger der politischen und geistigen Unterdrückungspolitik entgegentreten.« Die Biographien vieler Sozialdemokraten und Gewerkschaftler der frühen Generation weisen es aus, daß die Abwendung von der Kirche mit deren reaktionärer Haltung zusammenhing. Auch aus der Kirche selber ist die Erkenntnis ihrer Versäumnisse inzwischen klar zu vernehmen.

IV

Was diese Skizze für unser Thema besagt, ist dieses: Wo die Kirche in dem Kampf um staatsbürgerliche Gleichberechtigung und um soziale Besserung einseitig zugunsten alter Gegebenheiten wirksam war, geriet auch die Schule hinsichtlich des Religionsunterrichtes mit in den Widerstreit. Schulstreit ist – zugespitzt ausgedrückt – Folgeerscheinung politischer und sozialer Kampfsituationen, in denen es primär nicht um Glauben oder Nichtglauben, sondern mittelbar um Wahlrecht, Demokratie, Anerkennung von Gewerkschaften, Achtstundentag, Frauenrecht, Verbot von Kinderarbeit, Verbrauchssteuern und dergleichen ging.

Selbstverständlich haben sich – wie nicht verkannt werden soll – an dem Kampf um Kirche und Schule zu jeder Zeit auch diejenigen beteiligt, welche aus ihrer persönlichen Weltanschauung die Kirche oder ihre Botschaft ablehnen und von daher auch ohne Rücksicht auf das politische Verhalten der Kirche das Christentum grundsätzlich als einen Aberglauben überwunden wissen möchten. Sie haben nicht selten den Kampf gerade auch um die Schule übertönt und zu Versteifungen beigetragen.

Es bleibt aber, wenn wir aus dem Schulstreit herauskommen wollen, wichtig, zu sehen, daß er mit historischen Situationen zusammenhängt. In dem Maße, wie diese Situationen sich verändern, kann sich auch der Schulstreit entspannen. Es ist meine Überzeugung, daß wir in der Bundesrepublik in einer veränderten, d. h. nicht mehr mit der Ursprungszeit des Schulstreites übereinstimmenden Situation stehen. Insbesondere hat sich zwischen SPD und Kirche eine wechselseitige Respektierung angebahnt. Soweit es sich dabei um die SPD handelt, sei auf die Aussagen des Godesberger Programms von 1959 verwiesen.

Diese Veränderung der allgemeinen Situation zwischen SPD und Kirche allein ist freilich noch längst keine Lösung des Schulstreites. Sie kann sie aber erleichtern.

V

Die heutige Situation bedarf aber noch einer weiteren Darstellung.

Unbestritten ist die Tatsache, daß in unserem Volk eine Vielfalt von religiösen und weltanschaulichen Haltungen besteht. Wir sind eine auch in diesem Sinne pluralistische Gesellschaft. Das wird heute offener als früher anerkannt.

Zu dieser faktischen Gegebenheit kann man sich auf verschiedene Weise einstellen.

Man kann die Vielfalt der Überzeugungen beklagen und sich Gedanken darüber machen, ob sie nicht doch wieder zu neuer Glaubenseinheit zurückgezwungen werden könnte. Das mag etwa in Spanien die herrschende Meinung sein. Auch die Sowjetunion will grundsätzlich keine Vielfalt der persönlichen Überzeugungen; sie versucht jedenfalls, in ihrem Bereich die Kirche zu überwinden und den Marxismus-Leninismus zur alleinigen Weltanschauung zu machen. Beide Haltungen empfinden wir als reaktionär, einerlei, ob man auf kirchliche oder marxistische Weise den Konformismus erstrebt.

Der geistige Pluralismus kann andererseits aber auch positiv gewertet werden. So heißt es beispielsweise in den Empfehlungen des Deutschen Ausschusses für das Erziehungs- und Bildungswesen[2]:

»Diese Zielsetzung (nämlich das Erziehungsziel der Gemeinschaftsschule in voller Tiefe zu erfassen) geht aus von der geistigen Situation, in die wir hineingekommen sind durch die Reformation und die christliche Glaubensspaltung, durch die Aufklärung, durch das wissenschaftliche, insbesondere naturwissenschaftliche Denken und die von ihm ausgehende Erschütterung religiöser und moralischer Positionen, durch Kants Bemühen um die Sicherheit der Moral gegen den Skeptizismus und um ihre Emanzipation von historischer Offenbarung. Diese Entwicklung hat nicht nur einen Verlust gebracht, den der Einheit, sondern ist ein Abschnitt auf dem Wege des Menschengeistes zu größerer Klarheit und tieferer Wahrheit.«

Für uns besteht keine Möglichkeit des Wählens zwischen diesen beiden Haltungen. Wir sind an die Entscheidung gebunden, die das Grundgesetz der Bundesrepublik vollzogen hat und die wir bejahen.

Seine Grundlage ist die Anerkennung der Würde des Menschen, d. h. jedes einzelnen Menschen in seiner einmaligen und unvertretbaren Personhaftigkeit. Zu seinen aller Staatsgewalt vorgegebenen Rechten gehören die Glaubens- und Gewissensfreiheit. Diese Absage an jede Möglichkeit, mit den Mitteln öffentlicher Gewalt alten oder neuen Konformismus heraufzuführen, konstituiert unseren Staat zu der auf die Würde des Menschen als obersten Gemeinwert bezogenen Gemeinschaft. Es kann in der

Bundesrepublik nichts rechtens sein, was die Würde des Menschen verletzt oder seine Glaubensfreiheit mißachtet oder ihn zu Handlungen gegen sein Gewissen zwingen will.
Damit sind wir zum ersten Mal in unserer deutschen Geschichte in einen Abschnitt freiheitlicher Demokratie eingetreten. Die Weimarer Republik hatte ihn noch nicht erreicht; sie war, wie allein schon die Gebrochenheit ihres Verständnisses der Grundrechte ausweist, in Halbheiten steckengeblieben. Erst jetzt gilt mit Konsequenz, was Adolf Arndt in seinem Wiesbadener Vortrag über »Humanität – Kulturaufgaben des Politischen« (1960) so ausdrückt:
»Über die Gleichberechtigung des Bürgerseins im Staate und über die Erträglichkeit des politischen Miteinanders entscheidet nicht mehr das Übereinstimmen in der Wahrheit, sondern das wechselseitige Anerkennen des Menschseins als eines unbedingten personalen Wertes.«
Von dieser verfassungsmäßigen Grundlage her gilt es, auch die Schulfrage anzugehen.

VI

Ausgangspunkte für die Lösung der Schulfrage müssen folgende Erkenntnisse sein:
1. Die schulische Erziehung kann nicht ohne den Staat gewährleistet werden. Er allein kann den unerläßlichen Schulzwang ausüben. Er allein kann die Mindestanforderungen jedes Schulwesens festlegen. Er allein kann die Berechtigungen regeln, die mit erfolgreichem Schulbesuch verbunden sein sollen. Er hat in erster Linie die finanziellen Mittel für eine angemessene Ausrüstung der Schule.
2. Die Erziehung der Kinder ist zugleich eine unabdingbare Aufgabe und Verantwortung der Eltern. Keine Erziehung kann gedeihen, welche den Willen der Eltern mißachtet. Ihrem Willen als Ausdruck ihrer Personhaftigkeit ist soweit wie möglich Rechnung zu tragen.
3. Die Vielfalt der religiösen und weltanschaulichen Überzeugun-

gen in unserem Volk sowie die Bindung der Bundesrepublik an die Wahrung der Würde des Menschen, seine Glaubensfreiheit und seine Gewissensfreiheit bedingen, daß der Staat keinen Zwang zugunsten einer religiösen oder weltanschaulichen Überzeugung ausübt. Der Staat muß in dieser Hinsicht neutral sein.

VII

Von diesen Ausgangspunkten her bietet sich folgende Lösung für das Schulwesen an, die ich bereits 1955 vertreten habe[3].

1. In erster Linie hat der Staat die erforderlichen Schulen zur Verfügung zu stellen. Seine Schule muß so gestaltet sein, daß sie im konkreten Fall jedem Kind zumutbar ist, welches die Schule besuchen soll.

Unzumutbar wäre eine Schule, wenn deren Unterweisung den Lehren der Religions- oder Weltanschauungsgemeinschaft widerspricht, denen am Unterricht teilnehmende Kinder oder deren Eltern (Erziehungsberechtigte) angehören. Die einzelne Schule muß hinsichtlich ihres religiösen oder weltanschaulichen Gepräges so gestaltet und geführt sein, daß sie für alle darin am Unterricht teilnehmenden Kinder annehmbar bleibt.

Wenn eine Schule nur von katholischen oder nur von evangelischen oder nur von freireligiösen oder freidenkerischen Kindern besucht wird, kann und darf sie ganz, d. h. in allen Unterrichtsfächern das Gepräge dieser ihrer Schüler haben.

Wird eine Schule von evangelischen und katholischen Kindern besucht, so bleibt grundsätzlich nur übrig, ihr das Gepräge einer christlichen Gemeinschaftsschule bei getrenntem Religionsunterricht zu geben. Wird sie zugleich von Kindern anderer Weltanschauungen oder von Dissidenten besucht, so bleibt grundsätzlich nur übrig, ihre Gesinnungsfächer auf eine Darstellung der christlichen Religion und der Weltanschauungen sowie auf allgemeine Ethik zu beschränken, im übrigen aber Religion oder Weltanschauung in freiwillige Zusatzstunden zu verweisen.

Erforderlich ist eine Verständigung darüber, von welchem Grad der Mischung der Schüler an eine Schule sich anpassen muß.

2. Um einen vom Standpunkt ganzheitlicher Erziehung erwünschten ganzheitlichen Unterricht zu ermöglichen, muß den Eltern grundsätzlich das Recht eingeräumt sein, ihre Kinder in Schulen mit einheitlich zusammengesetzter Schülerschaft zu konzentrieren. Solche schulische Sonderung nach Maßgabe des Elternwillens grundsätzlich zu ermöglichen, entspricht dem freiheitlichen Charakter unserer Demokratie.
In großen Städten kann die Sonderung verhältnismäßig leicht geschehen. Dort können konfessionelle Schulen, christliche Gemeinschaftsschulen und noch andere Schulen nebeneinander hergehen. Die Grenze der Sonderung ergibt sich dort, wo die verbleibende allgemeine Schule nicht mehr die Schülerzahl behielte, die den Aufwand für die allgemeine Schule vertretbar macht, und wo eine sachgemäße Schulgestaltung nicht mehr möglich wäre.
3. Auch private Schulen sind nicht auszuschließen (Artikel 7 GG). Grenze ihrer Zulassung bleibt ebenfalls die Wahrung der allgemeinen öffentlichen Schule hinsichtlich ihres Leistungsstandes. Privaten Schulen ist m. E. aus Steuergeldern zuzuwenden, was der Staat durch sie an eigenen Aufwendungen erspart.

VIII

Ich fasse die Leitgedanken der skizzierten Schulordnung noch einmal wie folgt zusammen:
Die Schule als öffentliche und mit Schulzwang ausgerichtete Einrichtung muß wie jede öffentliche Einrichtung für alle »zumutbar« sein, die auf ihre Benutzung angewiesen sind. Das »Sonderbare« aber hat Lebensrecht und Anspruch auf Förderung in dem Maße, als es lebensfähig bleiben läßt, was im allgemeinen Interesse notwendig ist. Wir sollten uns dahin einigen, daß eine staatliche Schule lediglich bedingt ein bestimmtes einseitiges Gepräge haben kann. Denn sie muß in jedem Fall allen darin unterrichteten Kindern zumutbar sein. Im Mittelpunkt der Schule steht das Kind. Es soll frei von ideologischem Zwang in die sachlichen und mitmenschlichen Gegebenheiten unserer Welt eingeführt werden.

Es soll nicht Weltanschauungen lernen. Es soll lernen, unsere Welt sachlich und mitmenschlich anzuschauen. Über diese pädagogischen Elementarforderungen hinaus sollten wir uns bereit finden, den konfessionellen und weltanschaulichen Sonderanliegen einen möglichst großen Raum und Förderung zu gewähren. So hätten wir bei allseitig gutem Willen eine Chance, aus dem leidigen Schulstreit um Staatsrecht oder Elternrecht, Staatsschule oder Privatschule, Konfessionsschule oder Gemeinschaftsschule herauszukommen.

Es geht nicht ohne den Kompromiß, weil, wie Adolf Arndt es ausgedrückt hat[4], in der Schule

»zwei Rechte einander entgegentreten, die je in der Eigenständigkeit der beiden Urheber ihre Quelle haben und daraus ihre je eigene Legitimität herleiten. Was hier aufeinandertrifft, sind die Lebensnotwendigkeit des Staates, die Einheitlichkeit seiner im Glauben und Denken uneinheitlichen Gesellschaft zu bewahren, und die Lebens- oder Heilsnotwendigkeit der Kirche, die Glaubenseinheit ihrer Glieder zu erhalten.«

Sowenig wie die staatliche Pflichtschule eine missionierende Schule sein kann, so notgedrungen muß nicht nur jede interkonfessionelle Schule eine tolerante Schule sein, sondern auch die konfessionelle Schule ihre Kinder zu einer sinn- und gehaltvollen Begegnung mit andersgläubigen Schülern hinführen. Wir alle müssen es lernen, aus eigener fester Gegründetheit in letzter Wahrheit den Nachbarn und Mitmenschen um seiner nicht minderen Menschenwürde und Staatsbürgerlichkeit willen auch dann gelten zu lassen, wenn er andere Überzeugungen hegt.

Können Parteien, Kirchen und Weltanschauungsgemeinschaften sich eine Lösung der Schulfrage in dem dargelegten Sinne zu eigen machen?

IX

Die SPD befürwortet im Godesberger Programm die Gemeinschaftsschule. Sie hält sie aus staatspolitischen Gründen für die bessere. Das Godesberger Programm steht aber zugleich auf dem

Boden der freiheitlichen Demokratie. Es geht von der Personhaftigkeit jedes Menschen aus und will eine Gesellschaft verwirklichen, in der das Leben des Menschen, seine Würde und sein Gewissen als dem Staate vorgegebene Grundwerte dessen Tun und Lassen bestimmen. Von daher kann auch innerhalb der SPD etwa die katholische Konfessionsschule seitens derer vertreten werden, für die sie sich als eine Glaubens- oder Gewissenspflicht darstellt.

Die CDU/CSU vertritt unterschiedliche Auffassungen zur Schulfrage, – überwiegend vom Elternrecht her die Konfessionsschule, aber in Schleswig-Holstein oder Hessen auch die Erhaltung der dortigen Gemeinschaftsschulen. Kultusminister Osterloh (CDU) erklärte im Landtag in Kiel im Mai 1957 unter dem Beifall der CDU[5]: »Die Landesregierung steht vorbehaltlos zu dem in der Landessatzung statuierten Begriff der Gemeinschaftsschule und ist von nichts weiter entfernt als von der Absicht, durch ein Hintertürchen doch wieder so etwas wie eine halbe Konfessionsschule einzuführen.«

X

Die evangelische Kirche tritt nicht für eine bestimmte Schulform ein, obwohl sie ihren Gliedern eine evangelische Erziehung der Kinder ebenso zur Pflicht macht wie die katholische Kirche ihren Gliedern die katholische Erziehung. Die Synode der Evangelischen Kirche in Deutschland erklärte 1958[6]:

»... Erziehung kann nur in Freiheit und Wahrhaftigkeit geschehen. Deshalb erklärt die Synode der Evangelischen Kirche in Deutschland, daß über Schule und Lehrer keinerlei kirchliche Bevormundung ausgeübt werden darf ... Entscheidend ist für den Weg der Jugend, welche Gehalte die Schule durch ihren Unterricht und ihre Lehrfächer vermittelt. Sie werden nach Auswahl und Schwergewicht dadurch bestimmt, welches geistige Erbe die Gegenwart geprägt hat und welche künftigen Aufgaben vermutlich vor ihr liegen. Diese weltlichen Fragen müssen sachgerecht, ohne weltanschauliche Überhöhung, aber auch ohne konfessionelle Enge und ohne ideologischen Zwang gelöst werden ... In dieser Freiheit ist Raum für die evangelische Unterweisung, für Lehrer und Schüler, die als Christen in der Gemeinschaft der Schule leben möchten. Um derselben Freiheit willen tritt die evangelische Kirche dafür ein, daß kein Lehrer Vorteil oder Nachteil haben darf, wenn er Religionsunterricht erteilt oder nicht erteilt ... Die Kirche ist zu einem freien Dienst an einer freien Schule bereit ...«

Von daher geht es der evangelischen Kirche mehr um Bemühungen um die Lehrer durch Rüstzeiten, Arbeitsgemeinschaften zwischen Lehrern und Pfarrern, Anregung religionspädagogischer Literatur und dergleichen als um die Durchsetzung schulpolitischer Forderungen.

Die katholische Kirche steht auf dem Standpunkt, daß katholische Erziehung der Kinder »nicht nur im Religionsunterricht der Schule, sondern auch in den übrigen Lehrfächern zur Geltung kommen muß« (Fuldaer Bischofskonferenz 1956)[7]. Das Hineinwachsen des Kindes in die Welt soll in möglichst starker Geschlossenheit seiner Erziehung vonstatten gehen. Es wird katholischerseits der Standpunkt vertreten, daß die katholische Schule für den Katholiken eine Glaubensforderung und ein Gewissensgebot seien, so daß sie aus Artikel 4 des Grundgesetzes (Glaubensfreiheit und Gewissensfreiheit) gedeckt sei. Indessen auch Geiger anerkennt, daß Artikel 4 keinen unmittelbaren Rechtsanspruch katholischer Eltern gegen den Staat auf die Errichtung katholischer Schulen gibt[8]. Darüber hinaus hat das Bundesverfassungsgericht im Konkordatsurteil ausgesprochen, daß Minderheiten ihre Kinder in einer nicht positiv ihren Wünschen entsprechenden Schule dann unterrichten lassen müssen, wenn nach den örtlichen Umständen eine Konfessions- oder Weltanschauungsschule ihrer Überzeugung nicht möglich ist[9]:

»Hierin kann eine Beeinträchtigung der Gewissensfreiheit nicht erblickt werden. Es ist nicht möglich, allen Eltern eine ihren Wünschen entsprechende Schulart zur Verfügung zu stellen. Es ist unvermeidlich, daß Eltern unter Umständen genötigt sind, ihre Kinder einer Schule anzuvertrauen, die in ihrer weltanschaulichen Gestaltung den Wünschen der Eltern nicht entspricht. Es kann daher nicht gesagt werden, daß unter Berücksichtigung des staatlichen Schulzwanges und der tatsächlich gegebenen Beschränkung der Zahl verschiedenartiger weltanschaulicher Gestaltungen der Schule die Schulbestimmungen des Reichskonkordates in die Gewissensfreiheit unzulässig eingreifen.«

Wohl aber würde ich in Übereinstimmung mit Arndt annehmen[10], daß Artikel 4 GG einen Zwang gegen Eltern verbietet, ihr Kind in eine Weltanschauungsschule zu schicken, die ihrem Glauben entgegengesetzt ist, also etwa einen Zwang gegen christliche Eltern, ihr Kind in eine freidenkerische oder marxistische Schule zu schicken – oder umgekehrt.

Gegenüber der Geschlossenheit der beiden großen christlichen Konfessionen fehlt denen, die sich nicht zu einer von ihnen bekennen, in ihrer Gesamtheit eine entsprechende Haltung von vergleichbarer positiver Geschlossenheit. Die Grundlagen, von denen aus bei aller persönlichen Überzeugtheit der Beteiligten das Christentum abgelehnt wird, sind mannigfach und zum Teil widersprüchlich, so daß sich keine gemeinsame Lehre feststellen läßt. Es gibt allenfalls den Marxismus-Leninismus als »dritte Konfession«. Unstreitig aber würde jede Weltanschauungsgemeinschaft von hinlänglicher Bedeutung das Recht haben, im Rahmen der allgemeinen Ordnung eine Weltanschauungsschule ihrer Art zu fordern. Die Möglichkeit des Abweichens von der allgemeinen Schule gilt nicht nur für christliche Eltern, sondern für alle Eltern.

XI

Zur Schule gehört – es ist überflüssig, es zu betonen – auch der Lehrer. Wie steht es mit seiner Gewissensfreiheit?

Das gesamte Schulwesen steht laut Artikel 7 Absatz 1 GG unter der Aufsicht des Staates. Darüber hinaus zusätzlich eine geistliche oder weltanschauliche Schulaufsicht zu etablieren, würde von keiner Partei mitgemacht werden. Zumindest die evangelische Kirche lehnt sie auch ihrerseits ausdrücklich ab[11]. Wohl aber wird jede Kirche und jede Weltanschauungsgemeinschaft darauf bestehen, daß die religiöse oder weltanschauliche Unterweisung nur in Übereinstimmung mit ihren Grundsätzen (Artikel 7 Absatz 3 GG) und nur von Lehrern erteilt wird, denen sie die Befähigung dafür zuerkennt. Das liegt in der Sache begründet, weil die Unterweisung nur aus Überzeugung, d. h. nur aus eben der religiösen oder weltanschaulichen Haltung oder Bindung des Lehrers erfolgen kann, der sie dienen soll. Ob dieses der Fall ist, muß die Kirche oder Weltanschauungsgemeinschaft sagen.

Es ist selbstverständlich, daß kein Lehrer gegen seine Überzeugung zu einem Religions- oder Weltanschauungsunterricht gezwungen werden kann. Das wäre eine Verletzung der Artikel 4 und 7 GG. Es kann aber nicht verkannt werden, daß sich aus der Verfassungsvorschrift des Artikels 7 Absatz 3 GG, wonach der Religionsunterricht in den öffentlichen Schulen mit Ausnahme der bekenntnisfreien Schulen ordentliches Lehrfach ist, ein mittelbarer Zwang für die Lehrer ergibt, sich am Religionsunterricht zu beteiligen. Der Volksschullehrer ist grundsätzlich nicht Fachlehrer, sondern Lehrer für alles. Wer sich nicht an der Erteilung von Religionsunterricht beteiligt, ist für viele Schulen nicht verwendbar, z. B. nicht für die große Zahl der nur ein- oder zweiklassigen Schulen, und hat nur verminderte oder keine Aussicht für die Übertragung einer Schulleitung. Die Erklärung der Synode der Evangelischen Kirche in Deutschland von 1958, daß sie um der Freiheit willen dafür eintrete, »daß kein Lehrer Vorteil oder Nachteil haben darf, wenn er Religionsunterricht erteilt oder nicht erteilt«, ist gut und schön[12]. Wie kann sie angesichts der Situation verwirklicht werden?

Solange Religionsunterricht eine Sache staatlicher Lehrer sein soll und solange ein Lehrer an den Volksschulen alle Fächer, also auch Religion, lehren soll und soweit bekenntnisfreie Schulen trotz gesetzlicher Zulassung praktisch (z. B. in Nordrhein-Westfalen) nicht bestehen, kann grundsätzlich niemand Lehrer sein, der nicht auch Religionsunterricht zu erteilen bereit ist. Zwar gibt es (auch in Nordrhein-Westfalen) Lehrer, die Dissidenten sind oder keinen Religionsunterricht geben wollen. Sie können nur in größeren Lehrerkollegien auf eine mehr oder minder gequälte Weise verwendet werden. Das ist die eine Auswirkung der Situation. Eine weitere geht dahin, daß mancher Lehrer sich um die kirchliche vocatio oder missio für die Erteilung von Religionsunterricht bemüht und sich daraufhin an dieser Unterweisung beteiligt, obwohl es seiner Überzeugung nicht entspricht. Hier besteht für mein Empfinden eine unerfreuliche Situation, die zwischen der Lehrerschaft und den Kirchen erörtert werden sollte. Den Kirchen ist mit überzeugungslosen Religionslehrern nicht gedient. Sachliches und mitmenschliches Schulleben erfordert eine Atmosphäre der Mündigkeit, in der Lehrer und Schüler miteinander umgehen. Es geht nicht allein um Wissensvermittlung und Stoffbewältigung, sondern zugleich um ein Verhalten der Weltoffenheit und Beweglichkeit, der Zuverlässigkeit und der wechselseitigen Verantwortlichkeit.

XII

Der Schulstreit, der die Gemüter in Deutschland so viel bewegt hat, erscheint mir lösbar. Er braucht nicht unser Schicksal zu bleiben.

Wenn wir uns dahin einigen, daß eine staatliche Schule nur bedingt ein bestimmtes einseitiges Gepräge haben kann, in jedem Fall aber auf der Höhe und in der Beweglichkeit pädagogischer Erkenntnis stehen soll und allen in ihr unterrichteten Schülern zumutbar sein muß, – und wenn wir uns darüber hin bereit finden, den konfessionellen und weltanschaulichen Sonderanliegen den nach Maßgabe allseitiger schulischer Leistungsfähigkeit vertretbaren möglichst großen Raum und Förderung zu gewähren, können wir bei allseitig gutem Willen aus der Sackgasse herauskommen. Die Durchführung solcher Grundsätze wird immer noch Differenzen lassen. Aber der Streit wäre seines weltanschaulichen Charakters entkleidet und auf Fragen der redlichen Durchführung gerechter Grundsätze zurückgeführt. Das sollte uns allen wertvoll sein.

1 1. Aufl. 1891.

2 6. Folge 1963, S. 26.

3 Gibt es einen Ausweg aus dem leidigen Schulstreit? Das »Zumutbare« und das »Sonderbare«, in: Stimme der Gemeinde 15. 6. 1955, S. 279 f.; auch in: Heinemann, Im Schnittpunkt der Zeit, Darmstadt 1957, S. 85–88.

4 Aufgaben und Grenzen der Staatsgewalt im Bereich der Schulbildung, in: W. Geiger – A. Arndt – F. Pöggeler, Schule und Staat, München 1959, S. 83.

5 Sten. Berichte des Schleswig-Holsteinischen Landtags, 65. Sitzung, 20. 5. 1957, S. 2714.

6 Bericht über die Synode in Berlin 1958, S. 444 ff. – KJ 1958, S. 85 f.

7 Vgl. Herder-Korrespondenz Febr. 1957, S. 203–05.

8 Die verfassungsrechtlichen Grundlagen des Verhältnisses von Schule und Staat, 1959, S. 45.

9 Entscheidungen des Bundesverfassungsgerichts, 6. Bd., S. 309 u. 340.

10 Arndt, a. a. O. S. 86.

11 s. Anmerkung 6.

12 Ebd. S. 445 resp. 85.

21. Respekt vor Gewissensentscheidungen – Zeugen Jehovas

Rede im Bundestag bei der Beratung eines Änderungsgesetzes über den »Zivilen Ersatzdienst« (Bestrafung von Ersatzdienst-Verweigerern), 12. 5. 1965

Herr Präsident! Meine Damen und Herren! Offensichtlich haben wir es mit einem sehr empfindlichen Thema zu tun. Wie sollte es auch anders sein, wenn es sich um Gewissensfragen handelt. Ich möchte zuerst sagen, daß dieser Bundestag sich selber ehrt, wenn er das Thema, das wir jetzt behandeln, nicht wie eine Routineangelegenheit behandelt. (Zuruf von der SPD: Sehr wahr!)

Ich habe die Debatte der vorigen Woche nicht miterleben können, aber im Protokoll wörtlich und sehr genau nachgelesen. Ich möchte mir erlauben, Herr Kollege Scheppmann, an einen Satz anzuknüpfen, den Sie in der vorigen Woche hier ausgesprochen haben. Sie sagten zu der sozialdemokratischen und der freidemokratischen Fraktion:

Sie mögen für Ihre Haltung Ihre Gründe haben; das soll uns gleich sein. Wir werden Ihre Gründe niemals anerkennen ...

Verehrter Herr Kollege Scheppmann, es geht hier um Fragen des *Gewissenskonflikts,* und in diesen Fragen dürfen wir voreinander nicht abschalten im Zuhören. Es geht um eine Grundfrage unserer freiheitlichen Demokratie; es geht um eine Grundfrage unseres Selbstverständnisses. Wir gehen im Grundgesetz von der *Würde des Menschen* aus und sagen, daß in dieser Bundesrepublik nichts rechtens sein könne, was die Würde des Menschen verletzt, was den Menschen in seinem Gewissen zerbricht.

Von daher ergeben sich in bezug auf das Thema, das wir jetzt behandeln, im Grunde genommen drei Fragen, nämlich zuerst die Frage, ob denn die Verweigerung eines Dienstes welcher Art auch immer aus Gewissensgründen überhaupt strafbar sein könnte. Wenn ja, dann wird es um die nächste Frage gehen, ob die Strafe derart sein müßte, wie man sie über Kriminelle ausspricht. Letztlich geht es dann hier noch um die Frage, wenn es sich um *Überzeugungstäter* handelt, ob man sie fortgesetzt für das Durchhalten ihrer Überzeugung wiederholt, also erneut, bestrafen darf.

Nun hat es im jetzigen Stadium des Gesprächs und des Verhandlungsstandes hier im Bundestag sich darauf konzentriert, daß es nur noch um die beiden letzten Fragen geht. Ich bedaure das. Ich bedaure, daß die erste, grundsätzliche Frage hier nicht noch einmal erörtert werden kann: ob wir es nicht von den Grundlagen der Verfassung her tragen müßten, daß derjenige, der einen Dienst, welcher Art auch immer, aus Gewissensgründen verweigert, überhaupt nicht bestraft werden kann. Aber ich füge mich diesem Stand der Verhandlungen und wende mich nur noch den beiden Fragen zu, die Sie jetzt durch Ihren Änderungsantrag hier aufgeworfen haben.

Wenn ein Überzeugungstäter also strafbar sein soll, soll er dann behandelt werden dürfen wie ein Krimineller oder soll er als Überzeugungstäter, der er ja nachweislich ist oder sein muß, anders behandelt werden, in einer anderen Form von Freiheitsentziehung? Das ist die eine Frage. (Abg. Dr. von Haniel-Niethammer: Darf ich eine Zwischenfrage stellen? Herr Heinemann, können Sie mir erklären, inwiefern ein Ersatzdienstpflichtiger, der sich weigert, in Krankenhäusern, in Heil- und Pflegeanstalten Hilfsdienste zu tun, ein Überzeugungstäter sein kann?)

Herr Kollege, die Weigerung geht nicht in Richtung der Dienstleistung, sondern sie hängt damit zusammen, aus welchem Grund und in welcher Form jemand in diese Dienstleistung gebracht werden soll. (Zuruf von der CDU/CSU: Ach nein!) – Ja, Herr Franz! Lassen Sie mich doch einfach einmal etwas sagen aus dem, was ich mit *Zeugen Jehovas* erlebe und sonderlich mein Anwaltskollege Dr. Posser bei der vielfältigen Verteidigung dieser Leute vor Gericht erlebt. Da gibt es die Fülle der Fälle, wo diese Zeugen Jehovas sagen: Wir sind bereit zu Krankenhausdienst und dergleichen Diensten, die Ihnen jetzt vorschweben mögen. Wir wollen aber in diesen Dienst durch Vermittlung eines Arbeitsamts hineinkommen. Wir verpflichten uns solche Dienste zu tun, nicht nur anderthalb Jahre, es gibt sogar Fälle, wo die Leute sagen: Wir wollen es auch zwei Jahre tun.

Aber der Gewissenskonflikt bei diesen Zeugen Jehovas – – (Zurufe von der CDU/CSU) – Entschuldigen Sie, ich kann auch nicht begreifen, wie deren Gewissen funktioniert. (Abg. Dr. von Haniel-Niethammer: Dann sind Sie derselben Ansicht wie wir!) – Jetzt sind wir aber bei dem kardinalen Punkt: Gewissensfragen werden dann erst ernst, wenn man sich über das Gewissen eines anderen nicht mehr zum Richter machen soll. (Beifall bei der SPD und bei der FDP.) Wenn wir alle einig sind, gibt es keine Gewissensfragen. Nun wollten wir doch in dieser Bundesrepublik zu einem wesentlichen Orientierungspunkt unseres ganzen Verhaltens dieses machen, daß wir auch vor dem irrenden Gewissen – sehen wir es ruhig allgemein so an –, auch vor dem abwegigen Gewissen, vor dem unverständlichen Gewissen Respekt haben wollten. Das ist der Ausgang, von dem wir gemeinsam angetreten sind. Ich sage noch einmal: Es ist eine schiefe Fragestellung, zurückzufragen, ob sich denn ein Mann irgendwessen vergebe, wenn er Kranke pflege. Der kardinale Punkt ist, daß diese Zeugen Jehovas mit dem Staat als einer Zwangsordnung nichts zu tun haben wollen, daß sie aber freiwillig durch Vermittlung des Arbeitsamts in solche Dienste hineinzugehen bereit sind. (Unruhe bei der CDU/CSU.) – Ja, ringen Sie ruhig die Hände. Das kann ich auch; denn ich verstehe es genausowenig wie Sie. Trotzdem geht es wiederum um die Frage, ob wir vor Menschen Respekt haben wollen, die eine Überzeugung hundertfältig bis in den Tod durchgestanden haben. (Beifall bei der SPD und der FDP. – Abg. Dr. von Haniel-Niethammer: Da ging es doch um Kriegsdienstverweigerer!) Darum geht es; wollen wir bitte diese Fragestellung nicht verschieben. (Zuruf von links: Das haben sie im Dritten Reich bewiesen!) Ich will jetzt nicht mehr auf das eingehen, was Frau Diemer-Nicolaus zur Behandlung von Überzeugungstätern gesagt hat. (Abg. Scheppmann: Das ist keine Gewissensfrage mehr in dieser Richtung!) – Herr Scheppmann, entschuldigen Sie bitte: Wir alle erwarten Respekt. Ich bin selbstverständlich bereit, das auch meinerseits vor Ihrer Gewissenshaltung zu tun. Es geht darum, ob wir uns zu Richtern über das Gewissen anderer Menschen machen wollen. Dazu kann ich nur noch einmal sagen: sie haben im Dritten Reich Gewissenhaftigkeit besser erwiesen als – ja, soll ich sagen: wir alle? Ich schließe mich jedenfalls mit ein. (Beifall bei der SPD. – Zurufe und Widerspruch in der Mitte.)

Lassen Sie mich zu dem Thema »18 Monate« noch etwas sagen. Dem Rechtsausschuß hat bei seiner einmütigen Beschlußfassung und dem Plenum in der vorigen Woche bei seiner Mehrheitsentscheidung als Ziel vorgeschwebt, eine *oberste Grenze der Freiheitsstrafe für Dienstverweigerung* zu setzen. Diese Beschlußfassung der vorigen Woche wäre mißverstanden – ich möchte das ausdrücklich sagen –, wenn es sich bei diesen 18 Monaten um eine Mindest- oder eine Regelstrafe handeln sollte. Abgesehen von lebenslänglichem Zuchthaus haben wir überhaupt keine absoluten Freiheitsstrafen. Wir haben immer nur Freiheitsstrafen in einem Rahmen »von – bis«. Wir haben nur Freiheitsstrafen, die vom Gericht von Fall zu Fall zuzumessen sind. Hier geht es darum, diese 18 Monate als die oberste Grenze wiederholter Bestrafung festzusetzen. Dies erfordert der Respekt vor dem Gewissen, den wir als äußerstes und letztes Minimum aufbringen sollten.

Ich möchte einige Gründe, die in der Debatte der vorigen Woche zu diesem Thema noch nicht genannt worden sind, nachtragen. Zunächst, verehrte Freunde von der Union: Es gibt eine *Durchbrechung unserer Rechtsordnung aus dem Respekt vor Gewissenshaltungen heraus.* Es gibt ein Gesetz über das Schlachten von Tieren, welches das Schlachten von Warmblütern ohne Betäubung verbietet. Sie alle wissen, daß die jüdische Kultusgemeinde unter Berufung auf 1. Moses 9, 4 das Betäuben von Warmblütern vor dem Schlachten nicht mitmacht, sondern die Tiere schächtet. Keine christliche Kirche teilt diese Auslegung der alttestamentlichen Stelle. Gleichwohl läßt die Bundesrepublik das Schächten straffrei, einige Länder lassen es ausdrücklich straffrei, andere Länder verfolgen das Schächten nicht als den strafbaren Tatbestand, wie er im Gesetz enthalten ist. Hier haben wir einen Vorgang des völligen Respekts vor der Gewissensbindung anderer im Gegensatz zu unserem eigenen Verständnis und in Abweichung von unserer Rechtsordnung.

Niemand fordert von uns, daß wir das *Bibelverständnis der Zeugen Jehovas* teilen. Ich kann es ebensowenig teilen wie Herr Kollege Bausch. Hier aber sind wir nach dem Respekt vor dem Gewissen anderer gefragt. Ich kann dem, was aus den Äußerungen von Kirchenrat Hutten oder aus dem »Sonntagsblatt« zitiert worden ist, nur hinzufügen: Der *Rat der Evangelischen Kirche in Deutschland* ist in Bonn durch seinen Bevollmächtigten, Bischof Kunst, vorstellig geworden und hat den Bundestag und die Bundesregierung gebeten, bei der gesetzlichen Regelung der Behandlung der Zeugen Jehovas oder der Kriegsdienstverweigerer und Ersatzdienstverweigerer aus Gewissensgründen in vollem Maße zu berücksichtigen, daß es um Gewissensentscheidungen geht, die nicht durch Gesetz überrollt werden sollten.

Nun braucht natürlich niemand, weil die Kirche solch ein Wort ausgesprochen hat, gleich zusammenzuknicken. Ich halte mich hier an die Aussage Ihres Fraktionsvorsitzenden Dr. Barzel in anderem Zusammenhange: Wir sind als Bundestag nicht den Kirchen verpflichtet, aber wir sind der Verfassung verpflichtet.

Wenn ich von der Evangelischen Kirche in Deutschland spreche, so interessiert in diesem Zusammenhang etwas anderes, und das müßte Sie, verehrte Damen und Herren, jetzt alle – alle! – interessieren, nämlich folgendes: In dem weiten Umkreis des Ostblocks ist die *DDR* der einzige Bereich, in dem es anfängt, daß man Kriegsdienstverweigerung aus Gewissensgründen respektiert. Neuerlich gibt es in der DDR sogenannte Baukompanien, in denen Kriegsdienstverweigerer zusammengezogen werden, um einen andersartigen Dienst als den Dienst mit der Waffe zu tun. Ich halte das für einen außerordentlich beachtenswerten Vorgang, weil es den ersten Einbruch in dem weiten Bereich des Ostblocks gegenüber der sonst so geübten Mißachtung des Gewissens darstellt. Das ist nicht ohne eine beharrliche, zähe Bemühung der evangelischen Kirchen drüben zustande gekommen. Nun ist diese Regelung, so wie sie da neuerlich angefangen hat, im einzelnen noch vielfältig unbefriedigend. Infolgedessen gehen die Bemühungen weiter, sie zu verbessern, also auch drüben dem gerecht zu werden, daß die Verweigerung von Ersatzdienst nicht strafbar gemacht wird. Es sind jetzt die ersten Fälle aufgekommen, daß auch Ersatzdienstverweigerung drüben zu Bestrafungen führt. Also das Problem, das wir hier haben, taucht auch drüben auf. Das bitte ich, mit ins Visier zu nehmen. Von daher bitte ich den Maßstab für das zu nehmen, was wir jetzt hier tun.

Vorhin ist gesagt worden, daß in der Bundesrepublik mehr Gerechtigkeit für gewissensgebundene Menschen gelte als in irgendeinem anderen Lande. Verehrte Freunde, das muß unser Stolz sein. Auf diesem Wege müssen wir bleiben. Diesen Weg gilt es konsequent fortzuentwickeln, auf daß wir nicht den Boden gegenüber dem verlieren, was wir den totalitären Staaten unausgesetzt zu sagen haben.

Wenn ich also von der Evangelischen Kirche in Deutschland spreche, so mit der Bitte, uns die Arbeit drüben dadurch zu erleichtern, daß Sie uns hier wirklich beispielhaft das regeln lassen, was mit dem Respekt vor dem Gewissen anderer Menschen zu tun hat, selbst wenn wir dieses Gewissen nicht zu verstehen vermögen, selbst dann, wenn es uns fremd vorkommt. Ja, dann wird überhaupt die Sache erst wesentlich und wichtig. (Beifall bei der SPD und FDP.)

22. Kirche der Fassade? Zwanzig Jahre nach der Stuttgarter Erklärung

Erweiterte Fassung eines Artikels in Kirche und Mann, 10. 10. 1965

1

Als wir nach dem Kriege darangingen, aus der größten Katastrophe unserer Geschichte einen neuen Anfang zu machen, taten wir es in dem Bewußtsein, daß wir als Christen der Situation nicht gewachsen gewesen waren, die mit dem Jahre 1933 in Deutschland heraufzog. Inmitten unseres nach Tradition und Kirchenzugehörigkeit christlichen Volkes etablierte sich ein politisches System, dessen Vorkämpfer früh genug hatten erkennen lassen, wie sehr sie die Würde des Menschen zu mißachten und den Frieden zu brechen bereit waren, und wie sehr sie dem Evangelium ein »positives Christentum« der Tarnung für Antisemitismus und arischen Rassenwahn entgegenzusetzen gewillt sein würden. Alles das wurde nach 1933 zügig verwirklicht. In dem Krieg, mit dem Hitler-Deutschland schließlich die Umwelt überfiel und verwüstete, kamen zugleich auch die Entwürdigung des Menschen durch Terror und Massenmord, zumal an den Juden, sowie die Unterdrückung der Kirche auf ihre Höhepunkte.

Angesichts dessen war der Zusammenbruch des nationalsozialistischen Regimes im Jahre 1945 Niederlage und Befreiung zugleich. Wir bekannten mit der Stuttgarter Erklärung des Rates der EKD im Oktober 1945[1]: »... Wohl haben wir lange Jahre hindurch im Namen Jesu Christi gegen den Geist gekämpft, der im nationalsozialistischen Gewaltregiment seinen furchtbaren Ausdruck gefunden hat; aber wir klagen uns an, daß wir nicht mutiger bekannt, nicht treuer gebetet, nicht fröhlicher geglaubt und nicht brennender geliebt haben ...« Wir nahmen uns vor, unsere Verantwortung fortan ernster zu nehmen und nicht noch einmal aufkommen zu lassen, daß wir schweigen würden, wo wir den Mund aufzutun hätten. Wir nahmen uns vor, den Wiederaufbau aus dem Elend und die neue Ordnung unserer Gemeinschaft aus christlicher Verantwortung zu gestalten.

Wenn wir heute, nach rund 20 Jahren, auf jene Stunde des Nullpunktes von 1945 zurückblicken und uns fragen, wie sich der christliche Beitrag auf die Entwicklung in eben diesem Zeitraum nach dem Kriege ausgewirkt hat, so werden wir ehrlicherweise bestenfalls nur eine zurückhaltende Antwort geben können.

An Erklärungen der evangelischen Kirche war kein Mangel. Es gibt keine Frage, die die Kirche legitimerweise berühren konnte, zu der nicht gesprochen worden wäre. Alles Gesagte ist auch mit der Miene des Respektes vernommen worden, mit der man überhaupt der Kirche hierzulande begegnet. Keine Regierung im Bund oder Land, kein Rathaus, keine politische Partei, keine Organisation von Rang weist eine christliche Anrede zurück. Alle allgemeinen Einrichtungen, zumal die Schulen, die Kasernen und die Massenmedien des Rundfunks und des Fernsehens stehen der christlichen Verkündigung aus öffentlichen Mitteln zur Verfügung. Die kirchlichen Feiertage haben unangefochten ihren Platz in den Kalendern. Auch an Geld fehlt es der Kirche dank Kirchensteuer und staatlicher Subvention aus zahllosen Fonds in keiner Weise. Können wir angesichts dieser und noch weiterer Erfolge nicht mit unserer Wirksamkeit zufrieden sein?

Wir könnten es, wenn wir nicht zugeben müßten, daß an diesem Bild gar zu viel nur Fassade ist, weil die christliche Substanz in unserem Volk längst nicht dem entspricht, was das äußere Bild so beruhigend hergibt.

Müssen wir nicht schon allein darüber stutzig werden, daß es in dem anderen Teil unseres Vaterlandes hinter der Elbe und Werra so wesentlich anders aussieht?

Gewiß waren die Impulse der Besatzungsmächte hüben und drüben überaus unterschiedlich. Sind es aber nicht hüben und drüben Menschen unseres einen Volkes, die sie in eben dieser Unterschiedlichkeit, ja Gegensätzlichkeit aufgenommen haben und weitertragen? Würden wir die Einflüsse, die die sowjetische Besatzungsmacht drüben ausgeübt hat, hier besser bestanden und wirksamer auf andere Wege geführt haben, als unsere evangelische Kirche es drüben vermochte? Diese Frage enthüllt doch bedrängend, so scheint mir, und zumal auf dem Hintergrund der Jahre 1933/45, wie es um die christliche Substanz auch bei uns bestellt sein dürfte, wenn es hier ebenso wie dort auf eine erneute Probe ankäme. Das Bild der nationalsozialistischen Überrollung, das wir alle gegeben haben, und das zusätzliche Bild der marxistischen Überrollung, wie es sich in dem anderen Teil unseres Volkes darbietet, sollte uns überaus vorsichtig stimmen, wenn es um die Frage nach der gestaltenden Kraft des Christlichen in unserem Volke geht. Auch hier würde sich z. B. das hochgemute Zutrauen in die Widerstandskraft christlicher Eltern keineswegs begründeter erweisen, mit dem man drüben zunächst den Kampf um Jugendweihe oder Konfirmation aufnahm und sich dann sehr bald in ein Sowohl-als-auch, d. h. in ein kirchlich geduldetes Nebeneinander von Jugendweihe und Konfirmation abgedrängt sah. Die Überladenheit unserer Konfirmations- oder gar Weihnachtstische würde sich auch hier als ein schlechter Gradmesser für die Standfestigkeit der Beteiligten herausstellen, wenn der Erweis christlichen Glaubens auch hier einen Preis verlangte.

II

In der Bundesrepublik sind der christlichen Gemeinde nach 1945 neue Bewährungsproben gegenüber einer feindseligen Umwelt erspart geblieben. Dafür sind wir dankbar.

Die grundsätzliche Unangefochtenheit der Kirche, ja deren wohlwollende Begünstigung durch Staat und Gesellschaft hat freilich zur Folge gehabt, daß sie in sich selbst nicht zu neuen Ansätzen vordrang, vielmehr in der weichen Welle des Wohlstandes weithin wieder fallen ließ, was durch den Kirchenkampf im Dritten Reich angestoßen worden war.

Die Barmer Synode von 1934 hatte Lutheraner, Reformierte und Unierte zu einem gemeinsamen Bekennen gegenüber den Irrtümern des Nationalsozialismus zusammengeführt. Wir wollten es Gott überlassen, was dieses gemeinsame Bekennen für unser Verhältnis zueinander zu bedeuten haben würde. Daraus ist längst wieder eine Versteifung auf den alten innerprotestantischen Konfessionalismus geworden. Zwar nehmen wir alle fleißig an der Fülle der ökumenischen Konferenzen teil, auf denen die verschiedenen Kirchen zur Rechenschaft darüber gerufen werden, wieso und warum sie glauben, getrennte Kirchen sein zu dürfen, und auf denen die jungen Kirchen in Afrika und Asien immer stärker auf die Überwindung des innerprotestantischen Konfessionalismus drängen, um in ihrer Umwelt ein glaubwürdiges Zeugnis für den einen Herrn abgeben zu können. Etliche unserer Landeskirchen aber verharren unbewegt bei den alten Differenzen um das Abendmahl oder um das Amt und um einige andere Fragen. Sie vermögen nicht zur wechselseitigen Anerkennung ihrer Kirchlichkeit und der EKD als einer Kirche durchzudringen, so als ob man immer noch entweder lutherisch oder reformiert sein müsse, aber nicht evangelisch sein könne. Dieses dogmatische Beharren bei angeblich kirchentrennenden, in der Praxis aber längst weitgehend aus dem Bewußtsein des Kirchenvolkes entschwundenen Lehrunterschieden ist wahrlich nicht geeignet, die Wirksamkeit der evangelischen Kirche zu stärken.

Auch hinsichtlich einer vernünftigen organisatorischen Abgrenzung und Neugliederung unserer 27 Landeskirchen erlebt die Umwelt kein Vorbild. Großkirchen mit weit über 1000 Pfarrstellen und Kleinstkirchen mit weit unter 100 Pfarrstellen existieren aus alten landesherrlichen Zeiten nebeneinander. Als im norddeutschen Raum (Hamburg, Schleswig-Holstein, Eutin und Lübeck) eine Neugliederung versucht wurde, verlief sie ähnlich wie Europa-Verhandlungen unter Franzosen, Deutschen oder Holländern.

Erst recht hat sich an der traditionellen Art volkskirchlicher Gemeindearbeit nichts Wesentliches geändert. Die Klage über den Ein-Mann-Betrieb der Pastoren verstummt nicht. Die Gemeinde als Lebensgemeinschaft bleibt – aufs Ganze gesehen – ein Vorzug der Sekten. Es gilt als selbstverständlich, daß die christliche Unterweisung der Jugend durch staatliche Lehrer und daß die Seelsorge an den Soldaten der Bundeswehr durch staatliche Pfarrer vonstatten gehen.

Wie steht es mit Opferfreudigkeit und persönlichem Engagement? Die politischen Parteien, ohne die eine freiheitliche Demokratie nicht leben kann, tun sich bekanntlich schwer mit der Werbung von Mitgliedern und mit einer eigenständigen Finanzierung aus Mitgliederbeiträgen. Für einen Teil der im Bundestag vertretenen Parteien ist der Griff nach den Steuergeldern aus dem staatlichen Haushalt nach eigener Aussage zur Existenzfrage geworden. Auf einer Konferenz von Experten der Parteien wurde erklärt, daß die Parteien in eine ähnliche Lage versetzt werden müßten wie die Kirchen, denen der Staat die Beiträge (Kirchensteuer) einhebe und denen er obendrein Subventionen gewähre. Wo kommen wir hin, wenn das so weitergeht?

In den ersten Jahren nach dem Krieg wollten wir in der Kirche in Fortführung der Erfahrungen des Kirchenkampfes zu einer kircheneigenen Beitragserhebung durchbrechen. Die Versuchung der Bequemlichkeit und der Ergiebigkeit staatlicher Kirchensteuererhebung nahm überhand. Noch 1950 bat die Synode der Evangelischen Kirche im Rheinland die Kirchenleitung mit überwältigender Mehrheit »mit allem Ernst darauf bedacht zu sein, daß auf die Inanspruchnahme des Staates zur Einziehung der Kirchensteuer sobald wie möglich verzichtet werden kann«[2]. Seitdem 1956 auch die Württembergische Landeskirche auf die staatliche Einhebung der Kirchensteuer einschwenkte, gibt es nur noch in der Bayerischen Landeskirche eine teilweise kircheneigene Einhebung. Sie beschränkt sich auf die zur Einkommensteuer veranlagten Gemeindeglieder, während bei den Lohnsteuerpflichtigen auch dort das Finanzamt die Kirchensteuern einzieht. Im übrigen denkt heute niemand mehr ernstlich an kircheneigene Beitragserhebung. Der Evangelische Kirchentag hat sich von vornherein so gut wie ganz auf die großen Beträge aus staatlichen, kommunalen und landeskirchlichen Haushalten eingerichtet.

III

Über die Verhältnisse in der DDR hat Generalsuperintendent Günter Jacob in »Kirche in der Zeit« aufrüttelnd berichtet. Ich zitiere daraus[3]:

»Was in anderen Gebieten an Phänomenen der Schrumpfung der Gemeinde in der Bedrohung durch einen konsequenten Säkularismus und durch die sich rapide wandelnden gesellschaftspolitischen Strukturen als Gefahr angezeigt wird, hier in unserem Bereich hat sich diese Gefahr schon zur akuten offenen Krise für das Leben der traditionellen Gemeinde verdichtet. Hier wirkt sich diese Gefahr bereits in so alarmierenden Symptomen und Prozessen aus, daß alle Trägheit und alle Vogel-Strauß-Politik unmöglich geworden sind. Wenn die Gottesdienste schrumpfen, wenn die Kirchenaustritte lawinenartig wachsen, wenn Kinder und junge Menschen in weitem Umfang jenseits der christlichen Gemeinde aufwachsen, gewiß nicht im Atheismus, wenn die Gewohnheit, an den Amtshandlungen der Kirche zu partizipieren, unter dem Diktat einer anderen öffentlichen Weltanschauung, die ihrerseits einen Kult aus sich heraus setzt (Kindesweihe, Jugendweihe, Eheweihe, Totenweihe), zerstört ist, wenn die Getreuen durch alle diese Phänomene von Resignation und müdem Achselzucken im Blick auf die Zukunft der Gemeinde befallen werden, wenn es kaum Anzeichen einer echten missionarischen Strahlungskraft der Gemeinde über den vielleicht noch mühsam behaupteten eigenen Bereich hinaus gibt (ein solches Anzeichen wäre z. B. die echte Konversion eines jungen Atheisten im Vollzug der heiligen Taufe), wenn die vorhandenen Kräfte nur noch in der Konservierung des jetzigen Bestandes verschlissen werden, wenn Tendenzen sichtbar werden, durch Opportunismus und Anpassung zu retten, was noch zu retten ist, dann ist es nicht mehr möglich, die längst überfälligen Probleme in der Gemeinde unter dem hermetischen Verschluß theoretischer Diskussionen zu halten und ihre praktische Inangriffnahme weiter zu vertagen, wie es sonst wohl weithin im Sog des Beharrungsvermögens geschehen mag.«

Die Identität von Bürgergemeinde und Christengemeinde ist zerbrochen, die Fassaden sind zusammengefallen. Unausweichlich muß dort die verbleibende Kerngemeinde in jeder Hinsicht neue Verhaltensweisen entwickeln. Dazu gehört Vieles.

Längst schon ist die christliche Jugendunterweisung in der DDR nur noch Sache der Gemeinde. Auch ihre finanziellen Mittel muß sie bereits seit Jahren aus Beiträgen und Kollekten selber gewinnen. Die Gemeinde ist gezwungen, zur Lebensgemeinschaft zusammenzurücken und dem geistlichen Analphabetentum auch treuer Gemeindeglieder durch intensive Bibelarbeit in Hausgemeinschaften und Freizeiten zu begegnen, wenn sie in der marxistischen Umwelt bestehen und ihren missionarischen Auftrag erfüllen will.

Das alles hat angefangen und wird von der Verheißung Gottes getragen.

IV

Eine evangelische Kirche in *zwei* Welten, – hier als überkommene Volkskirche ebensosehr verwöhnt durch ein Gehabe des Wohlwollens wie dort als Kirche auf neuen Wegen bedrängt durch Ablehnung und Behinderung. Wem ist der bessere Teil zugemessen?

Kultusminister Prof. Dr. Mikat sagte 1963 in einem Grußwort vor der Synode der Evangelischen Kirche im Rheinland: »Die Begünstigung der Kirche kann eine spezifische Form ihrer Verfolgung sein.« Darüber sollten wir nachdenken.

Die Begünstigung ist nicht als Verfolgung gemeint. Sie gibt dankenswerte Möglichkeiten der Verkündigung. Sie verführt aber auch zur Selbsttäuschung. Sie läßt in Ordnung erscheinen, was im Grunde ebenso fragwürdig ist, wie sich die alten Formen und Weisen der Kirche drüben erneut als fragwürdig erwiesen haben und schon im Dritten Reich nicht mehr Bestand haben konnten.

Werden wir uns noch einmal auf das besinnen, was wir uns 1945 vorstellten, als ein neuer Anfang gefordert war?

1 KJ 1945-48, S. 26 f.
2 s. Nr. 18, Anm. 2, S. 169.
3 Vom Dienst der Kirche unter veränderten Verhältnissen, ebd. Febr. 1963, S. 61 f.

23. Zur theologischen Beurteilung des Selbstbestimmungsrechts

Artikel »Selbstbestimmungsrecht – theologisch« im Evangelischen Staatslexikon 1966

Zur Rechtfertigung eines Selbstbestimmungsrechts der Völker und der damit in der Regel angestrebten Veränderung bestehender Verhältnisse sind je und dann auch theologische Argumente verwendet worden. Insbesondere die Behauptung, daß das Volk eine sogenannte Schöpfungsordnung Gottes sei, legt die Ableitung eines göttlichen Rechtes auf einen eigenen nationalen Staat als Mittel zur Selbstverwirklichung des Volkes bis hin zu dem Anspruch auf Zusammenfassung aller seiner Glieder in einem eigenen Staat und auf die Selbstbestimmung seiner Lebensordnung nahe. So hat sich beispielsweise die nationalsozialistische Bewegung samt ihren theologischen Vor- und Mitläufern fälschlicherweise solcher Thesen bedient.

Es trifft zu, daß der Wille der Völker, sich je für sich als selbständiges Staatswesen zu konstituieren und sich selber zu regieren, natürlich ist. Er hat sich zu jeder Zeit als bewegendes Element der Geschichte erwiesen. Gleichwohl läßt sich ein Selbstbestimmungsrecht der Völker theologisch nicht ableiten. Die einzige schöpfungsmäßige, von Gott gesetzte unabänderliche Bestimmtheit jedes Menschen besteht darin, daß er Mann oder Frau und daß er Kind seiner Eltern oder Elternteil seiner Kinder ist. Von daher gibt es im Bereich von Mann und Frau sowie von Kindern und Eltern einen besonderen Gehorsam. Dagegen gibt es weder eine schöpfungsmäßig permanente Bestimmtheit des Menschen hinsichtlich seiner Zugehörigkeit zu einem bestimmten Volk noch eine Verheißung Gottes hinsichtlich der Existenz der Völker oder eine besondere Gestalt seines Gebotes hinsichtlich ihres Verhältnisses zueinander. Die Zugehörigkeit des einzelnen Menschen nach Sprache, Sitte, Lebensraum und Geschichte zu diesem und nicht jenem Volk ist eine Fügung Gottes, die er dankbar ehren darf, die aber auch mit seinem Willen oder gegen seinen Willen verloren und durch eine andere abgelöst werden kann. Darum darf der Mensch in seiner Zugehörigkeit zu einem bestimmten Volk nur eine Platzanweisung für den von ihm geforderten Dienst sehen, nicht aber einen Anspruch auf Teilhabe an einer völkischen Selbstverwirklichung oder auf eine persönliche Entfaltung.

Die biblische Offenbarung kennt nur *ein* Volk, das um seiner selbst willen Volk ist. Es ist dies das *Volk Israel,* das Gott zu seinem Bundesvolk erhob[1].

Nirgendwo sonst ist Völkergeschichte primär oder zentral Gottesgeschichte. Die Zerstreuung der Menschen in die Verwirrung ihrer Sprachen und damit in ihre völkischen Gegensätzlichkeiten ist ein Gericht Gottes. Thema des Alten Testamentes und des Neuen Testamentes bleiben über diese Entstehung der Völker hinaus allein der alte Bund Gottes mit Israel und der neue Bund mit der Gemeinde aus allen Völkern. Der in Christus geoffenbarte Sinn der Völkergeschichte ist darum nicht die Entfaltung von Völkerindividualitäten, sondern die Ausbreitung seines Evangeliums unter den Völkern. Die Völker als solche kommen und gehen, sie vermischen sich und sie zerfallen; des ist die Weltgeschichte voll. Darum entspricht wohl die Vielzahl der Völker oder die Völkerwelt in ihrer Buntheit einem Willen Gottes. Nicht aber kann jedes Volk für sich oder gar ein einzelnes in seiner – zeitweiligen – Existenz eine Schöpfungsordnung Gottes in dem Sinne sehen, daß ihm ein besonderer Auftrag zuteil sei. Alle Überhöhung des Völkischen in eine Heilsordnung oder auch nur in einen Anspruch auf Selbstverwirklichung geht fehl. Was Gott einem Volk schenkt, wird nicht zu dessen Eigentum oder zum Selbstzweck, sondern bleibt Mittel zur Erfüllung seiner Aufgabe, dem Evangelium Raum zu geben. Gott liebt nicht das Wesen der Völker, sondern die Seinen in allen Völkern. Zu einem göttlichen Selbstbestimmungsrecht der Völker führt deshalb von der Offenbarung aus keine Brücke. Das Selbstbestimmungsrecht ist nicht mehr, aber auch nicht weniger als ein politisches Prinzip, dessen Qualität allein nach seiner Bedeutung für die Bewahrung des Friedens unter den Völkern und für die Verwirklichung von Freiheit und Gerechtigkeit zu beurteilen ist.

Diese theologische Sachlage schließt nicht aus, daß auch die Kirche grundsätzlich oder im Einzelfall dort, wo es dem Frieden, der Freiheit oder der Gerechtigkeit dient, für das Selbstbestimmungsrecht der Völker eintritt. Sie kann es um dieser mitmenschlichen Werte willen legitim tun. In der Tat hat das Selbstbestimmungsrecht nicht nur bei nationalen Kirchen, sondern auch in der Vollversammlung des Ökumenischen Rates der Kirchen (zum Beispiel in Neu-Delhi 1961 anläßlich der Angola-Frage) und in seiner Kommission der Kirchen für internationale Angelegenheiten in solchem Sinne wiederholt eine Rolle gespielt.

Wesentlich bleibt, daß kirchliche Erklärungen zum Selbstbestimmungsrecht sich von der Inanspruchnahme göttlicher Gebote freihalten. Wohl aber kann die Kirche geltend machen, daß das Menschenrecht der Glaubens- und Gewissensfreiheit zur Entwicklung des Selbstbestimmungsrechts der Völker beigetragen hat. Als sich in den Vorläufern der amerikanischen Neu-England-Staaten des 16. und 17. Jahrhunderts der Vorrang der Glaubens- und Gewissensfreiheit vor aller staatlicher Gewalt zu einem das Wesen dieser Staaten bestimmenden Elemente entwickelte, wurde ein entscheidender Durchbruch zur freiheitlichen Demokratie vollzogen. Ihre Entfaltung führte aus den Konsequenzen des damit aufgeschlossenen politischen Leitbildes auch zum prinzipiellen Selbstbestimmungsrecht der Völker. Die Unabhängigkeitserklärung der Neu-England-Staaten (1776) fußt bereits auf diesem Grundsatz.

1 In der zweiten Auflage 1975: »Die biblische Offenbarung kennt nur ein Volk, das in der Geschichte Gottes mit der Menschheit eine heilsgeschichtliche Sendung und damit eine eigene Bedeutung als Volk hat. Dies ist das Volk Israel, das Gott zu seinem Bundesvolk erwählte.«

24. Neue Fakten und Formen des politischen Engagements der Evangelischen Kirche

Vortrag auf dem 11. evangelisch-katholischen Publizistentreffen in der Evangelischen Akademie Tutzing, 1. 5. 1966

I

Die Denkschrift der Evangelischen Kirche in Deutschland (EKD) über »Die Lage der Vertriebenen und das Verhältnis des deutschen Volkes zu seinen östlichen Nachbarn« hat das Bedürfnis nach einer grundsätzlichen Klärung des Rechtes und der Grenzen kirchlicher Stellungnahme zu politischen Fragen außerordentlich verstärkt[1]. Diese Denkschrift steht seit ihrer Veröffentlichung im Oktober 1965 im Mittelpunkt vielfältiger Auseinandersetzungen nicht nur in der allgemeinen Öffentlichkeit, sondern auch innerhalb der Kirche selbst[2]. Es gibt keinen Einwand gegen ihren Inhalt, der nicht erhoben worden wäre. Es gibt keine noch so schmähliche Verdächtigung gegen ihre Verfasser oder gegen den Rat der EKD, die nicht ausgesprochen worden wäre. Im Protest gegen die Denkschrift hat sich sogar eine »Notgemeinschaft evangelischer Deutscher« formiert, die sich um die Wahrung des überlieferten Verständnisses von Volk und Vaterland in der evangelischen Kirche bemühen will. Die Synode der EKD hat die Denkschrift im März 1966 erläutert und bei einer Stimmenthaltung einmütig gebilligt[3]. Geblieben aber ist die Notwendigkeit einer grundsätzlichen Besinnung über derartige kirchliche Verlautbarungen.

Solche Besinnung muß zunächst in Erinnerung nehmen, daß die evangelische Denkschrift zu den Ostfragen kein vereinzelter Vorgang ist. Im gleichen Jahr 1965 gab es auch eine Denkschrift der EKD zur »Teilarbeitszeit der Frauen« und zur »Neuordnung der Landwirtschaft in der Bundesrepublik Deutschland als gesellschaftliche Aufgabe« sowie Äußerungen der Familienrechtskommission der EKD zum Recht der unehelichen Kinder und der Strafrechtskommission der EKD zur Regelung der Religionsdelikte in einem neuen Strafgesetzbuch der Bundesrepublik Deutschland. Voraufgegangen waren u. a. im Jahre 1963 das Wort des Rates der EKD zu den NS-Verbrecherprozessen sowie 1962 die Denkschrift der EKD zur Eigentumsfrage in der Bundesrepublik Deutschland unter dem Titel »Eigentumsbildung in sozialer Verantwortung«, an die sich ebenfalls sehr lebhafte Erörterungen angeknüpft haben[4]. Besonders oft äußerten sich kirchliche Organe im Laufe der Jahre zu den Fragen, die mit der Spaltung Deutschlands zusammenhängen. Auch aus dem anderen Teil Deutschlands wären kirchliche Verlautbarungen zu öffentlichen Fragen zu nennen[5].

Im Hinblick auf diese Vorgänge ist die Redeweise aufgekommen, daß die evangelische Kirche in ein »Zeitalter der Denkschriften« eingetreten sei. Dieser Ausdruck mag gelten, wenn sich damit die Einsicht verbindet, daß in der evangelischen Kirche in der Tat ein neues Kapitel ihres Selbstverständnisses angehoben hat. Dieses neue Selbstverständnis hat die evangelische Kirche sowohl in ein unmittelbares Engagement in innerdeutschen politischen Fragen als auch mittelbar über die Ökumene in das Engagement in internationalen politischen Fragen hineingeführt. Beides ist in seiner Art neueren Datums.

Die Anfänge dieses Engagements greifen in die Zeit des Kirchenkampfes im Dritten Reich zurück. Damals hat ein Umbruch in der evangelischen Kirche eingesetzt, dessen grundsätzliche Bedeutung und dessen Tragweite nur auf dem Hintergrund unserer Kirchengeschichte verstanden werden kann. Es ist unumgänglich, mit einem Rückblick in die Geschichte des deutschen Protestantismus und seines Verhältnisses zum Staat und zur Politik anzusetzen (II), um daran anschließend die Grundsatzfragen kirchlicher Stellungnahme (III) und deren Arbeitstechnik (IV) zu behandeln.

II

Die Reformation Luthers in Deutschland im 16. Jahrhundert ist dadurch gekennzeichnet, daß Luther im Unterschied zu Vorläufern (Arnold von Brescia, Wiclif, Hus) den nachhaltigen Anschluß an weltliche Gewalt fand und in vielen der damaligen rund 500 deutschen Territorien ein Bündnis mit Fürsten und Magistraten reichsfreier Städte, insbesondere mit seinem eigenen Kurfürsten von Sachsen, eingehen konnte. Die kaiserliche Zentralgewalt, die an der alten Kirche festhalten wollte, war nicht stark genug, alle Reichsstände auf die Vollstreckung der Reichsacht gegen Luther festzulegen. Der Kaiser war in Bedrängnissen durch Frankreich, den Papst und die Türken und mußte es auf dem Reichstag zu Speyer 1526 hinnehmen, daß sich die Territorialgewalten der Religionsfrage bemächtigten, indem sie sich nicht einheitlich, sondern unterschiedlich gegenüber Luther einstellten. In einem entscheidungsträchtigen Augenblick deutscher Geschichte behielt damals die religiöse Sonderung nach Reichsständen die Oberhand gegenüber der alten Einheit von Reichs wegen. Wir können auch sagen: die Kulturhoheit glitt 1526 aus der Hand der Zentralgewalt in die Hand der Länder, wo sie bis heute verblieben ist.

Die Territorialgewalten, die es mit Luther hielten, waren gleichzeitig sein Schutz wie auch die Organisatoren und damit die Träger der jungen protestantischen Landeskirchen. Weltliche und geistliche Gewalt flossen ineinander. Thron und Altar gingen jenes Bündnis ein, das an die 400 Jahre protestantischer Kirchengeschichte geprägt hat. Luther mochte wohl erwartet haben, daß aus dem Schutz und aus der Hilfe der weltlichen Gewalt für die Reformation der Kirche alsbald lebendige Gemeinden und eigenständige Kirchen erwachsen würden, – wir wissen im nachhinein, daß das Beharrungsvermögen der staatskirchlichen Anfänge bis zum Zusammenbruch der alten landesherrlichen Gewalten im Jahre 1918 die Oberhand behielt.

Dieser hier nur im groben Strich und unter Außerachtlassung besonderer Entwicklungen, wie etwa am Niederrhein, skizzierte

Geschichtsverlauf hat dem deutschen Protestantismus ein Gepräge gegeben, über das noch einige zusätzliche Feststellungen zu treffen sind.

Zum Bild des deutschen Protestantismus vor 1918 gehört es, daß er nicht zu einem Gegenüber zum Staat und damit auch nicht zu einer eigenen Verantwortung in den öffentlichen Fragen der Politik oder der Gesellschaftsordnung oder gar in internationalen Fragen durchzudringen vermochte. Man war vaterländisch, – das verstand sich. Man begleitete das, was der Staat im Frieden oder Kriege tat, treulich mit dem Worte Gottes. Man unterschied Kriege zwar lehrmäßig in gerechte und ungerechte Kriege, praktizierte den Unterschied aber in keinem Falle. Der Treueid auf den Träger der weltlichen Gewalt galt höher als alle Bedenken gegen seine Taten. Man konnte auch nationalistisch überschäumen, wenn man mit dem Volke eine Stunde der großen Geschichte zu erleben vermeinte. Man war halt, um es ganz einfach zu sagen, immer dabei und genoß dafür die Privilegien, die die Welt stets zu geben bereit ist, wenn eine Kirche folgsam mitgeht.

Hinsichtlich der Gesellschaftsordnung war der deutsche Protestantismus vor 1918 eindeutig konservativ. Es genüge hier, daran zu erinnern, daß die Kirche für die im 19. Jahrhundert aufgebrochenen sozialen Fragen aus der Industrialisierung, der Lohnarbeit, der Ausbeutung von Frauen und Kindern in den Fabriken, dem Wohnungselend usw. auf das Ganze gesehen kein Verständnis hatte. Freilich gab es achtbare karitative Bemühungen. Aber die Gesellschaftsordnung als solche stand für die Kirche außerhalb des Bereiches ihrer Mitverantwortung.

Dieses Bild wird aber dann erst rund, wenn man hinzunimmt, daß nicht nur von Staats wegen, sondern auch durch die Kirche im Verein mit den gesellschaftlichen Kräften den Bürgern wie den Gliedern der Kirche von Generation zu Generation eine Geisteshaltung der Untertänigkeit als gottgewollter Inhalt des Evangeliums anerzogen wurde. Koppelungen von Thron und Altar haben zu jeder Zeit und überall dazu geführt, daß das treue Dienen in dem von Gott verordneten, d. h. in der Regel in dem vom leiblichen Vater überkommenen Berufsstand, sowie der Gehorsam gegenüber der Obrigkeit besondere Akzente in der Unterweisung durch Kirche und Schule annahmen. In einem Kirchenlied aus dem Jahre 1566 begegnet der Vers:

»Verleih auch daß die Untertan
fromm sind, treu und gehorsam.
Leist jeder sein Pflicht in seinem Stand
Gott, seinem Herrn und seim Land.«

Diesen Vers greife ich deshalb heraus, weil er noch 1964 auf einem großen Männertreffen einer deutschen Landeskirche gesungen wurde. Er steht nämlich auch heute noch im Gesangbuch dieser Kirche. Auf dem Hintergrund solcher Erziehung wird die Anekdote von einem Schneidermeister verständlich, der vor 150 Jahren in einer kleinen deutschen Stadt lebte und sich an der Begrüßung des regierenden Fürsten mit einer Schrift an seinem Haus beteiligte: »Lieber Landesvater, – unter Deinen Flügeln kann ich ruhig bügeln.« Diese Mentalität ist in unserer bisherigen Geschichte nie recht überwunden worden.

Es mag dahinstehen, ob auch eine richtig verstandene lutherische Theologie zu den skizzierten Verhaltensweisen hinführt oder ob bloße Mißverständnisse Luthers einige – reparable – Fehlentwicklungen verursacht haben. Hier kann die marxistische Erkenntnis, daß das Sein das Bewußtsein bestimmt, aufschlußreicher sein. Wo Staat und Kirche sich miteinander verkoppeln, werden auf der Grundlage jeder Theologie die Obrigkeit überbetont und die bestehenden gesellschaftlichen Verhältnisse verfestigt. Deshalb ist die rechte Zuordnung von Kirche und Staat so wichtig. Die Revolution von 1918 war Zusammenbruch, nicht Aufbruch. Aus den Trümmern der Monarchien und aus der Unhaltbarkeit der alten Standesvorrechte konnte nur Demokratie herausführen. Sie kam ohne christlichen Anstoß und hatte zu ihren Widersachern nicht nur die alten gesellschaftlichen Kräfte, sondern weithin auch die evangelische Kirche mit ihrem Anhang. Das hätte auch anders sein können, wie die angelsächsische Geschichte eindrucksvoll beweist. Hier aber, in Deutschland, blieben Kirche und Theologie aufs Ganze gesehen auch dann noch rückbezogen auf den Patriarchalismus und auf staatskirchliche Privilegien, als mit der Weimarer Republik eine neue Zeit angebrochen war. Man fand kein positives Verhältnis zur Demokratie, begegnete ihr vielmehr sehr reserviert, ja sogar mit Abscheu. Alles, was sich über ihre Mängel oder gar Gefahren sagen ließ, wurde gründlicher ausgebreitet, als was über ihre Bedeutung für Gerechtigkeit, Menschenwürde und Rechtsstaat zu sagen möglich gewesen wäre. Wenn der Göttinger Theologe Trillhaas noch 1956 schreiben konnte, daß die Demokratie das eigentlich unbewältigte Thema der lutherischen Theologie sei, so galt das erst recht für die Weimarer Zeit. Vollends beklagenswert, ja verhängnisvoll war, daß man im evangelischen Bereich die Verteidiger der Demokratie gegen ihre Feinde nicht nur weithin im Stich ließ, sondern aus traditioneller Neigung zu autoritären Staatsauffassungen sogar mit dem Nationalsozialismus sympathisierte. Als Hitler die Macht ergriff, fehlte es leider nicht an überschwenglichen Hymnen und Segenswünschen aus dem Munde evangelischer wie katholischer Kirchenmänner. Die Gabe der Unterscheidung der Geister (1. Kor. 12, 10) war diesen Kirchenmännern offensichtlich nicht gegeben.

Der Nationalsozialismus, der alle Organisationen und Körperschaften der Gleichstellung unter seine Führung und Prinzipien unterwarf, wollte auch die evangelische Kirche nicht auslassen. Sie sollte sich obendrein einem arischen Gottesglauben öffnen, jedenfalls aber vom biblischen Evangelium des im jüdischen Volk erschienenen Christus ablassen. Mit dem darüber aufgebrochenen Kampf der Bekennenden Kirche stehen wir am Anfang des Weges, der zu der eingangs erwähnten Ostdenkschrift der EKD geführt hat.

Am 29. Mai 1934 trat in Barmen die erste Synode der Bekennenden Kirche zusammen. Sie umfaßte unter ihren 138 Mitgliedern in gleicher Weise unierte, lutherische und reformierte Kirchen und Gemeinden. Ihre Erklärung – die Barmer Erklärung – vom

31. Mai 1934, die heute zu einem Bestandteil unserer Kirchenordnungen und Lehraussagen geworden ist, kennzeichnet wesentliche Korrekturen oder Ergänzungen des evangelischen Verständnisses der Schrift und der Kirche.

Für unser Thema ist die These V von besonderem Belang. Sie lautet:

»a) ›Fürchtet Gott. Ehret den König!‹ (1. Petr. 2,17)

b) Die Schrift sagt uns, daß der Staat nach göttlicher Anordnung die Aufgabe hat, in der noch nicht erlösten Welt, in der auch die Kirche steht, nach dem Maß menschlicher Einsicht und menschlichen Vermögens unter Androhung und Ausübung von Gewalt für Recht und Frieden zu sorgen. Die Kirche erkennt in Dank und Ehrfurcht gegen Gott die Wohltat dieser seiner Anordnung an. Sie erinnert an Gottes Reich, an Gottes Gebot und Gerechtigkeit und damit an die Verantwortung der Regierenden und Regierten. Sie vertraut und gehorcht der Kraft des Wortes, durch das Gott alle Dinge trägt.

c) Wir verwerfen die falsche Lehre, als solle und könne der Staat über seinen besonderen Auftrag hinaus die einzige und totale Ordnung menschlichen Lebens werden und also auch die Bestimmung der Kirche erfüllen.

d) Wir verwerfen die falsche Lehre, als solle und könne sich die Kirche über ihren besonderen Auftrag hinaus staatliche Art, staatliche Aufgaben und staatliche Würde aneignen und damit selbst zu einem Organ des Staates werden.«

Diese These führt in mehrfacher Hinsicht über das bis dahin Gewohnte hinaus. Sowohl der Staat als auch die Kirche erscheinen nach ihrer altgewohnten Verkoppelung deutlicher in ihren Besonderheiten und von daher zugleich auch in ihren Unvereinbarkeiten oder notwendigen Geschiedenheiten. Der Staat darf nicht Kirche sein wollen, die Kirche darf sich nicht staatliche Funktionen aneignen wollen. Wohl aber weist die These V der Kirche eine Aussage über den Staat und sein Tun zu. Die Kirche steht dem Staat gegenüber und rückt ihn in das Licht der ihm von Gott zugemessenen Funktion. Die tiefste Korrektur gilt den Regierten.

In Abkehr von der jahrhundertelangen Pflege eines Untertanengeistes und in scharfem Kontrast zum nationalsozialistischen Führerprinzip erinnert die These V an die Mitverantwortung auch der Regierten für den Staat und das öffentliche Geschehen. Sie öffnet damit – im Dritten Reich! – auch von der reformatorischen Theologie her den Weg, die Probleme der Demokratie als Gestaltungsfrage der Staatlichkeit in unserer Zeit anzugehen.
Aus der These II schneidet hier die Aussage ein, daß es keinen Lebensbereich gibt, der der Herrschaft Jesu Christi entzogen sein könnte. Die These II lautet:
»a) ›Jesus Christus ist uns gemacht von Gott zur Weisheit und zur Gerechtigkeit und zur Heiligung und zur Erlösung‹ (1. Kor. 1, 30).
b) Wie Jesus Christus Gottes Zuspruch der Vergebung aller unserer Sünden ist, so und mit gleichem Ernst ist er auch Gottes kräftiger Anspruch auf unser ganzes Leben; durch ihn widerfährt uns frohe Befreiung aus den gottlosen Bindungen dieser Welt zu freiem, dankbarem Dienst an seinen Geschöpfen.
c) Wir verwerfen die falsche Lehre, als gebe es Bereiche unseres Lebens, in denen wir nicht Jesus Christus, sondern anderen Herren zu eigen wären, Bereiche, in denen wir nicht der Rechtfertigung und Heiligung durch ihn bedürfen.«
Zuspruch – Anspruch: Gottes Gabe fordert unsere Antwort. Indem er vergibt, erhebt er Anspruch auf unser Leben. Indem er aus falschen Bindungen befreit, ruft er uns in den Dienst an den Mitmenschen. Was immer wir tun, – wir bleiben in dem Herrschaftsbereich Jesu Christi. Weil aus Luthers Unterscheidung der beiden Reiche des Evangeliums und des Gesetzes weithin eine Eigengesetzlichkeit, d. h. ein nicht vor Gott zu verantwortendes Handeln in Staat und Politik geworden ist, rückt die These II mit besonderer Eindringlichkeit die Lückenlosigkeit des Anspruches Jesu Christi in die Erinnerung. Diesen Anspruch hat die Kirche zu bezeugen, und zwar nicht nur in unser privates Leben, in unser Familien- und Berufsleben hinein, sondern auch in unser aller öffentliches Tun und Lassen hinein.
Mit der Barmer Erklärung waren Positionen markiert, die es

fortan auszufüllen und zu praktizieren galt. Wieweit dies gelungen ist – oder richtiger gesagt, wieweit auch die Bekennende Kirche im Verlauf des Kirchenkampfes hinter sich selbst zurückgeblieben ist –, kann hier nicht erörtert werden. Klar ist jedenfalls, daß die Barmer Erklärung einen Wandel im Selbstverständnis der evangelischen Kirche anzeigt. Sie stellt eine Abkehr von alten Positionen und eine Hinwendung zu neuen Positionen von großer Tragweite dar. Das für den evangelischen Volksteil entgegen aller geschichtlichen Erfahrung neue Erlebnis einer Glaubensbedrückung durch die eigene Obrigkeit mußte auf jeden Fall eine nachhaltige Wirkung allein schon dadurch auslösen, daß sich die evangelische Kirche fortan nicht nur aus der Koppelung mit dem Staat entlassen, sondern in ein spannungsvolles und sogar feindseliges Gegenüber zur eigenen Obrigkeit gerückt sah. Die Zeit ihrer Mündigkeit und Mitverantwortung in den Fragen der Staatsordnung und Staatsführung war gekommen.

Solche Verantwortung zu betätigen und die nationalsozialistischen Machthaber auf Gottes Gebot anzureden, war genug Anlaß vorhanden. Aber auch die Bekennende Kirche blieb zunächst immer wieder bei dem stehen, was sie selber als Kirche und die Gemeinden betraf. Ihre öffentlichen Erklärungen richteten sich gegen den Ansturm der nationalsozialistischen Weltanschauung und gegen die Verwüstung der kirchlichen Ordnungen.

Und doch passierte auch das andere, – die Anrede der Obrigkeit auf ihre Verantwortung für Recht und Gerechtigkeit. Die erste »Denkschrift« in solcher Richtung darf nicht vergessen werden.

Im Mai 1936 richteten die geistlichen Mitglieder der Vorläufigen Kirchenleitung (Müller, Albertz, Böhm, Forck, Fricke) zusammen mit dem Rat der Deutschen Evangelischen Kirche (Asmussen, Lücking, Middendorf, Niemöller, v. Thadden) an Hitler eine Denkschrift gegen den Totalitätsanspruch des Staates, die sich nicht nur mit Weltanschauungs- und Kirchenfragen befaßt, sondern auch einen Abschnitt »Sittlichkeit und Recht« enthält[7]. Darin werden u. a. die Auflösung des Rechtes durch den Grundsatz »Recht ist, was dem Volke nützt«, die Hypertrophie der

Eidesleistungen sowie der Wahlterror behandelt. Wörtlich heißt es: »Das evangelische Gewissen, das sich für Volk und Regierung mit verantwortlich weiß(!), wird aufs härteste belastet durch die Tatsache, daß es in Deutschland, das sich selbst als Rechtsstaat bezeichnet, immer noch Konzentrationslager gibt, und daß die Maßnahmen der Geheimen Staatspolizei jeder richterlichen Nachprüfung entzogen sind ... Die evangelische Christenheit sieht auch in diesen Dingen die Gefahr, daß in unserem sittlich-rechtlichen Denken ein antichristlicher Geist zur Herrschaft kommt.« Wenn von einem in der evangelischen Kirche angebrochenen »Zeitalter der Denkschriften« die Rede sein soll, so wäre es mit dieser Denkschrift vom Mai 1936 eröffnet worden. Sie sollte aber auch deshalb nicht vergessen werden, weil sich mit ihr die Ermordung des vormaligen Landesgerichtsdirektors Friedrich Weissler verbindet. Er hatte an der Denkschrift mitgearbeitet und sie gegen den Willen der Kirchenleitung an die ausländische Öffentlichkeit gelangen lassen. Im Februar 1937 wurde er in Sachsenhausen umgebracht.

Nach dem Zusammenbruch von 1945 haben zwei Gegebenheiten ein Fortschreiten der evangelischen Kirche auf dem mit Barmen markierten Weg gefördert. Als eine der wenigen handlungsfähigen und geachteten Institutionen fiel neben der katholischen Kirche auch der evangelischen die Aufgabe zu, sich um Elend und Wiederaufbau durch Wort und Tat zu kümmern. Die »Stuttgarter Erklärung« des Rates der EKD vom Oktober 1945 hatte dazu eine neue Gemeinschaft auch mit den protestantischen Kirchen der Siegerstaaten ermöglicht und u. a. deren Beteiligung an einem großen Hilfswerk aufgeschlossen. Zum anderen fand die evangelische Kirche damit zugleich den Weg in die außerhalb Deutschlands auch während des Krieges fortgeschrittene ökumenische Bewegung, die 1948 zur Konstituierung des Weltrates der Kirchen führte. Die damalige Weltkirchenversammlung in Amsterdam stand unter dem Thema »Die Unordnung der Welt und Gottes Heilsplan«. Eine ihrer Bemühungen galt der sog. verantwortlichen Gesellschaft, die seitdem ein Schlüsselwort des ökumenischen Gesellschaftsdenkens geworden ist und auch die deutsche Sozialethik befruchtet hat[8].

Mit dem Beitritt der EKD zum Weltrat der Kirchen ergab sich eine Ausweitung des politischen Engagements auf die großen internationalen Fragen. In allen Organen der Ökumene wirken Repräsentanten der EKD und ihrer Gliedkirchen mit. Es liegt in der Natur der Sache, daß die ökumenischen Organe sich nicht mit Vorgängen von nur begrenzter Bedeutung, sondern mit Vorgängen von allgemeinem Belang befassen, als da sind Kriegsgefahren, Weltorganisation, Rassenfragen, Völkermord, internationales Ethos und dergl. So hat beispielsweise der Zentralausschuß des Weltrates der Kirchen in Genf im Februar 1966 eine Erklärung zu Vietnam abgegeben, der eine gründliche ausgewogene Vorarbeit durch die Kommission für internationale Angelegenheiten des Weltrates der Kirchen zugrundeliegt und deren Intention im März 1966 von der Synode der EKD bejaht und unterstrichen worden ist[9]. Dieses Beispiel illustriert das Geflecht der ökumenischen Beteiligung der EKD am internationalen politischen Engagement der Kirchen. Auch die Genfer ökumenische Konferenz »Kirche und Gesellschaft« (Juli 1966) ist hier zu nennen, die der Bemühung gewidmet war, ein neues Gefühl für eine weltumfassende Solidarität zu wecken und den Weg zu einer verantwortlichen Weltgesellschaft aufzuzeigen.

III

Die Rechtfertigung kirchlicher Stellungnahme zu sozialethischen Fragen im weitesten Sinne liegt in dem Auftrag an die Kirche, den Zuspruch und Anspruch Jesu Christi in alle menschlichen Lebensbereiche hinein wirksam zu machen.

Der Einwand, daß das Neue Testament nichts von politischer Diakonie der christlichen Gemeinde zu berichten wisse, denaturiert die Mahnung zur Fürbitte für die Könige und ihre Amtleute (1. Tim. 2) zu dem bloßen Untertansein, wie es so lange aus Römer 13 abgeleitet worden ist. Wird aber das Gebet für den

Staat ernstgenommen, so drängt es schon im Obrigkeitsstaat zu einem mitverantwortlichen Eintreten für den Staat. »Kann ein ernsthaftes Gebet auf die Länge ohne die entsprechende Arbeit bleiben? Kann man Gott um etwas bitten, das man nicht in den Grenzen seiner Möglichkeiten herbeizuführen im selben Augenblick entschlossen und bereit ist? ... Gerade im Blick auf den intimsten und zentralsten Gehalt der neutestamentlichen Mahnung würde ich also sagen, daß wir uns, wenn irgendwo, dann gerade in der Verlängerung der neutestamentlichen Linie im Sinne des ›demokratischen‹ Staatsbegriffes auf dem Boden legitimer Auslegung befinden.« (Karl Barth[10])

Barth fügt hinzu, daß »die Christen den irdischen Staat nicht nur erdulden, sondern *wollen* müssen, und daß sie ihn nicht als Pilatus-Staat, sondern nur als *Rechtsstaat* wollen können«, und »daß für den Charakter als Rechtsstaat ein jeder von ihnen mit *haftbar* ist«. Von hier aus ist es nur noch ein naheliegender Schritt zur Betonung der exemplarischen Funktion der Christengemeinde für die Bürgergemeinde[11]. Aber auch aus anderer theologischer Richtung werden die neutestamentlichen Aussagen aus ihrer Orientierung am Obrigkeitsstaat gelöst, so z. B. bei Thielicke. Er schreibt: »Die Kirche hat im politischen Bereich die Aufgabe, die Gebote und Verheißungen Gottes aus ihrer *falschen* Beschränkung auf die persönliche und private Sphäre zu befreien und in ihrem öffentlichen Anspruch geltend zu machen[12].« Insgesamt darf gesagt werden, daß die evangelische Theologie heute in breiter Front diese Aussagen teilt.

Sie ist ebenso in breiter Übereinstimmung darüber, daß es zum Auftrag der Kirche gehört, in der ihr gemäßen Weise auch zu politischen Vorgängen und Fragen Stellung zu nehmen. Dazu ist im einzelnen folgendes zu sagen:

Die evangelische Theologie spricht in doppeltem Sinne von der Kirche. Für sie ist Kirche einmal die Christenheit, d. h. das über die Welt verstreute Volk Gottes. Zum anderen ist Kirche die sich in Ordnungen und Ämtern darstellende Institution. Wenn also von Aussagen der Kirche die Rede ist, nehmen entweder Christen als solche oder Organe der institutionellen Kirche als solche Stellung. Ob dabei dies oder das Stimme der Kirche ist, hängt davon ab, ob es sich als Zeugnis der Wahrheit Gottes erweist. Dafür gibt es – sozusagen im voraus – keine Garantie von der Person oder von der Position des oder der Sprechenden her.

Nicht nur Konzilien, sondern auch Synoden und Kirchenleitungen können irren. Dennoch sind die rechtens bestellten Organe der institutionellen Kirche in erster Linie berufen, die Stimme der Kirche als ein Zeugnis von der Wahrheit Gottes zu erheben. Evangelischerweise kann es dabei immer nur die Repräsentation einer konfessionell und/oder regional begrenzten Kirche sein, die als solche nicht mit der Kirche Christi identisch zu sein vermag, wohl aber glauben kann, daß sie gliedhaft zu dieser gehöre. Dennoch bleibt ein Unterschied zwischen der Stellungnahme eines einzelnen Christen, selbst wenn er ein Amt in der Kirche bekleidet, und der eines kirchlichen Organs. Nicht als ob das Organ eine größere Verheißung hätte, Gottes Wahrheit zu bezeugen, wohl aber so, daß es eine größere Verantwortung hat und darum sowohl innerhalb als auch außerhalb der Kirche ein stärkeres Gehör erwarten kann.

Was kann die Kirche sagen? Hier ist zunächst negativ festzustellen, daß es nach evangelischem Verständnis keine aus der Natur des Menschen oder aus der Schöpfung ableitbaren Ordnungen im Sinne eines Naturrechtes gibt. Für evangelisches Verständnis hat Gott sich nicht in zeitlose Ordnungsnormen oder Wesensbestimmungen gefangen gegeben. Er ist vielmehr der stets von neuem handelnde Herr alles Geschehens. Daher kann Gottes Gebot nicht zeit- und raumlos fixiert werden. Wirklicher Gehorsam geschieht vielmehr im stets neuen Wagnis der rechten Antwort auf die Frage, was Gott in der gegenwärtigen Situation heute und hier von uns will. Die Aussage der Kirche kann deshalb nur eine Hilfestellung sein, in der es darum geht, die Umstände der geforderten Entscheidung recht zu erkennen, insbesondere die entgegengesetzten Positionen in ihrer Interessenlage oder Interessengebundenheit und in ihren ethischen Intentionen zu durchschauen, um dazu den rechten christlichen Standpunkt zu gewinnen. Die Entscheidung hat der zum Handeln gerufene Politiker – im weitesten Sinne verstanden – selber zu vollziehen. Die Aussage der Kirche soll darum bei aller Nähe zu den Sachfragen nicht kasuistisch werden, so daß sie als vorgeformte Entscheidung der Kirche die von dem Politiker zu vollziehende Entscheidung aufheben würde.

Bei den vielen Erklärungen, mit denen die evangelische Kirche die fortschreitende Spaltung unseres Volkes nach 1945 mit Mahnungen zur Bewahrung der Einheit um der Menschen und um des Friedens willen begleitet hat, ist sie sich der Grenze ihrer Aussage stets bewußt geblieben. So heißt es z. B. in dem Ruf der Synode von Espelkamp vom 11. März 1955 zum Frieden[13]: »... Wir sind nicht in der Lage, in der Vollmacht der Kirche den politischen Weg aufzuzeigen, der die Erreichung dieses Zieles verbürgte ... Vor allem aber können wir nicht eine politische Erkenntnis, und sei sie noch so richtig, in der Autorität des Wortes Gottes geltend machen. Wir müssen vielmehr davor warnen, eine politische Meinung als Gottes Wahrheit ausgeben zu wollen ...«

Das Hören auf das Wort der Kirche ist also etwas anderes als Gehorchen. Bindende Weisung kann es nur dort geben, wo ein verbindliches Lehramt geglaubt wird. In der evangelischen Kirche gibt es das nicht. Deshalb ist für evangelisches Verständnis die Frage, ob die zu einem bestimmten Thema abgegebene Erklärung eines kirchlichen Organs bindend sei, ein für allemal fehl am Platze, auch wenn sich solches Fragen fast bei jedem Vorgang wiederholt.

Wesentliche Orientierungspunkte für kirchliche Aussagen zu politischen Fragen sind: der Mensch als Gottes Geschöpf und Ebenbild, die Gerechtigkeit und die Bewahrung des Friedens. Die Denkschriften der EKD weisen aus, daß sie auf diese Orientierungspunkte hin angelegt sind.

So hat z. B. die umstrittene Ostdenkschrift der EKD den Menschen in doppelter Weise im Visier. Sie legt dar, was das Schicksal der Vertreibung aus der Heimat für die Betroffenen bedeutet und was die Gemeinschaft – sowohl der Kirche als auch des Volkes – den Vertriebenen schuldet, wobei besonders hervorgehoben wird, was heute immer noch zu tun notwendig ist. Die Denkschrift will aber auch den Politikern helfen, indem sie ihnen den Weg zu einer gewissenhaften Entscheidung in persönlicher Verantwortung aus allen kollektiven Bindungen sowie aus völkerrechtlichen oder theologischen Wunschvorstellungen freizumachen versucht. Es geht der Denkschrift um Gerechtigkeit sowohl für die Vertriebenen als auch für das deutsche und das polnische Volk, um eine Versöhnung aufzuschließen, aus der allein eine dauerhafte Friedensordnung erwachsen kann. Die Denkschrift von 1962 zur »Eigentumsbildung in sozialer Verantwortung« befaßt sich mit Ungerechtigkeiten in der Vermögensverteilung aus dem Wiederaufbau nach 1945 und dem Fortgang der ständigen Vermögensbildung in einer prosperierenden Volkswirtschaft. Hier werden die Gesichtspunkte der sozialen Gerechtigkeit zur Diskussion gestellt. Andererseits wendet sich die Erklärung des Rates von 1963 zu den NS-Verbrecherprozessen vornehmlich den Menschen, – den Angeklagten, den Richtern, aber auch uns allen – zu, um Verständnis für Schuld und Sühne im Angesicht Gottes und seiner Gnade zu wecken. Es mag sich erübrigen, auch die sonstigen Erklärungen durchzugehen; sie sind alle auf die oben genannten Orientierungspunkte angelegt.

Ein entscheidendes Element kirchlicher Glaubwürdigkeit ist die Solidarität mit den Angesprochenen. Nur indem die Redenden sich erkennbar bewußt sind, daß sie der gleichen Mahnungen bedürftig bleiben wie die Angeredeten, daß sie nicht Richter an Gottes Statt sind und daß sie selber mit in die Schuld verstrickt sind, die diese gefallene Schöpfung gefangenhält, kann das Wort der Kirche darauf hoffen, daß sich die Angeredeten ihm öffnen. Sowohl die Erklärung des Rates von 1963 zu den NS-Verbrecherprozessen als auch die Stuttgarter Erklärung von 1945 sind Beispiele solcher Solidarität. Solidarität schließt es aus, daß sich das Wort der Kirche als das Wort einer Ideologie darstellt, etwa einer Ideologie des Antikommunismus. Eine Aussage ist längst noch nicht christlich, wenn sie antikommunistisch ist. Christus ist nicht gegen Karl Marx gestorben, sondern für uns alle. Wo das Christentum als Schutzimpfung gegen etwas verstanden wird, können sich Karl Marx und seine Jünger nur bestätigt fühlen, die der Religion bekanntlich vorwerfen, sie habe nichts mit Wahrheit, sondern nur mit Nützlichkeit zu tun.

Darin ist zugleich enthalten, daß sich die Kirche auch nicht positiv auf eine bestimmte Staats- oder Gesellschaftsordnung so fixieren darf, als wäre nur diese eine Ordnung von Gott her vorstellbar. »Das Evangelium läßt sich nicht mit einer westlichen oder östlichen Weltanschauung verkoppeln ... Das Evangelium widerstreitet jedem Versuch, eine bestimmte menschliche Gesellschaftsordnung als absolut zu behaupten und sie mit Gewalt als letztes Ziel der Menschheit durchzusetzen ...[14]« So gewiß die christliche Gemeinde einen freiheitlichen Rechtsstaat mit der Gewährleistung freier Verkündigung gegenüber einem sie bedrängenden Weltanschauungsstaat bevorzugt, sowenig kann doch auch der freiheitliche Rechtsstaat als ein Gebot Gottes dargestellt werden. Es kann ja auch so sein, daß Gott seine Gemeinde nicht ohne Absicht in die Bedrängnis stellt, um sie dessen bewußt zu machen, wie sehr sie allein aus seiner Vollmacht lebt.

In der Bundesrepublik Deutschland ist der christlichen Gemeinde ein freiheitlicher Rechtsstaat geschenkt. Ihn theologisch zu würdigen und als zeitgebotene Abkehr vom Patriarchalismus zu verstehen, ist eine Aufgabe, die der protestantischen Theologie heute obliegt[15]. Dazu gehören die Entfaltung der Grundrechte, wie etwa der Gewissensfreiheit und der Kriegsdienstverweigerung aus Gewissensgründen, sowie der allgemeinen Grundsätze des sozialen Rechtsstaates im Zusammenwirken mit den anderen Kräften unserer pluralistischen Gesellschaft. Der Staat kann in einer Gesellschaft von großer Vielfalt der religiösen und weltanschaulichen Auffassungen der Verfassung entsprechend nur neutral sein, d. h. die Kirche darf ihn nicht einseitig überfordern. Sie darf ihn nicht als Vorspann für Auffassungen in Anspruch nehmen, die Teile der Bürger in ihren Glaubens- oder Gewissensüberzeugungen kränken würden. Die Kirche muß m. a.W. bei aller klaren Wahrung ihrer Botschaft heute ein Nebeneinander verschiedener Faktoren unserer modernen Gesellschaft gelten lassen. In einer Welt, in der ein Drittel der Menschheit zumal in den totalitären Ostblockstaaten unter Gewissenszwang lebt und in der die übrige Menschheit sich in vielerlei Religionen und Weltanschauungen aufteilt, ist alles daran gelegen, daß der Geist der Vergewaltigung überall gebannt wird. Darum ist es ein Vorgang von außerordentlicher Tragweite, daß sich auf dem Vatikanischen Konzil auch die Katholische Kirche zur Religionsfreiheit bekannt hat.

IV

Die kirchliche Arbeitstechnik bei der Behandlung gesellschaftlicher und politischer Fragen wird durch die Aufgabe bestimmt, die mit der öffentlichen Stellungnahme der Kirche verbunden ist. Diese Stellungnahme darf sich, wenn sie hilfreich sein soll, nicht auf schöne Grundsätze und Allgemeinheiten beschränken, sondern muß erkennen lassen, daß die Kirche das Sachproblem kennt und daß sie zu den darin enthaltenen Sachfragen aus der Besonderheit des kirchlichen Auftrages spricht. Es muß m. a. W. eine konkrete Situation in das Licht der christlichen Glaubenssätze gerückt werden, wobei vernünftige Sachlichkeit und gewissenhafte Verantwortung in der Weise bedacht sein wollen, daß die Entscheidung der Sachfrage dem Politiker nicht abgenommen wird.

Diese Aufgabe erfordert ein Zusammenwirken kirchlicher Leitungsorgane mit Fachgremien. Die Kirchenleitungen bedürfen der Zuarbeit aus der Sachkunde in den verschiedenen Lebensbereichen. Dementsprechend sind dem Rat der EKD eine Reihe sog. Kammern – für öffentliche Verantwortung, für soziale Ordnung, für publizistische Arbeit, für Erziehung, Bildung und Unterricht, für Jugendfragen – und Kommissionen – z. B. für

Familienrecht, Strafrecht, Strafvollzug – zugeordnet. In ihnen arbeiten Sachkenner und Praktiker der einschlägigen Lebensbereiche mit Theologen zusammen, die sich diesen Bereichen besonders zugewandt haben. Außerdem werden von Fall zu Fall weitere Sachverständige zugezogen. Ähnliches gilt von einer noch weiteren Gruppe von Ausschüssen – z. B. für Fragen der Kriegsdienstverweigerung aus Gewissensgründen, für Atomfragen, für Ostvertriebene. Alle diese Kammern, Kommissionen und Ausschüsse[16] sind innerkirchliche Arbeitskreise, die ihre Aufträge von der Kirchenleitung empfangen und diese beraten oder durch Vorlagen unterstützen. Sie sollen nicht nach außen sprechen.
Für die Präsentation der Arbeitsergebnisse dieser Kammern, Kommissionen und Ausschüsse in der Öffentlichkeit gibt es verschiedene Formen. Der Rat der EKD kann sich eine Vorarbeit so zu eigen machen, daß er sie von sich aus als Erklärung des Rates ausspricht. Er kann eine Vorlage als Votum des Fachgremiums mit einem Geleitwort an die Öffentlichkeit geben. Er kann es dem Gremium überlassen, seine Arbeit als eine evangelische Stimme selber zu publizieren, ohne sich als Rat der EKD zu engagieren. Welche Form gewählt wird, hängt davon ab, wie stark sich der Rat der EKD selber binden will.
Außer dem öffentlichen Wort der Kirche gibt es naturgemäß auch einen nichtöffentlichen Umgang mit Regierungen, Parteien, Verbänden und dergl. Der Rat der EKD ist bei der Bundesregierung durch einen ständigen Bevollmächtigten vertreten, der den Standpunkt der evangelischen Kirche in Bonn und anderwärts auf sozusagen diplomatischem Wege vertritt. In besonderen Fällen führt der Rat oder ein Teil seiner Mitglieder auch selber das Gespräch mit den Partnern.
Auf der ökumenischen Ebene ist die Arbeitsweise ähnlich. Auch hier stehen den Leitungsgremien vielerlei zuarbeitende Gremien und Institute zur Seite. Hervorzuheben ist die Kommission für internationale Angelegenheiten des Weltrates der Kirchen, die insofern ein neuartiges Experiment darstellt, als sie ein erhebliches Maß an Selbständigkeit des Handelns genießt, weil die von ihr

zu betreuenden Fragen ständig im Fluß sind, die ökumenischen Organe aber sich nur in erheblichen Zeitabständen versammeln können. Diese Kommission von etwa 50 Mitgliedern besteht überwiegend aus Laien, umfaßt aber erste Praktiker des öffentlichen Lebens aus allen Kontinenten, die selber mitten in den internationalen Fragen wie Sicherung des Friedens, Abrüstung, Weltorganisation, Entwicklungshilfe, internationales Ethos, Religionsfreiheit, Lebensverhältnisse der Rassen, der Flüchtlinge usw. stehen. Die Kommission hat einen Stab ständiger Mitarbeiter. Sie pflegt den Kontakt zwischen dem Weltrat der Kirchen und den Vereinten Nationen. Sie ist präsent in vielen Ländern der Erde, in denen es nationale Untergliederungen gibt[18]. Über ihre Arbeit berichtet sie öffentlich. Auch hat sie der Weltkirchenversammlung Rechenschaft zu geben.

V

Die evangelische Kirche erhebt nicht den Anspruch, daß ihr Umgang mit politischen Fragen keiner Verbesserung fähig wäre. Sie steht vor einem noch jungen Gebiet der Bewährung, auf dem sie Erfahrung sammeln muß und auf dem es gilt, sich stets erneut an den unverrückbaren Kern ihres Auftrages zu erinnern.

»Es ist eine Folge aus der mitverantwortlichen Solidarität, daß die evangelische Kirche nun begonnen hat, – zum ersten Male in ihrer Geschichte – statt der bloßen karitativen Tätigkeit im sozialen Bereich, statt der bloßen ›Liebestätigkeit‹ sich bewußt, – wenn auch im einzelnen noch tastend, – den Problemen der sozialen Rechtsordnung zuzuwenden, die sie lange Zeit nicht als Aufgabe ihres Dienstes an der Welt erkennen und anerkennen wollte[19].«

1 Hannover 1965. – Vgl. K.-A. Odin, Die Denkschriften der EKD. Texte und Kommentar. Neukirchen 1966, S. 64-100.

2 Vgl. R. Henkys (Hg.), Deutschland und seine östlichen Nachbarn. Beiträge zu einer ev. Denkschrift, Stuttgart-Berlin 1966.

3 KJ 1966, S. 52-56. – E. Wilkens (Hg.), Vertreibung und Versöhnung. Die Synode der EKD zur Denkschrift . . ., Stuttgart-Berlin 1966.

4 KJ 1963, S. 76-79. – Odin, a. a. O. S. 25-34. – KJ 1962, S. 93-101.

5 H. Merzyn (Hg.), Kundgebungen. Worte und Erklärungen der Ev. Kirche in Deutschland 1945-59, Hannover 1959. – G. Heidtmann (Hg.), Hat die Kirche geschwiegen? Berlin 4. Aufl. 1964. – Heinemann, Art. »Wiedervereinigung Deutschlands. Die Stellungnahme der Kirche«, in: Evangelisches Staatslexikon 1966, 2. Auflage 1975. – Odin, a. a. O. S. 230-236.

6 Vgl. Nr. 26 Anm. 5.

7 KJ 1933-44, S. 130-35. – K. D. Schmidt (Hg.), Dokumente des Kirchenkampfes II/1, Göttingen 1964, S. 695-703.

8 Vgl. Albrecht, Art. »Verantwortliche Gesellschaft« im Weltkirchenlexikon, 1960. – Christliche Gemeinde und Gesellschaftswandel, hg. v. J. Beckmann u. a., 1946; H. D. Wendland, Die Kirche in der modernen Gesellschaft, 1956.

9 Bericht der Synode 1966, S. 477-80. – KJ 1966, S. 56-58.

10 K. Barth, Rechtfertigung und Recht, Theol. Studien H. 1, 1938, S. 43 f. Neuaufl. Theol. Studien H. 104, 1970, S. 44. ff.

11 K. Barth, Christengemeinde und Bürgergemeinde, Theol. Studien H. 20, 1946, Neuaufl. H. 104, 1970, S. 49 ff.

12 Theologische Ethik II 1 und 2, Tübingen 1955/58, bes. Teil II 1 Ziffer 2079. – Ferner E. Wilkens, Theologie und Politik, Hamburg 1962. – Ders., Art. »Politik« im Evangelischen Staatslexikon 1966.

13 Bericht der Synode 1955, S. 482 f.; KJ 1955, S. 47.

14 Aus der Theologischen Erklärung der Synode der EKD vom 29. 6. 1956, Bericht S. 223 f. – KJ 1956, S. 18.

15 Vgl. Heinemann, Der Rechtsstaat als theologisches Problem, in: Frankfurter Hefte 1965, S. 475 f., u. in: »Der Bürger und sein Recht«, hg. v. Vorstand der SPD 1965. – M. Scheuner, E. Wolf, H. Simon, in: Der Rechtsstaat – Angebot und Aufgabe (= Theologische Existenz heute NF, H. 119), München 1964.

16 Vgl. F. Merzyn, Organe und Amtsstellen der EKD, Hannover 1965.

17 Die Regierung der DDR läßt seit 1958 einen Bevollmächtigten der EKD nicht mehr gelten.

18 Vgl. Grubb, Art. »Kommission für internationale Angelegenheiten«, im Weltkirchenlexikon 1960.

19 E. Wolf, Kirche und Öffentlichkeit, in: Christlicher Glaube und politische Entscheidung. Eine Vortragsreihe der Arbeitsgemeinschaft sozialdemokratischer Akademiker Münchens, München 1957, S. 129.

25. Kirchen und Parteien in der Bundesrepublik Deutschland

Aufsatz in der Zeitschrift Die Neue Gesellschaft, Nov./Dez. 1966

I

Auszugehen ist von den Gegebenheiten unserer Verfassung. Hinsichtlich der Kirchen bestätigt das Grundgesetz die Weimarer Regelung, wonach es keine Staatskirche mehr gibt. Die Kirchen sind in ihrer Lehre, in ihrem Kultus und in ihrer Ämterbesetzung selbständig. Es gilt als ihr gutes Recht, zu Fragen des öffentlichen Lebens aus ihrer eigenen Verantwortung heraus Stellung zu nehmen, so z. B. zu Parlamentswahlen, zur Vermögensbildung oder zur Mitbestimmung, wobei freilich ein Mißbrauch kirchlicher Verkündigung zu parteipolitischen oder antidemokratischen Zwecken auf deutlichen Widerspruch stoßen würde.

Hinsichtlich der Parteien ist davon auszugehen, daß wir in einer repräsentativen parlamentarischen Demokratie leben. Repräsentativ will sagen, daß das Volk die Staatsgewalt nicht unmittelbar, sondern durch die Wahl von Repräsentanten (Abgeordneten) ausübt. Parlamentarisch will sagen, daß sich die Wahl der Regierung und deren Kontrolle sowie die Gesetzgebung im Parlament abspielen. Diese Ordnung kann ohne Parteien nicht leben. Das Grundgesetz hat deshalb die Parteien – erstmalig in unserer Geschichte – in einen verfassungsmäßigen Rang erhoben und ihnen, obwohl sie nach ihrer Rechtsfigur nur Vereine wie zahllose andere Vereine sind, einen außergewöhnlichen Rechtsschutz gegeben. Sie können nur durch das Bundesverfassungsgericht verboten und aufgelöst werden. Ihre Aufgabe besteht darin, bei der politischen Willensbildung der Bürger mitzuwirken (Art. 21 GG).

Diese allgemeine verfassungsmäßige Ordnung für Kirchen und Parteien sieht sehr einfach aus.

Ihre Probleme ergeben sich einmal daraus, daß sie beide nicht die einzigen Faktoren sind, die sich am öffentlichen Geschehen beteiligen. Wir leben in einer pluralistischen Gesellschaft der großen Vielfalt sowohl weltanschaulicher als auch sozialer Auffassungen und Kräfte, so daß die Kirchen und die Parteien nicht nur untereinander, sondern jede von ihnen auch mit allen anderen Gruppen der Gesellschaft in Beziehung stehen. Das ist hier nicht weiter zu vertiefen, muß aber mit in Erinnerung gehalten werden. Wesentlich belangvoller ist es, daß wir von unserer Geschichte her noch manches aufarbeiten müssen, um alte Störungselemente einer freiheitlichen Demokratie zu überwinden. Das gilt auch und im besonderen für das Verhältnis von Kirche und Parteien.

II

Unsere Geschichte ist durch eine jahrhundertelange personale Verbindung von weltlicher und kirchlicher Gewalt geprägt. Soweit es sich um geistliche Fürstentümer katholischer Oberhirten handelte, lag die weltliche Gewalt bekanntlich bis in die napoleonische Zeit in der Hand ihrer geistlichen Herren. Umgekehrt blieb in protestantischen Gebieten sogar bis 1918 der Landesherr zugleich auch Landesbischof der protestantischen Kirche. Solche Koppelungen von Thron und Altar haben zu jeder Zeit und in allen Nationen dazu geführt, daß das treue Dienen in dem von Gott verordneten, d. h. in der Regel vom jeweils leiblichen Vater überkommenen Berufsstand sowie der Gehorsam gegenüber der Obrigkeit ein besonderes Gewicht in der Erziehung durch Schule und Kirche annahmen. Bürgerliche Mitverantwortung und demokratisches Selbstbewußtsein können in solchem Milieu schlecht gedeihen. Ein revolutionärer Durchbruch gegen den Patriarchalismus, der ein Bewußtsein bürgerlicher Freiheit aus eigener Kraft hätte schaffen können, ist in Deutschland nie gelungen. Die Demokratie kam 1918 wie 1945 als Folge militärischer Niederlagen zu uns. Von dieser Geschichte her sind die demokratische Lebendigkeit und das Selbstbewußtsein der Bürger vor Behörden und Amtsträgern unterentwickelt. Immer noch erwarten wir von oben, von Amts wegen, was wir von unten in eigener Initiative selber tun könnten und darum auch selber tun sollten.

Auch Kirche und Parteien werden von dieser Mentalität der Untertänigkeit betroffen. Was bei den Kirchen die Glaubensüberzeugung und die Opferwilligkeit und was bei den Parteien die Bereitschaft zur Mitverantwortung und zu einem freiwilligen Einsatz bewirken sollten, bleibt bei beiden von einer Neigung überschattet, daß es uns als einzelne wenig oder gar nichts angehe, ob oder wie Kirche und Parteien zurechtkommen. Darum kann es passieren, daß die Kirchen sich nicht aus der Gewohnheit staatlicher Fürsorge für ihre Finanzen lösen, vielmehr an der Einhebung von Kirchensteuer durch den Staat und an den vielerlei Subventionen aus staatlichen Mitteln hängenbleiben. Darum passiert es, daß politische Parteien bei uns gerade in erheblichem Maße in die Steuerkassen greifen, um das Manko an Mitgliedern und Mitgliederbeiträgen auszugleichen. Das eine wie das andere ist sonderlich für angelsächsisches Empfinden eine schlechte Sache. Bei der Kirchensteuer hat das Bundesverfassungsgericht vor kurzem einige Korrekturen angebracht und z. B. die Heranziehung von juristischen Personen zur Kirchensteuer, wie sie in Baden üblich war, oder von Ehegatten für einen nicht zur Kirche gehörenden Ehepartner als verfassungswidrig erklärt. Die eigentliche Besserung aber kann nur aus einer Verlebendigung des persönlichen Engagements erwartet werden.

III

Ein weiteres Kapitel unserer Geschichte stellt die im 19. Jahrhundert aufgekommene Entfremdung zwischen Kirche einerseits und liberalem Bürgertum und der Arbeiterschaft andererseits dar. Diese Entfremdung hat zu einem sehr wesentlichen Teil politische Gründe und wirkt bis heute in das Verhältnis von Kirche und Parteien hinein nach.

Das 19. Jahrhundert ist auch in Deutschland von Kämpfen der Bürger gegen die Monarchen und den Adel um Gleichberechtigung und der Arbeiterschaft gegen die Unternehmer um soziale Besserstellung erfüllt. Politische Parteien erstrebten gleiches Wahlrecht und parlamentarischen Einfluß auf die Regierungen. Gewerkschaften fochten um die Anerkennung von Tarifverträgen, des Achtstundentages oder um das Verbot von Kinderarbeit in Fabriken, um Unfallschutz und dgl. Alles das stieß nicht nur auf Widerstände bei den überkommenen Machthabern in Staat und Gesellschaft, sondern auch bei den Kirchen. Die Kirchen verhielten sich konservativ. Auf das Ganze gesehen, erkannten sie nicht die Tragweite zumal der sozialen Frage. Sie standen zu sehr im Verbund mit alten Ordnungen und Auffassungen, so daß sie von weiten Teilen des Volkes als Gegner in der Arena der politischen und sozialen Auseinandersetzungen empfunden wurden. Von daher breitete sich im liberalen Bürgertum und vor allem in der Arbeiterschaft eine Entfremdung gegenüber der Kirche aus, die mit zu den unglücklichsten Entwicklungen in unserem Volke gehört.

Die Lebenserinnerungen von Sozialdemokraten oder Gewerkschaftern der alten Generation sind voll von Zeugnissen für diesen Verlauf. So erzählt beispielsweise der heute noch in Ludwigsburg lebende 95jährige Wilhelm Keil, wie sein Vorhaben, als junger Drechslerlehrling in den 80er Jahren des vorigen Jahrhunderts einen evangelischen Jünglingsverein zu besuchen, mit der Belehrung durch einen älteren Gesellen endete, daß ein klassenbewußter Arbeiter da nicht hingehöre, weil alles Kirchliche reaktionär sei[1]. Der Preußische Oberkirchenrat verbot 1896 den Pfarrern ausdrücklich, an Bestrebungen zur Weltverbesserung teilzunehmen[2]. Was also sollte die Arbeiterschaft angesichts der für unsere heutigen Begriffe unmenschlichen sozialen Zustände der damaligen Zeit von der Kirche erwarten? Sie mußte sich selber helfen und versuchte, wenigstens die Kirche als Widerpart abzuschütteln, indem sie die Parole verfocht: »Religion ist Privatsache.«

Diese Parole zielte auf die Trennung der Kirche vom Staat und zumal auf die Entkonfessionalisierung der Volksschule. Dieser Schulstreit bewegt auch heute noch viele Gemüter und ist für das Verhältnis von Kirche und Parteien bis in die Wahlkämpfe der Gegenwart ein immer noch nicht ausgestandenes Kapitel geblieben, wenngleich sich endlich die Anzeichen dafür mehren, daß wir es überwinden können.

Der Ausgangspunkt dieses Streites liegt darin, daß der Bismarcksche Obrigkeitsstaat nicht nur mit einem Sozialistengesetz (1878–1890) die Opposition zu unterdrücken versuchte, sondern auch die konfessionelle Volksschule als Kampfinstrument gegen sie anzusetzen sich nicht scheute. Die Bibel aber darf nicht zum Kampfinstrument im politischen oder sozialen Machtkampf mißbraucht werden. Wo es geschieht, hat die Kirche dafür immer wieder teuer bezahlen müssen – am teuersten bisher in Rußland, wo der kirchenfeindliche Bolschewismus ohne die vom Zarenstaat und der orthodoxen Kirche gemeinsam betriebene Niederhaltung des Volkes in Ausbeutung und Unwissenheit überhaupt nicht zu verstehen ist.

Wie sehr unser Schulstreit im Kern politischen Ursprungs ist, mag ein Blick auf die Nationen lehren, die einen solchen Streit nicht kennen. Warum gibt es ihn nicht in England? Die Antwort liegt in seiner anders als bei uns verlaufenen Kirchengeschichte. In England entwickelten sich vom 16. Jahrhundert her, über das ganze Land verteilt, vielerlei Kirchen nebeneinander. Außer der anglikanischen Staatskirche gab es die katholische Kirche und eine Fülle sog. Freikirchen. Diese frühe Aufspaltung des englischen Volkes hat es mit sich gebracht, daß zumal im 19. Jahrhundert für alle politischen und sozialen Bewegungen christliche Führungskräfte zur Verfügung standen. Nicht nur die Arbeiterpartei, sondern auch viele der großen Gewerkschaften wurden von Männern organisiert, die aus freikirchlicher Laienarbeit hervorgingen. Von 18 Mitgliedern der ersten Arbeiterregierung unter Macdonald im Jahre 1930 waren 14 aktive Freikirchler[3]. Sosehr eine Vielfalt von Kirchen gegen das Gebot Christi verstößt, daß seine Gemeinde nur *eine* sein soll, sosehr kann eben diese Vielfalt ein Volk davor bewahren, über seinen politischen oder sozialen Differenzen obendrein in christliche und antichristliche Auffassungen oder gar Parteien auseinanderzubrechen. Wo aber bei eindeutiger Vorherrschaft nur einer Kirche zugleich eine eindeutige Fixierung dieser einen Kirche auf einen einseitigen Standort in den politischen oder sozialen Gegensätzen eines Volkes obwaltet, vollzieht sich im Lager derer eine Entfremdung von dieser Kirche, die den anderen politischen oder sozialen Standort vertreten. Das ist es, was wir in Deutschland erlebt haben. Zwar wurde auch Deutschland von der Reformation glaubensmäßig aufgespalten, aber nicht wie in England quer durch das ganze Volk hindurch, sondern gebietsweise je nach dem Glaubensstand seiner zahllosen Territorialgewalten, so daß in jedem der vielen Gebiete eine der Kirchen dominierend blieb.

IV

Diese Geschichte konnte nicht ohne Einfluß auf das Gesicht der Parteien in Deutschland bleiben. Sie ergab für die Bismarcksche Zeit, in der sich politische Parteien bei uns erstmalig entfalteten – in groben Strichen –, eine vierfache Gruppierung.

Der konservative Flügel war in Norddeutschland stark evangelisch, in Süddeutschland stark katholisch geprägt. Die Kirchen galten als seine Helfer, wie auch er als Verbündeter der Kirchen und überhaupt der Verkoppelung von Thron und Altar galt.

Der politische Liberalismus war in seinem Verhältnis zur Kirche zwiespältig. Soweit er neuzeitlichen Ordnungen zustrebte, also etwa aus dem Dreiklassenwahlrecht zum gleichen Wahlrecht für alle Bürger oder zu parlamentarischer Verantwortung der Regierungen vorstoßen wollte, empfand er die Kirchen als Widerpart. Bismarcks Kulturkampf gegen die katholische Kirche fand im Liberalismus auch aus weltanschaulichen Gründen breite Zustimmung. Auf der anderen Seite beteiligten sich Nationalliberale aber auch an dem Sozialistengesetz zur Unterdrückung der SPD.

Der Kulturkampf Bismarcks gegen die katholische Kirche verschaffte der Zentrumspartei erheblichen Auftrieb. Sie wurde faktisch die politische Gruppierung des katholischen Volksteils und gewann eine Schlüsselstellung, indem sie sowohl mit den Rechtsparteien regierungsfreundliche als auch mit den Linksparteien oppositionelle Mehrheiten bilden konnte. Friedrich Naumann konnte deshalb um die Jahrhundertwende mit Recht feststellen[4]: »Das Zentrum beherrscht die deutsche Politik, bis es eine regierungsfähige Mehrheit links vom Zentrum geben wird.« Diese Feststellung gilt in Abwandlung auf die CDU/CSU bis auf den heutigen Tag.

Die vierte wesentliche politische Gruppe der deutschen Parteiengeschichte des 19. Jahrhunderts stellt die Sozialdemokratische Partei Deutschlands dar, die vor drei Jahren ihren 100. Geburtstag begehen konnte. Sie begann ihren Weg mit einem vierfachen grundsätzlichen Widerspruch gegen die überkommene Ordnung. Unter der Monarchie trat die SPD von Anfang an für die Republik ein. In einer Zeit der nationalstaatlichen Blüte predigte sie eine internationale Solidarität der Arbeiterklasse. Dem Kapitalismus setzte sie die Forderung nach Aufhebung des privaten Eigentums an Produktionsmitteln und der Lohnarbeit bei privaten Unternehmern entgegen. In einem Volk mit christlicher Überlieferung und christlicher Prägung seines öffentlichen Lebens wollte man freidenkerisch sein und die Religion als Privatsache aus dem öffentlichen Leben, insbesondere aus der öffentlichen Schule, hinausdrängen. Alles das waren revolutionäre Ziele. In den Methoden aber blieb die SPD allzeit demokratisch; ihre Waffen waren die Agitation, die Aufklärung der Arbeiter über ihre gesellschaftliche Situation und der Stimmzettel. Von daher konnte es geschehen, daß die SPD die Macht, die ihren Volksbeauftragten am 9. November 1918 zugefallen war, freiwillig wieder an die Wähler der Nationalversammlung zurückgab.

Für das Verhältnis der Parteien zur Kirche in den Anfängen unserer Parteiengeschichte ist mit dieser Skizze das Wesentliche gesagt. Die Konservativen und das Zentrum standen im Bunde mit der evangelischen und katholischen Kirche, was nicht ausschloß, daß die preußischen Konservativen sich am Kulturkampf gegen die katholische Kirche beteiligten. Die Liberalen finden wir von Fall zu Fall weltanschaulich gegen die Kirchen engagiert, im Kampf gegen die Sozialdemokratie, aber teilweise zugleich auch an der Seite der Kirchen. Die Sozialdemokratie mußte angesichts der Koppelung von Thron und Altar über ihren politischen Zielen auch mit der Kirche in Konflikt geraten. Ihre Führer wurden der Kirche fremd und öffneten sich der marxistischen Weltanschauung. Eines der berühmtesten Pamphlete aus der freidenkerischen Kampfzeit der SPD gegen die Kirche war die 1903 erschienene und in großen Auflagen verbreitete Broschüre von Adolph Hoffmann, dem preußischen Kultusminister von 1918: »Die zehn Gebote und die besitzende Klasse.« Darin heißt es: »Von Partei wegen bekämpfen wir die Religionsgemeinschaften nur, soweit sie uns politisch und sozial als Schleppenträger der heutigen Ausbeutergesellschaft, als Träger der politischen und geistigen Unterdrückungspolitik entgegentreten.« Über dieses »nur« sollten wir nicht mit dem »Zehn-Gebote-Hoffmann« rechten. Auf jeden Fall ist die Entfremdung der SPD in der kaiserlichen Zeit gegenüber der Kirche nicht ohne das Verhalten der Kirche selbst zu begreifen. Es steht der christlichen Gemeinde schlecht an, sich in Anklagen gegen die damalige Sozialdemokratie zu verlieren, ihr eigenes Versagen gegenüber der sozialen Frage in jener Zeit aber zu vergessen.

V

Die Weimarer Zeit erbrachte keine wesentliche Änderung in dem skizzierten Verhältnis zwischen Kirche und Parteien. Der Durchbruch zur Demokratie in 1918 vollzog sich ohne christliche Beteiligung, vielmehr geradezu gegen den Willen vor allem der evangelischen Kirche. Das hätte grundsätzlich auch anders sein können, wie zumal die englische Geschichte eindrucksvoll beweist. Hier aber, in Deutschland, blieben Kirche und Theologie, aufs Ganze gesehen, auch dann noch zurückbezogen auf Monarchie und Patriarchalismus samt staatskirchlichen Privilegien, als mit der Weimarer Republik eine neue Zeit anbrach. Man fand kein positives Verhältnis zur Demokratie, begegnete ihr vielmehr mit Reserviertheit, ja mit Abscheu. Noch 1956 konnte der Göttinger Theologe Trillhaas schreiben, daß die Demokratie das eigentlich unbewältigte Thema der lutherischen Theologie sei[5]. Kein Wunder daher, daß die Weimarer Zeit von den alten Spannungen zwischen der Kirche und dem politischen Liberalismus, vor allem aber mit der Sozialdemokratie, durchzogen blieb. Der Streit um konfessionelle oder gemeinschaftliche Schulen riß nicht ab.

Das Dritte Reich veränderte die Szene gründlich. Es gab keine Parteien mehr, sondern nur noch die eine Nationalsozialistische Deutsche Arbeiterpartei mit ihrer rassischen Weltanschauung. Damit waren beide Kirchen plötzlich von Staats und Partei wegen bis in ihre Fundamente hinein gefordert.

Es ist hier nicht der Ort, die Rolle der Kirchen im Dritten Reich auszubreiten. Auch der Widerstand der Bekennenden Kirche samt ihren Blutzeugen aus beiden Konfessionen kann nicht verdecken, daß die Kirchen im ganzen beklagenswert viel versäumt haben und sich der Herausforderung durch den Nationalsozialismus nur unzulänglich gewachsen zeigten. Immerhin aber hat das Dritte Reich plötzlich sehr deutlich gemacht, daß die eigene Obrigkeit der Kirche und ihrer Verkündigung feindlich werden kann. Das war vor allem für den Protestantismus eine zuvor nie erlebte Erfahrung. Damit verband sich die weitere Erfahrung, daß Christen und Sozialdemokraten, ja sogar Christen und Kommunisten plötzlich in eine Gemeinschaft des Widerstandes versetzt wurden, die ebenfalls zuvor unvorstellbar war.

Auf diesem Hintergrund des Dritten Reiches konnte sich nach 1945 nicht einfach alles so wieder fortsetzen, wie es in der Weimarer Zeit gewesen war.

VI

In der nunmehr zwanzigjährigen Nachkriegszeit hat sich bei aller wesentlichen Veränderung in dem früheren Verhältnis von Kirche und Parteien noch kein fertiges Bild ergeben. Beide haben sich selber in mancher Hinsicht stark gewandelt und damit auch ihr Verhältnis zueinander.

Beide Kirchen bejahen heute aufrichtig die gegenwärtige demokratische Ordnung. Das gilt auch für die evangelische Kirche, die ihre noch in der Weimarer Zeit so stark betonte Rückbezogenheit auf frühere Ordnungen überwunden hat und sich ebenso wie die katholische Kirche positiv an der Formung des freiheitlichen und sozialen Rechtsstaates der Gegenwart beteiligt. Beiden Kirchen ist bewußt, daß sie sich nicht an eine bestimmte Staats- oder Gesellschaftsordnung verlieren dürfen, sondern unter jeder Staats- und Gesellschaftsordnung ihre Eigenständigkeit zu wahren gerufen sind. Das schließt nicht aus, daß sie einer freiheitlichen Ordnung gegenüber einem totalitären Weltanschauungsstaat den Vorzug geben und sich ihm partnerschaftlich zuzuordnen bestrebt sind.

Hinsichtlich der Parteien ist zunächst festzustellen, daß wir aus der Vielzahl von zehn Parteien, die es noch im ersten Bundestag (1949/53) gab, inzwischen im wesentlichen auf nur drei Parteien abgekommen sind, wobei ich die CDU/CSU als eine Partei rechne, und daß wir vor der Aussicht stehen, über kurz oder länger bei nur zwei großen allgemeinen Volksparteien anzukommen.

Die Problematik aus dieser Entwicklung besteht darin, ob sie fortan noch einseitige Freundschaft zwischen der Kirche und einer bestimmten Partei bzw. offene Feindseligkeit zwischen der Kirche und einer der Parteien erlaubt. Möglich ist das. Es gibt weder ein Staatgesetz noch ein Naturgesetz, das solche besondere Nähe oder Ferne zwischen Kirche und Partei verbieten würde. Ich meine aber, daß es für uns an der Zeit wäre und zu einer gesunden Entwicklung unserer Demokratie beitragen würde, wenn wir weltanschauliche Differenzen endlich aus dem Parteienstreit herausbringen würden. Die Verquickung von politischer Differenz mit weltanschaulicher Differenz als Folge der Verquickung von kirchlichen Positionen mit politischen und sozialen Positionen hat unsere Vergangenheit genug belastet und genug Wunden unter uns geschlagen, um jede Bemühung um eine Überwindung solcher Verhältnisse zu rechtfertigen.

Nach meiner Überzeugung sind wir auf dem Wege, das zustande zu bringen. Zwar haben wir auch nach 1945 wieder erlebt, daß die Unionsparteien in besonderem Maße von den Kirchen begünstigt wurden und daß die Sozialdemokratie wiederum als kirchenfeindlich angeprangert wurde. Wir erlebten Wahlparolen wie die von der Einheitsfront der Christen gegen die Roten, und wir erlebten oder erleben noch den leidigen Streit um Gemeinschaftsschule oder konfessionelle Schule.

Es bleibt aber nicht verborgen, daß keine Kirche mehr wohl beraten ist, wenn sie sich angesichts der Konzentration in unserem Parteiwesen einseitig fixiert, und daß ebensosehr keine Partei wohl beraten wäre, wenn sie sich aus Grundsatz gegen elementare Auffassungen einer Kirche einstellen würde. Es bleibt auch nicht verborgen, daß die zeitgemäße Schulfrage nicht mehr lautet: Konfessionsschule oder Gemeinschaftsschule?, sondern daß sie heute lautet: Zwergschule oder vollgegliederte Elementarschule?

Im evangelischen Bereich hat sich eine Anerkennung aller Parteien durchgesetzt. Führende evangelische Personen sind in allen drei Parteien anzutreffen. In der Schulfrage ist die evangelische Kirche auch für die Gemeinschaftsschule offen bis hin zu ihrer regionalen Bevorzugung.

Im katholischen Bereich mildern sich die Vorbehalte gegenüber SPD und FDP. Die letzte Bundestagswahl hat für die SPD in katholischen Gebieten besondere Fortschritte erbracht. Der Widerstand gegen die Zusammenfassung von ein- oder zweiklassigen Dorfschulen zu vollgegliederten Mittelpunktschulen lockert sich angesichts des Rückstandes, den der katholische Volksteil in der Ausbildung seiner Jugend beobachten muß. Es ist ja in der Tat nicht einzusehen, daß bei einem Anteil von 46 v. H. der Katholiken an der Gesamtbevölkerung unter den Studierenden nur 35 v. H. Katholiken anzutreffen sind. Der katholische Volksteil lebt verhältnismäßig stärker auf dem flachen Lande und leidet daher stärker an unzulänglichen Zwergschulen.

Bei den derzeitig maßgebenden Parteien ist festzustellen, daß sie alle mit den Kirchen ein gutes Verhältnis zu wahren oder zu gewinnen unverkennbar bestrebt sind.

Die CDU/CSU fühlt sich dabei in einer Vorhand. Sie ist aber nur dem Namen nach eine christliche Partei, in Wahrheit jedoch für alle Wähler offen und in ihrem Handeln von politischen Zielen bestimmt, die aus nicht minder guter christlicher Sicht auch abgelehnt werden können und abgelehnt werden. Eine christliche Partei auf der Grundlage einer Bejahung des Naturrechtes sowohl von katholischen als auch den evangelischen Partnern in der Union ist sowieso nicht möglich, weil die evangelische Theologie das Naturrecht nicht kennt. Die Union wird die allgemeine Volkspartei konservativer Grundhaltung sein und von daher in dem Maße weltanschaulichen Ballast ablegen, wie es zur Erringung von Wählermehrheiten sonderlich mit Hilfe liberaler Stimmen erforderlich erscheint.

Die allgemeine Volkspartei fortschrittlicher Grundhaltung ist die SPD. Sie hat ihre Entwicklung zu einer bewußt weltanschauungsfreien Partei mit dem Godesberger Programm von 1959 vollendet und stellt eine Partei dar, in der man aus der Bejahung gemeinsamer Grundwerte einer freiheitlichen Demokratie und gleicher politischer Ziele beieinander ist, ohne sich wechselseitig zu fragen, ob man aus christlicher, humanistischer oder sonstiger Weltanschauung zu dieser Bejahung gelangt. Die SPD ist deshalb keine wertfreie Partei, wohl aber eine Partei, in der es, um es noch einmal zu sagen, nicht belangvoll ist, ob die Bejahung der von ihr vertretenen Werte der Menschenwürde, der sozialen Gerechtigkeit oder der demokratischen Freiheit aus gleicher oder verschiedener Weltanschauung geschieht. Sie lehnt im Godesberger Programm den Sozialismus als Religionsersatz ausdrücklich ab. Sie achtet die Kirchen und die Religionsgemeinschaften in deren besonderem Auftrag und in ihrer Eigenständigkeit. Sie bejaht ihren öffentlich-rechtlichen Schutz und ist zur Zusammenarbeit mit ihnen im Sinne freier Partnerschaft bereit. Sie begrüßt es, daß Menschen aus religiöser Bindung heraus eine Verpflichtung zum politischen Handeln bejahen.

Die im Godesberger Programm bekundete Bereitwilligkeit zu einer Partnerschaft mit den Kirchen – von Adolf *Arndt* auch Heinemannsche Formel genannt, weil ich sie in das Programm hineinbrachte – hat den Anstoß erregt, als ob die SPD sich mit den Kirchen gleichsetzen wolle. Davon kann keine Rede sein. Die SPD enthält sich bewußt der Aussage und erst recht der Entscheidung über die letzten Wahrheitsfragen der Menschheit. Es bleibt allein Sache der Kirchen und der Religionsgemeinschaften, über Herkunft und Sinn des Lebens, über Gottesgehorsam und Tod, über Schuld und Vergebung etwas auszusagen. Wohl aber sind Kirche und Staat und damit auch die Parteien als gesellschaftliche Kräfte in gegenseitiger Unabhängigkeit aufeinander bezogen und sowohl die Kirchen als auch die Parteien, je auf ihre Weise, an der inhaltlichen Gestaltung des Staates beteiligt. In dieser Zuordnung für den Bereich des Politischen können sie sehr wohl auch Partner sein. Jedenfalls ist die Bereitschaft der SPD hierzu die Preisgabe der früheren Forderung nach Ausschaltung der Kirche aus dem öffentlichen Leben und ihrer Verweisung in das nur Private.

Hinsichtlich der Schule hält die SPD die Gemeinschaftsschule für die pädagogisch bessere Form. Sie macht aber daraus kein Kampfthema mehr gegen die Kirche, wie ja auch die Kirche aus der konfessionellen Schule heute kein Kampfinstrument mehr gegen die politischen oder sozialen Ziele der SPD machen läßt. Sie verwehrt keinem Parteimitglied, für eine konfessionelle Schule einzutreten, wenn es seiner Glaubensüberzeugung entspricht. Sie ist bereit, auch von Partei wegen konfessionelle Schulen zu bejahen, wenn deren zeitgerechte Leistungsfähigkeit gewährleistet ist und die Leistungsfähigkeit der anderen Schulen gewahrt bleibt. Ich bin dankbar dafür, daß ich an dieser Entscheidung der SPD auf ihrem kulturpolitischen Kongreß 1963 in Hamburg habe mitwirken können.

VII

Mit dem Grundgesetz von 1949 sind wir zum erstenmal in unserer Geschichte in eine konsequent geformte freiheitliche Demokratie eingetreten. Die Weimarer Republik war es noch nicht, weil sie keine Begrenzung der staatlichen Gewalt durch unantastbare Grundrechte der Bürger und keine Unterwerfung auch des Gesetzgebers unter übergeordnetes Recht kannte. Es ist alles daran gelegen, daß wir die freiheitliche Demokratie bewahren.
In einer Gesellschaft der großen Vielfalt der weltanschaulichen Auffassungen muß der Staat im Rahmen der Verfassung neutral sein. Er darf um der Würde des Menschen willen in Sachen des Glaubens und des Gewissens niemanden kränken. Daraus folgere ich mit Adolf Arndt[6]: »Politische Parteien in einer freiheitlichen Demokratie müssen dem Staate, den sie dienend mitgestalten sollen, strukturgleich verfaßt sein und in sich ein Modell der zeitgerecht menschenwürdigen Gesellschaft bilden ... Eine weltanschaulich geschlossene Partei würde sich zur Offenheit des Staates und der Gesellschaft in Widerspruch setzen ... Die Unmenschlichkeit bricht aus, sobald im Vorletzten, wie es jeder demokratischen Partei gebührt, eine letzte Wahrheit von Menschen zum Maßstab für mitmenschliche Gemeinschaft erhoben wird ...«
Ich füge hinzu, daß dieses zumal dann gilt, wenn ein Volk sich politisch in nur wenigen großen Parteien, letzten Endes in vielleicht nur zwei Parteien, ausdrücken will. Was unter einem Dutzend Parteien an weltanschaulicher Sonderung noch möglich erscheint, ist es bei einer Konzentration im Parteiwesen nicht mehr. Ich füge zu den Sätzen von Adolf Arndt ferner hinzu, daß das soeben beendete Vatikanische Konzil mit dem Bekenntnis der katholischen Kirche zur Religionsfreiheit einen Schritt von außerordentlicher Tragweite getan hat. In einer Welt, in der ein Drittel der Menschheit in den totalitären Ostblockstaaten unter Gewissenszwang lebt und in der die übrige Menschheit sich in vielerlei Religionen und Weltanschauungen aufteilt, ist alles daran gelegen, daß der Geist der Vergewaltigung gebannt wird.

Das ist zu unserem Teil unsere besondere Aufgabe in der Bundesrepublik. Zu ihr gehört die Überwindung alter Spannungen zwischen Kirche und Parteien. Zu ihr gehört die Gewährung voller Freiheit der Verkündigung für die Kirchen und Weltanschauungsgemeinschaften. Zu ihr gehört, daß wir den Staat nirgendwo zum Vorspann besonderer Auffassungen oder Überzeugungen machen. Zu ihr gehört, daß politische Parteien sich auf das beschränken, was ihre Aufgabe allein sein kann, nämlich zur politischen Willensbildung in den Fragen beizutragen, über die mehrheitlich abgestimmt werden kann, und alles unberührt zu lassen, was nur aus persönlicher Gewissensentscheidung jedes einzelnen beantwortbar ist.

1 W. Keil, Erlebnisse eines Sozialdemokraten, 1947.

2 Amtsblatt des Ev. Oberkirchenrats v. 16. 12. 1895, abgedr. in K. Kupisch (Hg.), Quellen zur Geschichte des deutschen Protestantismus (1871–1945), Göttingen 1960, S. 85–87.

3 Vgl. Franz Linden, Sozialismus und Religion. Konfessionssoziologische Untersuchung der Labour Party 1929-1931, Emsdetten 1932.

4 Vgl. Fr. Naumann, Werke Bd. IV, Köln-Opladen 1964, S. 16 f., 69, 85, 193.

5 In: Beiträge zur lutherischen Staatslehre der Gegenwart, hg. v. H. Dombois u. E. Wilkens, Berlin 1956, S. 26.

6 Arndt, Humanität – Kulturaufgabe des Politischen, 1960.

26. Die gesellschaftliche Bedeutung der Reformation

Vortrag in der Paulskirche in Frankfurt, 31. 10. 1967

Reformationsfeiern als Dokumente des Selbstverständnisses historischer Epochen

Wie immer es mit den 95 Thesen gewesen sein mag – ob Luther sie heute vor 450 Jahren an die Schloßkirche in Wittenberg anschlug oder ob er sie um jene Zeit auf andere Weise seinen Zeitgenossen bekanntgab – so bleibt bestehen, daß diese Thesen eine Umwälzung eingeleitet haben, derer wir mit Recht gedenken. Wie oft aber und in welcher Weise dieser 31. Oktober im Laufe der Zeiten schon gefeiert worden ist, wird niemand jemals vollständig erheben können, wie ja überhaupt für das Gedenken an Luther kein Anlaß versäumt wird und jede Generation in die Kette der Lutherfeiern je ihre besonderen Gedanken ebenso hineingeflochten hat, wie unsere Generation es heute hier und an anderen Orten innerhalb und außerhalb Deutschlands tut.
Neben dem Thesenanschlag sind Luthers Geburtstag oder der Reichtstag zu Worms oder Luthers Sterbetag zumal an runden Jahrestagen allzeit gern wahrgenommene Anlässe zu einem Luthergedenken gewesen. Belangvoller aber als Zahlen von Lutherfeiern sind die sehr unterschiedlichen Akzente, die diesen Feiern im Laufe der Zeiten zuteil geworden sind. Da hat man Luther nicht nur als Erneuerer der Kirche oder als religiösen Propheten gefeiert, sondern auch als Freiheitskämpfer gegen Papst, Kirche und Gewissenszwang, als Humanisten, als den Sprachschöpfer und Liederdichter, als großen Deutschen. Nahezu jede Zeit hat ein eigenes Lutherbild betont. In diesen verschiedenen Lutherbildern spiegelt sich ein Stück unserer Kirchengeschichte, nicht selten aber auch gesellschaftliche oder politische Geschichte, denn auch Politiker aller Art wußten Luther bald für Konservatismus, bald für Liberalismus oder Sozialismus bis hin zum

Nationalsozialismus für sich in Anspruch zu nehmen. Anläßlich seines 450. Geburtstages im Jahre 1933 wurde er u. a. auch als Erneuerer des nordischen Schicksalsglaubens vorgeführt.

Wenn wir bei dem Tage des Thesenanschlags bleiben, so fiel der erste Hundertjahrestag – 1617 – in die Zeit der lutherischen Orthodoxie, d. h. der Versteifung auf Schriftwortlaut und dogmatische Formeln als Inbegriff von Rechtgläubigkeiten. Dementsprechend mußte derartiges bei Luther gesehen und betont werden. Hundert Jahre später – 1717 – hatte sich der Pietismus ausgebreitet. Nun mußte auch Luther im Lichte seiner Innerlichkeit und persönlichen Glaubensgewißheit gesehen werden. Abermals hundert Jahre später – 1817 – war das Zeitalter der Aufklärung in voller Entfaltung. Jetzt wurde in Luther der Vorkämpfer gegen religiöse Voreingenommenheiten und ein Wegbereiter der Freiheit, Toleranz und Humanität gesehen, ob und inwieweit zu recht, sei dahingestellt. Und noch einmal hundert Jahre danach – 1917 – fiel das Gedenken an Luthers Thesen in den ersten Weltkrieg. Theologisch fehlte 1917 ein näher bestimmtes Bild von ziemlicher Einheitlichkeit. Um so mehr färbten Erlebnisse des Krieges das Jubiläum. Das Deutschtum Luthers durfte jetzt in der Aussage nicht fehlen.

Zu allen diesen Etappen lassen sich noch mancherlei Schattierungen hinzutun, zumal für das 19. Jahrhundert. Im ganzen wird man der Feststellung von Ernst Wolf folgen müssen, daß es im protestantischen Lager noch immer an einer wirklichen Übereinstimmung darüber fehlt, was die Reformation historisch und für ihre Erben bedeutet[1]. Das kann für das heutige Gedenken an die 450. Wiederkehr des Thesenanschlages die Verlegenheit nur noch vergrößern, die aus den Umständen unserer Zeit ohnehin besteht.

Die Reformation in der Geschichtsschreibung der DDR

Nichts wäre natürlicher, als daß die protestantische Welt sich heute in Wittenberg als dem Ursprungsort lutherischer Reformation versammeln würde. Wir beklagen, daß dieses nach dem Willen der Machthaber im anderen Teil Deutschlands nicht möglich ist. Es ist dieses das erste Mal, daß der Protestantismus sich nicht auf einer gemeinsamen Feier begegnen kann. Zugleich erleben wir, daß sich drüben zweierlei Gedenkfeiern um Luther abspielen. Nicht nur die evangelische Christenheit gedenkt heute drüben wie hier der Reformation, sondern die staatlichen Gewalten tun es drüben gleichzeitig auch ihrerseits und auf ihre Weise. Der Kreis der diesjährigen Feiern drüben ist weit gespannt. Da gilt es, daran zu gedenken, daß vor 100 Jahren das »Kapital« von Karl Marx erschien und daß vor 50 Jahren die bolschewistische Revolution in Rußland durchbrach.

Das sind Vorgänge, die den gesamten Umkreis der kommunistischen Welt und ihrer Anhänger besonders bewegen. Für die DDR aber gibt es in diesem Jahr noch besondere »Nationale Jubiläen«, in deren Rahmen sowohl das 900jährige Bestehen der Wartburg und der 150. Wiederkehr des Wartburgfestes der Deutschen Burschenschaften von 1817 als auch der mit dem Thesenanschlag Luthers vor 450 Jahren eingeleiteten Reformation gedacht wird. Den Machthabern im anderen Teil Deutschlands geht es darum, die DDR als ein abschließendes Ergebnis langfristiger historischer Entwicklungen in Deutschland zu fundieren. Das kommunistische System, das dem anderen Teil Deutschlands auferlegt worden ist, soll mit einer eigenständigen deutschen Geschichte verknüpft werden, die weit hinter die Arbeiterbewegung des 19. Jahrhunderts zurückgreift. Die Einbeziehung auch der Reformation in die sogenannten nationalen Jubiläen des Jahres 1967 soll einer Gesamtbemühung um die Nationwerdung des deutschen Volksteils hinter der Elbe-Werra-Linie dienen, indem man alle positiven Traditionen Deutschlands für sich in Anspruch nimmt, darunter nicht nur diejenigen, die spezifisch marxistisch sind, sondern auch solche, aus denen sich über alle ideologische Differenz hinweg eine humane Verbindung zwischen Christen und Marxisten finden oder doch wenigstens behaupten läßt. Das schließt in sich, daß die kirchlichen Reformationsfeiern in Wittenberg zwar allein von der Kirche getragen und gestaltet werden, aber nicht zentral und nicht einheitlich für den gesamten deutschen Protestantismus gehalten werden dürfen, und daß die staatlichen Jubiläumsfeiern in scharfer Kontrastierung zur Bundesrepublik Deutschland stattfinden, die unter der Anklage steht, daß sie der historische Ausfluß aller negativen deutschen Traditionen sei.

Hier möchte ich eine Frage einschalten. Lassen wir uns eigentlich die schwarz-rot-goldenen Traditionen der deutschen Geschichte so leicht nehmen? Diese Frage darf zumal in dieser Paulskirche gestellt werden, in der einmal eine Nationalversammlung vornehmlich von Professoren und anderen Akademikern eine politische Erneuerung Deutschlands debattierte, bis Arbeiter und Handwerker als Rebellen und Freischärler die Sache auf ihre Weise in die Hand nahmen. Auch das Wartburgfest der deutschen Burschenschaften von 1817 gehört nicht nur zur Geschichte des anderen Teiles von Deutschland. Es wollte den Aufbruch des Volkes in den Freiheitskriegen gegen Napoleon in der Zeit der so schnell wieder erstarkenden Fürstenmacht und ihrer Polizeiknüppel wachhalten. Wir sollten uns gefragt sein lassen, warum nicht auch in der Bundesrepublik dieses Wartburgereignis eine größere Rolle spielt, als sie in der Göttinger Veranstaltung vom Oktober dieses Jahres zum Ausdruck gekommen ist. Tradition kann freilich nur dort und nur insoweit sein, als etwas im Bewußtsein der Lebenden eine Rolle spielt. Aber zurück zu Luther.

Die Widersprüchlichkeit der Reformation als Kategorie der marxistischen Geschichtstheorie

Es dürfte nicht ohne Nutzen sein, wenn wir uns in großen Zügen verdeutlichen, wie die kommunistische Würdigung Luthers aussieht.

Die Zeit Luthers gilt als eine Zeit des Überganges vom Feudalismus zum Kapitalismus. Die Reformation rückt damit in das

Licht des gesellschaftlichen Klassenkampfes als Inbegriff der marxistischen Geschichtslehre. Diese Sicht ist nicht neu. Sie begegnet uns z. B. bereits in dem Werk von Friedrich Engels »Der deutsche Bauernkrieg« von 1850. Für den mittelalterlichen Feudalismus ist wesentlich, daß zwischen König oder Kaiser und Volk große Grundherren mit obrigkeitlichen Rechten stehen, denen die schollengebundenen Bauern unterworfen sind und als Objekte der Ausbeutung dienen. Mehr und mehr treten Städte mit Gewerbe und Handel heraus, die einen Übergang von der Naturalwirtschaft zur Geldwirtschaft suchen. Sie zeigen den Beginn kapitalistischer Wirtschaftsweise und bürgerlicher Eigenständigkeit an. Die alte Kirche ist dank ihres großen Grundeigentums und ihrer hierarchischen Ordnung eine vornehmliche Stütze der Feudalwirtschaft und der ständischen Rechtsungleichheiten. Indem Luther diese Kirche angreift, und sei es auch nur aus religiösen Gründen, greift er objektiv in eine gespannte gesellschaftliche Situation ein. Er trifft mit seinen 95 Thesen die ideologische Zentralmacht des Feudalismus und der ständischen Gliederung. Indem Luther sich für den Angriff auf die alte Kirche unmittelbar an das Volk wendet, wird er zum Heros im antirömischen Kampf. Dieses alles wird ihm von der marxistischen Geschichtsbetrachtung zugute gehalten. Aber indem der bürgerlich verwurzelte Luther im Bauernkrieg die Bundesgenossenschaft der vom Feudalismus bedrückten Bauern nicht annimmt, sich vielmehr in schärfster Weise gegen ihren Aufruhr wendet und sich damit auf die Seite der Fürsten stellt, steht er den Angriff nicht durch. Dieses Verhalten Luthers entspricht nach der marxistischen Interpretation der Schwäche des damaligen Bürgertums, das sich der Anlehnung an die Fürsten noch nicht zu entziehen vermochte, wie auch Luther selbst sich für die Reformation der Kirche auf die Hilfe des Teiles der Fürsten gewiesen sah, der ihn vor Kaiser und Papst in Schutz nahm. Nur Thomas Münzer stand den revolutionären Anlauf durch und ging mit den aufrührerischen Bauern unter. So blieb denn die Reformation für das marxistische Verständnis nur ein Aufleuchten auf dem langen Weg aus dem Feudalismus in die Entfaltung des Kapitalismus und zu dessen letztlicher Überwindung durch den Kommunismus nicht nur in Rußland, sondern auch im Ursprungsland der Reformation. Was Luther anstieß und was sich im Bauernkrieg auswirkte, sind für jene Zeit zwar große antifeudale Bewegungen und erste Etappen bürgerlicher Revolution, aber keine Erfüllung der gesellschaftlichen Aufgabe ihrer Zeit.

Die marxistische Geschichtsauffassung demonstriert auf die angedeutete Weise, daß auch eine große Persönlichkeit, wie sie doch Luther unzweifelhaft gewesen ist, nur insoweit Geschichte machen kann, als sie die Kraft ihrer sozialen Klasse trägt und sie im Einklang mit ihrer Klasse handelt. Luthers Zeit war mit anderen Worten für den großen gesellschaftlichen Umbruch noch nicht reif. Darin liegt enthalten, daß Luther für das Scheitern der sozialen Revolution, wie sie die Bauern betrieben und die städtischen Handwerker vielleicht wünschten, kein Vorwurf trifft. Luther verursacht nicht die Niederlage der Bauern, wohl aber wird ihm seine Schrift »Wider die räuberischen und mörderischen Rotten der Bauern« (1525) als ein Schandfleck angelastet und Thomas Münzer zum eigentlichen Helden der Reformationszeit erhoben.

Die Notwendigkeit einer Soziologie der Reformation

Wie stehen wir zu solcher Sicht Luthers? Wir werden zunächst einmal sagen, daß Luther nur dann ganz gewürdigt werden kann, wenn man ihn in seinen religiösen Motiven und Zielen gelten läßt. Ihm ging es um die Zurückführung einer entarteten Kirche auf das Fundament ihres Ursprungs. Darum betonte er die Bibel als die Norm aller Normen. Darum gab er sie seinen Zeitgenossen in deutscher Sprache in die Hand. Darum zerbrach er die Werkerei als falschen Weg zum Frieden mit Gott. Darum ließ er Christus als den Versöhner neu hervortreten und wieder zum alleinigen Mittelpunkt des Evangeliums werden. Nicht aber ging es Luther um die Überwindung des Feudalismus und der Gliederung des Volkes in Stände zugunsten einer neuen Sozialordnung und einer Rechtsgleichheit aller. Insofern ist alle marxistische Interpretation Luthers zu kurzschlüssig und darum unzulänglich.

Auf der anderen Seite sollten freilich auch die Theologen und die mit Luther verbundenen Kirchen den gesellschaftlichen oder soziologischen Faktoren und deren Bedeutung in der Kirchengeschichte eine größere Aufmerksamkeit zukommen lassen, als es üblicherweise geschieht. Auch in der Geschichte der Kirche handelt Gott durch Menschen, und zwar durch Menschen, die in die Gegebenheiten und Vorstellungen ihrer Zeit eingebunden sind. Insofern braucht sich die Betonung religiöser Motive oder Ziele und soziologischer Gegebenheiten oder Kräfte nicht unbedingt zu widersprechen. Sie können sich auch ergänzen.

So hat z. B. Herbert Schöffler vor 35 Jahren eine Soziologie der reformatorischen Bewegungen dargestellt, die ich für außergewöhnlich bedeutsam halte[2]. Am Ausgang seiner Darstellung steht die Frage, warum die vor Luther zu einer Reformation der Kirche unternommenen Anläufe scheiterten, die Reformation Luthers aber Erfolg hatte. Warum scheiterten Arnold von Brescia, die Albigenser, Wiclif und Hus? Was verschaffte Luther den Erfolg? Die Antwort Schöfflers lautet, daß zum Gelingen einer Reformation der Kirche in einer Zeit enger Verquickung von Kirche und Staat drei Faktoren zusammentreffen müssen, nämlich ein religiöses Unbehagen über den Zustand der Kirche, ein führender Kopf, der dem Unbehagen Ausdruck verleiht und Ziele der Änderung setzt, sowie drittens das Zustandekommen einer Verbindung zwischen den religiösen, nach kirchlicher Umgestaltung drängenden Kräften und der staatlichen Macht. Allen Vorläufern Luthers war dieser Anschluß an die herrschende Macht nicht beschieden; sie scheiterten vielmehr an eben dieser Macht, die sie blutig niederschlug und auf Scheiterhaufen sterben ließ. Auch Luther wurde vom päpstlichen Bannfluch und von kaiserlicher Reichsacht bedroht. Wer immer seiner habhaft wurde,

durfte und sollte die Reichsacht an ihm exekutieren. Luther aber fand den Schutz an seinem Territorialherrn, dem Kurfürsten, der ihn nicht nur der Vollstreckung der Reichsacht entzog, sondern darüber hinaus in seinem Land die Reformation der Kirche nach Luthers Intentionen durchführte. Die Schwächer der kaiserlichen Zentralgewalt zur Zeit Luthers und die Zersplitterung Deutschlands in zahlreiche Territorien, von denen – aus welchen geistlichen oder materiellen Gründen auch immer – ein Teil sich gegen den Kaiser auf die Seite Luthers stellte, ließen Luthers Reformation gelingen.
Luther hat die Bundesgenossenschaft der aufrührerischen Bauern ausgeschlagen, den Schutz seines Kurfürsten aber bekanntlich angenommen, ja ihn und andere Fürsten und Magistrate sogar als die besonders verantwortlichen Glieder der Kirche für die Durchführung einer Reformation ausdrücklich in Anspruch genommen. Seine konservative Grundgesinnung legte ihm dieses Bündnis vollends nahe.
Es ist müßig, dem Gedanken nachzuhängen, wie alles verlaufen wäre, wenn Luther anders gehandelt hätte, oder was aus Luther geworden wäre, wenn sein Kurfürst ihn an den Kaiser ausgeliefert hätte. Es sollte die Feststellung der Tatsache genügen, daß ein gesellschaftlicher Faktor, nämlich die staatliche Gewalt, in Luthers Reformation eine wesentliche Rolle spielt, und zwar zum Unterschied gegenüber der Zeit seiner Vorläufer eine hilfreiche.

Das Verhältnis von Kirche und Staat seit der Reformation

Obwohl Luther keine soziale Revolution anstrebte, ist nicht nur die religiöse, sondern auch die gesellschaftliche Bedeutung der Reformation groß. Sie hat über alle kirchlichen Veränderungen hinaus Ansätze und Keime auch zu Veränderungen der gesellschaftlichen Ordnungen von großer Tragweite geschaffen, ohne die unsere heutige Zeit nicht so wäre, wie sie ist.

Die Bedeutung der lutherischen Sprachschöpfung in Gestalt seiner Bibelübersetzung für eine gemeinsame Sprache der deutschen Landschaften und Volksstämme und damit für eine gemeinsame nationale Kultur und letztlich auch für den nationalen Zusammenschluß der Deutschen ist oft genug gewürdigt worden. Ich rufe sie deshalb nur in Erinnerung.

Auch die positive Betonung der Arbeit im weltlichen Beruf als einer nicht minder Gott wohlgefälligen Lebensweise als die der mönchischen Askese ist oft hervorgehoben worden. Alle wirtschaftliche Entfaltung, aller zivilisatorische Wohlstand der Gegenwart sind ohne die impulsiven Kräfte dieser neuen Ethik der Berufsarbeit nicht denkbar. Auch das ist vielfältig dargestellt worden.

Der Angriff Luthers auf die alte Kirche führte zwar nicht zu deren völliger Überwindung, wohl aber zu ihrer nachhaltigen Schwächung im Sozialgefüge. Der Pluralismus unserer heutigen Gesellschaft nimmt hier seinen Anfang.

Im speziellen Bereich der Rechtsordnung löst die Reformation eine erste Auflockerung der überkommenen Orientierung alles Rechtes an den Glaubenssätzen der alten Kirche aus, die in letzter Konsequenz zu dem religiös und weltanschaulich neutralen Staat der Gegenwart – jedenfalls in unserem Bereich – führt[3].

Ein Grundzug Luthers von starker gesellschaftlicher Bedeutung ist sein Konservatismus. Nichts lag Luther ferner, als an der Unterordnung der Menschen unter die Obrigkeit zu rütteln. Der unserem Volke so merkwürdig eigene Geist der Untertänigkeit gehört zu den nachhaltigsten Wirkungen dessen, was Luther gestaltete. Das ist nicht ganz ohne Widerspruch zu dem, was Luther gegen die alte Kirche lehrte und predigte. Seine These vom allgemeinen Priestertum aller Gläubigen traf nicht nur die Besonderheit des geweihten Priesters und der kirchlichen Hierarchie, sondern in letzter Konsequenz zugleich auch alle Rechtsungleichheit in Staat und Gesellschaft schlechthin. Wenn alle Menschen vor Gott gleich sind, wie kann dann eine Ungleichheit im bürgerlichen Leben Bestand behalten? Diese Frage mußte eine steigend drängendere Bedeutung bis zu ihrer schließlichen Lösung in der Rechtsgleichheit aller Staatsbürger in der Gegenwart gewinnen. Luther selbst ließ sie aber noch nicht aufkommen. Er lehrte den Gott wohlgefälligen Gehorsam gegen die von Gott gesetzte Obrigkeit und trug zum Fortbestand der ständischen Gliederungen entscheidend dadurch bei, daß er die Gestaltung und Verwaltung der neuen protestantischen Landeskirchen in die Hand der weltlichen Obrigkeiten legte. Wie in aller Welt und zu jeder Zeit wurde diese Verkoppelung von Thron und Altar die wirksamste Festigung der überkommenen gesellschaftlichen Strukturen.

Mit dieser Einbindung der Menschen in einen von der Obrigkeit regierten Staat und in eine ebenso regierte Kirche, mit ihrer Erziehung durch Schule und Predigt zu fügsamen und arbeitsamen Untertanen, ergab sich zwangsläufig, daß sie von aller Mitverantwortung für das Geschehen im Staat, im Rathaus oder in der Kirche und in der Schule ferngehalten wurden. Produkt dieser Erziehung ist jener schon oft von mir zitierte Schneidermeister, der vor rund 150 Jahren in einer kleinen deutschen Stadt lebte. Als der Landesherr dieser Stadt seinen Besuch ankündigte und die Bürger einen würdigen Empfang vorbereiteten, brachte dieser Schneidermeister an seinem Haus eine Beschriftung an: »Lieber Landesvater, unter Deinen Flügeln kann ich ruhig bügeln«. Diese Mentalität haben wir längst noch nicht überwunden. Sie spielt für unser gesamtes öffentliches Leben trotz aller Basierung des heutigen Staates auf den Grundsätzen der Demokratie und trotz aller heutigen Eigenständigkeit der Kirche eine immer wieder bedrückende Rolle. Alle stetigen Appelle an Mitverantwortung für Staat und Kirche durch Mitarbeit etwa in Parteien und Selbstverwaltungen oder durch freiwillige Initiativen oder Spenden finden nur ein unzulängliches Echo. In den angelsächsischen Ländern sieht das anders aus, weil deren Kirchengeschichte anders verlief. In England entwickelte sich seit dem 16. Jahrhundert neben der anglikanischen Staatskirche eine Vielzahl sonstiger Freikirchen, die sowohl für den religiösen als auch für den politischen Bereich eine Verlebendigung bewirkten, die den gesamten Stil der englischen Gesellschaft geprägt haben. In der Neuen Welt der USA vollends haben die frühen Einwanderer den Staat und die Kirchen überhaupt erst aus sich heraus entwickelt und damit ein Fundament bürgerlicher Selbstverantwortung gelegt, das bis heute dieses Land trägt.

Ertrag unserer deutschen Geschichte ist aber auch die im 19. Jahrhundert aufgekommene Entfremdung der Arbeiterschaft von der Kirche. Die Versäumnisse insbesondere der evangelischen Kirche gegenüber den sozialen Fragen des 19. Jahrhunderts sind aus später Erkenntnis inzwischen oft geschildert worden. Weniger ist dagegen ins Bewußtsein getreten, daß die Kirche sich die unter Bismarck aufgekommene Hinwendung großer Teile der Arbeiterschaft zum Marxismus selber zuzuschreiben hat. So wie es in Rußland im vorigen Jahrhundert für den Aufbruch gegen den Absolutismus der Zaren und gegen die Niederhaltung der Bauern an christlichen Führungskräften fehlte, weil die orthodoxe Kirche sich auf das engste mit dem zaristischen Feudalsystem verquickte, so standen aus der Verkoppelung von Thron und Altar auch in Deutschland im vorigen Jahrhundert für politische und gewerkschaftliche Bemühungen um gleiches Wahlrecht, Tarifverträge, Achtstundentag, Verbot der Kinderarbeit und ähnliche Forderungen nicht nur keine christlichen Führungskräfte zur Verfügung, sondern die Kirche stand in alledem im Lager der Gegner. So mußte sich der politische und soziale Kampf gegen das Überkommene zwangsläufig zum Angriff auf die Kirche und deren Position im öffentlichen Leben einschließlich der Schule ausweiten.

Die Situation in England im Vergleich zu Rußland und Deutschland war auch in dieser Beziehung wesentlich anders. Weil es dort neben der konservativen Staatskirche eine Vielzahl von Freikirchen gab, aus denen der Arbeiterpartei und den Gewerkschaften die Kräfte zuwuchsen, die mit der Ablehnung der Staatskirche den Kampf für sozialen Fortschritt verbanden, entfiel dort der politische Anstoß für eine Entfremdung der Arbeiterschaft gegenüber dem Christentum. Anders als in Rußland und in Deutschland ist der Marxismus in England zu keiner Zeit eine Ersatzreligion geworden.

Als Luther die Fürsten und die Magistrate der reichsfreien Städte zur Reformation der Kirche aufrief, dachte er an eine Übergangslösung, aus der eine unabhängige und selbständige Kirche erwachsen sollte. Es hat 400 Jahre – bis 1918 – gedauert, bis die Verbindung von Thron und Altar zu einem Ende kam. Immer aber noch wirkt manches nach, wenngleich vieles anders geworden ist. Heute sind Kirche und Staat voneinander unabhängig mit dem Unterschied, daß hier in der Bundesrepublik eine freundliche Zuordnung beider zueinander besteht, wogegen in der DDR die öffentliche Gewalt die Kirche einschnürt und auszuschalten bemüht ist. Die Bundesrepublik versteht sich als weltanschaulich und religiös neutraler Staat. Hier sind die Kirchen Faktoren im Kräftespiel einer pluralistischen Gesellschaft, wobei freilich einzuräumen ist, daß christliche Traditionen und volkskirchliche Positionen noch einen Vorsprung vor anderen Auffassungen gewähren, während drüben die Weltanschauung des Marxismus von Staats wegen die Dominante abgeben soll und die Kirche in einen Prozeß der Abbröckelung gedrängt ist.

Die veränderte Beurteilung der Reformation durch die katholische Kirche

Wenn wir uns an diesem Tage der Rückblendung auf die Anfänge der Reformation fragen, wie denn der Fortgang der kirchlichen Entwicklung voraussichtlich aussehen wird, so ist meines Erachtens zweierlei zu erheben.

Zum ersten Mal seit 1517 zeichnet sich heute ein Reformationsgedenken ab, das auch katholische Christen in positiver Würdigung Luthers mitvollziehen. Von der Gegenreformation im 16. Jahrhundert an und über den Dreißigjährigen Krieg hinweg hat die katholische Kirche bis in die Gegenwart bekanntlich alles

Lutherische als Ketzerei verdammt und auszuräumen sich bemüht. Noch 1897 charakterisierte beispielsweise Papst Leo XIII. die Reformation als lutherische Rebellion und äußerste Verwüstung des Sittlichen. Mit dem Zweiten Vatikanischen Konzil 1962/65 aber ist die katholische Kirche nicht nur in den ökumenischen Dialog mit eingetreten, der die anderen Kirchen schon seit einigen Jahrzehnten erfaßt hat, sondern in nicht unwesentlichen Bereichen ihrer Theologen hat eine Aufgeschlossenheit für die Theologie Luthers eingesetzt, die erregend ist. Professor Albert Brandenburg, selbst katholischer Theologe, schreibt: »Eine ganze junge Schule katholischer Theologen aus Deutschland, Holland, Amerika, Spanien und den skandinavischen Ländern ist ökumenisch entschlossen am Werk, Luthers Theologie zu beleuchten, ihre Zusammenhänge mit der gegenwärtigen Theologie festzustellen und sie entschieden mit der Heiligen Schrift zu konfrontieren[4].« Damit geschieht genau das, worum es Luther ging; er wollte alle Theologie und zumal seine eigene an der Bibel gemessen wissen. Die Prävalenz der Heiligen Schrift war sein zentrales Anliegen. Wo es anfängt, den Protestantismus nicht mehr in polemischer Abwehr mit dem Ziel der Widerlegung anzugehen, sondern als das Prinzip der letztlich nur an die in Christus geoffenbarte Wahrheit Gottes gebundenen kritischen Freiheit gelten zu lassen, da eröffnen sich Annäherungen, die zu völlig neuen Fragestellungen im Gegenüber der beiden großen Kirchen führen. Der Generalsekretär des Lutherischen Weltbundes, Appell, hat darum mit Recht aussprechen können: »In einer Zeit, in der die römisch-katholische Kirche ernstlich versucht, den reformatorischen Anliegen des 16. Jahrhunderts entgegenzukommen, dürfen wir – die Lutheraner – gewiß keine starre Haltung einnehmen und der geistlichen Erneuerung in unserer eigenen Kirche Halt gebieten.« So sind offenbar in beiden Kirchen beachtliche Kräfte geneigt, aus alten Erstarrungen herauszukommen. Das ergibt für unser 450. Jahresgedenken an die Anfänge der Reformation und das weitere Verhältnis der beiden großen Kirchen zueinander völlig neue Aspekte. Wenn diese Aspekte auch längst nicht bedeuten, daß wir vor einer Überwindung der Glaubensspaltung stünden, so bedeuten sie doch immerhin, daß die beiden großen Kirchen den Weg in die Zukunft in einer ganz anderen Nähe zueinander gehen als je zuvor und daß sich darüber manche Gemeinsamkeiten im praktischen Handeln in dieser sich so rasant verändernden Welt ergeben können.

Des weiteren steht vor uns, daß die Säkularisierung, d. h. das Heraustreten des Menschen aus christlichen Überzeugungen oder Bindungen, fortschreiten wird. Noch sind wir hier Volkskirche, in die die Jugend in der Regel durch Taufe und Religionsunterricht ohne persönliche Entscheidung einbezogen wird. Drüben dagegen hat sich dieser volkskirchliche Charakter bereits weitgehend verloren. Wir würden uns täuschen, wenn wir diese Wandlung drüben lediglich einer atheistischen Propaganda zuschreiben würden. Wesentlicher und eben auch hier wirksam ist das geräuschlose Sichentfernen von immer mehr Menschen um uns herum aus christlicher Bindung in den Indifferentismus, in eine Gleichgültigkeit zumindest gegenüber der Kirche, oft aber darüber hinaus auch gegenüber dem Evangelium. Religion und Weltanschauung im Sinne von Überzeugungen werden weitgehend relativiert und dadurch ihrer Antriebs- oder zumindest ihrer Orientierungskraft beraubt. Das Ende der Volkskirche, die vormals ein so selbstverständliches Betreuungsinstitut auf allen Stationen des menschlichen Lebens gewesen ist, zieht herauf und wird völlig veränderte Formen von Gemeinde und seelsorgerlichem Dienst mit sich bringen. Günter Jacob, Generalsuperintendent in Cottbus, hat diese Wege in »Die Zukunft der Kirche in der Welt des Jahres 1985«[5] mit großer Nüchternheit ausgezogen.

Damit steht die Frage vor uns: Ist dieses Zurücksinken der christlichen Gemeinde aus den großen und anspruchsvollen Gehäusen der Volkskirche auf Gemeindekerne und Zellen ein Prozeß der Schwächung oder der Gesundung? Ich wage nicht, diese Frage zu beantworten. Sicher erscheint mir aber zu sein, daß dieser Prozeß zu einer größeren Redlichkeit hinführt. Er wird bestehen lassen, was echt ist. Er wird abblättern lassen, was gesellschaftliche Konjunktur war. Er wird wieder bewußt machen, daß der Christenheit nicht verheißen ist, in dieser Welt zu triumphieren oder gar die Welt zu überwinden, sondern daß sie in dieser Welt der verlorene, aber dennoch errettete Haufen ist.

Die Trennung von Staat und Kirche als Bedingung für die Offenheit der Kirche für soziale Probleme

Ein Letztes noch. Auch außerhalb der Kirche leben wir in einer Epoche großer Veränderungen. Ihr Ausmaß und ihr Tempo sind atemberaubend. Sie können die christliche Gemeinde nicht unberührt lassen, zumal die explosive Vermehrung der Menschen und die Überlagerung des politischen Gegensatzes zwischen Westen und Osten durch den sozialen Gegensatz Norden/Süden zwischen reichen und bis in den Hungertod hinein armen Völkern nicht zuletzt die Christen in große Mitverantwortungen rufen. Sehen wir sie? Werden wir ihnen gerecht?

Wieder einmal stellt sich heute die Frage, der Luther nicht standhielt, als ihn die soziale Unruhe seiner Zeit unter den Bauern in Anspruch nehmen wollte, und der die Kirche im vorigen Jahrhundert nicht standhielt, als das Proletariat des aufkommenden Industriezeitalters in seiner sozialen Not auf die Kirche hoffte – die Frage nämlich nach der christlichen Antwort auf Ungerechtigkeit, Ausbeutung und Elend. Jetzt stellt sich diese Frage nicht nur in den Völkern etwa Lateinamerikas aus ihren eigenen inneren Strukturen, sondern darüber hinaus in dem weltweiten Konflikt zwischen reichen und armen Völkern.

Soll die Antwort lauten, daß der Mensch nach dem Willen Gottes leiden und dulden muß oder daß er die Welt und ihre Zustände verändern soll?

Papst Paul VI. hat in seiner Enzyklika »Populorum progressio« (Ostern 1967) dazu in einer unüberhörbar aufrüttelnden Weise uns alle angeredet und zum Handeln aufgerufen. Viele andere Stimmen tun ein Gleiches.

Es geht aber nicht nur um Entwicklungshilfe der reichen an die armen Völker als ein Gebot der menschlichen Solidarität, sondern das Thema greift weiter. Darf es, oder gar muß es Revolution geben, wenn Ungerechtigkeit und Ausbeutung nicht anders zu überwinden sind als durch ein Zerbrechen der Machtstrukturen, mit denen die Nutznießer ihre Ausbeute festhalten?

Dieses Thema christlicher Ermunterung, ja Teilnahme am Umsturz hat in breiter Weise die Theologie unserer Tage erfaßt[6] und bedeutet allein schon als diskutierbar gewordenes Thema ein Stück Umwälzung im theologischen Denken. Der Avantgardismus, der in diesem Thema liegt, wird noch viel Widerspruch erfahren, weil er dem überkommenen christlichen Konservatismus zutiefst fremd ist. Zunächst einmal stehen wir vor der Frage, ob die christliche Gemeinde bereit ist, sich wenigstens aus den Bindungen zu lösen, die sie mit der Erhebung der christlichen Lehre zur Staatsreligion durch Kaiser Konstantin so lange und so vielfältig mit dem jeweiligen Establishment in der Welt eingegangen ist und auch durch die Reformation vor 450 Jahren nicht aufgab. Die Auflösung der Verquickungen von Thron und Altar hat ja noch längst nicht zur vollen Eigenständigkeit geführt. So führt das Erinnern an den Anfang der Reformation an das Bewußtwerden der verbleibenden Aufgaben.

Luther zielte auf die *eine* wahre christliche Kirche. Es entstand aber eine Spaltung nun auch der abendländischen Christenheit, nachdem solche Spaltung zwischen der morgenländisch-griechischen und der abendländisch-lateinischen Christenheit (1054) vorausgegangen war. Im Fortgang der reformatorischen Bewegungen kamen Spaltungen der reformatorischen Kirchen hinzu, die wir im Bereich der Evangelischen Kirche in Deutschland bis heute nicht überwunden haben. Wie wollen wir es rechtfertigen, daß wir getrennte Kirchen und Konfessionen sind? Wir alle wissen, daß wir zur Einheit unter dem einen Herrn gerufen sind! Diese Einheit – zunächst unter den reformatorischen Kirchen – zu gewinnen, ist eine der Aufgaben.

Luther zielte nicht auf gesellschaftliche Veränderungen. Aber er schuf im Zuge seiner religiös-kirchlichen Reformation zugleich Ansätze und Keime auch zu tiefgreifenden Veränderungen im gesellschaftlichen Bereich. In letzter Konsequenz mußte und muß daraus ein neues Verhältnis zwischen Christengemeinde und Gesellschaft entstehen. Erst dann, wenn sie nach der erreichten Trennung von Kirche und Staat auch aus der konstantinischen Gefangenschaft des restaurativen Denkens auszieht, werden die Ansätze der Reformation ganz zum Tragen kommen. Diese Freiheit zu eigener Verantwortung zu gewinnen ist die andere Aufgabe.

1 E. Wolf, Luther und die »Reformation« der Kirche, in: Kirche in der Zeit 1967, S. 398 f.

2 Die Anfänge des Puritanismus, Leipzig 1932.

3 M. Heckel, Art. »Reformation – rechtsgeschichtlich« im Evang. Staatslexikon 1966.

4 Martin Luther heute – katholisch gesehen, in FAZ 19. 8. 1967. – Dazu auch v. Loewenich, Zum alten Eisen geworfen: Der Heros der deutschen Nation, in: Die Welt 24. 8. 1967.

5 In: Junge Kirche 1967, H. 9, S. 349–65.

6 Ich verweise z. B. auf den Genfer Kongreß »Kirche und Gesellschaft« 1966. Berichte darüber in: Junge Kirche 1966, H. 8, S. 411-41. – Siehe auch »Populorum progressio« Ziffer 31.

27. Der demokratische Rechtsstaat als theologisches Problem

Vorlesung an der Universität Bonn nach der Verleihung der Würde eines Ehrendoktors der Theologie, 20. 12. 1967

I

Theologische Fragen in bezug auf den Rechtsstaat stellen sich in vollem Gewicht dort, wo der Rechtsstaat zugleich und mit Konsequenz ein demokratischer Staat ist. Das wird im Verlauf meiner Ausführung deutlich werden.

Ein Beispiel eines solchen demokratischen Rechtsstaates ist die Bundesrepublik Deutschland. Die theologische Relevanz ihrer Verfassung zu erörtern hat zunächst einen geschichtlichen Grund.

Sosehr Luther wahrlich vieles in Bewegung gebracht hat, so blieben doch zwei Stücke der überkommenen Gegebenheiten von seinem Angriff unberührt. Luthers Angriff zielte weder auf eine Reform der Verfassung der alten Kirche, noch zog er die Gottgegebenheit der ständischen Obrigkeiten seiner Zeit in Zweifel. Luther kämpfte um den Nachweis, daß er innerhalb der alten Kirche stehe und darin das rechte Verständnis des Evangeliums vertrete. Auch das Augsburger Bekenntnis von 1530 sollte dartun, daß die *eine* Kirche das Evangelium so zu lehren habe, wie sie selbst es tat. An der alten Kirche wollte Luther um der gebotenen Einheit willen festhalten. Er wurde aber im Endergebnis aus dieser alten Kirche hinausgedrängt.

Von daher wäre es schon zu seiner Zeit notwendig geworden, für die neue Kirche der Reformation einen eigenen Begriff von der Kirche zu entwickeln. Diese Notwendigkeit wurde indessen dadurch verschleiert, daß die ihm gewogenen Landesfürsten und Magistrate der reichsfreien Städte die Gestaltung der reformatorischen Landeskirchen in die Hand nahmen und jene Koppe-

lung von Thron und Altar praktizierten, die das Schicksal der lutherischen Reformation geworden ist. Das hat Luther nicht zuletzt deshalb hingenommen, weil er ohne Vorbehalt an der überkommenen Beurteilung der ständischen Obrigkeiten als gottgewollter Autoritäten festhielt und von bürgerlicher Mitverantwortung für das politische Gemeinwesen nichts hielt.
Luther dachte den Staat von oben, vom Fürsten oder dem ständischen Magistrat her. Von demokratischen Impulsen, wie sie etwa im Bauernkrieg aufkamen, konnte bei ihm keine Rede sein. Sie waren verwerflich und suspekt. Aus dieser konservativen Grundeinstellung heraus nahm er die Hilfe der Fürsten und Magistrate für die Reformation der Kirche an und war damit zugleich der Notwendigkeit enthoben, dem Selbstverständnis der alten Papstkirche ein reformatorisches Verständnis von Kirche und der ihr geziemenden Ordnung entgegenzusetzen.
Dieser Zustand hat an 400 Jahre gedauert. Damit zugleich hat die antidemokratische Erziehung unseres lutherischen Volksteils sich über eben diese Periode ausgewirkt. Die Koppelung von Thron und Altar hat zu jeder Zeit und überall – z. B. auch im zaristischen Rußland – dazu geführt, daß treues Dienen in dem von Gott verordneten, d. h. in der Regel jeweils vom leiblichen Vater überkommenen Berufsstand, sowie der Gehorsam gegenüber der Obrigkeit zu Schwerpunkten in der Erziehung durch Schule und Kirche wurden.
Mit dem Umbruch von 1918 traten wir zum ersten Mal in unserer Geschichte in eine Demokratie ein. Der Fehlschlag der Weimarer Republik hat eine Reihe sehr verschiedener Ursachen, denen vollständig nachzugehen hier nicht geboten ist. Im Rahmen meines Themas sind nur zwei dieser Ursachen zu kennzeichnen, nämlich die unzulängliche Konstruktion der Weimarer Verfassung und die Rückbezogenheit von Kirche und Theologie auf die Vergangenheit.
Die Weimarer Verfassung denkt bürgerlich-liberal; sie denkt vom Gesetzgeber her. Ihre Konstruktion geht auf das Gegenüber des Bürgertums zum absoluten Fürsten zurück, dem es – zumal

seit der Französischen Revolution – die gesetzgebende Gewalt zugunsten der Volksvertretung zu entwinden galt. Indem die Weimarer Verfassung diese gesetzgebende Gewalt nunmehr vollständig und uneingeschränkt in die Hand des Parlamentes legt, also das durch die Volksvertretung beschlossene Gesetz zum absoluten Herrscher an Stelle des Fürsten macht und im übrigen an der klassischen Gewaltenteilung sowie an richterlicher Kontrolle der Verwaltung nach Maßgabe der Gesetze festhält, glaubten ihre Verfasser, die Demokratie oder den demokratischen Rechtsstaat etabliert zu haben.

Zwei kardinale Schwächen sind den Vätern der Weimarer Verfassung unterlaufen.

Die Weimarer Verfassung nennt Grundrechte der Bürger. Indem sie aber diese Grundrechte als Gewährungen von seiten des Staates versteht, also nicht als aller staatlichen Gewalt vorauf- und vorgehende Rechte, läßt sie die Grundrechte zur Disposition des mit so viel Hochachtung respektierten Gesetzgebers. Die Weimarer Grundrechte waren mit anderen Worten nicht Schranke, sondern Objekt des Gesetzgebers. Deshalb konnte das Reichsgericht sagen[1]: »Der Gesetzgeber ist selbstherrlich und an keine anderen Schranken gebunden als diejenigen, die er sich selbst in der Verfassung oder anderen Gesetzen gezogen hat«, wobei lediglich hinzuzufügen bleibt, daß auch die Verfassung nicht anders als jedes sonstige Gesetz nur so lange eine Schranke abzugeben vermochte, bis der selbstherrliche Gesetzgeber sich selbst von dieser Schranke befreite.

Die andere Schwäche der Weimarer Verfassung liegt in ihrer Neutralität gegenüber jeder politischen Zielsetzung ihrer Bürger. Was immer ein Bürger auf dem Wege demokratischer Mehrheitsbildung anstrebte, war legal, auch wenn es auf die Aufhebung der Weimarer Verfassung selbst abzielte. Rudolf Smend verglich deshalb die Weimarer Ordnung mit einem Omnibus, »in den man einsteigt zu einer Fahrt ins Blaue unbegrenzter subjektiver und objektiver Möglichkeiten«[2]. Kommunisten und Nationalsozialisten haben bekanntlich von dieser legalen Verfügungsfreiheit über den Weimarer Staat gründlich Gebrauch gemacht. Zur Legalisierung der nationalsozialistischen Bewegung genügte Hitlers Eid im Ulmer Reichswehrprozeß vor dem Reichsgericht, daß er und seine Trabanten die Macht nur auf demokratischem Wege anstrebten. Dann aber galt das andere, das Goebbels so ausgedrückt hatte: »Legal bis zur letzten Sprosse, aber gehängt wird doch.«

Angesichts dieser Schwäche der Weimarer Verfassung befanden sich die auf ihre Erhaltung bedachten Parteien von vornherein in einer gefährdeten Position. Um so mehr wäre es entscheidend auf eine Unterstützung und Stärkung dieser Parteien und vor allem des demokratischen Bewußtseins der Bürger angekommen. Auch die evangelische Kirche hätte dazu beitragen können, ohne ihrer wesensmäßigen Aufgabe fremd zu werden. Es ist nun einmal – ob gewollt oder nicht gewollt – von erheblicher politischer Auswirkung, in welcher Weise Kirche und Theologie ihren eigentlichen Auftrag versehen und die für ihre Äußerungen zugänglichen Menschen beeinflussen. Von daher ist sehr wohl der Rolle zu gedenken, welche die kirchlichen Kreise, zumal die protestantischen, während der Weimarer Republik insbesondere in und durch die von ihnen bevorzugte Deutschnationale Volkspartei mit ihrem schwarz-weiß-roten monarchistischen Programm gespielt haben.

Der Durchbruch zur Demokratie im Jahre 1918 hatte sich nicht nur ohne christliche Beteiligung vollzogen, sondern geradezu gegen den Willen vor allem der evangelischen Kirchen. Das hätte grundsätzlich auch anders sein können, wie die angelsächsische Geschichte eindrucksvoll beweist. Hier aber, in Deutschland, blieben Kirche und Theologie aufs Ganze gesehen auch dann noch rückbezogen auf den Patriarchalismus und auf staatskirchliche Privilegien, als mit der Weimarer Republik eine neue Zeit anbrach. Man fand kein positives Verhältnis zur Demokratie, begegnete ihr vielmehr mit Reserviertheit, ja sogar mit Abscheu. Alles, was sich über ihre Gefahren sagen ließ, wurde gründlicher ausgebreitet, als was über ihre Bedeutung in der Gegenwart, zumal für den demokratischen Rechtsstaat, zu sagen gewesen wäre. Wenn der Göttinger Theologe Trillhaas noch 1956 schreiben konnte, daß die Demokratie das eigentlich unbewältigte Thema der lutherischen Theologie sei[3], so galt das erst recht für die Weimarer Zeit.

Ich trete hier bewußt in keine Einzeldarstellung der Vorbehalte ein, welche aus dem Bereich der evangelischen Kirchen gegenüber dem Weimarer Staat geltend gemacht worden sind[4]. Es genügt hier, daran zu erinnern, daß die evangelische Kirche aufs Ganze gesehen das Angebot eines freiheitlichen Rechtsstaates nicht wahrnahm, das in der Weimarer Verfassung trotz ihrer Schwächen gemacht war, daß man den Sprung in eine neue Zeit nicht fertig brachte, daß man vielmehr aus der traditionellen Neigung zu autoritären Staatsauffassungen schließlich sogar weithin mit dem Nationalsozialismus sympathisierte. Eine Ursache alles dessen muß, so meine ich, darin gesehen werden, daß es in den Anfängen der Reformation nicht zu einer Neuordnung unter einem neuen Kirchenbegriff gekommen war.

II

Von den Religionskriegen früherer Jahrhunderte abgesehen, geriet der deutsche Protestantismus erstmalig im Dritten Reich in den Gewissenskonflikt mit der eigenen Staatsgewalt. Für den katholischen Volksteil war diese Situation bereits im Kulturkampf der 1870er Jahre entstanden. Der Protestantismus aber lernte erst nach 1933 das Gebot zu praktizieren, daß Gott mehr zu gehorchen ist als den Menschen. Als ein Beteiligter am Kampf der Bekennenden Kirche im Dritten Reich und insbesondere an ihrer Barmer Synode von 1934 weiß ich um die ganze Unzulänglichkeit dessen, was die Kirche im Dritten Reich getan hat, und erst recht, was sie versäumt hat. Als Rat der Evangelischen Kirche in Deutschland haben wir das im Oktober 1945 anläßlich der ersten Begegnung mit Repräsentanten ausländischer Kirchen nach dem Kriege in der »Stuttgarter Erklärung« insgesamt ausgesprochen.

Die Barmer Synode der Bekennenden Kirche antwortete in der damaligen, für den evangelischen Volksteil neuen Situation mit einer Erklärung, die nicht nur den Staat an seine Grenzen erinnerte und gegenüber seinen Gesetzen den Maßstab eines höheren Rechtes in Anspruch nahm, sondern endlich auch mit einer tragfähigen Begründung dessen, was evangelischerweise unter Kirche zu verstehen ist. In These III heißt es:

»Die christliche Kirche ist die Gemeinde von Brüdern, in der Jesus Christus in Wort und Sakrament durch den Heiligen Geist als der Herr gegenwärtig handelt. Sie hat mit ihrem Glauben wie mit ihrem Gehorsam, mit ihrer Botschaft wie mit ihrer Ordnung mitten in der Welt der Sünde als die Kirche der begnadigten Sünder zu bezeugen, daß sie allein sein Eigentum ist, allein von seinem Trost und von seiner Weisung in Erwartung seiner Erscheinung lebt und leben möchte.«

Damit ist abgewehrt, daß die Kirche eine hierarchisch gegliederte Heilsanstalt sei. Damit ist abgewehrt, daß der Staat ihr Herr und sei es auch nur Herr ihrer Ordnungen sein könne. Damit ist ausgesprochen, daß reine Lehre nicht schon Kirche sei. Damit ist Christus allein als Haupt und Herr einer reformatorischen Kirche bezeugt und herausgestellt[5].

Mit den Erkenntnissen dieser Barmer Erklärung über den Auftrag und die Wesenselemente der Kirche konnte die evangelische Christenheit nach dem Zusammenbruch des Dritten Reiches von einer unvergleichlich anderen Grundlage aus in die Neuordnung mit eintreten, als es 1918 nach dem Zusammenbruch der Monarchien möglich war.

Wie sieht diese Neuordnung aus? Und was bedeutet sie unter theologischem Aspekt?

III

Mit dem Grundgesetz der Bundesrepublik Deutschland sind wir 1949 zum zweiten Mal in eine Demokratie eingetreten. Dieses Grundgesetz mehr als nur in einer Skizze zu schildern, erübrigt sich hier. Sein Ansatz ist nicht die Obrigkeit, nicht der Gesetzgeber, sondern der Bürger. Oberster Wert unserer Gemeinschaft ist die Würde des Menschen.

Darum bekennen wir uns im Grundgesetz zu den in den Grundrechten dargestellten unverletzlichen und unveräußerlichen Menschenrechten, die dem Staat eine unübersteigbare und unaufhebbare Grenze seiner Gewalt setzen. Darum bekennen wir uns zum sozialen Rechtsstaat als verpflichtendem Kompaß für das staatliche Handeln. Über ihren Abwehrcharakter gegen staatliche Eingriffe hinaus schreiben die Grundrechte als Prinzipien des demokratischen Rechtsstaates sowie das Prinzip des Sozialstaates allen staatlichen Gewalten zugleich vor, in welcher Richtung sie der Würde des Menschen sachlich zu dienen haben. Kein Gesetz des Parlamentes, kein Akt der Verwaltung, kein Urteil eines Gerichtes darf sich in Widerspruch zu diesem Wertsystem setzen. Wo ein Widerspruch aufkommt, ist die Verfassung verletzt und das Bundesverfassungsgericht zur Korrektur berufen.

Damit ist der parlamentarische Gesetzgeber, auf den die Weimarer Republik abstellte, entthront. Er ist selber um des Menschen willen einem höheren Menschenrecht unterworfen. Damit ist alle Obrigkeit – sofern dieser Ausdruck noch brauchbar ist – aus der herrschenden in die dienende Funktion versetzt.

Dieser Gebundenheit der Bundesrepublik Deutschland an Grundrechte und dieser Überordnung des Rechtes über die positive Gesetzgebung entspricht es, daß sie auch durch noch so große Mehrheitsentscheidungen ihrer Bürger oder ihrer verfassungsmäßigen Organe rechtens weder zerstört noch gar aufgehoben werden können. Im Gegensatz zur Weimarer Republik gibt es in der Bundesrepublik keine politische Freiheit für die Feinde der Freiheit. Verfassungsfeindliche Parteien oder Vereinigungen unterliegen der Auflösung. Bürger, die ein Grundrecht zum Kampf gegen die freiheitlich demokratische Grundordnung mißbrauchen, können dieses Grundrecht verwirken.

Diese Ordnung nimmt alle Bürger in Pflicht. Sie redet aber in besonderer Weise die christlichen und weltanschaulichen Gemeinschaften unseres Volkes und damit jeden von uns noch einmal persönlich je nach seiner glaubensmäßigen oder weltanschaulichen Überzeugung an. Wenn ich mich hier darauf beschränke, im folgenden nur die Verbindungslinien zu zeigen, die sich vom christlichen Standort zu dem Wertgehalt des Grundgesetzes anbieten, so bin ich mir sehr wohl bewußt, daß sich von anderen Standorten aus, z. B. von einem humanistischen, ebenfalls positive Aspekte ergeben. Nichts liegt mir also ferner, als etwa ein christliches Monopol für die Interpretation des Grundgesetzes in Anspruch zu nehmen. Ich muß es aber hier anderen überlassen, das Entsprechende für andere Interpretationen zu entfalten. Wesentlich bleibt, daß sich für alle Interpretationen in den Aussagen des Grundgesetzes das Minimum an Übereinstimmung ergibt, dessen eine pluralistische Gesellschaft bedarf.

An einer Darlegung, daß der Wert- und Sinngehalt unserer demokratischen rechtsstaatlichen Ordnung sehr wohl von einem christlichen Standort aus aufgenommen und bejaht werden kann, ist deshalb gelegen, weil es nicht zu einer neuen Rückbezogenheit sonderlich des Protestantismus auf überholte Staatsauffassungen kommen darf, wie sie die Weimarer Republik beschwert haben.

IV

Das Grundgesetz statuiert nicht, was es unter dem höheren Recht versteht, welches neben und über dem Gesetz einhergeht. Klar ist, daß es nicht bei bloßer Legalität stehenbleibt, vielmehr auch die Gesetzgebung an übergeordnete Prinzipien der Gerechtigkeit bindet. Ihre Maßstäbe sind vor allem, aber nicht nur, in den Grundrechten niedergelegt.

Als überpositives Recht wird vielfach das Naturrecht angesehen. In der Tat kann man seit 1945 von einer Wiedergeburt des Naturrechtes sprechen. Zahlreiche Entscheidungen unserer höchsten Gerichte haben nach 1945 das Naturrecht in Anspruch genommen[6].

Mit dem Stichwort »Naturrecht« geraten wir insofern in ein unruhiges Fahrwasser, als es nicht nur als klerikale Intention, sondern auch interkonfessionell umstritten ist. Auf jeden Fall ist mit der Frage nach dem übergeordneten Recht ein theologisches Problem verbunden. Für katholisches Verständnis trägt der Mensch seiner Natur nach die Norm der göttlichen Ordnung in sich, weil er das Ebenbild Gottes ist. Seine Vernunft befähigt ihn nach katholischer Lehre, die von Gott gesetzte Ordnung zu erkennen und aus freiem Willen zu befolgen. Da dieses so verstandene Naturrecht für alle Menschen, auch für Nichtchristen, verbindlich wäre und da die katholische Kirche für sich in Anspruch nimmt, es in eben dieser für alle Menschen geltenden Weise verbindlich auszulegen, stößt es auf das Unbehagen eines klerikalen Machtanspruches.

Für evangelisches Verständnis hat sich Gott nicht in zeitlose Ordnungsnormen oder Wesensbestimmungen gefangen gegeben. Er ist vielmehr der stets von neuem handelnde Herr aller Geschehnisse. Daher kann Gottes Gebot nicht zeit- und raumlos fixiert werden. Wirklicher Gehorsam geschieht vielmehr im stets neuen Wagnis der rechten Antwort auf die Frage, was Gott in der gegenwärtigen Situation von uns will. Damit ist zugleich gesagt, daß Gottes Gebote, sosehr sie den Christen verpflichten, nicht einfach allen Menschen als solche auferlegt sind. Das hat z. B. für den Umfang dessen, was ein Staat straffrei lassen sollte, seine Bedeutung.

Von einem gemeinsamen Verständnis eines Naturrechtes kann somit keine Rede sein. L. Raiser sagt deshalb[7]: »Die Suche nach einer für Christen und Nichtchristen gleichermaßen verbindlichen, über die Positivität hinausgreifenden Grundlage des Rechtes hat sich uns, jedenfalls außerhalb einer Theologie der Schöpfungsordnungen, als vergeblich herausgestellt.«

Bei dieser Sachlage muß die Frage nach dem übergeordneten Recht sehr nüchtern angegangen werden. Gemeinsam ist allen Bürgern auch in einer pluralistischen Gesellschaft die Einsicht in die Notwendigkeit einer Rechtsordnung. Es darf angenommen werden, daß auch die Einsicht in die Unzulänglichkeit eines blo-

ßen Gesetzespositivismus nahezu allgemein ist. Dafür waren die Erlebnisse mit dem hitlerischen Unrechtsstaat und mit der Hilflosigkeit seiner »Rechtswahrer« gegenüber verbrecherischen Gesetzen zu eindrucksvoll, als daß neuer Gesetzespositivismus neuen Widerhall finden könnte. Der Inhalt des übergeordneten Rechtes wird sich in praktischer Zusammenarbeit aller Kräfte unserer pluralistischen Gesellschaft auf der Grundlage der im Grundgesetz dargestellten Grundrechte und Grundwerte herausbilden müssen. Der Klärungsprozeß öffentlicher Diskussionen einschließlich der Kritik an Urteilen der Gerichte wird Einseitigkeiten abzuschleifen haben, bis sich eine gemeinsame Auffassung herausbildet (vgl. z. B. die Kritik von E. Stein[8] an der Umformung individualethischer Wertungen in Rechtsnormen).
Die Grundrechte sind dabei Elemente des überpositiven Rechtes, aber zugleich auch als Begrenzungen der Staatsmacht solche von theologischem Interesse. Ihr weithin geläufiges Verständnis als Magna Charta menschlicher Autonomie, wie es dem Liberalismus entsprechen mag, hat sie verdächtig gemacht, zumal da Begriff und Sache der Menschenrechte der Bibel völlig unbekannt sind. Der Bibel werden aber auch die Konstruktionen einer angeblich zeitlos gültigen göttlichen Schöpfungsordnung oder Erhaltungsordnung nicht gerecht. Nach der Fixierung des Bonner Grundgesetzes sind Grundrechte und überpositive Grundlagen des Rechtes mehrfach theologisch untersucht worden. Dabei haben Heinrich Vogel, Erik Wolf, Ernst Wolf, Wolf-Dieter Marsch, Jürgen Moltmann und Wolfhardt Pannenberg nicht mehr auf solche naturrechtlichen oder ordnungstheologischen Konstruktionen zurückgegriffen. Die Biblische Geschichte selbst ist ja als eine Rechtsgeschichte bezeugt worden. In dieser Rechtsgeschichte richtet Gott sein Recht auf. Seine Gerechtigkeit kommt zum Zuge, indem er die Menschen erwählt, sie aus ihren Bindungen befreit und zum Frieden führt. In der Königsherrschaft Jesu Christi ist Gottes Gerechtigkeit aufgerichtet. Jesus Christus hat alle Gewalt im Himmel und auf Erden. Alles Daseins- und Lebensrecht ist dem Menschen also von Gott zugesprochen. Nur

dadurch, daß dem Menschen dieses so geartete Recht zugesprochen ist, besitzt er es wirklich. Von dieser Würdigung des Menschen von Gott her eignet dem Menschen wirkliche Würde, die jede Erniedrigung durch den Menschen oder für menschliche Zwecke ausschließt. So verstanden sind die Grundrechte nicht eine Magna Charta menschlicher Autonomie, sondern Dämme gegen die Sturzfluten, mit denen der Mensch Seinesgleichen zu entwürdigen oder auszubeuten immer wieder versucht ist. An der Verteidigung und Festigung dieser Dämme gegen Unrecht und Chaos haben sich gerade die Christen zu beteiligen. Es wird gerade ihnen darauf ankommen, alle Ansätze dazu abzufangen, daß der Mensch zum Objekt staatlicher Macht gemacht wird.

Freilich vermissen wir noch oft eine prompte christliche oder kirchliche Reaktion auf Freiheitsverletzungen, weil die Überzeugung von dem Wertcharakter der Grundrechte und ihrer Unantastbarkeit um des Menschseins des Menschen willen noch längst nicht allgemein durchgedrungen ist. Jedenfalls ist es an der Zeit, daß das christliche Mißverständnis der Grundrechte, als seien sie lediglich im Lichte der Französischen Revolution zu sehen, überwunden wird.

Ist aber erst einmal für den Begriff und die Sache der Grundrechte im ganzen ein christliches Verständnis gewonnen, so können auch einzelne Grundrechte in neue theologische Aspekte rükken. Ich erwähne jetzt nur das Grundrecht der Gleichheit. Wenn der Wesensgehalt dieses Grundrechtes von der Würde des Menschen her, d. h. von der Würdigung des Menschen durch Gott her, angegangen wird, so wird das in der Theologie anzutreffende Ungleichheitsdenken nicht bestehen können. Die Darstellung schöpfungsmäßiger Ungleichheiten unter den Menschen nach Rasse, Geschlecht, Gesundheit, Begabung hat manchen Widerstand gegen ungleiche Behandlung abgestumpft und die Gleichheit zu einer Gleichheit nur unter an sich Gleichen werden lassen. Die Würdigung aller Menschen durch Gott in Christus statuiert aber eine Gleichheit quer durch alle irdischen Ungleichheiten hindurch. Das hat z. B. für das Recht der Frau oder des unehelichen

Kindes oder des sogenannten lebensunwerten Lebens praktische Bedeutung.

V

Zuletzt noch ein Wort zu dem Verhältnis zwischen Rechtsstaat und Demokratie. Vom Rechtsstaat wurde auch in Deutschland schon geraume Zeit vor 1918 gesprochen. Insbesondere Gewalteilung, Gesetzmäßigkeit der Verwaltung und richterliche Kontrolle der Verwaltung wurden auch im 19. Jahrhundert schon, also unabhängig von Demokratie, gefordert und praktiziert.

Der Rechtsstaat kann aber als ein bloßes System formaler Rechtstechnik nicht bestehen. Er bedarf der Ergänzung durch Eingrenzungen der Staatsmacht und vor allem durch politische Freiheit und Mitbestimmung der Bürger, d. h. durch Demokratie. Damit stehen wir noch einmal vor den Widerständen gegen die Demokratie aus dem patriarchalischen Staatsverständnis, die unsere Geschichte so lange belastet haben. Solange der Staat in dem Sinne als Stiftung Gottes verstanden wird, daß sie zu Händen der monarchischen oder ständischen Obrigkeit mit der Maßgabe erfolgt, daß dieser Obrigkeit Autorität und Macht zukomme und Gehorsam geschuldet werde, gibt es keinen Ansatz für Demokratie. Die Barmer Synode der Bekennenden Kirche hat dem 1934 angesichts der Führerdiktatur entgegengesetzt, daß es eine Verantwortung im Staat sowohl der Regierenden als auch der Regierten gibt. Ein passives Untertansein gegenüber der Obrigkeit, wie es aus Römer 13 mißverstanden worden ist, entspricht nicht der allen Menschen zugeeigneten Würde. Es geht vielmehr um eine aktive Einordnung der Bürger in die Gemeinschaft eines freiheitlichen Rechtsstaates, der in allen seinen Stükken nur dann bestehen kann, wenn staatsbürgerliche Mitverantwortung lebendig ist.

Mag auch unser demokratischer Rechtsstaat ohne christliche Initiative, vielmehr aus den liberal-säkularen Anstößen des 19. Jahrhunderts und im besonderen aus dem Erleben des hitlerischen Unrechtsstaates erwachsen sein, so braucht er darum noch nicht christlich irrelevant zu sein. Er läßt sich vielmehr sehr wohl nicht nur in seinen Grundrechten, sondern auch im ganzen als die Bemühung um ein gutes Verhältnis zwischen Macht und Recht, d. h. um die Mäßigung der Macht durch das Recht und durch staatsbürgerliche Mitverantwortung zugunsten der Würde des Menschen christlich interpretieren. Anläufe in dieser Richtung bestehen durchaus, so insbesondere in der Schrift »Der Rechtsstaat – Angebot und Aufgabe« mit den Beiträgen von U. Scheuner, E. Wolf und H. Simon[9].

Ich wiederhole hier abschließend meine eingangs gestellte Frage an die Theologen, ob sie sich im Hinblick auf unseren freiheitlich-demokratischen Rechtsstaat zum Engagement entschließen können, und möchte es ihnen – wie uns allen – mit dem Wort des New Yorker Theologen R. Niebuhr nahelegen: »Die Fähigkeit des Menschen zum Recht macht Demokratie möglich. Die Neigung des Menschen zum Unrecht macht Demokratie nötig.«

1 Reichsgerichtszeitung 118, S. 327.

2 R. Smend, Das Problem der Institution und der Staat, Zts. f. ev. Ethik 1967, S. 65 ff.; abgedr. in: Staatsrechtl. Abhandlungen u. a. Aufsätze, 2. Aufl. Berlin 1968, S. 515.

3 s. Nr. 25 Anm. 5, S. 250.

4 Hierzu E. Wolf, Zur Selbstkritik des Luthertums, in: Evang. Selbstprüfung, hg. v. P. Schempp, 1947.

5 K. Scholder, Die Bedeutung des Barmer Bekenntnisses für die evang. Theologie und Kirche, in: Evang. Theologie 1967, S. 435 f.

6 vgl. Zusammenstellung bei H. Simon, Katholisierung des Rechts? Göttingen 1962, S. 15 f.

7 Christen und Nichtchristen im Recht, in: Rechtsprobleme in Staat und Kirche, Festschrift für R. Smend, Göttingen 1952, S. 249.

8 Die verfassungsrechtlichen Grenzen der Rechtsfortbildung durch die Rechtsprechung, in: Neue Jurist. Wochenschrift 1964, S. 1745.

9 Theol. Existenz heute NF, H. 119, München 1964.

28. Stadtfreiheit und Reformation in Nürnberg

Vortrag anläßlich der 450-Jahr-Feier der Einführung der Reformation in Nürnberg im Heilig-Geist-Saal, 16. 3. 1975

Vor 450 Jahren, im März 1525, beschloß der Rat der Reichsstadt Nürnberg, die Reformation Martin Luthers in den Kirchen dieser Stadt einzuführen. Voraufgegangen waren mehrtägige Religionsgespräche im Rat mit den wichtigsten Predigern und Theologen beider Seiten, dem Großen Rat der Stadt, der hauptsächlich die Handwerker vertrat, und noch einer Anzahl von Bürgern. Insgesamt waren an 500 Personen beteiligt. Dies war eine stattliche Zahl; denn Nürnberg hatte damals nach heutigen Schätzungen nur 20 000 bis 40 000 Einwohner. Den größten Raum in den Gesprächen nahm die Rechtfertigungslehre ein. Die evangelische Seite mit Osiander an der Spitze wirkte überzeugender. Die Gegenseite konnte nur mit Mühe bei der Sache gehalten werden, zumal da ihre Vertreter auch tätlichen Angriffen aus der nach der lutherischen Seite drängenden Bevölkerung ausgesetzt waren. Das Religionsgespräch schloß mit der Empfehlung an den Rat, nicht mehr auf die Entscheidung eines allgemeinen Konzils zu warten, sondern selbst zu handeln und gemäß der Heiligen Schrift zu entscheiden. Dem folgte der Rat mit großer Mehrheit und beschloß die Reformation der Nürnberger Kirchen. Dieser Beschluß ist der Anlaß unseres heutigen Zusammenseins[1].

Niemand von uns kann sich vorstellen, daß der heutige Rat der Stadt Nürnberg auch nur erwägen würde, den damaligen Beschluß seiner Amtsvorgänger wieder aufzuheben oder etwa irgendeinen anderen Beschluß über das Glaubensleben der gegenwärtigen Bürger oder über die Art der Gottesdienste hierzulande zu fassen. Nichts ist heute unmöglicher als das, was damals tatsächlich geschehen ist. Zwischen damals und heute liegen offensichtlich Welten der Veränderung. Für uns sind Staat und Kirche getrennt. Keine Regierung, kein Magistrat könnte so handeln wie im 16. Jahrhundert. Wenn wir begreifen wollen, aus welchem Verständnis seines Amtes der Rat der Stadt Nürnberg im Jahre 1525 handelte, so müssen wir uns zunächst zurückdenken in die Welt, wie sie zu jener Zeit gewesen ist.

Für die Bürger von Nürnberg, wie auch für die Bürger anderer Städte, war ihre Stadt damals der Inbegriff ihres irdischen Wohles und ihres ewigen Heiles zugleich. Sie war für sie eine alle Lebensbereiche umfassende sakrale Gemeinschaft. Die gliedhafte Zugehörigkeit wurde dem Bürger sinnfällig dadurch, daß der Heranwachsende oder der neu Aufgenommene durch Eidschwur in die Bürgerschaft eintrat.

Das Recht der eigenen Stadt war Gottes Recht selbst. Jedes Vergehen war ein Vergehen gegen Gott selbst. Eine Trennung des Weltlichen und des Geistlichen war für den Menschen jener Zeit unvorstellbar. Infolgedessen herrschte die selbstverständliche Überzeugung, daß die Stadt und ihre Organe eine totale Verantwortung für die Bürger im diesseitigen wie für das jenseitige Leben wahrzunehmen berufen waren. Dies müssen wir Heutigen als die Grundlage des Selbstverständnisses gelten lassen, von der aus der Rat der Stadt Nürnberg damals seinen Beschluß gefaßt hat.

Dieser Beschluß war keine Überraschung. Mit ihm fand vielmehr eine zeitlich weit zurückgreifende politische und vor allem kirchliche Entwicklung dieser Stadt einen krönenden Abschluß.

Wenn man in der Geschichte Nürnbergs zurückblättert, so setzten die Bemühungen um eine Selbstbestimmung ihrer Bürger bereits im frühen 14. Jahrhundert ein. Eine eigenständige städtische Ordnung war generationenlang das Ziel der Ratspolitik. Sie schuf eine wesentliche Voraussetzung für die Einführung der Reformation, und diese wiederum war einer weiteren freien städtischen Entfaltung Nürnbergs förderlich.

Bereits im Jahre 1313 verbriefte Kaiser Heinrich VII. der Stadt wichtige Hoheitsrechte. Unter anderem wurden damals die Rechte der Stadt gegenüber der Burg und ihrer Grafschaft gestärkt. Das Recht zur Einbürgerung ging auf den städtischen Schultheiß über. Dieser übernahm auch die Gerichtsbarkeit, mußte aber Schöffen heranziehen und alljährlich seine Unparteilichkeit versichern. Schon seit 1315 durfte kein Nürnberger in Zivilsachen mehr vor ein außerstädtisches Gericht geladen werden. Das sind einige Schlaglichter zur kommunalpolitischen Befreiung Nürnbergs gegenüber der Reichsgewalt.

Noch interessanter und weitreichender waren Nürnbergs Erfolge im Kampf gegen außerstädtische kirchliche Einflüsse. Die römische Kurie, verschiedene Bischöfe, auswärtige Klöster und Universitäten besaßen in Nürnberg Anrechte auf geistliche Stellen. Sie wurden mit Klerikern besetzt, die keineswegs zum ausschließlichen oder wenigstens vorwiegenden Dienst an den Christen der Stadt verpflichtet waren. Diese Kleriker residierten oft in weiter Ferne und gingen ganz anderen Aufgaben nach. Dessen ungeachtet mußten aber die Bürger der Stadt für die Kosten dieser Stellen aufkommen.

Noch ehe die konziliare Bewegung des 15. Jahrhunderts die Forderung nach einer Reform der Kirche an Haupt und Gliedern erhob, begannen die Nürnberger sich zu wehren. Es kam ihnen dabei zustatten, daß die Stadtpfarreien gleichzeitig kommunale Verwaltungsbezirke waren – sei es als Feuerschau- oder Steuerbezirke, sei es als Miliz- oder als Grundbuchbezirke. Hier setzte der Rat den Hebel an und drängte den Einfluß außerstädtischer kirchlicher Amtsträger und Anstalten zurück. So wurde das Patronats- und Präsentationsrecht für Pfarrstellen in zähen Verhandlungen in die Hände der Stadt gebracht. Bereits 1388 hatte der Rat vom Papst die Zusage erreicht, daß in den beiden Kirchen St. Lorenz und St. Sebald nur Priester amtieren sollten, die auch in Nürnberg wohnten und ihr Amt selbst wahrnahmen, und daß das in diesen Kirchen aufkommende Geld ausschließlich zur Besoldung der Pfarrer und ihrer Kapläne verwendet werden sollte. Als diese Zusage des Papstes nicht eingehalten wurde, drang der Rat darauf, selber das Präsentationsrecht zu erhalten. 1474 willigte Papst Sixtus IV. ein und erhob 1477 zudem die

Pfarreien der beiden Kirchen zu Propsteien. Die Pröpste erhielten die Jurisdiktion über alle Geistlichen der beiden Kirchen – ein Recht, welches zuvor dem Bischof von Bamberg zustand. Erst 1517 wurde dem Rat das volle Präsentationsrecht vom Papst bestätigt. Der Preis bestand darin, daß bis in das 19. Jahrhundert hinein Gebühren an Bischof und Domkapitel von Bamberg gezahlt werden mußten.

Die Vorsorge für das Seelenheil war für begüterte Bürger Anlaß zur Stiftung von regelmäßigen Seelenmessen. Dazu gehörte auch die Bezahlung des entsprechenden geistlichen Personals. Umfangreiche Kapitalien blieben durch diese Praxis unkontrolliert und wurden nur zum Teil für die Stiftungszwecke verwendet. Der städtische Rat gewann aber schon im 14. Jahrhundert Einfluß auf die Verwaltung dieser zahlreichen Stiftungen. Er wurde zum Treuhänder genossenschaftlicher Vereinbarungen. Auf diese Weise konnten die Stiftungen regelmäßig überwacht, die tatsächliche Verwendung von Geldern und Gütern gewährleistet und die priesterlichen Leistungen einer Kontrolle unterworfen und garantiert werden. Diese Entwicklung fand in der Reformationszeit ihren Abschluß. Auch Hospitalwesen, Armenfürsorge, die Errichtung von Schulen und die Aufsicht über die Klöster wurden schon während des 15. Jahrhunderts in städtische Regie genommen.

Sogar Kirchenzucht übte der Rat aus. Es wurden Luxusordnungen erlassen, um den Aufwand bei den üblichen Familienfesten (Taufe, Heirat, Begräbnis) einzudämmen. Die Heiligung der Feiertage wurde überwacht, der Heiligenkult gedämpft und das Ablaßwesen eingeschränkt.

Im Zusammenhang mit dem Ablaßwesen möchte ich einen Vorgang wiedergeben, der für die Verhandlungsführung des Rates aufschlußreich ist: Im Jahre 1436 kamen zwei Ablaßprediger als Gesandte des Konzils zu Basel nach Nürnberg. Sie gaben vor, für den Kaiser von Konstantinopel die Reisekosten zu sammeln, damit dieser das Konzil persönlich besuchen und selber die Wiedervereinigung der griechischen mit der römischen Kirche fördern könne. Der Rat lehnt es ab, einen entsprechenden Ablaß zu genehmigen. Einer der beiden Gesandten kam im nächsten Jahr wieder mit der Bitte, für den Kaiser von Konstantinopel Almosenstöcke in den Nürnberger Kirchen aufstellen zu dürfen. Zunächst wies man ihn ab, dann gestattete jedoch der Rat die Opferstöcke, aber die Schlüssel dazu wurden zwei Ratsherren in Verwahrung gegeben.

Ähnlich verfuhr man 1521 mit dem Wormser Edikt. Durch dieses Edikt hatte der Reichstag über Luther die Reichsacht verhängt. Das bedeutete, daß ihn jedermann straflos hätte umbringen können. Nach anfänglichem Zögern schlug man das Edikt am Rathaus an – allerdings nur, um die Form zu wahren, denn gleichzeitig protestierte man gegen die Unrechtmäßigkeit seines Zustandekommens, weil der Reichstag nicht mehr beschlußfähig gewesen sei. Auch ein Verbot der Bücher Martin Luthers wurde erlassen; die das Verbot erlassen hatten, lasen aber um so eifriger diese Bücher und duldeten deren Lektüre auch bei anderen Bürgern.

Die Aufgeschlossenheit dieser Stadt hatte sich bereits hundert Jahre vor dem Anbruch der Reformation einmal deutlich gezeigt. 1415, ein halbes Jahr vor seinem Ketzertod, hatte Johannes Hus die Stadt aufgesucht und hier seine Kirchen- und Gesellschaftskritik öffentlich vortragen wollen. Davor schreckte der Rat zwar zurück; er fürchtete, daß wegen der Sympathien, die die hussitische Bewegung in der städtischen Unterschicht genoß, ein gerade mühsam unterdrückter Handwerkeraufstand sich wiederholen könnte. So lud man Hus zu einer Aussprache nur mit Theologen. Sie nahm einen freundlichen Verlauf und brachte Hus das Urteil seiner Rechtgläubigkeit ein.

Um die Wende vom 15. zum 16. Jahrhundert hatte in Nürnberg der Humanismus Eingang gefunden. Im Jahre 1501 zum Beispiel veröffentlichte Conrad Celtis in Nürnberg die von ihm in Regensburg wiederentdeckten Werke der ersten deutschen Dichterin, Roswitha von Gandersheim, und stieß damit auf ein weit verbreitetes Interesse an nationalem Schrifttum. In der Kaufmannschaft legte man aber Wert auf praktisches Wissen, mit dessen Hilfe die ausgedehnten und weitreichenden Handelsbeziehungen gepflegt und gefördert werden konnten. Begehrt war ein Studium in Bologna oder Padua wegen der dortigen berühmten Rechtsgelehrten. Über die trockene Rechtswissenschaft hinaus interessierten sich viele der Studierenden für die antiken Künste und Sprachen. Dies sah der Nürnberger Rat nur mit Unbehagen. Er fürchtete um die praktische Verwertbarkeit seiner studierten Bürger. Man beobachtete die Rechtsprechung überhaupt sehr genau und sorgte frühzeitig dafür, daß eine praktikable Rechtskunde verfügbar war. Im Jahre 1484 wurde als Gesetzessammlung die sogenannte »Nürnberger Reformation« gedruckt. Ihr vollständiger Titel hieß: »Dies ist die Reformation der Statute und Gesetze, die ein ehrbarer Rat der Stadt Nürnberg vorgenommen hat.« Es handelte sich um eine Darstellung des Zivilrechtes auf der Grundlage einer erprobten Rechtsübung, die sich bislang nur als Erfahrungsgut von einem Schöffen zum anderen überliefert hatte. Im ganzen Reich fand diese »Nürnberger Reformation« Beachtung.

Zu den wichtigsten Reformen unmittelbar am Vorabend der Reformation gehörte die Reform des seit 1265 in Nürnberg bestehenden Augustiner-Klosters. Dieser Orden, dem auch Martin Luther angehörte, hatte 1473 eine Reformkongregation gegründet. Kernpunkt der Erneuerung war die Wiederentdeckung des ursprünglichen evangelischen Geistes durch das Studium der Heiligen Schrift und durch schriftgebundene Predigt. Der damalige Generalvikar des Ordens, Johann von Staupitz, kam gern nach Nürnberg. Er galt als guter Prediger und fand seit seinem ersten öffentlichen Auftreten im Jahre 1512 in den humanistisch gebildeten Patrizierkreisen viel Anklang. Man sprach bald von Staupitzianern.

Mit Überraschung und Neugier reagierten die Nürnberger auf die Nachricht von der Veröffentlichung der 95 Thesen Martin Luthers in Wittenberg. Schon nach wenigen Tagen, am 5. November 1517, hatte sie der Professor der Rechte Christoph Scheurl in der Hand und stellte sie zur Erörterung. Der Ratsherr Nützel ließ sie umgehend ins Deutsche übersetzen. Das sprichwörtliche Lauffeuer, mit dem sich die Thesen in Deutschland verbreiteten, nahm ver-

mutlich in Nürnberg seinen Ausgang. Von jetzt an war Nürnberg in Dingen der Reformation ununterbrochen im Gespräch.
Martin Luther hatte schon auf seiner Reise zum päpstlichen Verhör 1518 in Nürnberg haltgemacht und mit reformatorisch humanistischen Kreisen Verbindung aufgenommen. Aus Staupitzianern wurden Martinianer. Insbesondere der Ratsherr Lazarus Spengler, der in Nürnberg erheblichen Einfluß hatte, und der Patrizier Willibald Pirckheimer wurden bei dieser Gelegenheit überzeugte Anhänger Luthers. Das führte dazu, daß Spengler und Pirckheimer in der päpstlichen Bannandrohungsbulle gegen Luther von 1520 namentlich erwähnt wurden.
Zu den wichtigsten Männern dieser Zeit gehörte der schon erwähnte Prediger und Theologe von St. Lorenz, Andreas Osiander. Er wurde der eigentliche Reformator in Nürnberg. Er war vom Humanismus zur Reformation gestoßen und sah in Johann Reuchlin, Erasmus von Rotterdam und Martin Luther die Vorkämpfer des erneuerten Glaubens. 1522 übernahm er die Stelle des Hauptpredigers an St. Lorenz und blieb über zwei Jahrzehnte in dieser Tätigkeit. Durch seine Predigten wurden viele Nürnberger Bürger, aber auch Mitglieder der 1522 und 1524 in Nürnberg tagenden Reichstage und des seit 1521 in Nürnberg zwischen den Reichstagen amtierenden Reichsregimentes für den evangelischen Glauben gewonnen. Es waren die Nürnberger Reichstage von 1522 und 1524, auf denen über die Durchführung des Wormser Ediktes nur laxe Beschlüsse zustande kamen.
Alle diese Einflüsse, Reformen und Veränderungen gehören zur Vorgeschichte des Ratsbeschlusses von 1525. Weil er nur das letzte Glied einer Entwicklung war, konnte er sich gewaltlos an das Voraufgegangene anschließen. Es gab in Nürnberg kein Blutvergießen um des neuen Glaubens willen.

II

Um die Geschichte der Reformation in Nürnberg fortzusetzen, müßte ich jetzt noch von Albrecht Dürer berichten, dem wir die bildnerische Gestaltung der vier Evangelisten und vieler biblischer Episoden verdanken. Auch Hans Sachs wäre zu würdigen und mancher Name mehr. Die vorbildliche Almosenordnung von 1522 und die Kirchenordnung von 1533 bedürften ebenfalls einer Darstellung. Schließlich wären die maßvollen Veränderungen des Gottesdienstes und des katholischen Brauchtums zu erwähnen. Statt dessen lassen Sie mich jetzt derer gedenken, die in Nürnberg unterlegen sind.

Da ist die Äbtissin des Klara-Klosters zu nennen, Caritas Pirckheimer, eine Schwester des Ratsherrn Willibald Pirckheimer. Sie war eine überzeugende Wahrerin des alten katholischen Glaubens und setzte sich mutig zur Wehr, als man daran ging, auf Grund der Polemik Osianders gegen das Ordenswesen Nonnen gewaltsam aus den Klöstern zu befreien. Melanchthon stellte daraufhin vermittelnd fest, daß Nonnen die Seligkeit im Kloster ebenso erlangen könnten wie in der Welt. Damit trat wieder Ruhe ein. Caritas Pirckheimer verstarb 1532 in Nürnberg, und die letzte Insassin des Klara-Klosters lebte bis 1590. Einige andere mit besonderem Eifer hervortretende Verteidiger des katholischen Glaubens, wie der Sohn Andreas des Bildhauers Veit Stoss, wurden der Stadt verwiesen.

Sodann ist an den Atheistenprozeß gegen die drei Maler Barthel und Sebald Beham und Georg Pencz zu Beginn des Jahres 1525 zu erinnern. Sie hatten die christliche Lehre grundsätzlich in Frage gestellt, z. B. durch Leugnung der Bedeutung Jesu Christi, der Taufe und des Abendmahls. Sie hatten aber auch, als man sie zur Rede stellte, die Autorität der Obrigkeit angezweifelt. Deshalb wurde ihnen vorgeworfen, sie seien Atheisten und Anarchisten. Martin Luther hatte im Hinblick auf die drei Maler angeraten, man solle wegen ihrer religiösen Irrtümer Milde walten lassen, aber die Leugnung obrigkeitlicher Autorität ahnden. Sie mußten die Stadt verlassen, durften aber später zurückkehren, nachdem sie ihre Meinung geändert hatten.

110 Jahre zuvor hatte eine ähnliche Unterscheidung Johannes Hus in Konstanz auf den Scheiterhaufen gebracht. Auch bei der erfolgreichen Reformation lagen politischer und religiöser Wille zur Veränderung dicht beieinander. Luthers Lehre vom allgemeinen Priestertum aller Gläubigen drängte dahin, daß Herrschaft von Menschen über Menschen abgebaut werde. »Was aus der Taufe gekrochen ist«, so heißt es bei Luther[2], »das mag sich rühmen, daß es schon zum Priester, Bischof und Papst geweiht sei, obwohl nicht einem jeglichen ziemt, solch Amt zu üben.« Lazarus Spengler hatte in einer Schrift über die politische Auswirkung der Reformation darauf hingewiesen, daß man auf Grund des Evangeliums durchaus in Widerspruch zur Obrigkeit geraten könne und dann Gott mehr gehorchen müsse als den Menschen. Es gehört zu den zwiespältigen Folgen der Reformation, daß eine gewisse Glaubensfreiheit durchaus geschaffen wurde – notfalls mußte man den Ort oder das Land wechseln, um seinem Glauben frei leben zu können –, daß aber die Predigt vom Untertansein unter der Obrigkeit überall die gleiche blieb.

Als dritten nenne ich Hans Denck. Er war 1523 als Rektor der Sebalder Lateinschule eingesetzt worden. Doch mit seiner Lehre von der »inneren Stimme« und wegen seiner Überordnung der religiösen Erfahrung über Wort und Sakrament wich er vom katholischen und vom evangelischen Glauben gleichermaßen ab.

»Ohne dieses christliche Brot«, so schrieb Denck, »kann man leben durch die Kraft Gottes, – ohne das innerliche kann niemand leben.« Denck mußte die Stadt verlassen. Als Haupt der süddeutschen Täuferbewegung verbreitete er seinen verinnerlichten Glauben in zahlreichen Schriften, – ohne dogmatische Strenge und immer auf Frieden bedacht. Er starb 1527 in Basel an der Pest.

Der vierte Radikale, den diese Stadt nicht dulden mochte, war Thomas Münzer. Seine stark auf Veränderungen gerichtete Gesellschaftskritik sowie seine Führerschaft im großen deutschen Bauernkrieg machten ihn zu einem gefährlichen Mann. Er hielt sich Ende 1524 kurz in Nürnberg auf, ließ dort u. a. eine Schrift gegen Luther drucken – »Gegen das geistlose, sanftlebende Fleisch zu Wittenberg« – und verschwand wieder, ehe der Rat etwas gegen ihn unternehmen konnte.

Gegen vier Fronten mußte sich also vor 450 Jahren die lutherische Reformation in Nürnberg durchsetzen: gegen Katholiken und Atheisten, gegen Spiritualisten und gegen Sozialrevolutionäre.

Über die Rolle Nürnbergs im Bauernkrieg ist aber noch einiges zu sagen. Thomas Münzer und der Bauernkrieg, die in diesem Jahr zugleich mit der Reformation in Nürnberg ein 450jähriges Jubiläum haben, mögen in ihrer Zeit verfrüht gewesen sein. Um so weniger können wir es heute einfach der DDR überlassen, ihres Freiheitskampfes zu gedenken.

Auch im Frankenland litten die Bauern in besonderem Maße unter ihren geistlichen Oberherren; Bischöfe, Äbte, Pfarrer und geistliche Fürsten unterdrückten sie weitaus stärker als weltliche Herren. Durch ein ausgeklügeltes System vielfältiger Abgaben und Frondienste wurde die Mehrzahl der Bauern ausgebeutet und jeglicher persönlichen Freiheit beraubt. Da es vornehmlich Geistliche waren, die sie bedrückten, erhofften sich die Bauern gerade von einer religiösen Reform eine Besserung ihrer Lage. So enthielt auch der erste der zwölf Artikel der aufbegehrenden Bauern die Forderung nach freier Predigt des Evangeliums. In den anderen Artikeln ging es um Bodennutzung und Abgaben.

Den Nürnberger Bauern ging es vergleichsweise besser als etwa denen in Bamberg und Würzburg. Das lag mit daran, daß Nürnberg nie Bischofsstadt war und daß der Rat dieser Stadt schon im Jahrhundert zuvor viele geistliche Rechte eingeschränkt oder abgebaut hatte. Trotzdem nahmen auch Nürnberger Bauern und andere Benachteiligte aus der Bevölkerung im Sommer 1524 an Bauernversammlungen und kleineren Aufständen teil. Auch die Laienpredigt, die in engem Zusammenhang mit den Bauernunruhen stand, griff in Nürnberg um sich. Der Rat verwarnte die Bevölkerung der Stadt und ihrer Umgebung und setzte ein Zeichen, indem er am 5. Juli 1524 einen Wirt und einen Tuchknappen öffentlich mit dem Schwert hinrichten ließ, weil sie offen zum Aufruhr gegen den Rat und zum Bündnis mit aufständischen Bauern aufgerufen hatten. Bis zum Frühjahr des Jahres 1525 trat Ruhe ein. Dann begann die Hauptphase des Bauernkrieges. Nürnberg war Mitglied des Schwäbischen Bundes, der entschlossen war, die Aufstandsbewegung mit Waffengewalt niederzuschlagen. Nürnberg war gehalten, seinen Pflichtteil an Truppen zu entsenden. Der Rat versuchte aber, mäßigend zu wirken. Als ein Beispiel für die Politik des Nürnberger Rates zitiere ich aus einem Brief, den der Rat im März des Jahres 1525 an seinen Gesandten beim Schwäbischen Bund richtete:

»Betreffend die aufrührerische Bauernschaft ... müßte man auch die ungeschickten Ursachen, dadurch sie zu diesem Aufruhr veranlaßt worden sind, bedenken und mit was für unerträglichen Beschwerden sie bisher mehr als in einem Falle aufs höchste bedrängt worden sind ...«

»Es wäre viel besser, gegenüber den Bauern jetzt gemäßigte Mittel anzuwenden, als sie ganz niederzuschlagen. Unserer Meinung nach wird die Sache mit Härte nicht endgültig erledigt ...«

»Das zeigen wir dir nicht darum an, weil uns die Pläne der Bauern gefallen oder weil wir ihnen darin Beistand leisten wollen, sondern weil die Pläne der geistlichen und anderer Stände, die ... zur Erhaltung ihres Eigennutzes nur mit dem Kopf hindurch wollen, von uns nicht ganz als der gangbare Weg gehalten werden.«

Gegenüber der eigenen Bevölkerung versuchte der Rat durch etliche Maßnahmen die Spannungen abzubauen. Es wurden Sprechstunden für die benachteiligten Bürger eingerichtet. Bei einer Beschwerdestelle konnte jedermann ohne Furcht seine Bedrängnisse vortragen und auch in besonderen Härtefällen Abhilfe erfahren. Auf der anderen Seite wurde eine Reihe von Sicherheitsmaßnahmen getroffen; nach innen wie nach außen war man auf einen die Stadt bedrohenden Aufstand vorbereitet.

Am 13. Mai 1525 erschienen drei Gesandte der Bauernschaft aus dem Odenwald und Neckartal, die gerade das Würzburger

Schloß belagerten, um zu fragen, wie sich der Rat zu verhalten gedenke, wenn sich das Bauernheer Nürnberg nähere. Die Antwort zielte auf strikte Neutralität: Man werde nicht gegen die Bauern einschreiten; man halte ihre Forderungen für berechtigt; aber mit ihnen verbünden könne man sich nicht, weil man dem Schwäbischen Bund angehöre und auch einzelnen Bischöfen, Herzögen und Markgrafen auf der gegnerischen Seite verpflichtet sei.

Diese diplomatische Haltung bannte nicht die Gefahr, daß die aufständischen Bauern die Stadt belagern würden. Darum verlangte der Rat vom Schwäbischen Bund eine rechtzeitige militärische Unterstützung. Als die Gefahr offener Erhebung in Nürnberg selbst wuchs, machte der Rat im Mai 1525 der Bauernschaft und Unterschicht Nürnbergs eine Reihe von Zugeständnissen. So verfügte er am 23. Mai 1525 eine Ermäßigung des Zehnten. Alle sogenannten Kleinen Zehnten von Füllen, Kälbern, Lämmern, Schweinen usw., wie auch von Hirse, Heu, Hopfen, Kraut, Rüben usw. wurden aufgehoben. Es blieb der sogenannte Große oder Harte Zehnte von Korn, Weizen, Gerste und Hafer. Weitere Erleichterungen wurden dadurch geschaffen, daß die auf Häusern und Grundstücken lastenden Erbzinsen abgelöst werden konnten. Auf diese Weise konnten Nichtbesitzende oder solche, die wenig besaßen, schuldenfreies Grundeigentum erwerben. Sogar die Stolgebühren, die bei kirchlichen Amtshandlungen zu entrichten waren, wurden abgeschafft.

Trotz dieser Maßnahmen waren die Bauern aus Nürnberg und Umgebung und das Stadtproletariat bereit, sich den aufständischen Bauern anzuschließen. Insbesondere die Buchdrucker-, Schmiede- und Färbergesellen waren den sozialrevolutionären Ideen geneigt.

Doch das traurige Ende des Bauernkrieges im Sommer 1525 enthob Nürnberg weiterer Entscheidungen. Jetzt galt es, der Rache gegenüber den unterlegenen und wehrlosen Bauern zu wehren. Der Nürnberger Stadtrat versuchte, in der näheren und ferneren Umgebung mäßigend auf die siegreichen Fürsten einzuwirken.

Davon zeugt ein Brief, den der Ratsherr Caspar Nützel am 5. August 1525 an den Herzog Albrecht von Preußen richtete. Dort heißt es u. a.: »Der Aufruhr der Untertanen ist durch die ernsthaften, tatkräftigen Kriegsunternehmungen der Bundesstände, der Fürsten und Obrigkeiten z. Z. überall in unserer Umgebung niedergeschlagen ... Ich sorge, daß die Obrigkeiten in solcher Strafe nicht die Handhabung gemeinen Friedens und also die Nächstenliebe, sondern vielmehr sich selbst gesucht haben; also sorge ich auch, daß das Blut der armen, umgekommenen Unschuldigen nach Rache vom Himmel schreien und Gott zu schwerer Vergeltung veranlassen werde ...«

Wir alle wissen, daß solche Mahnungen zur Vernunft und Gerechtigkeit von den fürstlichen Siegern im Bauernkrieg wenig gehört worden sind, vielmehr landauf und landab ein blutiges Strafgericht unter den Bauern stattfand. Um so erinnerungswerter bleibt diese Stimme des Nürnberger Ratsherrn Nützel.

Was die Nürnberger Verhältnisse selbst anlangt, so gab der Reichstag zu Speyer von 1526 der Stadt Nürnberg auch von Reichs wegen die Freiheit, sich bis auf weiteres, d. h. bis zu einem allgemeinen Konzil, zur Reformation zu bekennen. Dieses Konzil hat bekanntlich nie stattgefunden. Es ist aber nicht mehr meine Sache, den Fortgang der Geschichte hier und heute weiterzuverfolgen.

III

Als ich – schon vor Jahresfrist – um diesen Vortrag angegangen wurde, sagte mir Ihr Dekan Kelber, ich möchte nicht nur die Geschichte der Reformation in Nürnberg vortragen, sondern auch ein Wort zur Gegenwart sagen. Ich tue es auf meine persönliche Weise und erinnere zunächst noch einmal daran, daß Welten der Veränderung zwischen den Gegebenheiten von 1525 und den heutigen liegen. Aus der totalen Verantwortung damaliger Obrigkeit für das irdische Wohl und das ewige Heil ihrer Untertanen sind inzwischen eigenständige Verantwortungen von Staat und Kirche für mündige Bürger in einer demokratischen Gesellschaft geworden. Staat und Kirche haben sich getrennt. Der Staat ist religiös und weltanschaulich neutral geworden. Die Kirche steht nicht mehr über der Gesellschaft, sondern nimmt teil an dem demokratischen Dialog in der Gesellschaft. Mit der Tragweite dieser Veränderung sind wir keineswegs fertig.

Der Ostberliner Bischof Schönherr hat unlängst davon gesprochen, daß die Kirche sich heute in dem größten Lernprozeß ihrer Geschichte befinde.[3] Was kann das heißen?

Dieser Lernprozeß betrifft einmal die ökumenische Bewegung unserer Tage. Sie zielt auf die Frage, wie wir es rechtfertigen wollen, getrennte Kirchen zu sein. Er betrifft des weiteren früher unbekannte Überlebensprobleme der gesamten Menschheit, die jede nationale Kirche zwingen, etwa in den Fragen des weltweiten Gegensatzes von reich und arm oder des Rassismus oder der allgemeinen Menschenrechte, zumal in Ländern, in denen gefoltert wird, mitzudenken.

Insbesondere aber erstreckt sich der Lernprozeß auf die veränderte Lage der Kirche in unserer Gesellschaft, in der sie faktisch nur noch Minderheit ist und in überkommenen Privilegien angefochten wird.

Ich kann jetzt nicht zu den mancherlei Einzelfragen Stellung nehmen, die sich hier anschließen ließen.

Zentrale Aufgabe der Kirche bleiben auch heute die Verkündigung des Evangeliums und die Verwaltung der Sakramente. Es gibt aber in der evangelischen Kirche eine Auseinandersetzung, was rechte Verkündigung sei. Zwei Fronten stehen sich gegenüber, die gegenwärtig besonders den Deutschen Evangelischen Kirchentag betreffen.

Die Gruppe »Kein anderes Evangelium« hat ihre Teilnahme am Kirchentag dieses Jahres abgesagt, weil die Theologie der Erlösung durch eine Theologie der sozialen Befreiung verdrängt werde. Das ist mit anderen Worten die Frage, ob die Kirche neben der Gesellschaft stehe oder ob sie in ihr eine kritische und befreiende Aufgabe hat, – ob Gott den einzelnen Menschen in der Predigt nur als einzelnen, also sozusagen privat, anrede, um ihm seinen Trost zu geben und ihm den Weg seines persönlichen Heils zu weisen, – oder ob Gott ihn in seinem gesellschaftlichen Bezug anrede, natürlich ihn tröstend und ihm sein Heil weisend, aber auch ihn anregend, nach seinen Kräften zur Besserung der Gesellschaft beizutragen.

Eine solche Fragestellung hätte der Nürnberger Rat von 1525 schwerlich verstanden. Er auferlegte den Bürgern, was sie zu glauben und was sie zu tun hatten. So aber geht es heute nicht mehr. Der Staat gibt Meinungen und Überzeugungen frei. Nur für ihre Umsetzung in politischen Willen gelten die bestimmten Regeln der Verfassung. Die Kirche nimmt durch Erklärungen, z. B. durch Denkschriften, zu Problemen unserer Gesellschaft an der Auseinandersetzung teil. Können davon die Predigt und das Gemeindeleben grundsätzlich ausgeschlossen werden? Es gehört nach meinem Verständnis zur ureigenen Aufgabe der Kirche, dem Angebot des Heils eine Anleitung zum Handeln ihrer Glieder für das Wohl der Menschen hinzuzufügen. Beides gehört zusammen. Es wäre eine Verarmung unseres Lebens und eine Verkümmerung unseres gegenseitigen Helfens zu Frieden und Gerechtigkeit in dieser Welt, wenn wir uns einreden würden, daß das Evangelium dazu keinen Beitrag zu leisten vermöchte, oder wenn wir durchsetzen würden, daß die Verkündigung dazu zu schweigen habe. Es hat lange genug gedauert, bis die Kirche über die Diakonie hinaus endlich auch auf die Ursachen von Not oder Konflikten in der Gesellschaft bis in die Kriminalität aufmerksam wurde und zu einer kritischen Sozialethik durchbrach.

Wie wollen wir beispielsweise im Strafrecht und im Strafvollzug zu den rechten Lösungen kommen, wenn nicht die christliche Gemeinde dazu beiträgt, daß wir uns nicht in die Gerechten hier und die Gerichteten dort scheiden, wie es unter uns leider weithin so gern geschieht, anstatt zu helfen, daß Straffällige über die Gemeinde einen Weg in die Gesellschaft zurückfinden? Was kann aus Kindern oder Jugendlichen werden, die ihren Lebensweg ohne Elternhaus oder ohne Berufsausbildung antreten müssen? Diese und viele andere Fragen liegen doch allerorts und auch in Nürnberg vor unseren Füßen. Soll oder kann der Rat der Stadt sie allein bewältigen? Der Rat ist nicht mehr alles in allem. Deshalb schließe ich mit der Frage: Was obliegt uns in der Kirche und in der christlichen Gemeinde in dieser so verworrenen Welt? Diese Frage muß jeder von uns beantworten.

1 U. a. wird auf folgende Literatur hingewiesen:
Adolf Engelhardt, Die Reformation in Nürnberg, in: Mitteilungen des Vereins für Geschichte der Stadt Nürnberg, 33, Nürnberg 1936. – Gottfried Seebaß, Die Reformation in Nürnberg, in: Mitteilungen des Vereins für Geschichte der Stadt Nürnberg, 55, Nürnberg 1968. – Eugen Kusch, Nürnberg, Lebensbild einer Stadt. Nürnberg 1966. – Klaus-Jürgen Roepke, Die Protestanten in Bayern. München 1972. – Günter Franz, Quellen zur Geschichte des Bauernkrieges. Darmstadt 1963. – Hans von Schubert, Lazarus Spengler und die Reformation in Nürnberg. Leipzig 1934. – Hans D. Schmid, Täufertum und Obrigkeit in Nürnberg. Nürnberg 1972 (Nürnberger Werkstücke zur Stadt- und Landesgeschichte).

2 s. Nr. 29, Anm. 1, S. 316.

3 s. Nr. 29, Anm. 4, S. 316.

29. Lernprozeß Staat–Kirche–Gesellschaft

Vortrag in der Evangelischen Akademie Tutzing, 22. 1. 1975

I

Dem Thema Staat – Kirche – Gesellschaft sind im Laufe der Zeiten ganze Bibliotheken gewidmet worden. Trotzdem ist es offenbar nicht erschöpft. Was uns in der Bundesrepublik Deutschland anbelangt, so sind die durch das Grundgesetz aufgeworfenen Fragen trotz seinem 25jährigen Bestehen noch nicht alle ausgeklungen, so zum Beispiel die Fragen, die aus der weltanschaulichen und religiösen Neutralität dieses unseres Staates entstehen. In den Kirchen wird weiterhin um das Verhältnis von Glaube und Verantwortung oder Mitverantwortung für Staat und Gesellschaft gerungen. Die Offenheit unserer Gesellschaft für jede Meinungs- und Willensrichtung, auch Pluralismus genannt, wirft die Frage nach den Grenzen solcher Vielfalt und der Tragweite der geschichtlichen Wurzeln unserer Gegenwart auf.

Das Thema Staat – Kirche – Gesellschaft spielt in allen Ländern der Erde eine Rolle, in denen es christliche Kirche oder Kirchen gibt. Es kann aber gleichwohl nicht allgemein, also sozusagen abstrakt behandelt werden, weil die Geschichte der Länder verschieden ist und dem Thema von Land zu Land unterschiedliche Schwerpunkte gibt. Gerade auch unsere deutsche Staats- und Kirchengeschichte sieht anders aus als die unserer Nachbarn. Worin besteht unsere Eigenart? Sie tritt am besten hervor, wenn wir zunächst einen Rahmen setzen, indem wir einen flüchtigen Blick auf Rußland und Nordamerika werfen.

In Rußland entstand christliche Kirche im Verständnis der byzantinischen Orthodoxie gegen Ende des 10. Jahrhunderts von Kiew aus durch obrigkeitliche Zwangschristianisierung. Der Großfürst Vladimir mit dem Zunamen »der Apostelgleiche« war ihr Wegbereiter. Diese denkbar engste, von Anfang an gesetzte

Verkoppelung zwischen Staat und Kirche blieb bis zur Revolution von 1917 bestehen. Noch nach dem ersten revolutionären Anlauf in Rußland im Jahre 1905 bezeichnete die russische Verfassung von 1906 den Zaren nicht nur als »selbstherrschenden Monarchen«, sondern auch als »obersten Bewahrer und Beschützer des griechisch-russischen Glaubens und Aufseher der Rechtgläubigkeit und jeglicher Ordnung in der Heiligen Kirche«. Bis 1917 haben Staat und Kirche jeden politischen, sozialen oder religiösen Widerspruch gegen den Zaren, gegen das Feudalsystem der Grundherren und gegen die orthodoxe Rechtgläubigkeit gemeinsam brutal unterdrückt. Gerade auch die orthodoxe Kirche war an grausamer Verfolgung Andersgläubiger beteiligt, wie Solschenizyn ihr im September vorigen Jahres in einem erregenden Brief an das Orthodoxe Konzil im Ausland vorgehalten hat.

Die Quittung wurde der Bolschewismus. Alle Opposition, die sich verstärkt im 19. Jahrhundert gegen den Zaren ansammelte, mußte sich zwangsläufig auch gegen die Kirche richten. Der Pope galt als schwarzer Polizist des Zaren. Hier liegt ein entscheidender psychologischer Grund für die Hinwendung der russischen Revolutionäre zum Marxismus als einer Ersatzreligion anstelle des so unheilvoll in diese Welt verstrickten gewalttätigen Christentums der orthodoxen Kirche. Lohnarbeit und Ausbeutung wurden zum eigentlichen Sündenfall der Menschheit erhoben. Ihre Erlösung soll deshalb durch das Proletariat kommen, indem es die Klassenherrschaft der Grund- und Fabrikherren zerbricht. Von daher wurden 1917 Zarentum und Kirche gemeinsam in den Abgrund einer schrecklichen Vernichtung gerissen. An die Stelle des christlich-orthodoxen Staates setzte sich der marxistische Weltanschauungsstaat. Er verdrängte das Christliche aus der Öffentlichkeit, so wie vorher verdrängt worden ist, was die staatsbeherrschte Kirche nicht billigte. Religionsfreiheit bestand weder vor 1917, noch besteht sie heute.

Das Gegenbild bietet Nordamerika. Auswanderer aus Europa besiedelten im 17. Jahrhundert die Neue Welt, um religiöser Bedrückung in der Heimat zu entgehen, und entwickelten in der Neuen Welt ein Gemeinwesen aus dem Urrecht der Religions- und Gewissensfreiheit. Staatsgewalt und Religionsgemeinschaften sind getrennt. Jede Kirche lebt nur aus freiwilliger Gabe ihrer Glieder. In den staatlichen Schulen gibt es keinen Religionsunterricht. Auf der anderen Seite aber läßt der Staat der Fülle von privaten, auch konfessionellen Schulen und Hochschulen freien Raum. Zwischen den politischen Parteien gibt es keine weltanschaulichen Gegensätze.

Wie sieht demgegenüber unsere Geschichte aus? Im deutschen Bereich stehen wir auf dem geschichtlichen Untergrund des Heiligen Römischen Reiches Deutscher Nation. Unter dem Mantel seiner kaiserlichen Zentralgewalt entwickelte sich eine Fülle territorialer Gewalten von Fürsten und reichsfreien Städten. Das war von entscheidender Bedeutung, als Luther die stärkste Klammer des Reiches, nämlich die katholische Kirche, aufbrach. Auf dem Reichstag zu Speyer 1526 mußte der Kaiser es den Landesgewalten und reichsfreien Städten überlassen, ob sie die Reichsacht an Luther vollstrecken würden oder nicht. In diesem entscheidenden Augenblick deutscher Geschichte behielt religiöse Sonderung nach Reichsständen gegenüber der katholischen Einheit von Reichs wegen die Oberhand. Die Kulturangelegenheiten glitten 1526 aus der Hand des Kaisers in die Hände der nachgeordneten Obrigkeiten. Von daher sind sie bis heute Landessache und nicht Bundessache. (Deshalb hat es auch heute noch wenig Aussicht, in der Bundesrepublik Deutschland nach einem Bundeskultusminister zu rufen.)

Von daher rührt aber auch die Tatsache, daß nicht *eine* lutherische Kirche in Deutschland entstand, sondern deren mehrere, wie Deutschland im 16. Jahrhundert durch die Reformation überhaupt in ein Gebiet von vielen Ländern mit je einer Kirche, also ohne Religionsfreiheit, zerfiel. Von daher rührt vollends die Tatsache, daß die Kirchen in Deutschland lange in ihrem staatskirchlichen Charakter beharrt haben. Soweit es sich um geistliche Fürstentümer katholischer Prägung handelte, lag ihre weltliche

Gewalt bis in die napoleonische Zeit in der Hand ihrer geistlichen Oberen. Umgekehrt blieb in den lutherischen Gebieten bis 1918 der Landesherr zugleich der Landesbischof.

Das alles ist in groben und verkürzenden Strichen geschildert. Ich meine aber, daß damit Kernpunkte sowohl zum Verständnis der beiden Großmächte unserer Zeit als auch unserer eigenen deutschen Gegenwart bezeichnet sind, die wir nicht übersehen sollten, wenn wir von Staat – Kirche – Gesellschaft sprechen.

Der Dreiklang dieses Themas ist erst neueren Datums. Alt seit eh und je sind die Stücke Staat und Kirche. Über deren heutiges Verhältnis zueinander, das heißt über die Art ihres Getrenntseins voneinander gibt das Grundgesetz mit seinen aus der Weimarer Verfassung übernommenen Teilen hinlängliche Auskunft. Auf einiges davon komme ich noch zu sprechen. Zunächst aber gilt es zu verdeutlichen, in welchem Wandel das dritte Stück unseres Themas, nämlich die Gesellschaft, in bezug auf Staat und Kirche steht. Auch das kann nur verkürzt ausgesagt werden.

Am Beginn unserer abendländischen Geschichte steht die völlige Unmündigkeit aller, die nicht in Staat oder Kirche herrschen. Einen ersten Einschnitt vollzieht Luther[1]: »Was aus der Taufe gekrochen ist, das mag sich rühmen, daß es schon zum Priester, Bischof und Papst geweiht sei, obwohl nicht einem jeglichen ziemt, solch Amt zu üben.« Damit ist der geistliche Unterschied zwischen Laien und Pfarrern grundsätzlich aufgehoben. Es war damit aber noch keine Mitwirkung in der Kirche von der Gemeinde her gesetzt. Presbyteriale oder synodale Ordnungen der lutherischen Kirchen kamen erst im 19. Jahrhundert auf. Die Gesellschaft war der politisch unmündige Gegenpol zu den politischen Größen Staat und Kirche. Sie blieb Objekt staatskirchlichen Handelns bis 1918. Das zeigte sich am deutlichsten in der öffentlichen Schule, die bis 1918 der geistlichen Aufsicht unterworfen war. Sie hatte zur Gottesfurcht und zum Gehorsam gegenüber der alles allein verantwortenden Obrigkeit zu erziehen. Für den Staat aber war die Gesellschaft erst recht nur ein Objekt des Handelns, wenngleich die sogenannte Aufklärung und der geistige Liberalismus seit dem Ausgang des 18. Jahrhunderts wenigstens der Gedankenfreiheit gesellschaftlichen Raum brachen.

Die Weimarer Zeit ist im Vergleich zu unserer Gegenwart eine Zeit der Übergänge. Der Staat wurde zwar demokratisiert, aber nicht folgerichtig. Es gab noch keine aller Staatsgewalt vorgegebenen, also unantastbaren Grundrechte der Bürger. Wesentliche Vorrechte der Gewalt des Reichspräsidenten blieben bestehen. Die protestantischen Kirchen sahen in dem Umbruch von 1918 keine Befreiung vom Staatskirchentum zur Eigenständigkeit; sie blieben rückwärts gewandt und taten sich schwer mit einem demokratischen Staatswesen. Um so leichter fanden sie mit der Machtergreifung Hitlers zunächst wieder ein positives Verhältnis zum Staat, – bis dessen antichristlicher Wesenszug auch ihnen deutlich wurde. Mit der Barmer Erklärung von 1934 traten erstmals Teile der protestantischen Kirchen in ein klares Gegenüber zum Staat. Erst in unserer Zeit sind Staat – Kirche – Gesellschaft zu dem Dreiklang geworden, den unser Thema meint.

Wir nennen unsere Gesellschaft pluralistisch und drücken damit aus, daß die dem Staat vorgegebene grundrechtliche Meinungsfreiheit eine von Staats wegen nicht begrenzbare Vielfalt von Meinungen und Meinungsäußerungen gewähren läßt. Nur für das Umsetzen von Meinungen in politische Willensbildung setzt das Grundgesetz Grenzen und Spielregeln. Bestimmte Grundwerte der Verfassung und ein bestimmtes Ordnungsgefüge des Staates sind festgeschrieben, der Änderungsmöglichkeit entzogen. Im Streit der Meinungsäußerungen untereinander oder miteinander aber ist der Staat neutral. Zur Demokratie gehört Dialog, sowohl im Parlament zwischen Regierung und Opposition als auch außerhalb des Parlamentes zwischen Regierenden und Regierten. Der Bürger muß angeredet werden, und die Regierung, die eben nicht mehr geheiligte Obrigkeit früherer Zeiten darstellt, muß für die Anrede der Bürger offen sein. Insofern sind Staat und Gesellschaft auf ein Wechselspiel der Meinungen gestellt. Der demokratisch-soziale Rechtsstaat steht nicht über der Gesellschaft, auch nicht im Gegensatz zur Gesellschaft, sondern ist deren organisierte Daseinsform, um die in der Gesellschaft gewollten Gemeinschaftsaufgaben zu erfüllen und bei allem die Freiheit der Staatsbürger zu gewährleisten. Der Staatswille erwächst aus ständiger geistiger Auseinandersetzung zwischen den einander begegnenden sozialen Kräften, Interessen und Ideen. Dem entspricht, daß der Beamte nicht mehr Erfüllungsgehilfe und Diener einer vorgegebenen Obrigkeit ist, sondern in einem Treueverhältnis zu allen Bürgern steht.

Für die Kirche gelten andere Grundsätze. Sie ist kein vereinsmäßiger Zusammenschluß, sondern Stiftung Jesu Christi. Sie hat den aus der Offenbarung Gottes in Jesus Christus gesetzten Auftrag zu erfüllen. Dieser Auftrag kann in seinem Gehalt sowie hinsichtlich der Ordnungen der Kirche theologisch diskutiert werden. Sein Verständnis bedarf auch immer neuer Formulierung. Jede neue Formulierung aber muß sich ausweisen als übereinstimmend mit dem Kern der christlichen Überlieferung. Dieser Kern kann keiner demokratischen Mehrheitsentscheidung der Kirchenglieder oder gar aller Staatsbürger unterliegen. In ihrer inneren Ordnung gehen die beiden großen christlichen Kirchen verschiedene Wege. Die katholische Kirche ist hierarchisch auf den Papst als Stellvertreter Christi zugeschnitten. Die evangelische Kirche beruht im Prinzip auf der Brüderlichkeit ihrer Glieder und auf der Gleichwertigkeit aller Dienste in der Kirche. Was beide Kirchen vom Staat verlangen und was das Grundgesetz ihnen in der Bundesrepublik Deutschland gewährt, sind die Glaubensfreiheit samt Freiheit der Religionsausübung und die kirchliche Selbstverwaltung einschließlich Lehre, Kultus und Ämterbesetzung.

II

Mir scheint, daß zu dem bisher Gesagten kein Meinungsstreit, vielmehr breite Zustimmung besteht. Aber das Eigentliche ist damit noch nicht gesagt. Wir müssen sehen, daß die Rolle der Kirche in unserer Gesellschaft zunehmend fragwürdiger geworden ist. Die innere Verbundenheit ihrer Glieder mit dem Glaubensgut der Kirche hat stark nachgelassen. Ihre im Vergleich zu allen anderen Organisationen besondere Verbundenheit mit dem religiös und weltanschaulich neutralen Staat stößt auf vielfältige Kritik, und zwar nicht erst mit dem Beschluß des F.D.P.-Parteitags vom Oktober vorigen Jahres. Kann es in einer demokratisch-pluralistisch verfaßten Gesellschaft – so lautet eine Kernfrage – Kirchen mit einer Reihe von Rechten geben, die weltliche Organisationen nicht haben? Ich meine, daß diese Frage nicht als von vornherein ungehörig empfunden werden sollte, sondern in der Zuversicht gehört werden kann, daß Kirche zwar in dieser Welt lebt, aber nicht von dem lebt, was die Gesellschaft ihr zu gewähren bereit ist. Ich meine, daß das Selbstbewußtsein christlicher Kirche, das heißt die Zuversicht auf ihren Herrn, gar nicht groß genug sein kann, so daß sie bereit sein darf, ja sogar bereit sein muß, auch ihrerseits darüber nachzudenken, wie sie sich unter den Gegebenheiten unserer Zeit am echtesten darstellt.

Mir liegt dabei entscheidend daran, daß wir unser Grundgesetz in vollem Umfang ernst nehmen, weil diese Verfassung die menschenwürdigste ist, die wir in unserer Geschichte je erreicht haben. Sie zu bewahren und lebendig zu machen, ist darum eine Aufgabe von hohem Rang. Solange Religionsfreiheit und Religionsausübung einschließlich diakonischer Arbeit gewährleistet sind und gewährleistet bleiben, muß sonstiges auch seitens der Kirche aufs neue mitbedacht werden können.

Ehe ich mich einigen der in Rede stehenden Einzelfragen zuwende, unterstreiche ich mit Nachdruck, obwohl es eigentlich selbstverständlich ist, daß ich nur eine persönliche Meinung ausspreche, die für jeglichen Einwand offenbleibt. Auch hebe ich als eine grundsätzliche Haltung zu diesen Einzelfragen hervor, daß sie meines Erachtens nur auf dem geschichtlichen Boden beurteilt werden können, auf dem wir nun einmal stehen. Es kann nicht darum gehen, sozusagen auf dem Reißbrett etwas zu konstruieren, sondern es muß bedacht werden, daß auch kirchliche Ordnung und deren Zuordnung zum Staat geschichtlich gewordene Ordnung ist und darum unter Berücksichtigung ihrer Gewordenheit ohne Zertrümmerung in neue Ordnung fortentwickelt werden kann.

Dies vorausgeschickt, sehe ich gerade das wohl am meisten beredete Einzelstück in den Änderungsvorschlägen, nämlich die Forderung, die sogenannte Kirchensteuer nicht mehr durch die Finanzämter einziehen zu lassen, mit Zurückhaltung an. Es ist nach dem Kriege zumal im evangelischen Bereich viel darüber diskutiert worden, ob die im Kirchenkampf unter Hitler in der Bekennenden Kirche entwickelte eigene Finanzierung durch freiwillige Beiträge beibehalten und zur allgemeinen Regel gemacht werden sollte oder nicht. Es dauerte aber nicht lange, bis die Versuchung überhandnahm, die Kirchensteuer wieder durch die Finanzämter und im Lohnabzug durch die Arbeitgeber einziehen zu lassen. Immerhin beschloß die Synode der Evangelischen Kirche im Rheinland noch 1950 mit überwältigender Mehrheit, es solle die Kirchenleitung mit allem Ernst darauf bedacht sein, daß auf die Inanspruchnahme des Staates zur Einziehung der Kirchensteuer sobald wie möglich verzichtet werden könne. Inzwischen ist davon keine Rede mehr. Am längsten widerstand die Evangelische Landeskirche in Württemberg; sie übertrug erst 1956 den Steuereinzug dem Finanzamt und den Arbeitgebern. Heute zieht nur die Bayerische Landeskirche noch die Einkommensteuer selber ein, während auch sie sich dem Lohnsteuerabzug angeschlossen hat. Neben der Kirchensteuer nach Maßgabe des Einkommens war in manchen Kirchen geraume Zeit ein jährliches Kopfgeld in kircheneigener Verwaltung üblich. Anstatt es auszubauen, besteht es heute kaum noch. Das Wirtschaftswunder hat auch das Kopfgeld überrollt.

Angesichts dieser Entwicklung besteht heute keine Aussicht, daß man kirchlicherseits bereit ist, auf die staatliche Einziehung der Kirchensteuer zu verzichten. Sie ist zu einer ebenso praktischen wie obendrein ertragreichen Erleichterung geworden. Gleichwohl behält sie in ihrer Anbindung an die staatliche Einkommensteuer auch ihre Nachteile. Der Staat gibt großen Steuerzahlern bekanntlich bei besonderer Verwendung von Einkommen manche Möglichkeiten zur Minderung ihrer Steuern. Dementsprechend sinkt auch die Kirchensteuer. Auch besondere Abkommen großer Steuerzahler mit der Kirche kommen vor. Seit Jahresbeginn stellt jetzt der Staat durch seine Steuerreform viele bisher Lohnsteuerpflichtige steuerfrei. Dementsprechend tritt nun insoweit auch Kirchensteuerfreiheit ein. Vom Standpunkt der Kirche ist das eine ebensowenig gut wie das andere. Es erweist sich auch von daher als nachteilig, daß die nach dem Kriege üblich gewesenen Kopfbeiträge in etlichen Landeskirchen außer Übung gekommen sind.

Schließlich ist aber auch noch dieses zu sagen: Eine Überleitung der Kirchensteuer auf die Kirchen selbst würde unstreitig die Einnahmen beträchtlich schmälern. Die Kirchen müßten eigene Verwaltungen aufbauen, die mehr kosten als die zwei bis fünf Prozent, die der Staat heute zur Abgeltung seiner Arbeit aus der Kirchensteuer einbehält. Mit Recht machen die Kirchen geltend, daß alle Einnahmeverluste sonderlich ihre vielfältige diakonische Arbeit in Anstalten und Heimen treffen würde. Gerade durch diese Arbeit nehmen die Kirchen der öffentlichen Hand vieles ab, was sonst auf andere Weise von dieser zusätzlich erbracht werden müßte. Auch der Staat bekundet deshalb kein Interesse, die Einziehung der Kirchensteuer auf die Kirchen überzuleiten. Ein anderes Kapitel sind Meinungsverschiedenheiten darüber, ob oder inwieweit kirchliche Werke auch auf eine Förderung durch die öffentliche Hand rechnen können. Das aber lasse ich in diesem Zusammenhang dahingestellt und wende mich einigen anderen Einzelfragen zu.

Zur Militärseelsorge werde ich nur ein paar Worte sagen, die entsprechend auch für Gefängnisseelsorge gelten. Natürlich hat die Kirche die Aufgabe, auch die Soldaten zu betreuen. Muß es aber durch Pfarrer im Staatsdienst geschehen, oder entspräche es der Kirche nicht besser, es durch Pfarrer im kirchlichen Dienst zu tun? Diese Frage hat jedenfalls die Evangelische Kirche in Deutschland (EKD) stark erregt. Sie endete 1957 in einer Kampfabstimmung ihrer Synode zugunsten der staatlichen Organisationen der Militärseelsorge. Ich habe damals zur Minderheit in der Synode gehört und halte die Entscheidung auch heute noch für verfehlt.

In diesem Zusammenhang noch ein andere Frage: Ich begrüße es, daß Militärbischof Lehming sich gegen eine weitere Befreiung der evangelischen Theologiestudenten vom Wehrdienst ausgesprochen hat. In dieser Frage hatte sich die evangelische Kirche der katholischen Auffassung vom Priesteramt angeschlossen.

Aus der staatskirchlichen Vergangenheit sind eine Reihe von Einrichtungen oder Bestimmungen überkommen, die nicht zu der religiösen und weltanschaulichen Neutralität des Staates passen. Ich denke etwa an staatlichen Eideszwang.

Der Eid ist ein Rechtsvorgang, in dem profane Aussagen sakral sanktioniert werden. Er verbindet aus mancherlei Ursprüngen einen Rechtsvorgang mit Religion und gibt ihm damit eine über das Rechtliche hinausgreifende Verbindlichkeit besonderen Grades. Entgegen der neutestamentlichen Aussage Jesu: »Eure Rede sei ja, ja, nein, nein; was darüber ist, ist vom Übel« (Math. 5, 33–37; Jak. 5, 12) fing mit der konstantinischen Zeit die Staatskirche an, den Eid theologisch zu rechtfertigen. Sie hat ihn bis in die Neuzeit weitergetragen. Zu keiner Zeit ist aber der neutestamentliche Einwand dagegen verstummt. Die mit dem Eid gemeinte Selbstverfluchung in die Hand des Teufels für den Fall der Eidesverletzung fand zunehmend kein Verständnis mehr. Die Weimarer Verfassung zog aus der durch Jahrzehnte geführten Erörterung nur eine halbherzige Folgerung. Sie beließ es beim Schwören, stellte aber frei, die religiöse Beteuerungsformel fortzulassen. So ist es auch heute noch.

Als ich am 1. Juli 1969 vor dem Bundestag und dem Bundesrat vereidigt werden sollte, machte ich einige Tage zuvor dem damaligen Bundestagspräsidenten von Hassel einen Besuch. Ich fragte, was geschehen würde, wenn ich den im Grundgesetz vorgeschriebenen Eid verweigerte, – ich könnte ja beispielsweise zu den Mennoniten gehören, die schon von den Königen von Preußen von jeder Eidespflicht freigestellt waren. Das war nur eine theoretische Frage, weil ich bereit war, den Eid zu leisten. Es war aber eine grundsätzliche Frage, weil nach Artikel 3 des Grundgesetzes niemand wegen seiner religiösen Anschauungen von einem Amt ausgeschlossen werden darf und wir darauf gefaßt sein müssen, daß einmal ein gewählter Bundespräsident oder Bundeskanzler oder ein ernannter Bundesminister sich weigert zu schwören. Ich sage noch einmal, daß man das Problem des Schwörens nicht dadurch neutralisieren kann, daß es freigestellt wird, die im Grundgesetz vorgesehene Bekräftigungsformel (»So wahr mir Gott helfe«) entfallen zu lassen, solange zwingend vorgeschrieben bleibt zu sagen »Ich schwöre . . .«. Wenn schon die Kinder der Welt vergessen, was Schwören bedeutet, so sollten doch die Kirchen dessen eingedenk bleiben und selber den Anstoß geben, daß von Staats wegen Eide entfallen. Im anderen Teil Deutschlands, in der Deutschen Demokratischen Republik, lebt der Eid in völlig verweltlichter Form fort. Beim Fahneneid hat der Wehrpflichtige etliche Pflichten zu beschwören und sich in der Schlußformel für den Fall der Eidesverletzung einer harten Strafe und der Verachtung des werktätigen Volkes auszuliefern.

Mit anderen Worten: Ich halte dafür, daß wir jedes Schwören ersetzen sollten durch Formeln eines Versprechens der Pflichterfüllung oder der wahrheitsgemäßen Aussage. Auch damit lassen sich Strafandrohungen verbinden. Von einer Erwägung, den Bürger zwischen Schwur oder Versprechen wählen zu lassen, halte ich nichts, weil die Wahl zu unsachlichen öffentlichen oder beruflichen oder gesellschaftlichen Bewertungen anreizt.

Ein anderes Stück staatskirchlicher Vergangenheit sind die vom Staat zu gesetzlichen Feiertagen erklärten kirchlichen Feiertage. Es gibt in der Bundesrepublik neben den drei staatlichen Feiertagen (Neujahrstag, 1. Mai, 17. Juni) je nach den verschiedenen Bundesländern deren sieben bis elf, wobei in einigen Bundesländern noch einmal Unterschiede je nach dem Überwiegen der einen oder anderen Konfession bestehen. Alles in allem also eine recht bunte Feiertagslandschaft. Die Bedeutung der kirchlichen Feiertage ist für das kirchliche Leben stark verblaßt. Während zum Beispiel der – nicht überall geltende – Allerheiligentag in breiter Volkssitte zum Besuch der Gräber von Angehörigen genutzt wird, hat sich das Himmelfahrtsfest weitgehend in einen sogenannten Vatertag der Ausflüge ins Grüne verwandelt. Weniger kirchlichen als vielmehr staatlichen Ursprungs ist der Buß- und Bettag. Nöte des Krieges, des Hungers oder einer Seuche ließen aus der früheren engen Verbundenheit von Staat und Kirche eine bunte Vielfalt von Bußtagen entstehen. Das Lexikon für Theologie und Religionswissenschaft[2] zählt für das Jahr 1878 in 28 Staaten des damaligen Deutschen Reiches 47 verschiedene Bußtage an 24 verschiedenen Kalendertagen und fügt hinzu: »Um die Landeswohlfahrt besorgte weltliche Obrigkeiten ordneten kraft der ihnen von Gott verliehenen Macht solche Staatsfeiertage an, die dann kirchlich zu begehen waren. Dieses Verständnis einer christlichen Obrigkeit ist dem religiös neutralen Staat fremd.« Heute gilt in der Bundesrepublik ein dem Kalendertag nach einheitlicher Bußtag, jedoch mit der Ausnahme, daß es ihn in den überwiegend katholischen Gebieten von Bayern überhaupt nicht gibt.

Von den kirchlichen Staatsfeiertagen sprechen auch diejenigen nicht, die eine konsequente Trennung von Staat und Kirche fordern. Jedermann weiß nämlich, daß die für Arbeitnehmer bezahlten kirchlichen Staatsfeiertage als sozialer Besitzstand gelten, den die Gewerkschaften verteidigen würden. Die Kirchen aber sollten, so meine ich, erkennen lassen, daß sie bereit wären, mindestens über den Bußtag, der dem Geist des Grundgesetzes nicht mehr entspricht, mit sich reden zu lassen.

Die eigentliche Problematik im Verhältnis von Kirche und Gesellschaft liegt aber nicht bei solchen Einzelfragen, sondern an anderer Stelle. Wir müssen noch einmal davon ausgehen, daß heute weder der Staat noch die Kirche die Gesellschaft so zu bestimmen vermögen, wie sie es lange Zeit haben tun können. Der heutige Staat ist ein demokratischer Staat seiner mündigen Bürger. Die Kirchen empfangen ihre Ordnungen zwar unverändert auf andere Weise als der Staat, müssen aber ihre Rolle in der Gesellschaft und für die Gesellschaft heute anders finden als zu den Zeiten ihrer Teilhabe an der Herrschaft über die Gesellschaft.

Diese Rolle kann in einer dem Auftrag der Kirchen entsprechenden Weise heute nur dann gefunden werden, wenn sie unsere Staatsordnung der Demokratie nicht nur nolens volens ertragen, sondern als die menschenwürdigste Staatsform bejahen und mittragen. Innere Vorbehalte, wie sie die Weimarer Republik belasteten, haben zu einer wesentlichen Schwächung der damaligen Demokratie beigetragen. Sie würden heute umgekehrt der Kirche Abbruch tun. Es gibt kein Zurück mehr in eine vordemokratische Zeit.

Das sagt zugleich, daß keine Kirche gut daran tut, wenn sie sich im demokratischen Spiel der Parteien um die Rollenverteilung zwischen Regierung und Opposition einseitig auf eine bestimmte Partei oder Parteiengruppierung festlegt. Eine sogenannte Äquidistanz im Sinne einer gleichmäßigen Neutralität der Kirchen gegenüber allen demokratischen Parteien müßte das mindeste sein, was aus einer Bejahung der demokratischen Staatsform folgt. Den besten Dienst aber würden sich die Kirchen nach meiner Meinung dann tun, wenn sie ihre Glieder anregen würden, sich je nach der persönlichen politischen Überzeugung in allen demokratischen Parteien aktiv zu betätigen. Es kann ja schwerlich von einer politischen Partei mehr Ausrichtung an christlichen Grundsätzen oder Rücksichtnahme auf christliche Ethik erwartet werden, als die Mitglieder oder Repräsentanten der Parteien an christlicher Überzeugung hergeben. Aus persönlicher Erfahrung füge ich hinzu, wie selbstverständlich auch in der Sozialdemokratischen Partei Deutschlands überzeugte Christen mitwirken und volle Achtung finden. Ihr Einfluß könnte noch stärker sein, wenn ihre Zahl aus beiden Konfessionen größer wäre.

Die in diesem Zusammenhang immer wieder aufkommende

Frage, ob eine politische Partei sich als christliche Partei bezeichnen solle, berühre ich jetzt nur. Diese Frage begleitet den Weg der CDU und CSU seit ihrem Entstehen. Als 1956 der Rat der EKD gefragt wurde, wie er zu einer sich christlich nennenden Gewerkschaft stehe, hat er von dieser Bezeichnung abgeraten und erklärt[3]: »Der christliche Name sollte zur Bezeichnung einer an sich berechtigten Vertretung weltlicher Gruppeninteressen heute nicht gebraucht werden.« Gewerkschaften und vollends politische Parteien sind Kampfverbände, bei denen es um sachliche Interessen, aber nicht um Fragen des Christentums geht. Das »C« im Namen einer Partei wird darum immer fragwürdig bleiben.

Aus meinem in der Einleitung entwickelten geschichtlichen Abriß sollte hervorgehen, daß Verkoppelungen der Kirche mit bestimmten Machtverhältnissen in Staat oder Gesellschaft für die Kirche und ihre Botschaft verderblich sind. Staatskirchentum ist, um es hart zu sagen, ein Elend für die Kirche und für die sie umgebende Gesellschaft. Koppelung der Kirche mit dem Staat war jahrhundertelang zugleich ihre unkritische Einbindung in eine bestimmte Gesellschaftsordnung mit allen jeweiligen Ungerechtigkeiten bis hin zum Feudalismus und der Leibeigenschaft. Sowenig wir heute über das Selbstverständnis unserer kirchlichen Vorväter zu richten haben, so darf doch erwartet werden, daß eine Bereitschaft zur kritischen Selbstüberprüfung der Vergangenheit besteht. Nur von ihr aus können wir einen besseren Weg zur heutigen Gesellschaft finden. Der Ostberliner Bischof Schönherr spricht davon, daß die Kirche sich heute in dem größten Lernprozeß ihrer Geschichte befindet.[4] Was kann das heißen?

Dieser Lernprozeß betrifft sowohl die ökumenische Bemühung unserer Tage, alte Konfessionsgegensätze abzubauen oder zu überwinden, als auch die früher unbekannte Weltweite bedrängender Überlebensprobleme der Menschheit. Er muß sich aber insbesondere auf die Kirche in der veränderten Gesellschaft erstrecken. Nur von dem letzteren soll hier als der Grundlage für alles übrige die Rede sein.

III

Unbestreitbar bleiben die Verkündigung des Evangeliums und die Verwaltung der Sakramente die zentrale Aufgabe jeder Kirche. Es gibt aber in der evangelischen Kirche eine Auseinandersetzung um die Frage, was die rechte, das heißt den heutigen Menschen erreichende und ihm helfende Art der Verkündigung sei. Da stehen sich nahezu zwei Fronten gegenüber, die etwa den Deutschen Evangelischen Kirchentag besonders stark treffen. Ihre Schlagworte lauten: »Kein anderes Evangelium« einerseits und »Politische Predigt« anderseits. Steht die Kirche neben der Gesellschaft, oder hat sie *in* ihr eine kritische und befreiende Aufgabe? Redet Gott in der Predigt den einzelnen Menschen nur als einzelnen, also sozusagen privat an, um ihm seinen Trost zu geben und ihm den Weg seines persönlichen Heils zu weisen, oder sucht er ihn in seinem gesellschaftlichen Bezug auf, – tröstend und ihm sein Heil weisend, aber auch über seine gesellschaftliche Lage aufklärend und ihn anregend, nach seinen Kräften zu Besserungen der Gesellschaft beizutragen? Die politische Predigt wäre dann eine Ergänzung oder auch ein veränderter Ton in der Verkündigung.

Man hat der evangelischen Predigt mit Recht vorgeworfen, daß sie so lange bei den Gesinnungen ihrer Glieder stehenblieb, aber nicht zu einer kritischen Sozialethik durchbrach. Das konnte angehen, solange ihre Glieder und Predigthörer in gleichbleibend wiederkehrenden Situationen des Standes und des in der Regel ererbten Berufes lebten. Das 19. Jahrhundert hat das aufgelöst. Der Mensch von heute lebt seinen besonderen Lebenslauf freier Entfaltung und Selbstbestimmung in eigener Berufswahl und Freizügigkeit. Ihm ist mit einem bloßen Gemütsdialog wenig gedient. Er will in seiner heutigen Existenz angeredet werden und sucht nicht von ungefähr die Antwort auf seine Fragen nach dem Sinn des Lebens, seiner Gefährdungen und seiner Schicksalsschläge oft eher in Dichtung, Roman oder Drama als in der Predigt. Er lebt in einer Umwelt, in der Gott nicht vorkommt. Er lebt in einer Welt der Technik und der Naturwissenschaft, die aus der Herrschaft des christlichen Weltbildes ausgewandert ist und ihre eigene Zukunft finden will. Eben diese Zukunft kann dem wachen Menschen von heute nur immer unheimlicher werden. Das Gewicht der nach einer Lösung drängenden Nöte des Hungers in der Welt, der Bevölkerungsvermehrung, der Grenzen von Rohstoffen und Wachstum wächst mit steigender Beschleunigung. Nur eine Predigt von gesellschaftskritischer Kraft kann alledem standhalten. Nur eine Predigt, die jeden nach seinen Gaben auf ein Tun hinlenkt, kann den Menschen aus sich herausholen.

In der Erklärung der Bekenntnissynode von Barmen von 1934 haben wir damaligen etwa 150 Synodalen in These II gesagt:

»Wie Jesus Christus Gottes Zuspruch der Vergebung aller unserer Sünden ist, so und mit gleichem Ernst ist er auch Gottes kräftiger Anspruch auf unser ganzes Leben; durch ihn widerfährt uns frohe Befreiung aus den gottlosen Bindungen dieser Welt zu freiem, dankbarem Dienst an seinen Geschöpfen.«

Zuspruch – Anspruch! Gottes Gabe sucht unsere Antwort. Indem er vergibt, erhebt er Anspruch auf unser Leben in all seinem Tun. Indem er aus falschen Bindungen befreit, ruft er uns in den Dienst an den Mitmenschen. Seine unterschiedliche Gabe an jeden einzelnen ist zugleich Platzanweisung für eben dessen Dienst.

Mit der Barmer Erklärung wurde zugleich ein Wandel im Selbstverständnis der Evangelischen Kirche angezeigt. Das für den evangelischen Volksteil entgegen jahrhundertelanger Erfahrung neue Erlebnis einer Glaubensbedrückung durch die eigene Obrigkeit drängte ihn aus der alten Verbindung von Thron und Altar in ein obendrein spannungsvoll-kritisches Gegenüber zur eigenen Obrigkeit. Wenn heute von einem in der evangelischen Kirche angebrochenen »Zeitalter der Denkschriften« die Rede sein soll, so wäre es schon mit einer Denkschrift vom Mai 1936 angebrochen. Damals richteten die leitenden Mitglieder der Bekennenden Kirche an Hitler eine Denkschrift gegen den Totalitätsanspruch des Staates, gegen die Auflösung des Rechtsstaates, gegen den

Wahlterror, gegen die Hypertrophie der Eide. Ihre Ergänzung ist die sogenannte Schulderklärung des Rates der EKD von 1945. Seit den fünfziger Jahren spannt sich ein weiter Bogen von Denkschriften zu recht verschiedenen sozialen Fragen unserer Gesellschaft (Eigentum, Bodenrecht, Landwirtschaft ...), aber auch zu politischen Themen. Besonders umstritten wurde die Ostdenkschrift von 1965, die die Gemeinschaft daran erinnerte, was sie den Vertriebenen schuldet, und den Politikern helfen wollte, einen Weg der Versöhnung zwischen dem polnischen Volk und uns in einer dauerhaften Friedensordnung aufzuschließen. Auch aus Einzelanlässen, wie etwa zur Reform des Strafrechtes oder sonderlich zu Paragraph 218 haben Kirchenleitungen und Synoden häufig mahnend oder helfend das Wort ergriffen.

Die Denkschriften sind angelegt auf die Orientierungspunkte: der Mensch als Gottes Geschöpf und Ebenbild, die Gerechtigkeit und die Bewahrung des Friedens. Bindende Weisungen können und wollen sie nicht geben. Sie wollen den Glauben jeweils in seiner gesellschaftskritischen Kraft entfalten. Sie sind dabei immer nur eine Hilfestellung, in der es darum geht, die Umstände für die Lösung einer gesellschaftlichen Frage recht zu erkennen, insbesondere die einander entgegengesetzten Standpunkte in ihrer Interessenlage oder Interessengebundenheit zu durchschauen, um dazu den rechten christlichen Standpunkt zu gewinnen. Die Entscheidung haben die zum Handeln gerufenen Bürger und Politiker selber zu vollziehen. Das Hören auf ein Wort der Kirche ist also etwas anderes als das zur Zeit der Staatskirche geforderte Gehorchen.

Eine entscheidende Voraussetzung für jede aufmerksame und kritische Begleitung gesellschaftlichen Geschehens durch die Kirche ist neben ihrer Unabhängigkeit vom Staat auch eine geistige Unabhängigkeit ihrer leitenden Amtsträger. Schon der Anschein einer Beeinflußbarkeit sollte vermieden werden. Von daher möchte ich eine nur vermeintlich geringfügige Einzelfrage anschneiden: Ist es wohlgetan, wenn kirchliche Amtsträger sich für ihr kirchliches Handeln mit staatlichen Orden auszeichnen lassen? Ich bitte, dieser Frage wegen ihrer grundsätzlichen Bedeutung einen Augenblick standzuhalten.

Als die Bundesrepublik Deutschland in den fünfziger Jahren anfing, Orden zu verleihen, wurde unter den Mitgliedern des Rates der EKD verabredet, daß man für die Dauer der kirchlichen Tätigkeit keine Orden annehmen wolle. Einzelne Ratsmitglieder wichen aber alsbald davon ab. Damit kam alles ins Rutschen. Als dann eines Tages ein ostdeutscher Bischof einen westdeutschen Bischof um Rat bat, ob er einen Orden der Deutschen Demokratischen Republik annehmen könne oder solle, konnte ihm der westdeutsche Bischof nur sagen, daß *er* einen Orden der Bundesrepublik Deutschland schon trage. Der ostdeutsche Kirchenmann hatte das Gefühl, daß ein Orden der Deutschen Demokratischen Republik ihm im Ansehen seiner Gemeinde schaden würde. Wie aber sollte er ihn ablehnen, wenn sich die Amtsträger der EKD im ganzen nicht grundsätzlich aus der Verleihung von Orden heraushielten? Interessant ist, daß Kardinal Mindszenty in seinen Erinnerungen die Ordensauszeichnung eines ungarischen Bischofs durch das Kadar-System fühlbar geringschätzig erwähnt.

Ich habe es sehr begrüßt, daß seit dem Sommer 1971 in der Bundesrepublik Deutschland die Richter aller Justizzweige als Träger der Dritten Gewalt aus der Verleihung von Bundesverdienstkreuzen ausgeschert sind. Kein aktiver Richter wird seitdem mehr dekoriert. Wäre dieses Selbstbewußtsein unserer Richter nicht ein Beispiel für die Kirchen? Ich meine, es sollte erwogen werden.

Was von der Kirche, sei es als EKD, sei es als Landeskirche, für ihr Verhältnis zur Gesellschaft im ganzen gilt, ist entsprechend auch vom Verhältnis der christlichen Ortsgemeinde zur bürgerlichen Ortsgemeinde zu sagen. Nur wenn die Ortsgemeinden aufnehmen und auf ihre Weise bedenken, was Kirchenleitungen aussprechen, kann es in der sie umgebenden Gesellschaft wirksam werden. Ich habe den Eindruck, daß es an solcher Umsetzung in das Gemeindebewußtsein noch weithin fehlt. Darüber hinaus kann auch der christlichen Ortsgemeinde obliegen, zu Gegebenheiten oder Vorgängen in der bürgerlichen Gemeinde ein helfendes Wort zu sagen und selbst tätig zu werden. Mit anderen Worten: Die Kirche kann auf allen Ebenen ihre Wertvorstellungen und Maßstäbe als einen Beitrag neben anderen in den demokratischen Dialog einbringen.

Als Beispiel bieten sich die mehrfach bekanntgewordenen Auseinandersetzungen um Heime für Behinderte in bestimmten Wohngegenden oder um die Mitbenutzung öffentlichter Einrichtungen durch Behinderte an. Gehört die christliche Gemeinde nicht grundsätzlich an die Seite der Benachteiligten? Was geht nicht alles an Vorurteilen unter uns um! Hier greife ich nur heraus, daß wir uns gern als Gerechte von den Gerichteten, von den Vorbestraften, scheiden, statt ihnen zu helfen, daß sie einen Berufsweg finden und nicht in neue Straftat verfallen. Auch zur Verlebendigung staatsbürgerlichen Handelns kann die christliche Gemeinde beitragen, indem sie einer Bürgerinitiative zur Anregung gemeindlicher Einrichtungen Raum gibt. Vor allem aber sollte eine christliche Gemeinde in sich für brüderliche Beratung ihrer Glieder in Konfliktfällen offen sein. Ich habe schon mehrfach unwillig einen Vorfall erwähnt, wie einem Arbeitnehmer auf einem Gemeindeabend eine Aussprache darüber, ob er sich an einem Streik beteiligen solle oder nicht, mit der Begründung verwehrt wurde, so etwas gehöre da nicht hin.

Eine Kirche, die nur sich selbst bedenken und ihre Verkündigung auf das Heilsangebot Gottes beschränken würde, wäre eine Kirche im Ghetto, wäre nur ein dummes Salz. Es gehört zu ihrer ureigenen Aufgabe, dem Angebot des Heils eine Anleitung zum Handeln ihrer Glieder für das Wohl der Menschen hinzuzufügen. Beides gehört zusammen.

Politische Predigt also? Ganz gewiß Nein! wenn das, was die Kirche zur Gesellschaft sagt, nicht aus klarer Verwurzelung im Evangelium gesagt wird. Deshalb vor allem kein vorschnelles Reden von der argen Welt, sondern ein Begleiten dieser Welt als Dank für das Gerettetsein dieser Welt durch Gottes Handeln in

Christus. Auch das gehört immer erneut zu dem Lernprozeß der Kirche, – einer Kirche, die heute zusätzlich lernen muß, ohne Privilegien zu leben und nur noch eine Minderheit in unserer Gesellschaft zu sein.

1 Luther, An den christlichen Adel deutscher Nation von des christlichen Standes Besserung, 1520, in: Weimarer Ausgabe Bd. 6, S. 408.

2 Die Religion in Geschichte und Gegenwart, 3. Aufl. 1957.

3 KJ 1955, S. 87 f.

4 Rede vor der Synode des DDR-Kirchenbundes in Potsdam-Hermannswerder am 27. 9. 1974 über das Thema: Die Kirche als Lerngemeinschaft.

Bibliographischer Nachweis
mit ergänzenden bibliographischen Hinweisen

Benutzte Kurztitel für Heinemanns Schriften:

Allen Bürgern	Allen Bürgern verpflichtet. Reden des Bundespräsidenten 1969–1974. (Reden und Schriften Bd. I), Frankfurt am Main 1975, 346 S.
Deutschlandpolitik	Verfehlte Deutschlandpolitik. Irreführung und Selbsttäuschung. Artikel und Reden, Frankfurt 1966, 217 S., 2. Auflage 1969.
Friedenspolitik	Deutsche Friedenspolitik. Reden und Aufsätze, Darmstadt 1952, 47 S.
Plädoyer	Plädoyer für den Rechtsstaat. Rechtspolitische Reden und Aufsätze, Karlsruhe 1969, 100 S.
Präsidiale Reden	Präsidiale Reden, Frankfurt 1975, 261 S.
Reden	Reden und Interviews, hg. v. Bundespräsidialamt, 5 Bände, Bonn 1970–1974, 182/175/166/215/204 S.
Schnittpunkt	Im Schnittpunkt der Zeit. Reden und Aufsätze. Darmstadt 1957, 136 S.

Benutzte Abkürzungen:

Epd	Evangelischer Pressedienst.
GR	Gesamtdeutsche Rundschau, Dortmund (1953–59).
JK	Junge Kirche, Protestantische Monatshefte, Oldenburg, später Dortmund.
KJ	Kirchliches Jahrbuch für die Evangelische Kirche in Deutschland, Gütersloh.
KuM	Kirche und Mann, Gütersloh.
PV	Politische Verantwortung. Evangelische Stimmen.
SPD-PrD	SPD-Pressedienst, Bonn.
StdG	(Die) Stimme der Gemeinde zum kirchlichen Leben, zur Politik, Wirtschaft und Kultur, eine Halbmonatsschrift der Bekennenden Kirche, Darmstadt.
StenBer	Stenographische Berichte des Deutschen Bundestages.
Weg	Der Weg, Evangelisches Sonntagsblatt für das Rheinland, Düsseldorf.

1 Demokratie und christliche Kirche. Ein Beitrag zu einer »deutschen Demokratie«. Schriftenreihe der Christlich Demokratischen Union des Rheinlandes, H. 9, Köln o. J. (1946).
Vgl. Nr. 29. – Demokratie und christliche Kirche, in: Unterwegs, Berlin, 1948, H. 2, 14–21. – Erbe und Auftrag. Geschichtliche Betrachtungen zum Thema Kirche und Demokratie, in: StdG 1956, 5–8, 41–46, 69–72, und in: Schnittpunkt, 8–23. – Herbert Schöffler, Ein Blick in seine soziologische Arbeit, in: Ev. Theologie 1956, 133–41, und in: Schnittpunkt, 31–34 (gekürzt). – Kirche und Demokratie, in: Vorwärts 3. 6. 1960. – Demokratie – Diktatur – Kirche, in: Die Neue Gesellschaft 1961, 95–103.

2 Was geht heute in der evangelischen Kirche in Deutschland vor? Vortrag in Wuppertal-Barmen am 17. 12. 1946. Broschüre, Wuppertal 1947.
Vgl. Nr. 5 und 7. – Die Ergebnisse der Kirchenversammlung in Eisenach, in Theol. Literaturzeitung, Leipzig 1948, 485 f. – Echte Einigung, in: Ev. Welt 1. 8. 1948, 409.

3 Mensch und Staat, in: Mensch oder Nummer, hg. v. Evangelischen Männerwerk Essen, Okt. 1949, 24–34; Kommunalpolitische Blätter, Recklinghausen, Nr. 14, 27. 5. 1950, 1 ff. (»Der Christ in Gemeinde und Staat«).
Vgl. Nr. 4 und 9.

4 Die öffentliche Verantwortung des evangelischen Christen, in Epd Nr. 77/49, 29. 7. 1949; Die Zeichen der Zeit, Evang. Monatsschrift, Berlin 1949, 312–16.
Vgl. Nr. 3. – Kommentar zu den Detmolder Sätzen, in: Mitteilungen des Arbeitskreises Ev. Akademie beim Rat der EKD, Jan. 1948. – Befreiung zum Dienst, in: Mensch oder Nummer (s. Nr. 3), 70–72, und in: KuM, Apr. 1950. – Öffentliche Verantwortung in kirchengeschichtlichem Wandel, in: StdG 3, Nr. 3, März 1951, 1–4. – Zur theologischen Bemühung um Politik aus christlicher Verantwortung, ebd. Nr. 5, Mai 1951, 5 f. – Der Christ in der Politik, in: Das Parlament, Nr. 11, 28. 11. 1951.

5 Evangelische Kirche heute, in: Bekennende Kirche auf dem Weg 1, Nr. 1, 15. 1. 1950, 1–10.
Vgl. Nr. 2 und 7.

6 Glaubt an den Retter! in: StdG 2, Nr. 10, Okt. 1950, S. 9 f.; Kreuz auf den Trümmern, Hamburg 1950, S. 35 f.
Vgl. Rede auf dem Männertreffen des Kirchentages, ebd. 106–08. – Freiheit des Volkes. Rede auf dem ev. Männertag Hessen-Nassau in Frankfurt am 15. 10. 1950, in: Friedenspolitik, 12–14.

7 Evangelische Kirche in Deutschland heute und die Wiederaufrüstung, in: Gemeindeblatt der Johannes- und Markus-Kirchengemeinde Bern, 11, Nr. 2, 4. 2. 1951; Diether Koch, Heinemann und die Deutschlandfrage, München 1972, S. 519–28.
Vgl. Nr. 2 und 5. – Vgl. Brief an Adenauer v. 9. 10. 1950, in: D. Koch, a. a. O. 513–18. – Deutsche Sicherheit (Rücktrittserklärung), in: Stuttgarter Zeitung 18. 10. 1950; StdG 2, Nr. 11, Nov. 1950, 1–4; JK 1950, 633–42; KJ 1950, 179–86; Europa-Archiv 1950, 3594–96; Flechtheim, Dokumente zur parteipol. Entwicklung in Deutschland seit 1945, Bd. VI/1, 1968, 19–25. – Du bist nach dem Waffendienst gefragt! in: Sonntagsblatt 5. 11. 1950 (gekürzt). – Ansprache auf dem Kirchentag in Stuttgart 1952, in: StdG 1952, 261 f.; KJ 1952, 74 f. – Darf der Christ zur Waffe greifen? in: Unter uns, Mitteilungsblatt des Ev. Jungmännerwerks, Stuttgart, Mai 1953, 87–89. – »Theologie der Abrüstung«. Ein Wort zu Ungarn, in: StdG 1956, 713–16, 721; Schnittpunkt 124–29. – »Theologie der Abrüstung«. Antwort an Bischof D. Lilje, in: StdG 1957, 37–40. – Rede im Bundestag 23. 1. 1958, StenBer 3. Wahlperiode 401–06; StdG 1958, 105–12; PV 2, Febr. 1958. – Dazu: StdG 1958, 97–100; Deutschlandpolitik 136–40; Junge Stimme 8. 3. 1958; PV 2, März 1958. – Rede im Bundestag 25. 3. 1958, StenBer 1059–67; StdG 1958, 391–97. – Atomwaffen und Evangelische Kirche, in GR 9. 5. 1958. – Rede im Bundestag 4. 7. 1958, StenBer 2341–46. – Evang. Kirche im geteilten Deutschland, in: Die Neue Gesellschaft 1958, 247–49. – Kein Ja zu Atomwaffen, in: Atomzeitalter, Köln, Juli 60. – Die evang. Christen im geteilten Deutschland, in: SPD-PrD 18. 12. 1962. – Nicht der Krieg, der Frieden ist der Ernstfall. Wiesbaden 1964. – Art. »Wiedervereinigung Deutschlands«, II. Die Stellungnahme der Kirche, in: Ev. Staatslexikon, Stuttgart-Berlin 1966, 2526–37.

8 Wozu ist die Kirche da? in: Wir sind doch Brüder. Der Dritte Deutsche Evangelische Kirchentag vom 11.–15. 7. 1951 in Berlin, hg. i. A. des Präsidiums des Deutschen Evangelischen Kirchentages, Stuttgart o. J.

Vgl. Rede auf dem Männertreffen des Kirchentages, ebd. 196 f. – Über den Berliner Kirchentag 1951, Epd 19. 7. 1951. – Sichtbare Gemeinde. Rückblick auf den 3. Ev. Kirchentag, in: Deutsche Universitätszeitung, Göttingen, Nr. 15/16, 31. 8. 1951.

9 Die Verantwortlichkeit des Menschen im politischen Leben. Sonderdruck des Sekretariats für Laienarbeit des Ökumenischen Rats der Kirchen in Genf (hekt.).
Vgl. Nr. 3 und 4.

10 Reise durch die Ostzone, in: StdG 3, Nr. 11, Nov. 1951, 3–5; Aachener Nachrichten 8. 11. 1951; Friedenspolitik, 30–34.
Vgl. den Text des Vortrags: Das Wort Gottes als Ordnungsmacht in den Wirren der Zeit, in: Die Zeichen der Zeit, Berlin, H. 3, 1952, 81–84. – Vgl. auch: Gelebte Einheit. Ein Wort über die Ev. Synode in Elbingerode, in: Velberter Zeitung 21. 10. 1952.

11 Die Einheit der evangelischen Christenheit in Deutschland, in: Bekennende Kirche. Martin Niemöller zum 60. Geburtstag, hg. v. J. Beckmann und H. Mochalski, München 1952, 222–227.
Vgl. Erklärung vor der Synode Febr. 1936, in: W. Niemöller, Die vierte Bekenntnissynode der Deutschen Evang. Kirche zu Bad Oeynhausen, Göttingen 1960, 176–78. – *Müssen* wir heute lutherisch oder reformiert sein? in: Bekennende Kirche auf dem Weg 1, Nr. 9, 15. 9. 1950, 1–6; Ev.-Luth. Kirchenzeitung, München, 30. 11. 1950, 337 f. – Noch einmal: Müssen wir heute lutherisch oder reformiert sein? in: Bekennende Kirche auf dem Weg 2, Nr. 3, 15. 3. 1951, 3–6; StdG 3, Nr. 3, März 1951, 4–6.

12 Im Reiche dieses Königs hat man das Recht lieb, in: Seid fröhlich in Hoffnung. Der sechste Deutsche Evangelische Kirchentag v. 7.–11. 7. 1954 in Leipzig, hg. i. A. des Präsidiums, Stuttgart o. J., 312–17.
Vgl. Nr. 27.

13 Die Kirche im Sowjetstaat. Ein kurzer Reisebericht, in: KuM Aug. 1954.
Vgl. Presseerklärung: Epd 7. 7. 1954. – Berichte: Westdeutsches Tageblatt 9. 7. 1954; GR 16. 7. 1954; JK 15, H. 13/14, 15. 7. 1954; Schnittpunkt, 125 (gekürzt). – Ev. Welt 1. 8. 1954; GR 6. 8. 1954. – JK 1954,

369–71. – Neue Ruhr Zeitung 7. 8. 1954. – Vgl. ferner: Kirchliche Begegnung in Prag, in: Sonntagsblatt, Apr. 1955. – Bericht über eine Reise in die Sowjetunion (1964), in: SPD-PrD 21. 9. 1964; Weg Nr. 44; StdG 1. 10. 1964. – Vgl. auch: Göttersturz, in: GR 2. 3. 1956. – Rezension von A. v. Jüchen, Gespräch mit Atheisten, in: KuM März 1963. – Briefwechsel mit A. v. Jüchen, in: Die Spur, Itzehoe, 1961, 22.

14 Rückblick auf Evanston, in: Weg 19. 9. 1954.
Vgl. Weltkirchenkonferenz 1954. Erwartungen und Fragen, in Epd 11. 8. 1954; Weg 15. 8. 1954. – Berichte: GR 10. 9. 1954; Westdeutsches Tageblatt 10. 9. 1954. – StdG 1954, 423–36. – Deutsche Universitätszeitung, Göttingen, Nr. 21, 8. 11. 1954; Schnittpunkt, 35–37. – Weg 21. u. 28. 11. 1954.

15 Präseswahl – Zweierlei Maß? in: Espelkamp 1955. Bericht über die erste Tagung der zweiten Synode der Evangelischen Kirche in Deutschland vom 6. bis 11. 3. 1955, Hannover 1955, 65–70.
Vgl. »Christliche« Partei – ein Nachwort zu Espelkamp, in: Kirche in der Zeit 10, Apr. 55, 82 f.; JK 1955, 211 f. – StdG 1956, 55 f.

16 Gedanken zur politischen Ethik, in: JK 1957, 373–75; Schnittpunkt, 76–79.
Vgl. Brief an die JK (zur Ethik des Wahlkampfs), JK 1953, 376 f. – Vgl. ferner die Rezensionen von: F. Karrenberg (Hg), Evang. Soziallexikon, in: Ev. Literaturbeobachter März 1955. – H. Thielicke, Ethik des Politischen, in: Zts. f. Ev. Ethik 1960, 372–75. – H. Gollwitzer, Forderungen der Freiheit, in: Monatsschrift für Pastoraltheologie 1962, 479.

17 Zum Antisemitismus und zum deutschen Sendungsbewußtsein, in: StenBer, 3. Wahlperiode, 1960, 5596–98; StdG 1. 3. 1960.
Vgl. zum Antisemitismus: Erklärung im NWDR zur Schändung jüdischer Friedhöfe am 15. 4. 1950, in: Schnittpunkt, 84 (gekürzt). – Schlußwort des Präses, in: Berlin-Weißensee, Bericht über die Tagung der Synode der EKD 1950, Hannover o. J., 196–99. – Der Beitrag der Kirche zur Gestaltung der Gesellschaft, in: Deutscher Ev. Kirchentag Köln 1965, Dokumente, Stuttgart-Berlin 1965, 504. – Nichts geht verloren, Ansprache zu einer Feierstunde der Woche der Brüderlichkeit in Köln, in: Reden I, 1969/70, 92–95; Allen Bürgern, 151–54.

– Vgl. zum Sendungsbewußtsein: Nr. 25. – Antichristliche Politik, in: PV März 1960.

18 Eigenständige Kirche, in: PV Juli 1961.
Vgl. Nr. 22, 24, 25. – Vgl. ferner die Rezension von W. Wilken, Unser Geld und die Kirche, in: Ev. Literaturbeobachter, München, Sept. 1964, 1166.

19 Weltkirchenversammlung in Neu-Delhi 1961, in: StdG 1962, 45–50.
Vgl. auch: Das Konzil in ev. Sicht, in: SPD-Prd 10. 12. 1963. – Das ev.-kath. Treffen in Fulda, Interview in der Neuen Ruhr Zeitung 19. 4. 1966. – Über die Einheit der Kirchen, Ansprache im Ökumenischen Zentrum in Genf, in: Reden IV, 1972/73, 45–48. – Ansprache beim Empfang durch Papst Paul VI., ebd. 118–20. – Partnerschaft Kirche und Staat, Interview mit Radio Vatikan, ebd. 185–89.

20 Gewissensfreiheit – Staat – Erziehung, in: Volk und Schule. Monatsschrift der Arbeitsgemeinschaft sozialdemokratischer Lehrer, Mülheim/Ruhr, 1963, 129–31.
Vgl. Gibt es einen Ausweg aus dem leidigen Schulstreit? in: StdG 1955, 579 f.; GR 8. 7. 1955; Schnittpunkt, 85–88. – Vgl. ferner: Voten beim Deutschlandtreffen der SPD, in: Aufstieg durch Bildung, hg. v. SPD-Vorstand, Okt. 1963. – Interview mit der Kath. Nachrichten-Agentur 18. 9. 1963. – Interview mit dem Epd 1. 10. 1963. – Schule und SPD, in: Junge Stimme 12. 10. 1963. – Die Konfessionsschule und die SPD, in: Neue Ruhr Zeitung 30. 11. 1963.

21 Respekt vor Gewissensentscheidungen – Zeugen Jehovas, in: StenBer, 4. Wahlperiode, 1965, 9122 ff.
Vgl. Kriegsdienstverweigerung im west-östlichen Spiegelbild, in: GR 9. 9. 1955; Westdeutsches Tageblatt 9. 9. 1955. – Gesamtdeutsche Synode gegen Wehrzwang, in: GR 6. 7. 1956; JK 1956, 400 f. – Der Wehrpflichtstreit in der Ev. Kirche, in: Westdeutsches Tageblatt 27. 7. 1956. – Kriegsdienstverweigerung, Gewissensentscheidung, in: Neue Jurist. Wochenschrift, München 1961, Nr. 8, 355/56. – Der Verfassungsstreit um die Kriegsdienstverweigerung, in: JK 1961, 553–55. – Zur Wehrdienstverweigerung aus Gewissensgründen, in: Versöhnung und Friede, H. Kloppenburg zum 65. Geburtstag, Dortmund 1968, 59–61.

22 Kirche der Fassade? Zwanzig Jahre nach der Stuttgarter Erklärung, in: KuM 10. 10. 1965 (erweitert).
Vgl. Nr. 18, 24, 25. – Wollen wir heute noch, was wir 1945 wollten? in: StdG 1962, 681.

23 Zur theologischen Beurteilung des Selbstbestimmungsrechts, in: Evangelisches Staatslexikon, Stuttgart-Berlin 1966, Sp. 1957–59.
Vgl. Das Ziel heißt Aussöhnung, Interview mit der Neuen Ruhr Zeitung 6. 11. 1965. – Zur Denkschrift, in: PV Nov. 1965. – Vertreibung darf nie wieder geschehen – Bereitschaft zur Versöhnung, in: SPD-PrD 23. 3. 1966. – Völkerrechtliche Irrtümer der evang. Ost-Denkschrift? in: Vorwärts 1. 6. 1966.

24 Neue Fakten und Formen des politischen Engagements der Evangelischen Kirche, in: Kirche und Staat, Festschrift für Bischof D. Hermann Kunst zum 60. Geburtstag am 21. 1. 1967, hg. v. K. Aland und W. Schneemelcher, Berlin 1967, 232–48.
Vgl. Nr. 18, 22, 25. – »Christliche« Gewerkschaft, in: StdG 1955, 549 f. – Kirche, Staat und Öffentlichkeit, in: Anstöße, hg. v. d. Ev. Akademie Hofgeismar, H. 4, Okt. 1964. – Singen ist besser, Leserbrief an Die Welt 16. 2. 1968. – Keine Soldaten zum Gottesdienstschutz, Interview mit der Süddeutschen Zeitung 20. 2. 1968. – Ein neues Verständnis von Kirche, Ansprache zur Einweihung der Ev. Akademie Nordelbien in Bad Segeberg, Reden II, 1970/71, 40–47; Allen Bürgern, 144–50. – Verantwortung für das Recht, in: Kirche in der Verantwortung, Berlin 1974, 16–19; Epd-Dokumentation Nr. 1/1975; Rororo Aktuell, A 1885, 1975, 46 ff.

25 Kirchen und Parteien in der Bundesrepublik Deutschland, in: Die Neue Gesellschaft 1966, 465 ff.
Vgl. 18, 22, 24. – Der ev. Christ in der Union, in: Union im Wahlkampf, hg. v. B. Dörpinghaus, Nr. 20, 30. 7. 1949. – Mein Abschied von der CDU, in: Offene Worte zum Zeitgeschehen 1, Nr. 7, 15. 11. 1952; Schnittpunkt 50 f. (gekürzt). – Wer mißbraucht die Kirche? in: StdG 1952, 345–48. – Wer politisiert die Kirche? in: StdG 1957, 410 f.; JK 1957, 427 f.; KJ 1957, 66 f. – Staatspartei und Kirchenpartei, in: StdG 1957, 497 f.; SPD-PrD 7. 8. 1957; GR 23. 8. 1957. – Der soziale Verrat der CDU, in: SPD-PrD 7. 1. 1959. – Der »Christliche Politiker« und die christlichen Parteien, in: Eckart, Witten, 1959, 95–100;

Vorwärts 3. 7. 1959. – Evang. Arbeitskreis der CDU, in: PV Sept. 1961.
Gestalt und Wandel der SPD, in: StdG 1954, 49–56; GR 26. 2. 1954. – Der Weg der Sozialdemokratie, in: Die Neue Gesellschaft 1, Nr. 2, Sept. 1954, 44–49; Schnittpunkt 38–47. – Der christliche Vorbehalt, in: Vorwärts 1. 7. 1957; StdG 1957, 109 f. – Der programmatische Wandel der SPD, in: StdG 1957, 701–12; GR 13. 12. 1957. – Sozialdemokratie und Kirche, in: SPD-PrD 15. 12. 1959. – Antwort an Niemöller, ebd. 6. 1. 1965.

26 Die gesellschaftliche Bedeutung der Reformation, in: Bulletin des Presse- und Informationsamtes der Bundesregierung, Nr. 127, 8. 11. 1967, 1079 ff. – Frankfurter Kirchliches Jahrbuch 1968, 10–19.
Vgl. Nr. 28. – Wormser Reichstag von 1521, in: Reden II, 1970/71, 96–105; Allen Bürgern, 66–68 (gekürzt); Präsidiale Reden, 157–59 (gekürzt).

27 Der demokratische Rechtsstaat als theologisches Problem, in: Bulletin des Presse- und Informationsamtes der Bundesregierung, Nr. 152, 22. 12. 1967; Lutherische Monatshefte, Jan. 1968; Plädoyer, 9–21.
Vgl. Nr. 12. – Der Rechtsstaat als theologisches Problem, in: Ev. Welt 16. 5. 1965; Tatsachen u. Argumente, hg. v. Vorstand der SPD, Mai 1965; Frankfurter Hefte, Juli 1965. – Todesstrafe? in: GR 15. 11. 1957 Westdeutsches Tageblatt 19. 11. 1957. – Synode und Parlament. Ansprache zum Gedenken an die Emder Generalsynode von 1571, Reden III, 1971/72, 27–40; Allen Bürgern, 132–43.

28 Stadtfreiheit und Reformation in Nürnberg, in: Evangelische Kommentare, Stuttgart, Juni 1975, 334–37 (gekürzt).
Vgl. Nr. 26.

29 Lernprozeß Staat – Kirche – Gesellschaft, in: Frankfurter Hefte, Febr. 1975, 15–26.
Vgl. Nr. 1. – Bemerkungen zum Verhältnis Kirche und Staat. Ansprache vor der Generalversammlung der Görres-Gesellschaft in Würzburg, in: Reden V, 1973/74, 20–27; Allen Bürgern, 125–31.

Weitere Schriften G. W. Heinemanns zum Themenbereich Kirche – Staat – Gesellschaft

a) Zum Kirchenkampf der nationalsozialistischen Zeit: Brief an A. Hitler v. 29. 11. 1933, in: W. Koch, Heinemann im Dritten Reich, Wuppertal 1972, 47 f. – Antrittsrede als Vorsitzender des CVJM Essen v. 4. 4. 1937, ebd. 211–13. – Denkschrift zum Rücktritt von seinen Ämtern in der Bekennenden Kirche, August 1938/April 1939: ebd. 205–11. – Barmer Synode 1934, in: KuM Mai 1954. – Die V. These der Barmer Erklärung, in: Frohe Befreiung – dankbarer Dienst, hg. v. d. Ev. Akademie Mülheim/Ruhr, Düsseldorf 1958, 77–90. – Die Barmer Erklärung, in: Vorwärts 29. 5. 1959. – Der Kirchenkampf in Essen, in: Weg Aug./Sept. 1958. – Der Aufbruch, in: Weg 31. 5. 1964. – Im Gedenken an Professor Iwand, in: SPD-PrD 5. 5. 1960; PV Mai 1960. – Bekenner und kritischer Geist. Zum 75. Geburtstag Karl Barths, in: Kölner Stadt-Anzeiger 10. 5. 1961. – Zum Tode des Pastors Wilhelm Busch, in: Licht und Leben, Gladbeck, Aug. 1966, 126.

b) Anläßlich christlicher Feste: Weihnachten: GR 21. 12. 1956. – SPD-PrD 20. 12. 1958. – Ebd. 18. 12. 1962. – Ebd. 24. 12. 1968. – Interview, in: Siegener Zeitung 24. 12. 1968; in: G. Klempauer, Über Lebenschancen, Wuppertal 1970. – 1970: Reden II, 1970/71, 48–53. – Ebd. 54–57. – 1971: Reden III, 1971/72, 79–84; Allen Bürgern, 270 bis 74. – Ebd. 85–87. – 1972: Reden IV, 1972/73, 90–94. – 1973: Reden V, 1973/74, 50–56; Allen Bürgern, 257–62.
Neujahr: Ev. Welt Dez. 1947; Neue Kirche, Bethel, 11. 1. 1948. – Der Kurier, Berlin, 31. 12. 1949. – Der junge Mann, Jan. 1954. – Weg 2. 1. 1955. – Weg 1. 1. 1956. – SPD-PrD 27. 12. 1968. – 1969: Reden I, 1969/70, 68–71. – Ebd. 72–74.
Ostern: GR 16. 4. 1954.
Pfingsten: Freie Presse, Bielefeld, 25. 5. 1958. – SPD-PrD 15. 5. 1959.

Ausgewählte Literatur über Gustav W. Heinemann:

Peter Rühmkorf, Ein Rücktritt als Auftakt, in: Plädoyer für eine neue Regierung oder keine Alternative. Hg. v. Hans Werner Richter, rororo Taschenbuch 782 A, Hamburg 1965, S. 23–34.

Walter Kröpelin, Das Prinzip Hoffnung – Gustav Heinemann, in: Tribüne, Zeitschrift zum Verständnis des Judentums. Frankfurt 1969, S. 3207–3208.

Horst Krüger, Der Bürgerpräsident, in: Neue Rundschau, 80. Jg., Heft 4, Berlin-Frankfurt/Main 1969, S. 801–805.

Hermann Schreiber, Frank Sommer: Gustav Heinemann, Bundespräsident. Fischer-Bücherei 1969, 143 S.

Wilhelm Niemöller, Gustav Heinemann – Bekenner der Kirche. Verlag Kirche und Mann, Gütersloh 1970, 61 S.

Akademie Kontakte der Kontinente, Gustav W. Heinemann, in der Reihe: Menschen in ihrer Zeit, Luzern 1970, 19 S.

Gustav W. Heinemann, Anekdotisch. Erzählt von Heli Ihlefeld. Bechtle Verlag. München 1969, zweite neubearbeitete und erweiterte Auflage 1971, 96 S.

Helmut Gollwitzer, Diether Posser, Horst Ehmke, Erhard Eppler, Ernst Wilm: Gustav W. Heinemann, Bundespräsident. Inter Nationes, Bonn-Bad Godesberg 1971, 78 S.

Joachim Braun, Der unbequeme Präsident. Verlag C. F. Müller, Karlsruhe 1972, 300 S.

Diether Koch, Heinemann und die Deutschlandfrage. Chr. Kaiser Verlag, München 1972, Studienausgabe 1976, 570 S.

Werner Koch, Heinemann im Dritten Reich. Ein Christ lebt für morgen. Aussaat Verlag, Wuppertal 1972, 3. Aufl. 1974, 224 S.

Bibliographischer Nachweis

Heinrich Böll, Helmut Gollwitzer, Carlo Schmid: Anstoß und Ermutigung – Gustav W. Heinemann, Bundespräsident. Suhrkamp Verlag, Frankfurt 1974, 444 S.

Heinz Zahrnt, Zum Beispiel Gustav Heinemann. Deutsches Allgemeines Sonntagsblatt 30. 6. 1974.

Ivan Nagel, Wahrhaftigkeit und Wahrheit als Herausforderung zur Tat. Laudatio auf den Lessingpreisträger, in: Freiheit und Aufklärung, hg. v. Senat der Freien und Hansestadt Hamburg, 1975, S. 3–7.

Gustav W. Heinemanns Tätigkeit

	in der Kirche		*in Staat und Gesellschaft*
23. 7. 1899	geboren in Schwelm (Westfalen), evangelisch, verheiratet seit 1926 mit Hilda Ordemann aus Bremen, vier Kinder		
1909–17	Realgymnasium Essen		
		1917/18	Soldat
		1919–23	Studium der Rechtswissenschaften, Volkswirtschaft und Geschichte in Münster, Marburg, München, Göttingen und Berlin. Aktiv in Studentengruppen der Deutschen Demokratischen Partei
		1920	Von Kapp-Anhängern (Kapp-Putsch) kurzfristig inhaftiert
		1921	Promotion in Marburg zum Dr. rer. pol.
		seit 1926	Rechtsanwalt in Essen
1928	Begegnung mit dem Essener Pfarrer Friedrich Graeber	1928–36	Als Rechtsanwalt zugleich Justitiar und Prokurist der Rheinischen Stahlwerke in Essen
		1929	Promotion in Münster zum Dr. jur.
		1930	Beitritt zum Christlich-Sozialen Volksdienst
1933–45	Mitglied der Bekennenden Kirche. Beteiligung insbesondere an der Barmer Synode Mai 1934 (»Barmer Erklärung«). Beteiligung an der Her-	1933–39	Dozent (Lehrauftrag) für Bergrecht und Wirtschaftsrecht an der Universität Köln

	stellung und Verbreitung von Flugschriften der Bekennenden Kirche		
1933–48	Presbyter in Essen		
1936–50	Vorsitzender des CVJM in Essen	1936–49	Vorstandsmitglied der Rheinischen Stahlwerke in Essen
1938/39	Niederlegung der Ämter in der Bekennenden Kirche		
1945–62	Mitglied der Leitung der Evangelischen Kirche im Rheinland	1945	Mitbegründer der Christlich-Demokratischen Union in Essen und im Rheinland
1945–67	Mitglied des in Treysa konstituierten Rates der Evangelischen Kirche in Deutschland (EKD)		
1945	Mitunterzeichner der »Stuttgarter Erklärung« des Rates der EKD		
		1946–49	Oberbürgermeister in Essen
		1947–50	Abgeordneter des Landtages von Nordrhein-Westfalen
		1947–48	Justizminister in Nordrhein-Westfalen
1948	Präsident der verfassungsgebenden Kirchenversammlung in Eisenach (Gründung der EKD)		
1948	Teilnehmer an der Weltkirchenversammlung in Amsterdam		
1948–61	Mitglied der Kommission für internationale Angelegenheiten des Weltkirchenrates (CCJA)		

1949–55	Präses der Synode der EKD	1949–50	Innenminister der ersten Bundesregierung unter Konrad Adenauer
1949	Beteiligt an der Konstituierung des Deutschen Evangelischen Kirchentags	1950	Rücktritt als Innenminister wegen der von Dr. Adenauer eingeleiteten Wiederaufrüstung
1951	Kirchliche Vortragsreise durch die DDR	1951	Gründung der überparteilichen Notgemeinschaft für den Frieden Europas
		1952	Austritt aus der CDU
		1952	Mitbegründer der Gesamtdeutschen Volkspartei
1954	Besuchsreise in die Sowjetunion auf Einladung des Patriarchen der Russisch Orthodoxen Kirche		
1954	Teilnehmer an der Weltkirchenversammlung in Evanston		
		1957	Auflösung der Gesamtdeutschen Volkspartei – Eintritt in die SPD
		1957–69	Mitglied des Deutschen Bundestages
		1958–69	Mitglied des Parteivorstandes der SPD
1961	Teilnehmer an der Weltkirchenversammlung in Neu-Delhi	1966–69	Bundesminister der Justiz in der Regierung Kiesinger/Brandt
1967	Ehrendoktor der Theologie der Universität Bonn	1969–74	Bundespräsident

Inhalt